1921-2021
厦门大学
XIAMEN UNIVERSITY

厦门大学百年校庆系列出版物

百年院系史系列

厦门大学出版社社史

（1985—2020年）

《厦门大学出版社社史》编委会 编

厦门大学出版社 XIAMEN UNIVERSITY PRESS
国家一级出版社
全国百佳图书出版单位

图书在版编目(CIP)数据

厦门大学出版社社史:1985—2020年/《厦门大学出版社社史》编委会编.—厦门:厦门大学出版社,2021.3
(百年院系史系列)
ISBN 978-7-5615-8158-2

Ⅰ.①厦… Ⅱ.①厦… Ⅲ.①出版社—史料—厦门—1985—2020 Ⅳ.①G239.275.73

中国版本图书馆CIP数据核字(2021)第051763号

出版人 郑文礼
责任编辑 甘世恒
封面设计 李嘉彬
技术编辑 许克华

出版发行 厦门大学出版社
社　　址 厦门市软件园二期望海路39号
邮政编码 361008
总　　机 0592-2181111　0592-2181406(传真)
营销中心 0592-2184458　0592-2181365
网　　址 http://www.xmupress.com
邮　　箱 xmup@xmupress.com
印　　刷 厦门集大印刷厂

开本 720 mm×1 000 mm　1/16
印张 24.5
插页 2
字数 428千字
版次 2021年3月第1版
印次 2021年3月第1次印刷
定价 80.00元

厦门大学出版社
微信二维码

厦门大学出版社
微博二维码

本书编委会

- 主　　任：郑文礼　宋文艳
- 委　　员：（按姓氏笔画排序）

  宋文艳　陈福郎　郑文礼　施高翔　洪秋霞

  徐长春　黄茂林　蒋东明
- 执行主编：蒋东明　陈福郎　宋文艳
- 编撰人员：（按姓氏笔画排序）

  王洪春　许红兵　李联林　张　怡　陈惠英

  陈福郎　欧光江　施建岚　施高翔　洪秋霞

  徐长春　高　健　黄茂林　蒋东明　韩轲轲

  惠诚忠　薛鹏志
- 秘　　书：王洪春
- 责任编辑：甘世恒

总　序

厦门大学　党委书记　张　彦
　　　　　校　　长　张　荣

2021年4月6日，厦门大学百年华诞。百载风雨，十秩辉煌，这是厦门大学发展的里程碑，继往开来的新起点。全校师生员工和海内外校友满怀深情地期盼这一荣耀时刻的到来。

为迎接百年校庆，学校在三年前就启动了“百年校庆系列出版工程”的筹备工作，专门成立“厦门大学百年校庆系列出版物编委会”，加强领导，统一部署。各院系、部门通力合作，众多专家学者和相关单位的工作人员全身心地参与到这项工作之中。同志们满怀高度的责任感和紧迫感，以“提升质量，确保进度，打造精品”为目标，争分夺秒，全力以赴，使这项出版工程得以快速顺利地进行。在这个重要的历史时刻，总结厦大百年奋斗历史，阐扬百年厦大“四种精神”，抒写厦大为伟大祖国所做出的突出贡献，激发厦大人的自豪感和使命感，无疑是献给百岁厦大最好的生日礼物。

“百年校庆系列出版工程”包括组织编撰百年校史、百年组织机构史、百年院系史、百年精神文化、百年学术论著选刊、校史资料与学生名录……有多个系列近150种图书将与广大读者见面。从图书规模、涉及领域、参编人员等角度看，此项出版工程极为浩大。这些出版物的问世，将为学校留下大量珍贵的历史资料，为学校深入开展校史教育提供丰富生动的素材，也将为弘扬厦门大学“自强不息，止于至善”校训精神注入时代的新鲜血液，帮助人们透过“中国最美大学校园”

的山海空间和历史回响，更加清晰地理解厦门大学在中国发展进程中发挥的独特作用、扮演的重要角色，领略“南方之强”的文化与精神魅力。

百年校庆系列出版物将多方呈现百年厦大的精彩历史画卷。这些凝聚全校师生员工心血的出版物，让我们感受到厦大人弦歌不辍的精神风貌。图文并茂的《厦门大学百年校史》，穿越历史长廊，带领我们聆听厦大不平凡百年岁月的历史足音。《为吾国放一异彩——厦门大学与伟大祖国》浓墨重彩地记述厦门大学与全国34个省级行政区以及福建省九市一区一县血浓于水的校地情缘，从中可以读出厦门大学在中华民族伟大复兴征程中留下的深深烙印。参与面最广的“厦门大学百年院系史系列”、《厦门大学百年组织机构史》，共有30多个学院和直属单位参与编写，通过对厦门大学各学院和组织机构发展脉络、演变轨迹的细致梳理，深入介绍厦门大学的党建工作、学科建设、人才培养、组织管理、社会服务等方面的发展历程，展示办学成就，彰显办学特色。《厦门大学校史资料选编（1992—2017）》和《南强之星——厦门大学学生名录（2010—2019）》，连同已经出版的同类史料，将较完整、翔实地展现学校发展轨迹，记录下每位厦大学子的荣耀。“厦门大学百年精神文化系列”涵盖人物传记和校园风采两大主题，其中《陈嘉庚传》在搜集大量史料的基础上，以时代精神和崭新视角，生动展现了校主陈嘉庚先生的丰功伟绩。此次推出《林文庆传》《萨本栋传》《汪德耀传》《王亚南传》四部厦门大学老校长传记，是对他们为厦大发展所做出的突出贡献的深切缅怀。厦大校友、红军会计制度创始人、中国共产党金融事业奠基人之一高捷成的传记《我的祖父高捷成》，则是首次全面地介绍这位为中国人民解放事业做出杰出贡献的烈士的事迹。新版《陈景润传》，把这位“最美奋斗者”、“感动中国人物”、令厦大人骄傲的杰出校友、世界著名数学家不平凡的人生再次展现在我们眼前。抒写校园风采的《厦门大学百年建筑》、《厦门大学餐饮百年》、《建南大舞台》、《芙蓉园里尽芳菲》、《我的厦大老师》（百年华诞纪念专辑）、《创新创业厦大人2》、

《志愿之光》、《让建南钟声传响大山深处》、《我的厦大范儿》以及潘维廉的《我在厦大三十年》等，都从不同的角度，引领我们去品读厦门大学的真正内涵，感受厦门大学浓郁的人文精神和科学精神。

此次出版的“厦门大学百年学术论著选刊”，由专家学者精选，重刊一批厦大已故著名学者在校工作期间完成的、具有重要价值的学术论著（包括讲义、未刊印的论著稿本等），目的在于反映和宣传厦门大学百年来的学术成就和贡献，挖掘百年来厦门大学丰厚的历史积淀和传统资源，展示厦门大学的学术底蕴，重建“厦大学派”，为学校“双一流”建设提供学术传统的支撑。学校将把这项工作列入长期规划，在百年校庆时出版第一辑共40种，今后还将陆续出版。

“自强！自强！学海何洋洋！”100年前，陈嘉庚先生于民族危难之际，抱着“教育为立国之本，兴学乃国民天职”的信念，创办了厦门大学这所中国历史上第一所由华侨独资建设的大学。100年来，厦大人秉承“研究高深学术，养成专门人才，阐扬世界文化”的办学宗旨，在实现中华民族伟大复兴的征程上书写自己的精彩篇章。我们相信，当百年校庆的欢庆浪潮归于平静时，这些出版物将会是一串串熠熠生辉的耀眼珍珠，成为记录厦门大学百年奋斗之旅的永恒坐标，成为流淌在人们心中的美好记忆，并将不断激励我们不忘初心继承传统，牢记使命乘风破浪，向着中国特色世界一流大学目标奋勇前行！

张彦　张荣

2020年12月

目　录

附　录

绪　言

为迎接 2021 年 4 月 6 日厦门大学百年校庆，根据学校的统一部署，厦门大学出版社组织编写《厦门大学出版社社史(1985—2020 年)》，以记载 35 年来厦大出版社所走过的不平凡岁月，总结办社经验，激励厦大出版人不忘初心、牢记使命，创造更加辉煌的未来，也借此书向广大读者展示厦大出版社的办社成果。

厦门大学出版社成立于 1985 年 5 月。在简陋的办社条件下，厦大出版人开始创业，一路弦歌不辍，春华秋实，走过了一段不平凡的奋斗历程。35 年来，沐浴着改革开放的春风，肩负着大学出版的崇高使命，在国家和福建省新闻出版主管部门和学校领导、广大师生以及社会各界人士的关怀和支持下，一代又一代厦大出版人不负众望，用他们勤劳和智慧的双手，交出了一份可喜的成绩单。在 2009 年首次全国出版行业等级评估中，厦大出版社荣膺“全国百佳图书出版单位”，跻身“国家一级出版社”，被学校领导和广大师生誉为“厦门大学的一张闪亮的名片”，初步实现了“一流大学要有一流的大学出版社”的宏愿。

中国大学出版业在改革开放的 40 多年中迅猛发展，在全球的出版业中独树一帜，令人瞩目，已成为我国出版业的重要组成部分。大学出版社是一个比较特殊的平台，因为其并非简单地指一般的出版行为，而是高等学校伴随教学科研需求所开展的编辑出版活动，是高等学校有机组成的一部分，是办好高水平大学的重要支撑条件，是传播学术思想和文化新知的烽火台，是大学走出围墙、联系社会民众的纽带。许多世界著名的大学出版社都把“出版高水平学术著作，广泛发行全世界最重要学者的作品，推动知识进步，向世界传播学术思想，拓展与延伸大学功能”作为办社宗旨。高远的文化立意和创办宗旨，是大学出版社安身立命、永续发展和存在价值的根本。厦大出版社作为厦门大学的直属单位，从创建伊始就把坚持为高校教学科研服务作为办社宗旨，以出版高水平、经得起历史检验的学术精品为永恒的主题，力求从出版方面为学校的发展发挥自己的独特作用。35 年来，厦大出版社始终坚持党的教育方针和出版方针,坚持高校出版工作的正确方向,坚持以社会主义核心价值观为引领,发展先进文化、创新传统文化、抵制有害文化,坚持把社会效益放在首位,社会效益和经济效益相统一的原则,从未出版过违法违规的产品。

大学出版社依托大学,发挥特色,将大学的学科优势转化为出版优势,出版优秀的学术著作,这不仅是出版社自身优势所在,也是保障出版社取得良好经济效益的坚实基础。今天的厦大出版社已拥有图书出版、电子出版、网络出版等多项出版权,出版物涵盖人文社会科学、自然科学、技术科学及地方特色文化等众多学科门类。35年来,厦大社共出版8000多种图书,近200种电子出版物,目前年出版新书400多种,重版重印300多种,获国家级、省部级奖励的出版物占全部出版物的13.2%,形成了以学术出版和教育出版为主的出版特色。通过不断的积累,到2020年底,厦大出版社已拥有5000多平方米自主产权的办公楼和库房,资产总额达1.13亿元,累计上缴国家税费约7000万元,累计上缴学校利润3000多万元,办社条件大为改善,也为国家和学校做出了贡献。目前在岗员工80多人,已成为一家特色鲜明,品牌成熟,综合实力不断增强,有良好社会影响力的大学出版社。

厦门大学出版社地处厦门经济特区,对于偏居东南一隅的中小型大学出版社来说,如果没有执着的出版理念,没有员工的奉献精神,没有准确的图书出版定位和品牌特色,要求得大发展是难以想象的。35年来,厦大出版人所探索出的经验是,要有"准确的出版定位和先进的、符合自身特点的组织文化";厦大出版人的奋斗之旅表明"人是要有点精神的,书是要有点品位的"。

厦大出版社从创办之日起便实行独立企业法人、自负盈亏的企业化经营管理模式,2011年完成转企改制后,更是成为市场意义上的企业。35年来,厦大出版社的发展史表明,大学出版社繁荣发展的好时期,往往是找准了出书方向,母体学校领导重视,学者和校友关心支持,社领导有事业心,出版队伍专业、敬业,由此形成合力的时期。大学出版社既要秉持一般企业经营管理的普适原则,更要以"弘扬学术、积累文化、铸造精品"为使命。因此,厦大出版社始终以"依托高校,服务高校,学术为本,教材优先"作为安身立命之本。几代厦大出版人的长期坚守、准确定位,探索出了一条适合自身发展的"专、精、特、新"成功之路,凝练出自己的出版理念——"蕴大学精神,铸学术精品"。

35年来,厦大出版社作为福建省唯一的大学出版社,依托厦门大学,积极为福建省高校教学科研和人才培养服务。厦大出版社以"挖掘学术资源,整合学术力量,培养学术新人,传播学术成果"作为工作着力点,有效地实施三大战略,即:坚持学术为本,实施精品战略;发挥学科优势,实施品牌战略;立足高校阵地，实施目标市场战略。在厦大出版社所有的出版物中，90%以上为学术专著和高校教材，作者队伍也主要为高校教师，本校教师作者约占50%。在“一流大学要有一流出版社”这一崇高使命的感召下，凭借锲而不舍的努力，厦大出版社在台湾研究、东南亚华人华侨研究、历史文化研究、经济学、管理学、法学、广告学、高等教育学、闽南文化、化学化工、海洋科学与海洋文化研究、古籍文献整理等学科，以及高校公共课、专业基础课、学科专业课的教材建设方面，形成了高质量、高水平、有特色的图书结构，实现了学术品牌的不断拓展，推动了多学科多层次的高校教材系列出版，逐步形成了一批在学术界、出版界颇具影响力和文化积累意义的出版物。

优秀的大学出版社既要有山的崇高，也要有水的灵性。作为一家人数不多，又没有出版中小学教材教辅的中小型大学出版社，厦大出版社最为宝贵的核心竞争力之一，就是拥有一支热爱出版工作、有强烈事业心的出版队伍。在建社初期，厦大出版社领导便提出“把出版社办成一个温馨的家”，把不断提升出版人员的职业素养和创建温馨和谐的企业文化作为管理的重心所在。在温馨和谐的工作氛围中，大家彼此配合默契，人人互相关爱，上下沟通顺畅，人的才能得到充分的发挥。35年来，尽管社会的价值观在不断变化，但“温馨和谐”的理念始终得到大家的认可，并不断得到充盈和升华，形成了“正气、热气、静气、和气”的独有优雅气质和“进取、奉献、温馨、和谐”的团队精神。厦大出版人对自己的“家”一直怀有感恩之情，对自己的职业始终满怀敬畏与自豪，人人争做出版工作的有心人，这是厦大出版社事业长盛不衰的力量源泉。

出版是一门学科，也是一个产业，要积极采用先进技术，不断提升出版服务水平，出版业才能与时俱进，永葆青春。在媒体融合的数字出版浪潮中，为紧跟时代的要求，2004年，厦门大学电子出版社成立，实行“一套人马，两块牌子”，由厦大出版社负责经营管理。厦大电子出版社在网络游戏、网络图书、网络教育、互联网电子出版物等方面取得进展，其自主研发的“南强出版管理系统”，不仅大大提高管理水平和效率，也为厦大出版社数字出版奠定了坚实的基础。在传统出版与数字出版的融合中，厦大电子出版社发挥生力军的作用，在教材的配套课件开发、网络游戏产品开发，以及古籍整理的数字出版中，取得了骄人的业绩，多次获得奖项，并得到国家融合出版项目基金的资助。本书也专列一章，记载厦大电子出版社的发展历程。

厦大出版社，在厦门这座有着深厚人文底蕴的南国海滨城市，深挖地方文化宝藏，独创特色品牌。厦大出版社以厦门地区为中心，着力开发闽南地区丰富的出版资源，推出一批思想精深、艺术精湛、制作精良的精品力作，如海峡两岸的血缘文缘，华人华侨的悠远历史，经济特区的先行先试，爱乡重教的嘉庚精神，风景独好的旅游文化。厦大出版社以自己的出版特色和良好的服务意识，已成为众多乡土学者著书立说、传播思想的出版圣殿，成了独秀东南的出版重镇。

坚持党的领导，加强和改进党的基层组织工作作风和成效，严格执行党的出版方针，是做好出版社工作的重要保障。厦大出版社在建社初期就成立了党支部，与学报(哲社版)同组一个党支部，此后先后并入学校机关第二党总支、图信党委。2018 年底，经厦门大学党委批准，成立厦门大学出版社党总支。在出版社员工中，中共党员的人数比例一直是比较高的，超过 60%。35 年来，出版社党支部吸收新党员 7 人，党组织在出版社的各项活动中发挥了战斗堡垒作用，党员同志起着先锋模范作用。2018 年，出版社党支部获得"厦门大学先进基层党组织"光荣称号。

为了编写好《厦门大学出版社社史(1985—2020 年)》，2019 年 3 月，厦大出版社成立了编委会，由郑文礼、宋文艳担任主任，委员由陈福郎、施高翔、洪秋霞、徐长春、黄茂林、蒋东明组成。蒋东明、陈福郎、宋文艳为执行主编，并拟定了"社史编写大纲"，确定社史的分段及编写负责人。决定由蒋东明负责撰写"绪言"；蒋东明、许红兵负责撰写第一章"初创探索时期(1985—1991 年)"；陈福郎、薛鹏志负责撰写第二章"改革立社时期(1992—1998 年)"；施高翔、王洪春、欧光江负责撰写第三章"跻身名社时期(1999—2009 年)"；黄茂林、洪秋霞、惠诚忠、高健、韩轲轲、张怡负责撰写第四章"发展壮大，追求一流时期(2010—2020 年)"；由施高翔、李联林负责撰写第五章"厦门大学电子出版社简史(2004—2020 年)"；由惠诚忠、王洪春、陈惠英、施建岚负责整理附录部分。同时，出版社还向全体在职和离退休员工发出"编写社史建议调查表"，在全社员工(包括离退休员工)的积极支持下，在参与编写同志们的共同努力下，《厦门大学出版社社史(1985—2020 年)》终于如期完成，向厦门大学百年校庆献上一份珍贵的礼物。

值得一提的是，厦大出版社历来重视史料的收集，坚持不间断地整理编写"大事记"，在重要社庆纪念日时，出版了许多珍贵的出版物，记载了出版社发展的每一个历史脚印，为这次编写社史提供了坚实的基础。

衷心感谢为编写此书付出辛勤劳动的每一位编写者，更要感谢为厦大出版社发展做出奉献的每一位厦大出版人。此书的记叙可能挂一漏万，但为建设厦大出版社大厦的每一位建设者，历史将永远铭记你们的功绩！

(撰稿人：蒋东明)

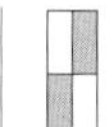

第一章　初创探索时期(1985—1991 年)

一、迎来历史机遇,学校申办出版社

20 世纪 80 年代,改革开放的春风吹遍神州大地。党的十一届三中全会开启了以经济建设为中心的新时代,我国经济建设开始全面腾飞。与此同时,我们国家也迎来了“科学的春天”,进入“教育大发展”“文化大发展”的时代。但在出版业方面,据统计,到 1979 年,全国出版社仅有 142 家,其中中央部委和军队主办的出版社 72 家、地方社 68 家、大学社 2 家。针对我国出版社整体数量偏少的状况,为推动我国高等教育和科学文化事业的快速发展,适应高等学校培养人才和教材建设的需求,在党中央的部署下,当时的国家出版主管部门文化部(1987 年 1 月国务院批准成立新闻出版署,主管新闻出版工作)决定大力支持有条件的大学创办大学出版社。

1984 年春天,邓小平同志视察厦门经济特区、厦门大学,引发了巨大反响。厦门大学党委在充分酝酿的我国重点高校实施教学科研“两个中心”发展战略基础上,于 1984 年 10 月 15 日正式制定《厦门大学改革和发展的基本设想》(以下简称《基本设想》),提出厦门大学要锐意改革,充分利用特区有利条件,发挥学校优势,在“特”字上做文章,在“高”字上下功夫,加强已有的重点学科建设,创办新学科,建立多学科教育新体系,把我校建成一所面向特区、面向全国、面向东南亚,具有较高水平和富有特色的综合性大学。

《基本设想》还提出必须具备的条件和采取的 8 条相应措施:(1)加强思想政治工作;(2)加强教学科研队伍建设;(3)引进先进设备;(4)加强图书资料工作;(5)建设厦门大学出版社;(6)加强电子计算机教育与提高外语水平;(7)多

方筹集资金;(8)改革管理体制。

高等教育的发展史表明,大学的发展离不开三大重要的支撑条件,即图书馆、实验室和出版社(包括图书和期刊的出版)。在这份厦门大学历史上具有重要意义的文件中,学校将建设厦门大学出版社作为一项重要任务,充分显示学校领导对大学出版工作在学校发展中重要作用的远见卓识。

在这大好的历史机遇面前,厦门大学迅速启动申办出版社的程序,并于1985年1月获得文化部的批准。在那个突飞猛进的改革年代,一大批大学出版社应运而生,到1986年上半年,全国恢复和新建的大学出版社就有66家,加上各省的人民出版社中的编辑室也纷纷拓展为独立的专业出版社,到1987年底,全国共有出版社467家(其中大学社81家),比1979年的142家增加了325家,增长了229%。

二、通过国家出版管理机关审批,办理出版社开办手续

1985年1月17日,中华人民共和国文化部正式发文,批准组建"厦门大学出版社"(文出字〔85〕第79号);随后,1985年2月5日,教育部也印发《关于批准大连工学院等12校成立出版社的通知》(教供字〔1985〕005号文通知),厦门大学出版社名列其中。同时批准的有:大连工学院出版社(后更名为大连理工大学出版社)、天津大学出版社、兰州大学出版社、陕西师范大学出版社(后更名为陕西师范大学出版总社)、四川大学出版社、西南大学出版社、华中大学出版社(后更名为华中科技大学出版社)、重庆大学出版社、南京工学院出版社(后更名为东南大学出版社)、华南工学院出版社(后更名为华南理工大学出版社)、北京语言学院出版社(后更名为北京语言大学出版社)。

根据文化部出版局1979年制定的《出版社工作暂行条例》,出版社应具有主管机关和主办单位。根据批文,厦门大学出版社主管机关为中华人民共和国教育部;主办单位为厦门大学。根据属地管理原则,由福建省新闻出版局负责对厦门大学出版社进行业务管理和指导。厦门大学出版社属于综合性大学出版社,社号为407,拥有图书出版权和图书一级发行权。厦门大学出版社是闽赣两省高校第一个成立的大学出版社,也是到目前为止福建省唯一的大学出版社。

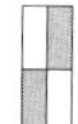

1985年11月30日,厦门大学递交《申请出版社营业执照等事项的报告》(厦大校办字〔1985〕59号)给厦门市人民政府。文中提到:

根据文化部文出字〔85〕第79号文和教育部教供字〔85〕005号文批准,我校于今年2月成立"厦门大学出版社"。目前出版社的筹建工作已基本就绪,社址设在厦门大学校内(经济楼第二层C201-C205);现有专职人员11人,兼职人员12人。1985年由学校拨给开办经费5万元,1986年待国家教委下达给我校的经费指标后,拟再拨15万至20万元给出版社充实设备和周转资金用。该社性质属事业单位,独立核算,主要为高等学校的教学科研服务。其出版物主要是高等学校教材、教学参考书、工具书、古籍整理和科学著作。出版物除供校内使用外,尚有一部分向社会发行。为此,特申请办理营业执照、发行票证和银行开户等事项。

1985年12月5日,厦门市人民政府批复《关于成立"厦门大学出版社"的批复》(厦府〔1985〕综553号),同意厦门大学的申请,并允许在一个月内向厦门市工商行政管理局办理登记手续。自此,厦门大学出版社开始以文化企业,并具有企业法人的身份登上历史舞台,在广阔的文化市场上走出了一条艰苦奋斗、不断成长壮大的道路。

三、明确大学出版社的办社指导思想

1985年2月5日,教育部下发《关于批准大连工学院等12校成立出版社的通知》(教供字〔1985〕005号文通知),对办好大学出版社提出了明确的指导意见。文件主要内容如下:

一、大学出版社在学校统一领导下,为高等学校的教学和科研服务。立足本校,发挥各自的优势和特色,出好教材和本校教师的著作;同时,根据我部有关主管部门确定的分工和安排,出版其他有关的高等学校教材、教学参考书、工具书、古籍整理书和科学著作。

二、大学出版社的出版物可向校内外发行,有的亦可进行国际交流。因此,必须十分注意出版物的质量,发挥出版物影响精神世界和指导实践活动的社会效果,为发展教育事业、繁荣学术和科研工作做出贡献。不要出版思想内容不健康、格调不高的书。

三、大学出版社行政上按系(处)级建制。学校应加强领导,由分管教材工作的副校(院)长负责领导或兼任社长,同时,选配学术水平较高、文化科学素养较深、有见地的学者、教授任总编辑或副总编辑,配备有事业心、有较强的组织领导能力、年富力强的同志任专职副社长,组成强有力的领导班子。选派有经验、有水平的专职编辑、出版、发行人员。但专职人员不要过多,要少而精,要和出书的任务相适应。学校要在人员编制、物质条件和建社经费等方面,在现有的条件下尽力给予支持。逐步健全机构、配齐人员;要把印刷力量的扩大和加强,列入学校建设的长远规划和年度计划;使编辑、印刷能力和出书任务协调发展。

四、大学出版社要同地方出版行政部门保持密切联系,在出版方针、业务工作、物资供应和人员培训等方面接受他们的指导,并争取他们的支持。

五、大学出版社要单独核算,逐步做到自负盈亏。要严格遵守财经纪律,贯彻执行国家关于图书价格的有关规定,加强财务管理,提高经营管理水平,努力降低成本,"以丰补欠"、"以长补短",做到略有盈余。必须明确大学出版社不要片面地追求利润,以对教育、科学、文化的贡献来衡量其工作的好坏。

六、根据《出版社工作暂行条例》的规定,大学出版社要制订年度出版计划和长远选题、出书规划,分别报送我部高等学校文科教材办公室和高等学校理工农医教材办公室审核,并送文化部出版局备案。

教育部的这份批文,明确指出了大学出版社的办社宗旨和主要任务,就是为高等学校的教学和科研服务,要立足本校,发挥自身的优势和特色,出好教材和本校教师的著作。根据出版专业分工,厦大出版社主要出版高等学校教材、教学参考书、工具书、古籍整理和科学著作。

1986年7月,由国家教委和国家出版局主办的第一次全国高等学校出版社工作会议明确了大学出版社的地位、作用、方针和任务,以及主办学校等有关部门的领导责任,特别强调大学出版社是学术性很强的事业单位,实行企业化管理。大学出版社的办社方向要与学校的办学方向一致。大学出版社在初创时期,要坚持边出书、边建设,特别要发扬艰苦奋斗的精神。1991年4月,第三次全国高校出版社工作会议讨论通过并颁发《高等学校出版社管理办法》

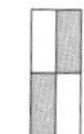

(以下简称《办法》),对高校出版社发展方向、出书范围、社会效益为重、队伍建设、社长负责制以及经营管理等方面,都有明确的要求。会议还针对个别出版社偏离办社方向做出处罚,有1家大学出版社被停办,4家大学出版社被停业整顿、处分。整顿和《办法》的出台,对大学出版社的发展影响极大,有力地推动了大学出版社健康发展。

四、学校任命出版社领导班子,增加一批专职人员

1985年5月7日,厦门大学发布《关于黄厚哲等六位同志任职通知》(厦大校人字〔1985〕48号):任命黄厚哲为社长兼总编(兼职),陈章干为副社长,钟同德、陈逸光、郑文贞为副总编(兼职);刘熙钧、陈天明为顾问(兼职)。

自此,厦门大学出版社正式成立,为学校正处级单位,并设置了编辑部、出版科、发行科和办公室。这一文件的下发,标志着出版社正式开始运行。因此,出版社将每年的5月7日定为"厦门大学出版社社庆日"。

出版社首任社长兼总编黄厚哲,男,1917年出生,福建南安人,教授,著名遗传学家和生物教育家。1942年毕业于厦门大学生物系,留校任教,曾任科研处副处长、生物学系系主任,福建省遗传学会第一届副理事长,福建自然辩证法研究会副会长等职,《厦门大学学报(自然版)》编委会主任。长期从事生物学、生化遗传学的教学与研究工作,编著出版《生物学概论》教材,发表论文30多篇,获国家教委科技工作40年荣誉证书等,享受国务院特殊津贴。

1985年7月,校行政办公会议决定,将教务处教材科、印刷厂划归出版社管理。同年8月,学校任命增补许宏业为副社长。成立出版社、学报(哲社版)党支部,属机关第二总支,副社长许宏业兼任支部书记。

1986年1月,经厦门市工商行政管理局核准,厦大出版社办理了营业执照,陈章干副社长为法人代表。

1987年3月,社长黄厚哲、副社长陈章干、副总编郑文贞调任学校其他岗位任职。学校任命郑沛伦为社长(兼职),周勇胜为总编,庄呈芳为副社长并兼法人代表。1987年8月,任命陈天择为副总编(兼职)。

出版社第二任社长郑沛伦,男,出生于1931年10月,福建省福州市人。1955年厦门大学本科毕业留校工作,曾任厦门大学经济系计统教研室、企管

教研室教师，担任经济系党总支代书记、计统系专业党支部书记。

出版社第二任总编周勇胜(又名周养性)，男，出生于1933年11月，福建安溪人。1957年毕业于厦门大学中文系，曾任厦门大学党委宣传部宣传科科长、理论科科长等职，厦门大学哲学系教授，《厦门大学学报(哲社版)》编辑部主任，长期从事历史唯物主义的教学和研究工作，出版著作《马克思恩格斯八封历史唯物主义书简解说》等，主编《八十年代大学生毕业论文选评》，发表论文多篇。

1987年9月，郑沛伦调任企管系任职，周勇胜兼任社长(为出版社第三任社长)。同年11月，出版社党支部换届，周勇胜任书记(直至1991年换届卸任)。1991年4月，周勇胜被选为中国大学出版社协会常务理事(直到1994年11月卸任)。

1987年6月，学校任命廖泉文为出版社编辑部主任(副处、兼职)。同年11月，出版社部门工会成立，郑耀宗任主席。1991年8月，郑耀宗被中国大学出版社协会发行工作委员会聘为副秘书长。

1988年3月，学校任命陈天择为出版社社长(兼职)，为出版社第四任社长。同年4月，庄呈芳副社长辞职，陈天择社长为法人代表。陈天择任出版社社长、法人代表直至1999年11月退休卸任。

陈天择，男，出生于1938年10月，福建惠安人。1960年7月毕业于厦门大学物理系，曾任厦门大学物理系基础物理教研室主任、教授，福建省物理学会副秘书长，《厦门大学学报(自然版)》编委等，长期从事基础物理教学与研究，合编、著有《半导体器件工艺与原理》《新兴科学大观》，其《联合动力循环的优化分析》等多篇学术论文在国内外刊物上发表。曾获福建省高校科技成果奖，福建省优秀教学论文奖。

同时，出版社根据部门的设置，配备了中层领导干部：编辑部主任廖泉文、发行科科长郑耀宗、出版科副科长吴晓平、办公室主任蔡景春。并设立文科编辑室，陈森镇为主任；理科编辑室，陈子雄为主任。

1989年9月，全国出版社进行重新登记。厦门大学出版社获准登记，并于1990年年初发放证书。经厦门市工商行政管理局组织考试，确认陈天择社长为厦门大学出版社法人代表，并核发企业法人执照。因此，在厦门市工商局的企业管理名录中，厦门大学出版社成立时间为1990年。

1991年6月，出版社、学报(哲社版)党支部换届，陈福郎任书记。

值得一提的是，据厦门大学台湾研究所原所长陈孔立教授回忆，1984年，我校向教育部申报成立出版社，当时申报的出版社班子成员是：社长陈孔立；

副社长柯友根、陈天明;总编辑郑朝宗(文科)、黄厚哲(理科)。

学校对出版社领导班子的建设非常重视,出版社的主要领导大多由学校的知名教授兼任。这些领导在自己专业的教学科研工作中成绩斐然且德高望重,他们在自己处于学术高峰时转战出版,除了对一项新事业的热爱和责任外,更会把自己对大学出版的理解,对学术团队建设的认知带到新的工作岗位。这些领导工作敬业,严谨求真,待人宽厚,没有太多的条条框框,他们奠定了厦大出版社学术出版方向和温馨和谐的优良社风。

而在这一时期,出版社调入一批热爱出版工作的年轻人专职从事出版工作,他们成了出版社发展的重要生力军。这些年轻人或是从学校教师队伍中转来的,或是刚学成毕业分配来的,具有较高的学历和知识涵养。出版社的成员,绝大多数没有“象牙塔”外的阅历,他们在出版的纯真使命与市场竞争的交错中,依然保持难能可贵的学术追求,“书生本色”成为厦大出版社的天然潜质。几代出版人一直秉持“学术为本,进取奉献,与人为善,诚信做事”的风范,岁月过往,厦大出版社的书生本色却日久弥新,优雅恒在,体现出一种强大的精神穿透力。

五、坚持办社方向,艰苦创业,探索前行

出版社成立之初,我国正处于坚持四项基本原则和推进改革开放的进程中。随着精神文明建设的不断加强,出版工作正经历着深刻的变化。以解放思想为前导,以出版改革为动力,出书领域不断拓宽,紧密结合改革和建设的理论读物、科学技术读物,反映时代气息的文学读物、翻译图书,各类工具书、教材在数量和质量上都有长足的进步,出现了前所未有的广泛性。但同时,我国出版界也出现了某些不可忽视的问题,少数出版单位以赚钱为唯一目的,把社会效益推到次要地位。根据党的十三大精神,新闻出版总署领导提出,出版单位要着重研究和把握好四个问题:第一,出书方针与出书结构;第二,社会效益与经济效益;第三,出书数量与出书质量;第四,宏观控制与微观搞活。出版单位要努力推进精神文明建设的健康发展。出版社成立之初,厦门大学时任副校长王洛林分管出版社,他对出版社的办社方向提出了明确的要求,希望出版社的同志们办社思路要非常明确清晰,学校出版社就是要发挥厦大的学科优势,出版高校教材和学术专著,传播推广我校的高水平学术成果。1985 年 6

月初,教育部主管出版工作的领导李进才带领两位同志来到刚刚成立的厦大出版社考察。出版社领导班子明确表示,出版社的出书方向主要依托本校,出版大学教材和学术著作,要艰苦奋斗,努力向兄弟出版社学习,探索自己的发展道路。这一定位和发展思路得到教育部主管出版工作领导的肯定。

1985年7月,出版社领导班子决定,由陈逸光副总编、陈章干副社长上北京、武汉等地取经。两位社领导先后到中国人民大学出版社、北京大学出版社、清华大学出版社、中国政法大学出版社、武汉大学出版社参观学习,着重了解出版程序、规则、机构设置、人员配备等事项,收获了大量宝贵经验。

到了1988年,随着出版社不断壮大,人员已有20来人。虽然从建社初期只有两间办公室的囊萤楼搬迁到经济学院,有了五间办公室,但办公条件还是非常简陋。社领导和总编办员工合在一间办公,因为社领导大都是兼职,不必每天坐班,只有一位副社长和总编办两位员工坐镇。但遇到领导开会,便要到处借凳子,挤在一起凑合。办公室和财务室合在一间办公,出版科和发行科各有一间,也是空间狭小,业务繁忙。另一间是书店和编辑部。所谓书店,其实就是在办公间前半部分放两个书架,主要销售自学考试的书,少量的本版书,后半部分放两张办公桌作为编辑办公室。因办公场所拥挤,编辑们轮流坐班,到办公室时多是交接编务或接待作者,如有书稿需要即刻处理,只能借用办公室对面的经济学院阅览室办公。这一时期,出版社充分利用学校人才优势,聘请专业教师承担部分图书的责任编辑工作,以弥补本社编辑的不足。

当时,本校印刷厂实力较强,但业务繁忙,无法完全承担出版社的业务,而厦门市能够承担书刊印刷的厂家又较少,尤其是在铅字排版时代,出版社的书稿又是科学著作居多,排版难度大,所以一般印刷厂无力承印。在出版社领导的带领下,出版科吴晓平、高良喜同志开始奔波调研,走访三明、沙县、南平、福州、莆田、泉州等地的印刷厂,建立了一批可以依托的印刷基地。由于承印厂整体印刷排版能力不足,图书的排版、校对、付印都必须下厂蹲点,有时作者也必须一道前往印刷厂校对。在发行业务方面,为了拓展图书发行渠道,在郑耀宗同志的带领下,发行科的同志肩背手提样书,不辞辛苦地奔走于全国各地,参加各种图书订货会、书展。当时交通不便,出版社人员出差是非常辛苦的。

除了办社经验不足,人员少,出书量少,办公条件简陋外,最大的压力就是经济上的压力。从1986年起,学校就要求出版社按事业单位企业化管理,实行自负盈亏。出版社人员工资及各项费用必须自己解决。学校每月先发放出版社人员工资,每年结算一次后由出版社返还学校,1988年起改为出版社按月转交固定数额给学校,年底统一结算补齐。

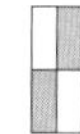

1987年,出版社新的领导班子在面对出版社发展的问题上,提出坚持学术著作和教材出版方向不动摇,要增加人员,提高出书量,争取改善出版社的办社条件,只有一定的人员规模,才能谈发展。

这一时期,出版社人员较少。受当时学校人才引进制度的限制,只有少量的学校其他单位人员调入,毕业生分配来社的极少。到1985年底,出版社共有专职人员11人。1987年,出版社开始较多地引进人员,但到1991年12月,出版社人员(含兼职)也只有26人。同时,出书量也很少,1985年出书1种,1986年出书15种,1987年出书40种。到1991年,出版社办社6年里,出版新书约225种,虽然总量不多,但已呈现迅速发展的良好势头。

这一时期的图书经营,主要从三方面取得营销收入。首先,通过主渠道新华书店的征订。由于出版社出版的图书在大众市场销量有限,征订数不多。出版社积极开拓市场书和教辅书,开办书店、代办站、邮购平台服务,但数量有限,收入也有限。

其次,积极争取国家教委的教材补贴。这一时期,国家对大学出版社出版的专业性强、销量少且亏损的高校教材实行补贴,但这些教材需要按要求标准定价。在出版社的积极争取下,每年都能争取到一定数额的补助款。这一政策的实施对大学出版社出版高校教材起到了很好的推动作用。同时,出版社在出版高校教材方面积极开拓,出版了一批高校公共课教材和市场培训教材。

最后,积极争取出版资助和建立出版基金。这一时期,“出版难”是普遍问题,而出版难就难在出版的经费上。出版社在出版高水平学术著作时,积极争取各方的资助。除了作者的资助外,还有校外相关单位通过购书的资助,如厦门水产局对出版《对虾养殖》的资助;侨乡、宗亲会的资助,如《施琅评传》就得到晋江施氏宗亲会的资助。学校对出版社的学术出版也给予了大力支持。1991年,学校决定使用校友黄克立先生等捐赠的教学科研基金,由厦大出版社出版首辑“南强丛书”(共15种)。此后专门设立“南强出版基金”,支持出版社出版教材和学术著作。

在出版社“幼年期”的诸多困难面前,出版社的创业者除了积极争取外来的支持,还克服困难,勤俭节约。为了节省印刷费,出版社选择到价格便宜的边远山区印刷;员工出差尽量选择便宜的宾馆住宿,领导和工作人员一起住一间。当年出版社在出版印刷大楼办公,前排办公室是水磨地,后排是水泥地,不久水泥地面脱落,不时扬起灰尘,但出版社还是舍不得花这笔装修钱。从领导到员工,节约办社已蔚然成风。正是出版社创业者不畏艰难,砥砺前行,使幼小的出版社一步一个脚印地走向通往成功的大路上。

六、出版社办公条件不断得到改善

1985年5月,出版社成立时,学校安排给出版社2间办公室,靠近厦大西校门的囊萤楼一楼最西侧,约30平方米。这里就是出版社的摇篮。

1985年9月,出版社从囊萤楼搬到经济学院东侧会计系二楼办公。这里有并排相连的5间办公室(经济学院C201-C205),每间约20平方米,分别是社领导办公室(兼总编办)、办公室(兼财务)、出版科、发行科、编辑部(兼书店)。

1988年底,出版社搬进新盖的位于演武田径场南侧的出版印刷大楼五楼。五楼共有560平方米左右,入驻有出版社、学报(哲社版)、印刷厂会议室。学校提供给出版社20多间办公室,约360平方米。对于当年只有20多人的出版社来说,办公条件已经大为改善。

出版社在初创时期的短短3年里就搬了3次家,且办公条件得到快速的改善,这是学校对幼小出版社的大力扶持。出版社同志们对建社初期的三处办公地点也饱含怀念之情。

第一个办公地点囊萤楼是厦大最早的嘉庚建筑之一,于1923年建成,是群贤楼"一主四从"的西侧从楼,历史悠久。"囊萤"之意,取自《晋书·车胤传》"胤恭勤不倦,博学多通,家贫不常得油,夏月则练囊盛数十萤以照书,以夜继日焉",聚萤火而照书,夜以继日。这是中国传统文化中鼓励发奋读书的经典故事。"囊萤楼"与群贤楼群最东侧的"映雪楼"相映成趣,它们是厦大诸多建筑中令人印象深刻的楼名。出版社从一开始便与读书典故结缘,不能不说是一种绝佳的安排。囊萤楼还是福建省成立第一个中共党支部的旧址,红色的基因也融入出版社的血脉中。

第二处办公地点是经济学院东侧会计系二楼的5间办公室。出版社最初出版的一批优秀图书就是在这里策划问世的。初创时期,虽然条件艰苦,但大家热火朝天,干劲十足,出版社就是在这里打下艰苦创业、勤俭办社的深深烙印。

第三处办公地点是出版印刷大楼。这是一座地处演武田径场南侧的黄金地段,却最为其貌不扬的大楼。与校园里每栋楼都有文雅响亮的楼名不同,这座楼一直没有自己的正式名称,只能从用途上称之为"出版印刷大楼"。在校

图 1-1　囊萤楼

图 1-2　经济楼

园众多的大楼中,它的历史最为短暂,从始建到拆除,前后只有 26 年。

1986 年,为了迎接 1991 年厦大 70 周年校庆,学校决定建西校门和明培体育馆。当时印刷厂就在现在的西校门和信箱处,需要搬迁,因此学校于 1987 年在这里建印刷大楼,以便让印刷厂迁入。同时,学校也考虑到出版社刚创办不久,还蜗居在经济学院的 5 间小办公室,需要发展空间。时任校基建处处长陈天明正兼任出版社顾问,在他的努力下,大楼的五楼约 360 平方米被拨给出版社使用。

图 1-3　出版印刷大楼

1988 年底,出版社欢天喜地地搬进新盖的大楼。对于只有 20 多人的出版社而言,这 20 多间办公室大大改善了办公条件。站在五楼的办公室,向南远眺,蔚蓝的大海近在咫尺;向北望去,五老峰、南普陀、群贤楼、田径场尽收眼底。特别是校园里那种优雅从容的文化氛围,让出版社在这里奠定了自己的良好基础,形成了“奉献”“温馨”的企业文化特质,从幼小走向青春,不断壮大。每到夜晚,这里经常灯火明亮,那是出版社员工加班的信号;每当新的样书来了,大家便一起呼啦啦上下楼扛书。出版社几代人在这里努力工作,度过了难忘的 22 年,把一个小型的大学出版社办成国家一级出版社、全国百佳图书出版单位。在出版社成长的历史里,这里绝对是一块值得铭记的福地。

七、出版一批优秀高校教材和学术著作,初显出版社品牌特色

出版社在初创时期,非常重视高校教材和学术著作的出版,出版了许多优秀图书,充分反映厦门大学学科特色,并初步形成自己的出版特色。

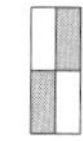

(一)出版社图书的社会影响力不断扩大,一批优秀图书获奖或受到好评

1987年出版的《毛泽东思想与中国文化传统》(汪澍白著,责编陈森镇),荣获1987年度中国图书奖荣誉奖、全国图书"金钥匙"奖纪念奖。

由厦门大学哲学系教授汪澍白所著的《毛泽东思想与中国文化传统》,是作者多年潜心研究的一部重要成果。汪澍白教授曾任湖南省委宣传部处长、湖南省社科院院长,长期从事毛泽东思想研究,1984年调入厦门大学哲学系。本书的出版引起国内外学者和出版界的广泛关注,1988年3月,《人民日报》发表李锐同志的评论文章,指出《毛泽东思想与中国文化传统》一书的出版,为毛泽东思想研究开拓了新的领域。《中国社会科学》1990年第5期刊登了《精细的研究　可贵的探索》一文,指出《毛泽东思想与中国文化传统》是一部新的著作,比较清晰地昭示了传统文化对于现代中国的积极意义和消极意义,对于当前的文化反省无疑会有重要的启迪。英文版《中国日报》发表一篇题为 *Mao Theory Grew in Chinese Culture* 的文章,详细介绍了《毛泽东思想与中国文化传统》一书的内容。日本《读卖新闻》发表《赋予"毛泽东思想"以相应的位置》一文,介绍了该书的内容。1990年,香港商务印书馆引进版权,出版海外版,书名改为《毛泽东思想的中国基因》,列入商务印书馆建馆90周年丛书首批12种之一。

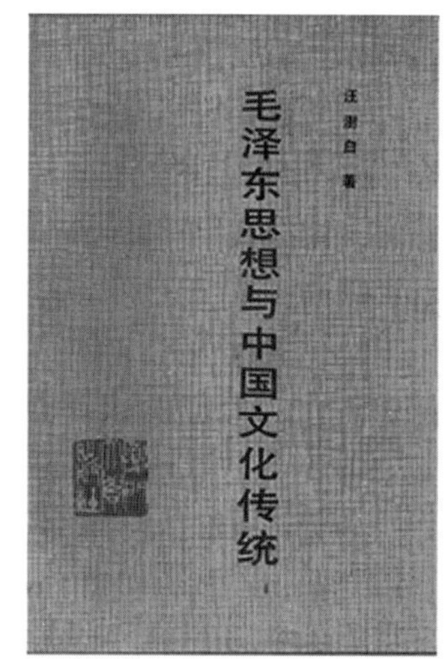

图1-4　毛泽东思想与中国文化传统

1989年2月,台北《海外华人研究》第1期发表《评林著〈近代华侨投资国内企业概论〉》一文,评论我社出版的《近代华侨投资国内企业概论》(林金枝著,责编黄重添)一书,称该书全面论述近代华侨投资国内企业的历史,对祖国大陆改革开放、引资兴业具有很强的现实意义,也显示出厦门大学在华侨华人研究方面的学科优势和雄厚的研究实力,确实是一本好书!

1989年4月,德国《数学摘要》692卷头条刊登介绍厦大出版社出版的《多复变函数的积分表示与多维奇异积分方程》(钟同德著,责编邱春晖)。同年8

月,钟同德教授携带这部学术专著应邀参加在瑞典举行的世界多复变函数研究年会,与会美国专家称赞钟先生在书中所推出的其早年研究的公式,比美国专家早了28年。我国著名数学家华罗庚教授为该书题签书名。

1986年2月出版的《中外合资经营企业会计》(常勋著,责编庄瑞澄)是为适应当年我国对外开放,中外合资企业大量兴起的需求而出版的。该书对中外合资企业的会计理论和实务具有很强的针对性和指导作用。1986年9月,出版社参加北京首届国际图书博览会,《中外合资经营企业会计》被国家教委有关领导同志称赞为"出得好,出得及时,像这样的书应该多出"。该书成为市场长年的热销图书,几度修订重版,畅销全国。该书获得1979—1989年福建省社会科学优秀成果二等奖。

1987年出版的《风雪人间》(丁玲著,责编陈福郎)是著名作家丁玲回顾在北大荒岁月的作品。1981年,丁玲前来参加厦门大学60周年校庆,对厦大有深厚的感情,还被聘为厦大兼职教授。1986年3月,丁玲逝世,临终前交代家人将她的作品、部分手稿及照片等赠送给厦门大学,以表示对厦门大学的深情。出版社在征得丁玲丈夫陈明先生的同意后,得以率先出版她的遗作《风雪人间》,时任校党委书记曾鸣为本书题写书名。该书首印15000册进入市场,有不俗的表现。本书责编陈福郎还获得福建省首届优秀图书编辑奖一等奖。

图1-5 风雪人间

1989年10月,《台湾府志校注》、《多复变函数的积分表示与多维奇异积分方程》、《敦煌吐鲁番出土经济文书研究》(韩国磐主编,责编林仁川)三种重要学术著作首次参加法兰克福书展和莫斯科书展。

1989年出版的《〈荷使初访中国记〉研究》[包乐史(荷兰)、庄国土著,责编陈森镇],是当年荷兰女王访问中国时,国家领导人赠送给女王的礼物之一。为了完成这一光荣任务,在当年装帧印刷水平尚不高的条件下,出版社全力以赴,组织出版科人员和作者一起到三明新华印刷厂日夜校对,精心印制,较好地完成了任务。此书获得华东地区大学出版社首届优秀图书奖二等奖。

1989年12月出版的《财政收支矛盾与平衡转化问题》(邓子基、徐日清著,责编陈逸光)、《闽粤赣边区财政经济简史》(孔永松、邱松庆著,责编陈支

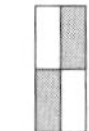

平)均获1979—1989年全国财政理论研究优秀成果奖。

1990年5月出版的《中国传统文化与医学》(李良松、郭洪涛著,责编吴天祥),1991年获首届中医药文化博览会“神龙杯”优秀奖,首届全国优秀医史文献图书及医学工具书金奖。学者称赞该书内容广博,以医学为核心,旁及各门类,是当代文史医学的成功之作。

1990年11月出版的《幽默答辩50法》(孙绍振著,责编陈福郎),是由著名学者、福建师范大学教授孙绍振撰写的一部充满智慧、幽默的大众图书,出版后深受读者喜爱,在当年的各种图书订货会上也是名列前茅的畅销书。

1991年5月出版的《港事港情》(陈可焜著,责编陈福郎),作者陈可焜是厦大校友,知名的经济学家和社会活动家,他将自己在香港报刊连载的“港事港情”结集交由厦大出版社出版。本书对于香港回归祖国前,广大读者急于了解认识香港社会提供了生动翔实的资料。该书在香港学术界引起了很大反响,香港《明报》(1991年4月)、香港《文汇报》(1991年6月)、《港澳经济》(1991年第10期)等报道和评述了该书的写作特色,称赞该书“确是一部值得一读的好书”。《深圳特区报》、福建《港台信息报》等也发表评论,认为该书对认识香港大有益处,是香港社会的万花筒。

1991年6月出版的《海明威在中国》(杨仁敬著,责编陈福郎)一书获美国肯尼迪图书馆1991年度海明威研究奖。同年7月,香港三联书店总编辑在《大公报》上发表题为《海明威在中国》的评论,指出该书详尽地论述了我国评介和研究海明威作品的情况,对理解海明威作品的思想内涵、艺术手法及其影响很有帮助。

1991年9月,《人民日报》发表一篇读书笔记,评述了厦大出版社出版的《鲁迅与绍兴历代名贤》(宋志坚著,责编陈福郎)一书,指出鲁迅精神在今日改革开放新形势下,更为需要,应当发扬光大。

(二)出版一批优秀的高校教材

1987年11月,出版的《汉语方言学》(黄景湖编著,责编周长楫)、《新编英语口语教程》(1—4册)(林郁如、庄鸿山编著,责编陈子雄)获国家教委教材编审组审核,确定为委颁教材,这是非常不容易的。

这一时期,出版社出版了一批高校教材,被许多高校推广使用,如:《财政与信用教程》(邓子基编著,责编邱震源)、《社会主义初级阶段政治经济学》(吴宣恭主编,责编潘天顺)、《社会主义货币银行学》(张亦春编著,责编陈逸光)、《西方审计学》(林志军等编著,责编潘天顺)、《工业审计学》(陈守文编著,责编潘天顺)、《工业统计学》(吴玑端编著,责编伍元耿)、《统计原理与经济统计学》(黄沂木编著,责编许红兵)、《中央银行与货币政策》(张亦春编著,责编刘晖)、《管理心理学》(周妙群编著,责编许红兵)、《工商行政管理学教程》(郑春成编著,责编许红兵)、《会计英语教程》(黄世忠等编,责编许红兵)、《伦理学概要》(张善城编著,责编徐梦秋)、《大学法律基础》(盛辛民主编,责编黄茂林)、《C语言及其开发工具(上、下册)》(洪岷生等编著,责编吴辉荣)、《大学英语词汇综合测试题(1—3册)》(崔盈达主编,责编黄晓红)、《高等学校军事科学教程》(吴温暖编著,责编蒋东明)、《经济数学基础》(林文峰编著,责编蒋东明)、《算子逼近论》(陈文忠编著,责编蒋东明)、《概率统计简明教程》(骆振华编著,责编吴天祥)、《狭义相对论入门》(叶壬癸编著,责编蒋东明)、《大学物理实验指南》(苏登记、李文裕编著,责编蒋东明)、《人体解剖学(上、下)》(曾司鲁编著,责编宋文艳)。

(三)初步形成台湾问题研究的出版特色

1985年11月,厦大出版社出版了建社后的第一种图书——《台湾府志校注》(陈碧笙校注,责编林仁川)。该书是由时任厦门大学台湾研究所所长陈碧笙教授主持完成的。

图1-6　厦大出版社出版的第一种图书《台湾府志校注》

清代台湾首任知府蒋毓英所编纂并经历代官员和学者不断修纂而成的《台湾府志》,是研究清代台湾历史的重要史料。但由于年代久远以及各种历史原因,早期修纂的台湾志书亟待校注、整理与研究。1983年冬,厦大学者在上海图书馆复印蒋修《台湾府志》全书,由陈碧笙教授进行点校、注释,并交由厦门大学出版社正式出版发行。湮没300年之久的存世孤本终于重见天日,为海峡两岸学者的研究与利用提供了便利。著名国学大师陈捷先生在《清代台湾方志研究》中指出:"陈碧笙著,蒋毓英《台

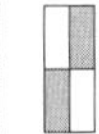

湾府志校注》一书用活字排印出版……此书流传极广,对蒋志之研究贡献亦多。”

这一时期,出版社对出版有关台湾问题研究的著作非常重视,出版了一批学术水平很高的论著,如:《战后台湾经济分析》(雷慧英编译,责编黄重添)、《台湾史学术交流论文集》(厦大台湾研究所编,责编黄重添等)、《台湾研究十年》(陈孔立主编,责编黄重添、何笑梅)、《当代台湾政治研究》(朱天顺主编,责编林劲、何笑梅)、《清代台湾移民社会研究》(陈孔立著,责编黄茂林)、《台湾亲属法和继承法》(李景禧著,责编黄茂林)、《台湾海峡两岸的古闽越族》(辛土成著,责编林仁川)、《闽台婚俗》(福建民俗学会编,责编陈福郎)、《隔海说文》(徐学著,责编王依民)。

30 多年来,出版社出版的一大批台湾问题研究方面的学术图书,成为出版社重要的学术品牌,因此,厦大出版社也被称为“台湾研究的出版重镇”。

(四)东南亚与华人华侨问题研究成为特色图书

东南亚与华人华侨问题研究是厦门大学的学术优势,有着悠久的研究历史和丰富的学术资源。出版社出版了一批这方面的研究书籍,如:《世界华侨华人简史》(陈碧笙著,责编陈森镇)、《东南亚华文文学与中国现代文学》(庄钟庆编著,责编陈福郎)、《华人在东南亚经济发展中的作用》(汪慕恒等译)、《中国帆船与海外贸易》(陈希育著,责编庄国土)、《印度尼西亚现代政治史纲》(孙福生著,责编陈福郎)、《福建省收藏华侨华人中外图书联合目录》(汪斌编,责编许红兵)。

(五)经济理论与实务研究图书彰显实力

经济学科是厦门大学的优势学科,具有悠久的历史和众多的人才。出版社非常重视挖掘经济学科的出版资源,出版了一批经济理论与实务方面的图书,是这一时期所出版图书占比最多的门类,如出版了《马克思社会再生产理论及其运用》(石景云著,责编杨炳昆)、《中国农村商业经济学》(谢佑权著,责编陈逸光)、《劳动力商品理论与现实》(林长华著,责编许红兵)、《马克思农村经济理论与中国的实践》(许经勇著,责编潘天顺)、《当代企业家与会计信息》(吴水澎编著,责编许红兵)、《马克思主义经济理论》(阮方确编著,责编许红兵)、《发展中国家资本形成与财政金融政策》(陈克俭等编著,责编潘天顺)、《金融市场与投资》(张亦春编著,责编高路明)、《产业价格学原理》(谢佑权著,责编许红兵)、《马克思生产劳动理论与当代现实》(陈永志著,责编许红兵)、

《〈资本论〉与社会主义财政理论》(邓子基编著,责编兰科坤)、《比较金融制度》(黄宝奎编著,责编潘天顺)。

(六)文史哲、法学、高等教育方面图书全面出版

厦门大学人文社科方面的学科建设历史悠久,形成独有的学科优势和特色。出版社在这方面出版了一批高水平的学术著作,成果丰富,如:《切韵综合研究》(黄典诚著,责编黄景湖)、《明清福建社会与乡村经济》(沈颢编著,责编林仁川)、《清代赋役制度研究》(陈支平著,责编杨际平)、《中国新民主主义政治制度史》(黄志仁编著,责编黄茂林)、《中国灾荒史》(张水良编著,责编陈福郎)、《均田制新探》(杨际平著,责编陈福郎)、《甲申中法马江战役》(郑剑顺著,责编陈福郎)、《李泰国与中英关系》(中国海关史研究中心编著,责编林仁川)、《国民党新军阀史略》(薛谋成编著,责编黄茂林)、《社会主义法哲学》(盛辛民编著,责编胡大展)、《中外合资企业法律的理论与实务》(曾华群、朱崇实著,责编陈森镇)、《当代西方哲学方法论与社会科学》(陈嘉明著,责编黄茂林)、《现代西方哲学评介》(谢庆绵编著,责编许共成)、《朱子学研究》(邹永贤著,责编黄茂林)、《门类艺术探美》(卢善庆著,责编陈森镇)、《艺术交往心理学》(黄鸣奋著,责编贺秀明)、《篇章修辞学》(郑文贞编著,责编陈福郎)、《丁玲与中国新文学》(丁玲论文编选小组编,责编陈福郎)、《高等教育系统工程》(廖泉文著,责编蒋东明)。

这一时期,出版社面对图书大众市场,还出版了一些文化艺术体育类图书,市场反响很好,如《虞愚自写诗卷》(虞愚诗书,责编蒋东明)、《余纲书法篆刻选集》(余纲书篆,责编蒋东明)、"现代人的风采"丛书(陈福郎主编),包括《人生竞技场》(宋文艳选编)、《大丈夫的小经验》(蒋东明选编)、《少男少女的憧憬》(黄茂林选编)、《初中文言文注译》(责编陈福郎)、《世界流行技击术》(林建华编著,责编郑海涛)。

(七)自然科学方面图书占领学术出版高地

作为综合性大学,厦门大学在理科方面的学科优势也是非常明显的,在自然科学的基础学科和特色学科方面成绩斐然。出版社出版了一批理科学术著作,影响深远,如:《现代分析基础》(张鸣镛著,责编骆振华、蒋东明)、《角动量理论与原子结构》(张乾二著,责编宋文艳)、《酶催化动力学原理与方法》(颜思旭著,责编陈子雄)、《妇科诊疗秘要》(李呈瑞著,责编勉之)、《时间序列分析引论》(骆振华著,责编郑海涛)、《泛函分析与最优理论》(王建举著,责编吴天

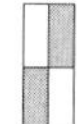

祥)、《半微积分极谱法》(王耀光著,责编蒋东明)、《海水分析的化学和生物学方法》(陈慈美编著,责编宋文艳)、《西北非近海渔业资源》(邱书院著,责编郑海涛)、《肝吸虫病——现代病理生物学及化学疗法》(林秀敏、唐崇惕著,责编宋文艳)、《动物显微技术学》(汪德耀编著,责编陈子雄)、《心律失常与临床心脏电生理学》(陈家天编著,责编蒋东明)、《实用最优控制理论》(贺建勋编著,责编蒋东明)、《多复变函数论》(陈叔瑾编著,责编邱春晖)、《海洋生态学》(沈国英等编著,责编宋文艳)、《电极学原理》(吴辉煌编著,责编宋文艳)、《海洋硅藻学》(金德祥编著,责编陈子雄)、《植物化学方法》(张风章编著,责编宋文艳)、《现代超声临床诊断》(林礼务编著,责编宋文艳)、《钢筋混凝土结构可靠度》(洪敦枢著,责编蒋东明)。

值得一提的是,1987 年 1 月出版的《现代分析基础》(张鸣镛著,责编骆振华、蒋东明),是出版社正式使用国际标准书号的第一种图书(ISBN 7-5615-0000-8/O・1),其中 7-5615 为厦门大学出版社出版者前缀,在这之前出版社的出版物使用的是统一书号。

八、主动为学校和地方经济文化建设发展服务

(一)成为宣传马克思主义理论的阵地

1989 年的政治风波引起了广大党员和人民群众对党和国家前途命运的关切。出版社旗帜鲜明地坚持四项基本原则,出版一批马克思主义基本原理与中国特色社会主义实践的图书,深受好评。如:《当代社会主义问题与党的建设》(梁敬生、洪成得主编,责编黄茂林)、《立国之本　强国之路》(厦门市委宣传部编,责编吴金枣)、《走历史的必由之路》(厦门日报编辑部编,责编吴金枣)、《辨伪・释疑・解惑》(福建《支部生活》编,责编陈森镇)、《历史・现实・未来》(朱永康、谢孝荣主编,责编沈名山)、《马克思主义原理》(肖华等编,责编黄茂林)、《中国社会主义建设》(万鉷等编,责编谢闻莺)、《新编科学社会主义》(蔡金发编,责编黄茂林)、《中国社会主义建设基本理论与实践》(熊穆权等编写,责编黄茂林)。

(二)为校史研究做贡献

厦门大学历史悠久,非常重视对党史校史的资料收集和整理研究工作,专门成立了由未立工为主任的厦门大学校史编委会,整理一批党史校史方面的资料,由出版社集中出版。例如:《厦门大学校史(第一卷)》(洪永宏主编)、《厦门大学院系馆所简史》(刘正坤、杨菊卿、郑文贞选编)、《厦门大学校史资料(第1—6辑)》(厦大校史编委会编,黄宗实、郑文贞、林祖谋、陈营、翁勇青等选编),以及反映厦门大学早期中共地下党斗争活动和先烈事迹的《永恒的浮标》《不息的浪涛》等,这些图书成为研究厦门大学校史的重要史料。

(三)为地方经济文化建设服务

这一时期,随着我国改革开放的不断深入,经济建设和文化建设的大发展,尤其是作为综合改革试验区的福建省,经济特区的厦门市,对出版工作提出了迫切的需求。出版社把为地方经济文化建设服务作为自己的重要任务,出版了许多相关的图书,如:《福建经济发展简史》(厦门大学历史研究所编著)、《福建财政史(上、下)》(潘心城主编,责编杨际平)、《福建海防史》(驻闽海军军事室编,责编陈福郎)、《来自综合改革试验区的报告》(曹尔奇主编,责编陈森镇)、《外向型经济发展战略》(胡培兆、黄山河编著,责编谢闻莺)、《福建地市人才需求预测》(张瑞尧主编,责编蒋东明)、《福建人才现状分析与对策》(潘潮玄主编,责编蒋东明)、《福建行业人才需求预测》(汪斌主编,责编蒋东明)、《福建山区人才开发》(福建省人才研究会主编,责编陈振明)、《三明精神文明建设探讨》(王育忠主编,责编陈森镇)、《厦门市房地产志》(厦门市房地产志编委会编,责编王依民)、《同安县经济社会发展战略》(厦门新亚经济所主编,责编许红兵)、《福建高校体育史》(黄渭铭主编,责编吴天祥)、《集美航海学院校史》(骆怀东主编,责编陈福郎)、《湄洲湾开发研究》(金文亨编著,责编谢闻莺)、《闽中人民革命史》(金文亨编,责编陈森镇)、《中国共产党福建省龙岩地区龙岩市组织史资料》(龙岩市委组织部编,责编邱松庆)、《中共福建省连城县组织史资料》(连城县委组织部编,责编邱松庆)、《一代英豪(上杭籍将军传)》(上杭党史办编,责编邱松庆)。

(四)"南强丛书"首次出版

1991年4月,为庆祝厦门大学70周年校庆,宣传和弘扬"南强精神",推动我校教学、科研和出版工作,繁荣社会主义科学文化事业,学校决定使用校

友黄克立先生等捐赠的教学科研基金,由厦大出版社出版首辑“南强丛书”(共 15 种)。具体书目为:

1.《马克思主义国家学说概论》(邹永贤著,责编黄茂林)1994 年获福建省第二届社会科学优秀成果一等奖。

2.《杜牧论稿》(吴在庆著,责编王依民)1991 年获 1988—1991 年福建省第三届优秀图书编辑三等奖。

3.《海明威在中国》(杨仁敬著,责编陈福郎)1991 年获美国肯尼迪图书馆 1991 年度海明威研究奖。

4.《南北朝经济史略》(韩国磐著,责编王依民)1992 年获首届高校出版社学术著作优秀奖。

5.《清代台湾移民社会研究》(陈孔立著,责编黄茂林)1994 年获福建省第二届社会科学优秀成果一等奖。

6.《中南两国外国人投资法比较研究》(朱崇实著,责编陈森镇)。

7.《宏观经济调控分析》(罗季荣著,责编陈逸光)1992 年获“光明杯”优秀哲学社会科学学术著作三等奖,1994 年获福建省第二届社会科学优秀成果二等奖。

8.《产业价格学原理》(谢佑权著,责编许红兵)。

9.《实变与泛函》(厉则治著,责编吴天祥)。

10.《李文清科学论文集》(李文清著,责编吴天祥)。

11.《光纤通信导论》(石守勇著,责编蒋东明)。

12.《角动量理论与原子结构》(张乾二著,责编宋文艳)。

13.《系综原理》(苏文煅著,责编王尊本)。

14.《海洋硅藻学》(金德祥著,责编陈子雄)。

15.《厦门兰谱》(严楚江著,责编吴天祥)1992 年获首届高校出版社学术著作优秀奖。

“南强丛书”作为反映厦门大学优势学科、特色学科前沿研究成果,代表厦门大学学者最高研究水平的学术著作,影响极佳,广受赞誉,成为厦门大学的一个重要的学术品牌。此后,“南强丛书”的学术出版工作不断地延伸,在厦门大学逢五、逢十校庆期间出版新辑。到 2019 年为止,“南强丛书”共出版 6 辑 90 种,每一辑都从一个侧面反映了厦大学人奋斗的足迹和努力的成果,每一部著作都是厦大发展与进步的一个见证。在这些高水平的学术著作中,有 45%获得省部级以上的各种图书奖、国家重点图书出版规划项目,其权威性已被广泛认可,在学术界和出版界产生较大的影响。

图 1-7　首辑“南强丛书”

1990 年，根据国家新闻出版署关于编制“八五”国家重点图书出版规划的要求，出版社制定了《厦门大学出版社“八五”出版规划》。规划中提出厦门大学出版社在“八五”期间的奋斗目标：坚持社会主义出版方针，以提高图书质量为中心，适度规模发展，5 年内出书 400 种左右，争取较大的社会效益和经济效益。规划还提出，为了实现“八五”奋斗目标，厦门大学出版社要以质量求生存，以质量求发展，以质量求繁荣，努力向社会提供优质的精神食粮和文化成果。主要措施是：抓好一批骨干工程，推出一批有影响的重点图书，特别是重点学科、基础学科、新兴学科和交叉学科的主要教材，力求做到系列化；发挥地缘优势和学科优势，强化原有的图书特色，加强对南洋、港澳、台湾和经济特区方面研究成果的出版，成为对外文化交流的窗口；加强中青年作者队伍的建设，努力为他们的优秀著作的出版提供条件，为提高学校的教学科研水平做出贡献。同时，“涉外经济系列丛书”(9 种)、“南洋研究丛书”(7 种)、“台湾研究丛书”(8 种)被列为国家“八五”重点图书选题。

九、多次承办全国性出版工作会议，创办出版社书店和高校图书代办站

1988年11月，华东地区高校出版社工作研究会第四次年会在厦门大学召开，这是幼小的出版社首次承办的大型会议。出席会议的有中国大学出版协会副理事长高旭华，华东地区大学版协理事长、上海交大出版社社长施福升，以及华东地区19家大学出版社代表共90多人。会议在厦大专家楼举行，与会人员就大学出版社的办社宗旨、学术著作和教材出版、人才引进和培养、经营管理等方面问题进行交流。陈天择社长、周勇胜总编等出版社领导就利用母体大学的学术资源创建出版特色进行交流，受到与会者的高度重视。出版社全体人员积极参与会议的会务工作，会议取得圆满成功。

1990年10月，全国人大教科文卫委员会副主任委员刘冰同志、全国人大教科文卫委员会办公室主任史晓风同志、福建省人大常委会副主任张渝民同志、福建省人大常委会教科文卫委员会副主任陈奎同志等一行，到出版社检查《中华人民共和国著作权法》的贯彻实施情况，再次表扬厦大出版社为我国版权工作的开展所做出的努力，也充分肯定我社几年来出版工作所取得的成绩，指出“厦大出版社的出版物是严肃的，方向是对的”。

1991年4月，全国大学出版社第三届图书看样订货会由厦大出版社承办。参加这次订货会的大学出版社有84家，地方出版社5家，新华书店156家，共550人。中国大学出版社协会理事长、国家教委条件装备司副司长高炳章，大学版协秘书长、国家教委出版管理处副处长魏小波，新闻出版署出版管理处王然，大学版协副理事长高旭华，以及各社领导亲临这次订货会。厦大出版社社长陈天择主持大会，高炳章副司长发表讲话。订货会在新建的厦大明培体育馆举行。出版社全社人员参与各项会务工作，他们同样克服种种困难，以热情的服务和真诚的态度，弥补办会条件的不足，获得与会人员的理解和支持。会议取得了圆满成功，获得显著的社会效益和经济效益，订货码洋首次突破1000万，这是大学出版社与图书发行界一次合作成功的盛会，受到国家教委主管部门和兄弟大学出版社的表扬和奖励。

图 1-8　全国大学出版社第三届图书看样订货会

1987 年 7 月,厦大出版社发行业务处在“厦大一条街”开业。同年 11 月,经国家教委全国高等学校出版社联合出版发行服务中心批准,成立“厦门大学出版社高校图书代办站”。这是厦大出版社早年创办的两家子公司。

厦大出版社开办之初便十分注意出版物要面向读者,积极开拓市场。在学校领导的支持下,厦大出版社在厦大最繁华的商业地带“厦大一条街”设立“发行业务处”,此后又更名为“南强书苑”,主要销售本版书和高校教材。同时利用书店举办多种新书发布会、作者读者见面会等活动。南强书苑经过不断发展壮大,其服务范围逐渐增加,从销售图书拓展到销售校园纪念品、速印、配眼镜等方便广大师生员工和游客的服务。南强书苑还获得“全国十佳校园书店”的光荣称号。

厦门大学出版社高校图书代办站致力于为学校教学科研提供服务,为福建省内其他高校供应教材。在多年的努力下,代办站销售业绩屡创新高,服务质量和企业声誉屡受好评,业务涵盖了福建省各个地级市,服务省内高校 35 所,打造了具有厦大出版社特色的服务品牌。代办站是众多大型出版集团(社)在福建省的核心经销商和重点经销商,连续多次被上游出版单位评为“全国核心/优秀经销商”,屡获上级主管单位及行业媒体评奖加冕,如“全国优秀图书代办站”“全国优秀教材经销商”等称号。

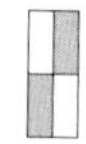

图1-9　南强书苑

出版社在“初创探索时期”，由于坚持大学出版社的办社指导思想，坚持依托高校学术资源和优势，齐心协力，勤俭办社，形成了自己的图书特色，也使出版社初具规模，探索出一条小型大学出版社的发展之路，为出版社今后的出版物品牌建设和综合实力的增强奠定了牢固的基础。

（本章撰稿人：蒋东明　许红兵）

第二章　改革立社时期(1992—1998年)

一、坚持办社宗旨,以改革促发展,向管理要效益

1992年春天,邓小平南方谈话在神州大地刮起了改革的旋风,"市场经济"一词成了全国人民口中的热词。解放思想,更新办社理念,把出版社融入社会主义市场经济的大潮和创建出版社的图书特色是厦门大学出版社这一时期的主旋律。

1992年8月初,分管大学出版社的国家教委条件装备司,组织中国大学出版社协会常务理事单位的领导到北国边陲的黑河市开会,讨论如何应对新的形势。在这样的背景下,厦门大学出版社党支部书记陈福郎出席了这次由20多人参加的社长总编会议。会议学习了邓小平南方谈话,建立社会主义市场经济体制将是不久就要召开的党的十四大的亮点。这次大学版协常务理事会开得很成功,"思想要解放一点,步子要大一点,要在出版社内建立激励机制"成为大家的共识。但是,当时思想僵化、墨守成规的现象还很普遍,会后各大学出版社进行机制改革的步子有快有慢,由于各种阻力,改革的力度差别也很大。黑河会议结束后,党支部书记陈福郎回到出版社,在社长陈天择、总编周勇胜的支持下,召开了一系列会议,进行了解放思想、转变观念的大学习、大动员,决心对出版社现行计划经济体制的"大锅饭"制度进行改革,改革的核心是实行经济责任制。

1992年下半年,在社长陈天择、总编周勇胜、党支部书记陈福郎的主持下,出版社先后经过11次的反复讨论和研究,进行了激烈的思想交锋,冲破了计划经济的思想束缚,迈出了改革的关键一步,制定了一系列关于各科室人员经济责任制条例及岗位职责。其中最重要的是确立了编辑在出版社的主体地

位,制定了在坚持学科分工的前提下,责任编辑每年必须完成规定的图书利润指标,超额完成利润指标的给予利润奖励的制度。这些改革的步伐走在全国高校出版社的前列,大大激发了职工的工作积极性和创造性,对提高出版社的"双效益"产生了重大和深远的影响。这是在邓小平南方谈话的鼓舞下,出版社在改革发展途中具有里程碑意义的事件,这些改革措施,在出版社内形成了自我激励、自我约束、自我完善、自我发展的运行机制。

此后,在不断深化的改革中,厦门大学出版社还陆续出台了关于重大选题策划、编务管理、办公制度、编校质量、印制质量、财务制度、仓储管理、营销考核办法等全面的考核制度。特别是1995年出版社自主研发的"南强出版管理系统"的使用,使得厦门大学出版社的管理在规范化、便捷化、精细化方面一直走在全国出版行业前列。

1993年秋天,在武夷山召开的福建省出版理论研讨会上,陈天择社长针对厦门大学出版社进行出版改革的认识和做法提交论文《市场经济与大学出版社改革》。论文开宗明义指出,我国经济体制改革的目标是建立社会主义市场经济体制。它是否适用于出版业的改革,是否适用于大学出版社的改革,这是我们需要加以解决的一个认识问题,也是摆在我们面前的一个紧迫任务。党的十四大报告指出:"建立社会主义市场经济体制,涉及我国经济基础和上层建筑的许多领域,需要有一系列相应的体制改革的政策调整。"我国经济体制的根本性变革,必然要影响到上层建筑,作为上层建筑一部分的图书出版业,同样需要适应社会主义市场经济体制的建立,出版业进行体制改革和政策调整是不可避免的。因此,大学出版社在适应社会主义市场经济体制,向市场经济转变中,必然也面临着机遇与挑战的考验。论文指出,出版改革归根结底是要进一步解放和发展出版生产力,建立与社会主义市场经济体制相适应的新的出版体制。一是要尽快从适应计划经济的经营向适应市场经济的经营转变;二是要从单一品种向多品种、多层次转变;三是适应市场经济下的经营是一个渐进的过程;四是建立完善的、有活力的大学出版社管理体制,为此要强化全社人员的质量意识,要强化全社人员的经营意识,要变守株待兔为主动出击,要重视硬件和软件的建设。

1992年11月,出版社党支部书记、副编审陈福郎参加了闽浙赣三省出版理论研讨会,并在会上作了"关于大学出版社图书特色形成之管见"的专题发言,该发言整理成论文后随即在权威的《编辑学刊》发表。这篇讲话,阐述了大学出版社创立特色的基本途径,并结合厦门大学出版社的实践,论述了小型出版社只有发挥学校的学科优势,才能形成自己独有的特色,从而在高手如林的高校出版社中求生存求发展，进而脱颖而出。讲话中指出，重点大学显然都有自己的“拳头产品”，即重点学科。这些重点学科集中了一批学术造诣精深的专家及潜力很大的学术梯队，各学科学术带头人有多年的治学著述经验，梯队的中青年思想活跃，思维敏捷，知识结构比较新，处于该学科的最佳位置。他们的教学、科研成果无疑在学术界有着独特的优势，其编写的教材有相当的权威性，其研究著作往往独树一帜。因此，紧紧地依靠本校的学科优势，是大学出版社形成自己图书特色的关键一环。不久，陈福郎又对这一理念作了深入的阐述，写成论文《试论大学出版社的特色与价值取向》，入选第六届国际出版学研讨会进行交流。以特色为导向，努力实现人无我有，人有我新，形成小而优小而特的出版格局，成为出版社领导班子的共识。

这一时期，从全国来看，高校出版社都在努力适应社会主义市场经济体制，增强市场意识、竞争意识、经营意识，开始探索事业单位企业化管理模式，以规模和数量的增长为主要特征。在管理上，形成了比较符合实际、行之有效的规章制度；在生产中市场意识、策划意识、质量意识、效益意识、精品意识、特色意识得到加强。为了进一步加强导向，端正办社方向，1995年1月5日，国家教委和新闻出版署在北京联合召开了第四次全国高校出版社工作会议，总结出版社改革的经验，分析和解决改革过程中出现的新问题。

这次会议认为，绝大多数高校出版社坚持正确的政治方向，出版了一大批宣传、研究建设有中国特色社会主义理论与建立社会主义市场经济体制有关的图书；坚持把出版教材作为自己的首要任务，出版了一大批的学术著作和科技图书，对高教事业的发展，特别是对高校教学水平的提高、科学研究的繁荣、优秀人才的培养，乃至整个学校的精神文明建设都发挥了重要作用。会议同时也指出，必须清醒地看到，近两年来，少数高校出版社出现了程度不同的问题。有4家高校出版社的14种图书受到国家新闻出版署通报批评或取缔，查处面占全国的26%，有4家高校出版社被整顿，5家高校出版社被限制了出书范围，问题的产生和集中程度是多年来少见的，在社会上造成了极其不良的影响。

会议指出，高校之所以要成立出版社，是为了支持教育和科研工作。它是学术性较强的事业单位，不是为解决学校经费困难而设立的创收单位，而是反映学校的层次风格和水平的一个窗口，出版社的形象和声誉就是学校的形象和声誉。高校出版社的出版物应表现出更高的学术水平和精神文明境界。学校应加强对出版社的领导，选好社长，配好班子，建好支部是坚持方向、办好出版社的关键。要在端正办社方向，加强管理的基础上，推动高校出版社深化改革。会议明确高校出版社是学术性较强的事业单位，又是生产经营性实体。

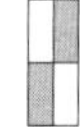

它的产品既是精神产品,又是物质产品。出版社的社会效益和经济效益都要通过它的出版物到社会上、到市场上去实现。精神生产与物质生产,社会效益与经济效益如此具体、不可分割地连接在一起,是出版社的基本特点,是我国出版工作的一个本质的规定。会议同时指出,出版社在坚持把社会效益放在首位的前提下,必须努力提高经济效益,没有经济效益,出版社不仅不能壮大发展,也会自我淘汰。从物质产品的角度,出版社的产品必须面向市场,必须遵循市场规律、经济规律,在经营管理上,要借鉴采用企业管理的形式,加大改革的力度。会议明确提出,在今后一个时期内高校出版社要走以内涵发展为主的道路,厘清思路,深化改革,形成规模效益。会议结束后,国家教委、新闻出版署于1995年4月联合发布了《关于高等学校出版社加强管理深化改革的若干意见》,对高校出版社的各项管理工作做出了明确的规定,进一步明确办社宗旨,以改革促发展,向管理要效益,使高校出版社驶向健康可持续的发展轨道。

二、坚持高层次、高质量、有特色的编辑方针

由于福建省新闻出版局要求厦门大学出版社严格按照出版社专业分工申报选题,加上学校给出版社的人员编制只有30人,鉴于出版图书范围受限,职工人数数量偏少这一情况,厦门大学出版社从实际出发,以"小而优,小而特"为基本办社方针,以高层次、高质量、有特色的编辑方针制定选题计划,虽然出书规模不大,但图书的层次高质量高,有一大批图书获得各类奖项,取得了良好的社会效益。据统计,本时期7年中共有119种图书获得136项省级以上的奖励,获奖率居全国高校出版社前列,其中《税利分流研究》《膜分子生物学》荣获中国图书奖。由于制定了明确的岗位责任制和激励机制,这时期的经济效益实现了稳步增长。这一期间国家教委对厦门大学出版社进行了评估验收,给予很高的评价,认为厦门大学出版社"坚持正确的办社方向,执行党的出版方针,遵守出版纪律和专业分工的原则,出书结构合理,落实了为教学科研服务的宗旨,出版了一批优秀的教材和专著,为学校的学科建设和人才培养做出了一定的贡献。树立了精品意识,图书获奖率较高"。厦门大学出版社以优秀的分数通过国家教委的评估验收,标志着厦门大学出版社已走出初创时期,进入了良性的发展阶段。

(一)本时期完成了列入国家“八五”规划重点图书的“涉外经济研究丛书”“台湾研究丛书”“南洋研究丛书”的编辑出版任务,在经济学、台湾研究和华人华侨研究方面初步形成了自己的图书特色

厦门大学在20世纪50年代初高校院系调整中保留了经济学科。已故校长王亚南是《资本论》译者和著名经济学家,在经济学科领域培养了一批学术骨干。在改革开放的新形势下,厦门大学的经济学科得到了较快的发展,成立了经济学院,由原来的一个系衍生出7个系、所。加之厦门大学地处厦门经济特区,因此出版经济类的图书成为厦门大学出版社的一个重要特色。出版社发挥了特区建设思想库的作用与中外文化交流窗口的功能,出版一批介绍当代先进管理经验的理论图书和部门经济的教材,为改革开放和特区建设的人才培养,提供了急需的知识。几年来,厦门大学出版社在财政金融、财务会计、审计、统计、企业管理、经济理论等方面的图书的教材已形成系列化。其中,国家“八五”规划重点图书“涉外经济研究丛书”的《外商投资工业企业会计核算》《地方国际收支研究——方法、原理、实证》《国际金融新论》等均有较高的水平,其中《外商投资企业会计与财务管理》重印数次,深受广大读者的欢迎。

厦门大学台湾研究所是全国最早成立的专门研究台湾问题的学术机构,致力于台湾政治、经济、社会、历史、文学等方面的研究,研究队伍实力雄厚。这一时期,厦门大学出版社出版的有关台湾研究方面的图书已有数十种,如《战后台湾经济分析》《当代台湾政治研究》《清代台湾史研究》《跨越海峡》等一批图书,从不同的角度,研究台湾经济、政治、历史和海峡两岸的现实关系。国家“八五”规划重点图书“台湾研究丛书”出版了20多种,其中研究海峡两岸法律制度比较的图书,从刑法、诉讼法、经济法、宪法、民法和行政法等方面立体地进行论述,为交往日益密切的两岸的法律工作者提供了法律知识。而台盟前副主席、著名台湾问题专家李纯青先生近半个世纪有关台湾问题的论著《李纯青台湾问题论集》,则以其权威性和历史价值,为学术界所重视。这一时期,出版社台湾问题研究方面的图书已形成多层次发展的态势,既有高水平的学术专著,又有加强海峡两岸相互了解的知识性读物;既有对台湾历史与现状深入研究的成果,又有对大陆改革开放具有参考价值的经济信息。

厦门大学南洋研究所是我国最早建立的专门研究东南亚和华侨问题的综合性研究机构,在海内外颇具声誉。同时,厦门大学又是爱国华侨领袖陈嘉庚先生创办的,与东南亚毗邻,同东南亚各国及当地华人华侨有密切的“血缘”“地缘”关系。这一时期,出版社利用这一优势,积极开发这方面的选题,使东

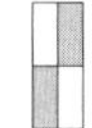

南亚华人华侨的研究成果成为出版社图书的一个重要组成部分，出版了一批反映东南亚经济发展、海外华人历史与现状、华侨国内投资、东南亚历史研究的图书。国家“八五”规划重点图书“南洋研究丛书”的《世界华侨华人史》《南洋研究论文集》《华侨华人研究文献索引》等均是富有文化积累价值的图书。

(二)本时期出版的精品学术图书

著名经济学家邓子基的《税利分流研究》(责编陈丽贞)于1994年12月出版，1995年3月荣获第九届中国图书奖。同年，该书还荣获第二届华东地区大学出版社优秀教材学术专著一等奖、全国普通高等学校税收类优秀教材成果奖。这是全国第一部系统研究税利分流的专著，共九章。作者以马克思主义的财政理论为指导，结合国情，从分析政府双重职能与财政的关系出发，探索了处理国家与国有企业分配关系的规律性和有效模式；提出了社会主义国家的“一个主体，两种身份、两种权力、两种职能、两种分配方式和两种分配关系”的理论；强调了国家参与国有企业纯收入分配所凭借的两种权力和履行两种职能的观点，即税利分流的基本理论依据；论证了税利分流是理顺国家与企业分配关系的方向性选择；提出了税利分流的框架及配套措施。作者指出，社会主义国家具有双重身份，一方面是政权行使者，具有政治权力，执行社会管理职能；另一方面是全民所有制的代表者，行使财产所有权，执行资产管理职能。财政是以国家为主体的分配，既要凭借政治权力取得税收，又要凭借财产所有权取得资产收益。因此，国家对国有企业的纯收入，必须实行税收和利润分流，分别取得，并且要实行税后还贷、税后分利，采取多种的利润上缴形式。作者主张，实行税利分流的同时，要实行财税体制、金融体制、价格体制和企业财务制度等的配套改革，并提出了一系列独到的见解。最后，作者还对税利分流的实践及前景作了切实的分析。我国著名财政经济学家叶振鹏高度评价该书，认为“这是一部阐述全面、分析深入、论证精辟的成功之作”，“该书始终坚持理论与实践相结合，做到有的放矢，使它对中国的改革具有理论与实践的意义”。财政部刘瑞杰评价

图2-1　税利分流研究

道:“邓子基教授的税利分流理论,是马克思主义基本理论和西方现代经济理论密切结合的产物。”

细胞生物学教授洪水根、汪德耀的《膜分子生物学》(责编施高翔、沈明山)于1995年1月出版,1996年该书荣获第十届中国图书奖、福建省优秀图书编辑一等奖。膜分子生物学是现代生物科学前沿学科,近30年来进展极快。该书参考国内外众多有关资料,并结合作者的教学实践,分四篇详细介绍了膜分子生物学基本理论:第一篇着重介绍生物膜的组织结构;第二篇介绍了生物膜的功能,包括物质运输、能量转换、信息传导三大功能,并将功能与结构辩证地联系起来;第三篇介绍膜的生物合成和装配;第四篇介绍生物膜的研究方法。书中还介绍了近10年来生物膜研究的最新成果和进展,如信号肽、信号识别颗粒、G蛋白等新概念。配有195幅插图,以便于教学使用。该书是国内第一部可用于高等院校有关专业膜分子生物学课程教学的教材。

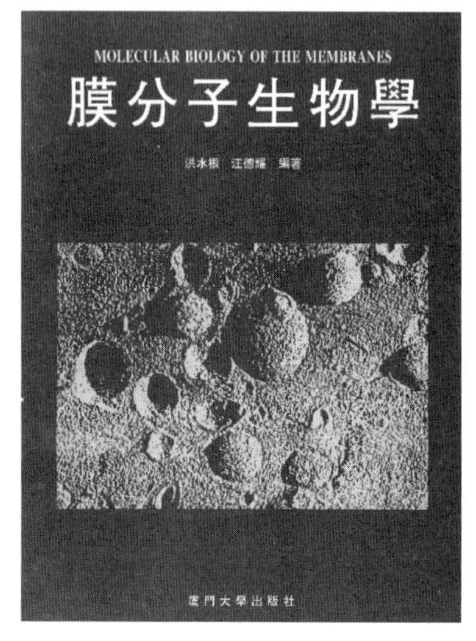

图2-2 膜分子生物学

在学界和社会上产生很大影响的《当代中国女性文学史论》(林丹娅著,责编陈福郎),是这一时期的一部重要著作。女性文学研究专家林丹娅教授以其有别于父权制历史形成的男性文化中心的独特思维与视野,系统考察了女性文学的现象过程,研究了中国女性作家作品以及其书写行为的过程与意义,展现了女性精神史的种种形态,是一部以论带史,史中有论,史论结合的学术著作。本书在研究方法上形成了自己富有特色的学术格局。它从史的角度出发,对东西方文化意识交汇

图2-3 当代中国女性文学史论

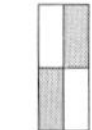

下的当代女性文学做了宏观考察，梳理其文学流变及发展脉络；从女性文化特质出发，考察形成此种特质的历史文化渊源，研究此特质在创作流程中对思维的规定及在作品中体现的表层结构与深层意蕴的意义；从艺术与审美价值出发，对重要女性作家作品进行微观剖析，勾画女性文学的具体面貌及独特品质。该书由吕振万出版基金资助出版。该书出版后入选第四届国际妇女大会的献礼书，出版社赠送给大会的 1000 册书发至各国代表手中。众多重要新闻媒体对本书的出版作了报道。北京大学中文系教授、博士生导师、著名学者、作家谢冕在《中国图书商报》以《隐藏于事实“缝隙”中的光芒》为题发表了评论文章，著名女性文学研究专家、福建师范大学教授荒林以《女性话语的自觉》为题在《福建日报》发表了评论文章。出版社常务副总编、本书责任编辑陈福郎在《中国图书评论》《书城杂志》发表了评介文章。本书荣获中国社会科学青年优秀成果奖，是当代中国女性文学研究早期的代表作之一，再版和重印多次。

荣获教育部第二届全国普通高校人文社会科学优秀成果奖二等奖的《中国赋役制度史》(郑学檬等著，责编郑以灵)，十分重视赋役制度与国家政治、经济形势、财政状况，与社会各阶层负担的密切关系，将中国赋役制度放在中国经济发展过程中考察、分析，力图勾勒出赋役制度演变的背景。全书在篇幅安排上，则紧扣土地税(农业税)、工商杂税和役法等主要问题，进行深入、系统的分析，既注重正税、正役，也注重与民生关系密切的杂税、杂役。对各朝的各种赋税和役法既注重阐述政策规定，又注意考察其具体实施情况，以期较全面地揭示社会各阶层赋役负担的实际情况。该书对史实的分析注重实事求是。如东汉以后，租赋大体仍旧，横调与横赋敛成为民户的经常性负担，甚至成为民户的主要负担，最后也导致曹操整顿赋税制度时，将过去的口钱、算赋和各种横赋敛归并为户调。又如指出北周政策虽规定丰年全赋，中年半赋，下年三之一，实际上则多是全赋。再如唐代军府州的简点府兵，政策规定“财均者取强，力均者取富，财力又均，先取多丁”，并规定凡差卫士征成镇防，“父兄子弟不并遣”，实际上并未始终贯彻，太宗、高宗年间，这些规定大体上被遵行，武周后则完全被破坏。这样实事求是地分析各朝代不同时期的赋役状况，比较符合历史事实。

《黄道周纪年著述书画考》(上、下册)(侯真平著，责编颜章炮)分别于 1994 年 8 月、1995 年 1 月出版，是出版社本时期一部得到海内外学界高度好评的专著。作者以 12 年(1984—1995 年)之力完成了这部 64 万字的学术专著，比较全面、系统、详细地考证黄道周生平、著述及其版本、书法绘画作品。本书出版后荣获福建省第三届社会科学优秀成果奖。该书对黄道周的生平纪年、著述及书法、绘画作品进行考订,还对黄道周一生的多方面的成就进行了评论,不仅填补了本项研究的空白,也同时为史学、哲学、艺术、书法、绘画研究工作者,提供了较为系统的有关黄道周的研究资料与研究成果,可供参考与借鉴。

本时期选题学术价值高、图书质量上乘的优秀学术专著还有《当代西方通货膨胀理论》(邓力平著,责编谢闻莺)、《证券投资理论与技巧》(张亦春、郑振龙著,责编许红兵)、《国际金融新论》(黄有土著,责编许红兵)、《李光地传论》(许苏民著,责编林其泉)、《中国与琉球》(谢必震著,责编陈福郎)、“中央苏区历史研究丛书”(孔永松等著,责编徐长春)、《实用主义思潮的演变——从皮尔士到蒯因》(彭越著,责编陈森镇)、《现代认识论研究》(陈铁民著,责编黄茂林)、“茅盾研究丛书”(共五种,罗宗义、唐纪如等著,责编陈福郎等)、《皎然年谱》(贾晋华著,责编王依民)、《切韵综合研究》(黄典诚著,责编黄景湖)、《当代海外华人社团研究》(李明欢著,责编杨际平、徐长春)、《东南亚华人企业集团研究》(汪慕恒著,责编陈丽贞)、《走出慕比乌斯情节——世纪末音乐美学断想》(宋瑾著,责编文慧云)、《欧洲高等教育近代化——法、英、德近代高等教育制度的形成》(黄福涛著,责编牛跃天)、《肿瘤的分子生物学研究》(苏文金著,责编了然等)、《电化学工程导论》(吴辉煌、许书楷著,责编宋文艳)、《海洋桡足类生物学》(郑重等著,责编宋文艳)、《俞慎初论医集》(俞慎初著,责编吴天祥)、《陈立夫与中医药学》(李良松著,责编吴天祥)、《统一科学初探》(庄世坚著,责编蒋东明)等。此外还在一些图书,在此不一一赘述。

(三)坚持办社宗旨,努力为学校的教学科研服务

作为大学出版社,其办社宗旨就是立足本校,面向社会,出版高校教材、教学参考书、学术著作和古籍整理。这一时期厦门大学出版社在迎接市场经济的挑战的同时,坚持了这一办社宗旨,把工作重心放在发挥本校学科优势上,做好教材和学术专著的优化选题工作。在所出版的图书中,教材和专著占80%。出版社为本校会计学、财政学、统计学、中国社会经济史、物理化学、动物学和高等教育学等7个全国重点学科出版了近200种本科与研究生教材,形成了一定的规模,对这些学科的建设起了重要作用。如为会计学系出版了《现代西方财务会计理论》《外商投资企业会计与财务管理》《最新会计实务丛书》等;为财政金融系出版了《财政与信用教程》《社会主义货币银行学》《比较金融制度》等,形成了适合不同层次的教材系列。在物理化学方面,出版了《电化学实验方法进展》《角动量理论与原子结构》《电极学原理》等一批体现该学

科最新进展的高水平的教材。中国经济史方面，出版了《南北朝经济史略》《中国赋役制度史》《均田制新探》等一批专题性的研究生教材。当时厦门大学有20个博士点，博士导师大部分都在出版社出过书，许多中青年学者正是通过在出版社出版他们的著作而开始崭露头角。一批又一批的教师通过著书立说，成了教学、科研骨干，并得以晋升教授，评上博士生导师，成为学术带头人。

这一时期，厦门大学出版社非常重视依靠学校和社会力量，筹集优秀教材专著的出版基金。在旅港校友黄克立先生的赞助下，出版社于1991年出版了第一辑"南强丛书"这套高水平的学术专著，其中好多都是作者与其他出版社联系多年难以出版的优秀之作。1994年出版社又会同学校教务部门共同出资25万元，资助出版优秀教材。其做法是，由各系征集书稿，进行筛选，最后推荐一至两本主干课、基础课、新专业的成熟教材，然后经专家审稿，领导小组评审决定。这种形式既有效地把好了质量关，也解决了出版经费的困难。第一批出版了《国际投资法教程》等20多种教材，其中8种富有特色的高质量教材列入"南强丛书"教材系列出版。此外出版社还努力吸引社会赞助来出版优秀图书，如香港著名企业家吕振万出资100万元港币设立了"吕振万出版基金"，每年拨款10万元港币资助出版财经类和其他学科的优秀图书。

厦门大学出版社十分注重优秀中青年教师作者的书稿，为他们排忧解难，使他们得以尽快将教学和科研成果书面化、成品化。如厦门大学的货币银行学博士点，博士生导师洪文金教授去世后，该博士点面临必须尽快递补学科带头人的严重局面。出版社在不长的时间内，为该学术梯队的成员出版了《社会主义货币银行学》《银行信贷管理学》等9部教材、专著，从而巩固了这一博士点。出版社还凭借乐于奉献的精神，使得一批批有文化积累价值的老专家的成果得以出版问世。如人类学教授庄为玑在历史地理方面的研究有较高的造诣，他的书稿《古刺桐港》酝酿多年，因为缺少助手，迟迟不能成书，出版社为了抢救"活遗产"，物色了得力的审稿人和编辑，帮助他把书稿整理出来，甚至组织人员替他誊清抄正。中文系郑朝宗教授的《西洋文学史》也是在出版社精心组织下，物色助手(郑松锟)帮助他成书，使他的教学成果形成图书，流传后世。

这一时期为学科建设服务成为亮点的是出版了广告学系列教材，取得了"双效益"。厦门大学广告学专业是全国高校第一个创办的广告专业，因缘际会，厦门大学出版社于1988年出版了中国大陆第一部广告学教材《广告原理与方法》(陈培爱主编，责编陈福郎)，这部教材的出版为这一学科的教材建设奠定了最初的基石。厦门大学广告专业经过几年的教学和人才培养，逐步建立起一支有教学经验的教师队伍，培养了一批社会亟须的广告人才。社会的转型与现实的需要,对本学科的发展提供了广阔天地,而厦门大学广告专业此时也有能力编写出一套中国大陆的广告学教材,以满足和提高教学的需要,满足社会转型后广告从业人员迅速膨胀产生的对广告图书的需求。1993年厦门大学出版社出版了陈培爱主编的国内高校第一套广告学系列教材“21世纪广告丛书”(共10种,责编陈福郎等),这套系列教材的出版,对厦门大学广告专业的学科提升起到了促进作用。1997年传来了令出版社自豪的好消息,厦门大学广告专业被学界和业界评为知名度和美誉度全国第一,被誉为中国广告人才的“黄埔军校”。这其中“21世纪广告丛书”作为全国第一套系列化的广告教材,为该学科的建设做出了重要贡献。这套教材后来不断增加品种、补充修订,长销了20年,取得了显著的社会效益与经济效益。

三、激励机制见成效,经济效益明显提高

(一)新的管理机制,催生了公共课教材的出版

1993年,被任命为理科(含外文)编辑室主任的宋文艳,上任伊始就深入福建省内高校和图书市场进行全面、系统的市场调查,并多次与大学教师座谈,寻找新的出版方向,最终确定把突破口放在高校教材使用量最大的英语和计算机这两门公共课程上。她在与厦门大学公共英语教学部的老师交流中,得知大学公共英语课虽然已有统编的精读课教材,但缺少阅读教材。于是,在时任公共英语教学部副主任张秉照老师的支持下,宋文艳与福建省大学英语教学研究会取得联系,双方经过一番探讨,决定抓住当时《大学英语精读》教材中阅读材料较为陈旧的机遇,与福建省大学英语教学研究会合作出版一套《大学英语阅读教程》,争取在全省各高校推广使用。书稿由厦门大学、福州大学和华侨大学部分教授“大学英语”的老师编写,由省大学英语教学研究会负责审稿,出版社负责整套书的策划、编辑、出版与推广工作。这套教材于1995年8月出版之后,因为取材新颖,很快就一炮打响,年销售量超过1万套(在高校扩招前,这几乎是当时全省一届大学生的用量),创下了当时厦门大学出版社教材的“发行量之最”,而这套书的运作模式也为我社日后采取“多校参编、共同使用”的组稿模式奠定了基础。

《大学英语阅读教程》初试成功证明,传统的包印包销的出版方式并不能

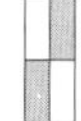

让出版社做大做强，只有打破惯有的组稿、营销方式，走出“象牙塔”，多出一些能够不断重印的书才能让出版社营收的雪球越滚越大。在《大学英语阅读教程》顺利推出后，宋文艳又带领理科编辑室开始向计算机教材的出版领域进军。其时，高校的计算机教学才刚开始全面推开，福建省教育厅正在组织全省高校进行计算机等级考试，在厦大经济学院财金系负责计算机教学的薛永生老师的帮助下，宋文艳抓住这一“千载难逢”的机会，迅速介入了计算机教材板块的出版。

万事开头难。当时不仅出版社规模很小，而且学校在计算机教学、科研领域声望也不高，要想说服省计算机考试委员会的老师将全省计算机等级考试用书交给厦门大学出版社可谓难上加难。宋文艳同志多次奔赴省城，向考试委员会成员陈述大学计算机教材放在大学社出版的专业优势以及厦门大学自身的品牌效应，并向老师们承诺不仅要保质保量、按时出版，而且要提供送货上门等专门服务。经过耐心细致的工作，终于说服了考委会的老师，同意先在厦大出版社出版一本考试指导书，并答应如果合作得好，兑现服务承诺，今后就把计算机考试的系列教材都放到厦门大学出版社出版。

这对出版社来说，既是机遇，也是挑战。当时出版社发行部的实力有限，从未提供过这么全面、周到的服务。而计算机教材的发行量比英语教材要大得多，工作量无疑将大幅增加。

图 2-4 计算机等级考试复习指导(一级)

宋文艳和理科编辑室的同志们在接到书稿后，全力以赴，参与了图书出版的全流程，不仅编辑、发行一把抓，从组稿、编稿、校稿，到封面设计、寄收征订单、向各校催订数、催书款、开发票，甚至多次跟着货车到外地高校送书。功夫不负苦心人，1996年春季，第一本教材《计算机等级考试复习指导(一级)》终于顺利出版发行，全部教材都及时发送到全省各高校。因为工作出色，出版社得到了省教育厅和省高校计算机考试委员会的充分肯定。此后，省计算机一级考试教材《微机实用教程》以及与省计算机等级考试相关的二、三级教材也相继交由厦门大学出版社出版，并且连续20多年，不间断地滚动出版。

这些公共课教材不仅成为厦门大学出版社富有生命力的畅销书和长销书,为出版社创造了可观的利润,而且为高校政治理论课、大学语文课、大学体育课、高校军事理论课等其他公共课教材的编辑出版积累了成功的经验,也为厦门大学出版社日后向专业化、特色化、精品化发展奠定了较为雄厚的经济基础,在出版社发展壮大的过程中,走出了一条“以书养书”的路子。

(二)本时期出版的一批高品位实用性可读性强的“双效益”图书

在进入社会主义市场经济体制的重要时期,发挥厦门大学的学科优势,打造经管图书品牌,成为出版社创造社会效益和经济效益的契机。1993年年初,为配合我国《企业会计准则》《企业财务通则》将于当年7月开始实施的有利时机,出版社发动了本校会计系的青年骨干教师,抢时间、争速度,编写了一套“最新会计实务丛书”,及时满足了社会需要,成为热门的畅销书。

中华人民共和国成立后,为了适应高度集中的计划经济,长期以来我国实行的会计核算规范是分部门、分行业、分所有制的会计制度。这种会计制度不仅形成财务管理和会计核算内容上的部门分割、行业分割和所有制分割,无法实现商品经济对会计规范必须统一、公平的要求,而且其核算程序和方法与国际惯例很不协调。改革开放后,旧的会计核算与会计实务日益暴露出不利于进一步改革开放、转换企业经营机制、建立社会主义市场经济的弊端。为此,财政部在1992年颁布了力求与国际接轨的《企业会计准则》《企业财务通则》,并陆续出台了在“两则”规范下的行业财务制度和会计制度,使得会计改革出现了重大突破。新的会计准则和制度颁布以后,当务之急就是宣传和解释新的准则和制度,帮助广大会计工作者正确地理解和掌握它们,并在1993年7月1日起正确地贯彻执行,只有如此,“两则”和新的制度才能真正规范会计实务,提高我国会计核算水平和会计信息质量。

1993年新年伊始,经管图书编辑陈丽贞捕捉到这一信息,立即与厦大会计系葛家澍教授以及该系相关领导取得联系,商讨出版事宜,出版社领导对此非常重视,给予大力支持。双方很快就达成共识,决定出版一套以阐述会计实务为主、兼顾理论的丛书——“最新会计实务丛书”。该套丛书共分四册,由葛家澍教授担任丛书总主编,其中:《工业会计实务》由曲晓辉主编,《商品流通会计实务》由李建发主编,《房地产开发会计实务》由陈少华主编,《旅游、饮食服务会计实务》由毛付根主编。该套丛书在我社各部门通力合作下,于1993年7月顺利出版。该套丛书突出行业会计的特点,深入浅出地分析、解释会计新准则、新制度下会计实务的操作程序和方法，比较全面地介绍各类主要经济业务的账务处理及其在会计报表上的列示方法，既有严明的理论框架，又有鲜明的实务性，使读者易于理解、融会贯通。该套丛书出版后，在社会上引起了较大反响，多次重印，影响较广泛。

这一时期是社会主义市场经济开始启动的历史转折时期，依法治国与市场导向并行不悖，人们对法律知识的需求开始高涨。厦门大学的法律学科是国家的重点学科，依托学校的学科优势，结合市场的需求创建出版社的图书品牌是厦门大学出版社得出的经验。厦门大学出版社除了打造出经管图书品牌之外，再创法律图书品牌成了出版社的发展诉求。1998 年常务副总编陈福郎与总编室施高翔经过细致策划，决定出版一套法律普及图书“老百姓法律顾问丛书”。“老百姓法律顾问丛书”由时任厦门大学法律系副主任齐树洁教授担任编委会主任，厦门大学出版社常务副总编陈福郎编审、厦门大学法学院蒋月副教授为编委会副主任，出版社总编室施高翔为责任编辑。为了使这套丛书在市场上夺人眼球，编委会和各分册作者，以及美术编辑、发行人员共同召开了多次会议，商讨图书的书名和封面设计等诸问题，最后决定给丛书名起个副书名“给个说法”，作为图书封面的主要元素，还确定了一条广告语“把法律顾问请到家，给自己撑起一把保护伞”。经过集思广益，群策群力，封面的文字终于确定了下来。这套丛书一上架就非常醒目，夺人眼球。本套丛书共分 6 册，分别为《婚姻与家庭》《财产与权益》《合同与交易》《侵权与赔偿》《遗产与继承》《纠纷与诉讼》。分册的书名也是在组稿会议上反复斟酌才产生的。本丛书的作者均执教于厦门大学法学院，又是经战多年的律师，既有深厚的理论知识，又有丰富的实践经验，深谙家庭法律问题的方方面面。丛书写作采用问答的形式，列举了当代生活中易碰到的或是疑难的有关法律的问题，然后结合案例给读者一个说法。书中所引的案例多是由作者亲手经办的，在写作中作者亦融入了一些自己的办案感想及实用的打官司技巧，因此，丛书有非常强的实用性和可读性。

“给个说法——老百姓法律顾问丛书”第一批 6 种图书一炮打响，在取得大众市场认可后，出版社又出版了后续的 6 种。在大众法律图书取得成功的基础上，厦门大学出版社再转向高校市场，出版了系列的法学教材与专著，逐步形成了出版社法律图书的品牌。

《闽南话教程》(林宝卿编著，责编王依民)是本时期面向市场出版的一部具有代表性的畅销书、长销书。本书把闽南方言的口语编成学话的教材，内容包括生活、学习、工作、交际、旅游、贸易等各方面的用语。每一课都有一个主题,除了设计二至四个常用的会话材料外,还有生词和短语、语音、简明扼要的语法、句型以及紧密结合课文的精当、活泼的练习题。本书讲究实际教学效果,力求实用性和科学性的统一,既有实际语言材料的传授,又有学习方法的指导。自1992年出版以来至今已重版了3版、共重印26次,总印数达20万册,长销近30年。

《管理技术》和《品质管理》(林荣瑞编著,责编蒋东明、许红兵)是本时期有很大影响的经管方面的畅销书。林荣瑞先生累积了数十年日本企业管理精华,长期以来一直担任厂长、总经理职务,负责过及辅导的企业无数,均获得相当成效。这两本书根据其实务经验编写而成,具有相当的实用性及可操作性。虽然定价在当时很高,但由于内容富有特色,这两本书不仅畅销,而且长销20多年。一段时期内,几乎所有的国内机场候机室书店都可以看到这两本书的书影。

在文化文学类图书方面,出版社全程策划的、由著名作家沈世豪撰写的文学传记《陈景润》(责编王依民、陈福郎),是本时期的一部畅销书,多次重印,销量达6万册。本书荣获福建省优秀文学作品奖、全国高校出版社双效益图书奖。知名作家袁和平的《中国饮茶文化》(责编陈福郎)深受读者欢迎,首次印刷1万册,不久就销售一空,荣获第七届中国图书"金钥匙"奖。

主动向市场靠拢,依托高校出版资源,策划适销对路的双效益图书,增强编辑的主体意识、市场意识,逐步淡化"等靠要"的思想,提高出版社自我"造血"功能,成为厦门大学出版社这一时期新的精神面貌,也是邓小平南方谈话、党的十四大召开之后,出版社呈现的新气象。

四、本时期出版社的重要活动与事件

1992年10月,由国家版权局主办,福建省新闻出版局协办,厦大出版社承办的"全国版权工作会议"在厦门大学举行。国家版权局副局长沈仁干、著名著作权法专家郑成思、福建省新闻出版局局长张黎洲、厦大出版社社长陈天择,以及来自全国出版界、版权界的200多位代表参会。在当时,厦门大学承办大型会议的硬件条件还很不够,无论是住宿的宾馆、开会的大会议室,还是出行的交通工具都很有限。此次会议的承办对于人数较少、规模不大的厦大出版社是一项严峻的挑战。在福建省新闻出版局的指导下,在厦门大学校领

导的支持下,出版社全体人员一起出动,参与会议的组织和会务工作。他们寻找厦大周边有限的宾馆,将学校群贤二的大教室改造为会议室,连夜排队代购火车票,克服了种种困难,保障了会议取得圆满成功。此次"全国版权工作会议"是改革开放后首次举办的全国性版权工作会议,在出版界和法律界都引起极大的关注。与会的专家和各级领导对厦大出版社全力以赴认真办好此次会议给予了高度评价。

1993年2月2日,由"台湾出版人公会"会长林训民先生率领的"台湾出版人福建访问团"访问祖国大陆,首站就来到厦门大学出版社。"台湾出版人福建访问团"选择福建省作为访问大陆第一站,开启了海峡两岸出版交流合作的大幕。在厦门大学期间,福建省出版工作者协会负责同志,厦门大学出版社、鹭江出版社负责同志举行闽台合作出版座谈会。会上,双方介绍各自的出版状况和发展思路,厦门大学出版社以其鲜明的出版特色引起了台湾出版人的关注和兴趣。

此后,厦门大学出版社与台湾出版界交往频繁。厦门大学出版社先后向台湾引进和输出多种图书版权,并以台湾企业管理专家为主要作者,合作出版"福友(for you)企管丛书"近40种。厦门大学出版社多次派员赴台北参加海峡两岸图书交易会,还在台北上海书店举办大型史料丛书《台湾文献汇刊》台湾地区首发式。厦门大学出版社还接待大量台湾出版界的客人,有台湾"行政院政府出版品管理处"的官员,台大出版中心负责人,还有许多台湾出版行业组织负责人,以及台湾出版社的同行。两岸出版交流合作正不断地深入。

1993年8月出版社副总编陈福郎应邀出席第六届国际出版学研讨会,他的论文《试论大学出版社的特色与价值取向》被确定为会议交流论文,是全国高校出版社唯一入选的论文。参加这届研讨会的有来自世界各地的89名出版、编辑方面的专家、学者,有32篇论文在会上交流。《中国高等教育》迅速报道了陈福郎这篇论文的主要观点。本文从特色效应与办社宗旨、价值取向的趋同与悖逆、选题计划的特色定位、编辑价值观的多维性等四个方面论述了本文的主旨。认为特色是出版社个性的张扬,它需要在出版行为中根据本社的实际,以达成共识价值取向进行自我设计,独辟蹊径,逐步拓展和强化自己的优势,进而形成出版风格。出版社一旦形成自己的特色,也就焕发出了强劲的生机与活力。

1994年7月10日至18日,由国家教委主办、我社承办的"全国高校出版社总编辑工作研讨会"在厦门大学举行。中宣部、国家教委、新闻出版署有关领导林炎志、宋镇铃、阎晓宏、王富,国家教委出版管理处的周思、魏小波、吕福

图 2-5　1993 年 2 月台湾出版人访问厦大出版社

图 2-6　副总编陈福郎参加第六届国际出版学研讨会

兰、葛维威等同志，以及全国 87 家大学出版社总编辑共 120 人出席。大会取得圆满成功。厦门大学出版社向会议提交典型经验交流材料《发挥学科与地域优势，努力为教学科研服务》，总编辑周勇胜在大会交流中宣读了厦门大学出版社的交流材料，对出版社的情况作了详细的介绍。第一部分是发挥学科优势，实现优质高效。这部分阐述了出版社强化优势学科，加速教材建设的做法;组织作者队伍,扶植学科带头人和学术骨干;依靠学校和社会力量,筹集优秀教材专著的出版基金。第二部分是发挥地域优势,形成图书特色。介绍了出版社在面向市场的过程中,已在经济类图书、台湾研究图书和南洋研究图书等几个方面形成自己的图书特色。第三部分是抓好队伍建设,向质量效益型转移。阐述了出版社强化质量意识,提高编、审人员素质;建立有效的激励机制和约束机制;大胆使用青年干部,尽心尽力为职工排忧解难的做法。

厦门大学出版社全体人员为大会做了大量精心、细致、繁重的会务工作,深受与会代表的好评。改革开放以来,中国大学出版业大规模发展已有10年之久,正处在重要时刻。大学出版社走什么道路,如何为高等教育发展服务、如何办出水平和特色,都是摆在各大学出版社面前亟待解决的问题。此次会议明确提出大学出版社必须坚持党的出版方针,坚持为大学教学科研服务的办社宗旨,对大学出版社的发展起到重要作用。

图2-7　全国高校出版社总编辑工作研讨会

1994年12月,出版社总编辑许经勇教授参加在北京人民大会堂召开的学习《邓小平文选》和建设有中国特色社会主义理论研讨会。他撰写的《向社会主义市场经济转变过程中的我国农业问题》论文,作为全国教育系统入选11篇论文之一。论文评选专家认为,许经勇教授在这篇长达2万字的论文中,深刻地剖析了向社会主义市场经济转变过程中我国农业所面临的深层次矛盾,科学地论证了有中国特色社会主义农业发展道路的形成过程,是一篇“选题有新意,有理论深度”的优秀论文,并获得中共中央宣传部、中共中央党校、中共中央文献研究室、中国社会科学院、国家教育委员会、中国人民解放军总政治部联合颁发的优秀论文证书。

1995年5月,出版社举行了隆重而简朴的建社10周年社庆。为庆祝社庆举行了出版社新老领导和作者代表座谈会,大家欢聚一堂共话厦门大学出版社的光荣历史与发展前景。学校分管领导常务副校长郑学檬教授出席了座谈会,发表了热情洋溢的讲话。为庆祝社庆出版了《南强书苑——厦门大学出版社建社十周年纪念文集》,文集中收录了陈天择社长的文章《发挥优势,办出特色,争创一流——庆祝厦门大学出版社建社十周年》,文章写道:"厦门大学出版社走过了十年不平凡的路程。十年来,在国家教委、福建省新闻出版局和校党委的领导下,在广大作者和读者的热心支持下,厦门大学出版社的历任领导和全体员工同心协力,艰苦创业,从无到有,从小到大,取得了可喜的成绩。截止到1994年底,共出版新书960种,重版书185种,总码洋近4000万元。其中有90种图书分别获得104项国际性、国家级、大区级和省级奖励。十年来,我社始终把图书的社会效益放在首位,没有出版过有政治问题和格调低下的图书;始终坚持为教学科研服务,教材和学术专著的图书占出版总数80%。初步形成了自己的图书特色,培养了一支熟悉业务、有事业心的出版队伍,为繁荣我国出版事业做出了一定的贡献。"《南强书苑——厦门大学出版社建社十周年纪念文集》收录许多关于厦门大学出版社的报道、书评及本社员工撰写的纪念文章,见证了出版社10年发展的奋斗历程。本文集由常务副总编陈福郎担任策划,社长助理蒋东明担任执行编辑。

1997年7月,华东地区大学出版社工作研究会年会于1997年7月21日至23日在厦门大学召开。出版社同志全力以赴做好接待工作,热情地为与会代表服务,精心组织各项活动,使年会取得圆满成功,受到代表们一致好评。陈天择社长在大会上做"把出版社办成一个温馨的家"的发言,受到与会代表的好评。陈天择社长认为,我们要培养职工敬业爱岗,也要培养他敬业爱社。要把出版社办成一个温馨的家,使职工感受到这个家的温暖。这样,出版社就能成为一个有凝聚力的和谐集体。有凝聚力,才能有战斗力。要把出版社办成一个温馨的家,一定要坚持以人为本,着重做好两点:一是对员工既坚持正面教育,又帮助他们解决实际困难,解决他们的后顾之忧,调动他们的工作积极性。二是对员工既引入竞争机制,又注意化解可能出现的矛盾。评职称、提职务、搞分配,容易把人推向竞争状态,也容易引发人与人之间的矛盾,一定要处理好。陈天择社长说,我们做好了上述两方面的工作,使大家有好的精神状态投入工作,厦大出版社也就成为一个和谐温馨的家。此后,"把出版社办成一个温馨的家"成为厦大出版人的温馨理念而口口相传,并成为大家的自觉行

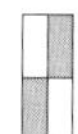

图 2-8　南强书苑——厦门大学出版社建社十周年纪念文集

动,成为独特的企业文化。

1997年10月18日至20日,国家教委组织的以周思同志为组长的高校出版社评估验收组对厦门大学出版社进行评估验收。经过3天的实地检查,听取校、社领导汇报,召开各部门员工座谈会,查阅我社书稿档案、财务报表和规章制度,给予我社高度评价。我社评估综合评分:89分,附加分12分。评估验收评语中指出:“厦大出版社自建社以来,坚持正确的办社方向,执行党的出版方针,遵守出版纪律和专业分工的原则,出书结构合理,落实了为教学科研服务的宗旨,出版了一批优秀的教材和专著,为学校的学科建设和人才培养做出了一定的贡献。树立了精品意识,图书获奖率较高,连续两年有两种书获‘中国图书奖’。”“出版社领导班子健全,团结进取,勤奋务实,善于做深入细致的思想工作,建立了一套比较健全的规章制度,管理比较规范,坚持书稿三审制。经营管理水平和经济效益逐年提高,出版社已形成了稳定健康发展的良好势头。”

图2-9　厦门大学常务副校长郑学檬主持教育部对出版社的评估会议

1997年3月,厦门大学出版社在纪念著名数学家、校友陈景润逝世一周年之际策划出版了《走近陈景润》纪念文集。该书经过近一年的组稿、选编工作,汇集了许多陈景润生前的师友、同事亲自撰写的回忆文章。陈景润夫人由昆在本书中首次发表了回忆文章。本书由蒋东明任责任编辑。在这一基础上出版社又策划了长篇传记文学《陈景润》这一选题。《陈景润》一书由出版社约请著名作家沈世豪执笔撰写,记录了党和国家三代领导人对陈景润的亲切关怀;再现陈景润攀登科学高峰的传奇生涯;挖掘陈景润丰富内心世界;展示陈景润伟大的人格力量;描述陈景润幸福的爱情生活。它是一部全景式反映陈景润拼搏精神和生命质量的大型传记文学。时任中共福建省委书记陈明义为本书作序。陈明义书记在为本书所作序中写道:“陈景润在数学王国里是一位思维清晰、逻辑严谨、勤奋至极的耕耘者;在日常生活中,是一位朴素正直、谦虚谨慎、受人尊敬的科学家。”本书由王依民、陈福郎任责任编辑。

1998年1月15—17日,由中共厦门市委宣传部和中共厦门大学党委宣传部联合举行《陈景润》出版座谈会,本社也同时举办《陈景润》首发式和签名售书活动。陈景润夫人由昆和儿子陈由伟应邀专程来厦参加首发式,并在厦门新华书店和厦大南强书苑签名售书。一时间,大南校门口人山人海,场面壮观。《陈景润》一书是我社对图书从选题、组稿、写作、宣传、发行进行全程策划的一次成功尝试,发行量达6万册,本书荣获福建省优秀文学作品奖、全国高校出版社双效益图书奖，并被列入全国中学生百部必读作品之一，国内外有不少网站全文转载此书，取得了喜人的双效益。它标志着我社从选题策划进入图书出版全程策划的新阶段。与本书相配套的《走近陈景润》纪念文集，同样取得了广泛的影响。

图 2-10　在南强书苑举行陈景润夫人由昆签售《陈景润》一书活动

五、本时期主要经营管理活动

厦门大学出版社从创办开始，即列为自负盈亏、事业单位企业化管理的单位。面对无"皇粮"可吃，工资、奖金、行政费用全靠自己的现实，出版社不仅要把图书的社会效益放在首位，而且要创造生存和发展的经济效益。经过初创探索时期，出版社以改革为统领，在管理上摸索出一套行之有效的办法，主要是围绕着提高人员素质、强化质量管理和建立有效的激励机制和约束机制。为此，出版社加强了编辑人员的学习，提高他们的业务水平和社会活动能力，并在编辑学者化、经营意识、为人作嫁衣的敬业精神等方面进行经常性的探讨。编辑学者化，才有可能在以教授专家为主体的作者群中取得认可，从而发掘出有特色、有水平的书稿。编辑的经营意识促使他们主动走向市场,对各种信息进行捕捉、判别和取舍,使他们所编辑的书稿既符合本社的出书特色,又能在市场上一争高低。不仅如此,出版社还要求领导和出版、发行、办公室、财务人员都要树立服务的思想,一切为作者、读者着想。通过解放思想、转变观念、实行改革,本时期出版社逐步摸索出一套保证质量、提高效益的管理办法,建立了一套体现"按劳分配、效益优先、兼顾公平"的有效的奖励制度,在职工利益分配上拉开差距。对编辑、发行人员确定了基本利润指标和发行码洋指标,对其他科室制定了相应的工作指标。由于实行工效挂钩,打破"干与不干一个样"的大锅饭局面,人人根据自己的工作情况得到相应报酬,从而大大提高了职工的积极性和创造性,加强了职工的责任意识、竞争意识和开拓意识,使出版社的社会效益和经济效益都得到明显提高。

由于国家进入建立社会主义市场经济的新时期,本时期的发行工作方式发生了重大变化,由原来的省新华书店经销为主改为出版社自办发行为主。原来的发行工作较为单一,出版社向省新华书店提供新书的内容提要,省新华书店向全国新华书店征订,根据征订数出版社向省店发书。鉴于省店征订数急剧下降,如我社出版的由两位前校长参编的优秀图书《电化学实验方法进展》甚至出现征订数为零的现象,各出版社不得不走向自办发行的路子。由于厦门大学出版社主要出版高校教材和学术专著,自办发行的市场还十分有限,因此多数图书以作者包销为主。1992年6月,发行科科长郑耀宗被华东地区高校出版社工作研究会聘为华东地区高校出版社发行工作委员会副主任,并同29家大学出版社发行人员一起进行巡回订货活动,就是在这一形势下开展的自办发行的初始形式。

1993年1月,厦门大学出版社在福州设立"厦门大学出版社福州经营部",开辟了厦门大学出版社出版中学教辅书的出版营销方式,蒋东明任经营部的法人代表。福州经营部出版发行的中学教辅书为出版社创造了较大的发行码洋,壮大了出版社的实力。

1994年1月,出版社创建电脑室,运用激光照排系统,使排版印刷工作又上一个新台阶。

1996年,厦门大学出版社自行研发的"南强出版管理系统"(以下简称"南强系统")单机版发行开单模块开始在社内使用。此系统是完全依靠厦门大学出版社从事编辑出版业务的人员,在业余时间自主开发的一套出版社ERP系统,是国内最早使用计算机管理的出版社之一。该系统的使用提升了出版社的管理水平,提高了工作效率。该系统自1995年开始研发,此后,该系统一直

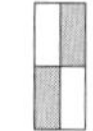

处于不断的开发与升级中。

1997年4月,福建省新闻出版局根据大学版协对厦门大学出版社“高校图书代办站”的评估意见,正式批准代办站为图书二级批发单位,并办理工商营业执照,蒋东明为法人代表。5月1日起,经过图书清仓报废,库存出入库管理开始应用计算机管理。同时制定《仓管员管理办法》和《发行管理办法》。

1997年5月,出版社美编开始使用电脑设计封面。6月,各科室人员开始配备使用电脑。电脑的使用,使得出版社各个环节的工作发生了革命性的变化,提高了工作的效率和质量。

1997年10月,出版社决定组织兼职校对队伍,向全校招聘,有80多人踊跃报名应试,经考核确认18位同志为本社兼职校对人员。1998年1月,出版社再次招聘兼职校对19人。兼职校对人员加入出版社的队伍,大大缓解了专职校对人员的工作压力,对出版社的图书质量产生了积极的影响。

1997年10月,出版社在原有的发行业务处基础上注册成立“厦门大学出版社南强书苑”,法人代表蒋东明,并与厦门华文图书公司合作经营,地点设在“厦大一条街”1号。

六、人事与机构的更迭及各种荣誉

本时期厦门大学出版社的各项工作在校党委和校行政的领导下,在国家教委条件装备司、社政司和福建省新闻出版局的指导下,各项工作取得了长足的进步。在立足本校、面向全国,以教育出版和学术出版为核心的思想指导下,开始从计划经济思维逐步向社会主义市场经济思维转变,建立了激励机制和岗位责任制,提高了服务高校和面向市场的意识,初步形成了自己的出版特色,精品图书的出版取得了成效,图书的获奖率居全国高校出版社前茅。本时期学校的分管领导主要是厦门大学党委常委、常务副校长郑学檬教授,后期为厦门大学党委常委、副校长吴水澎教授。两位分管领导对出版社的工作领导坚强有力,坚决贯彻高校出版社的办社宗旨,对出版社的班子建设极为关心,为班子成员的新老过渡作了富有建设性的前瞻谋划。

(一)人事与机构的更迭

1992年6月,出版社党支部书记陈福郎被选为福建省出版工作者协会常务理事。12月,吴晓平任出版科科长。

1993年1月,出版社在福州设立“厦门大学出版社福州经营部”,蒋东明任法人代表。2月,厦门大学任命陈福郎为副总编辑,出版社领导班子的成员如下:社长陈天择(兼职);副社长许宏业;总编辑周勇胜;副总编辑钟同德(兼职)、陈逸光(兼职)、陈福郎。3月,编辑部改为总编室,其职能由领导机构改为编辑业务办事机构,恢复科级建制。学校任命王依民为总编室主任、蒋东明为社长助理。6月,鉴于文科编辑室和理科编辑室两个编辑室人员数量失衡,文科编辑室改为第一编辑室,理科编辑室改为第二编辑室,原属文科编辑室的经管编辑划入第二编辑室。黄茂林任第一编辑室主任,宋文艳任第二编辑室主任。7月,出版社部门工会换届,郑耀宗任主席。

1994年3月,发行科科长郑耀宗被选为中国大学版协发行委员会委员、国家教委全国高校图书代办站服务中心委员会委员。6月,出版社、学报党支部换届,陈福郎连任书记。10月,厦门大学任命杨际平为出版社副总编辑(兼职)。11月,厦门大学任命许经勇为厦门大学出版社总编辑(兼职)。

许经勇,男,1938年出生,福建惠安县人,1961年毕业于厦门大学经济系。经济学教授、博士生导师。曾任厦门大学经济系系主任、福建省农业经济学会副会长、福建省“十五”规划咨询专家。主要研究中国农业经济问题。个人独立撰写的专著有《中国农业经济理论与实践》《中国农村经济改革研究》《马克思农村经济理论与中国实践》;与他人合作撰写的著作有《农业经济学概论》《中国农业经济学》《中国农村经济学》《中国乡镇经济学》等共16部。在全国核心学术刊物上发表学术论文500多篇。科研成果有9项获得省部级以上的奖励。1992年被国家人事部评为国家级有突出贡献中青年专家。中国社会科学文献数据显示:1978—1995年间许经勇教授发表的论文被转载摘用率(衡量论文学术水平)名列全国经济学科第6位,被誉为高转载率经济学家。

经总编许经勇提名,学校指定陈福郎为常务副总编,主持出版社日常编辑工作。

1995年6月,陈天择社长被任命为福建省出版工作者协会访台代表团副团长,率团访问台湾。

1996年6月,厦门大学任命蒋东明为出版社副社长。

1997年9月30日,学校任命薛鹏志同志为出版社办公室副主任。10月,出版社决定组织兼职校对队伍,向全校招聘,有80多人踊跃参加报名应试,经考核确认18位同志为本社兼职校对人员。成立校对室后,出版社任命卢维滨为校对室主任。

1998年1月，出版社再次招聘兼职校对19人。4月，福建省新闻出版局根据大学版协对我社“高校图书代办站”的评估意见。正式批准代办站为图书二级批发单位，并办理工商营业执照，副社长蒋东明为法人代表。

(二)所获荣誉

1992年8月，国家教委条件装备司高校出版社联合出版发行服务中心在景德镇陶瓷学院召开“全国高校图书代办站优秀先进集体和个人”表彰大会，发行科长郑耀宗受表彰。

1993年5月，出版社部门工会荣获厦门大学工会工作先进集体称号，郑耀宗被授予工会先进工作者称号。10月，郑耀宗荣获中国大学版协首届优秀发行工作者称号。

1995年3月，发行科长郑耀宗、办公室主任蔡景春荣获厦门大学“校园文明建设”积极分子。3月，厦门大学出版社与厦门大学学报(哲学版)编辑部被学校授予“巾帼建功”先进集体荣誉称号。4月，出版社总编许经勇教授荣获厦门大学最高奖——南强奖。他是1995年度厦门大学南强奖个人奖唯一得主。1980年以来，他单独撰写或与人合作撰写的论著共计15部，在《经济研究》等110多家学术刊物上发表论文362篇，被《新华文摘》等刊物转载的论文有80多篇。1987年2月破格晋升为教授，1992被国家人事部授予“国家级有突出贡献的中青年专家”。

1996年6月，出版社常务副总编陈福郎荣获“福建省新闻出版系统先进工作者”称号。11月，出版社常务副总编陈福郎荣获“全国首届中青年编辑审读报告奖”。

1997年4月，出版社常务副总编陈福郎荣获厦门大学“九州奖”(管理类)11月，出版社荣获“厦门大学档案工作先进单位”称号。

1998年9月，第二编辑室主任宋文艳获福建省“首届优秀中青年图书编辑”奖。12月，陈天择社长荣获“首届高校出版系统先进工作者”称号，同时还获得华东地区大学版协先进个人奖。许经勇总编辑的论文《我国农业改革与发展中的深层次矛盾及其对策》获福建省第三届社会科学优秀成果二等奖。杨际平副总编的论文《五代前期的杂徭与色役》获福建省第三届社会科学优秀成果三等奖。

本时期是厦门大学出版社把自身的生存和发展融入社会主义市场经济大潮的一个关键的转折时期，出版社坚持高校出版社的办社宗旨，树立了市场经济的思维，建立了促进发展的激励机制和约束机制，制定了一套较完备的工作机制和各项规章制度,管理比较规范,从而适应了事业单位企业化管理的要求。本时期出版社出书结构上以学术专著和高校教材为主,坚持为本校教学、科研和师资队伍的建设服务,同时开始拓展作者队伍,将其他高校的作者纳入出版社的选题范围,出书结构合理,落实了为教学科研服务的宗旨,出版了一批优秀的教材和专著,为高校的学科建设和人才培养做出了贡献。这一时期出版社凸显了出版特色,初步形成了台湾研究图书和东南亚与华人华侨研究图书的出版特色。经管类图书初步形成了规模效应,法律图书和广告学图书出版有了良好的开端,为后来经管类、法律类、广告类图书的品牌建设打下了基础。出版社树立了精品意识,图书获奖率较高,高层次、高质量、有特色的编辑方针得到了体现。本时期高校公共课教材教辅的出版工作有了突破,充分彰显了责任编辑的主体作用,为出版社的持久经济效益产生了保障作用。走小而优小而特的办社路子基本形成,经营管理水平和经济效益逐年提高,出版社形成了稳定健康发展的良好势头。出版社还鲜明地提出了自己独有的企业文化,这就是为出版界所津津乐道的“把出版社办成一个温馨的家”,这一企业文化增强了出版社内部的凝聚力和向心力。一批高品位有特色的畅销书,不仅提高了出版社的经济效益,更重要的是使出版社的影响走出学校围墙,提高了出版社的知名度,为下一阶段出版社的发展壮大,开辟了更为广阔的天地。

(本章撰稿人:陈福郎、薛鹏志)

第三章　跻身名社时期 (1999—2009 年)

一、坚持"学术为本、教材优先"的出版方针，极大增强出版社综合实力

1999 年至 2009 年，出版社迎来了发展史上重要的十年。1999 年，出版社的领导班子完成了新老交替，通过前面十多年的摸索和人才培养，从出版社内部成长起来的中青年骨干编辑陆续成了出版社的主要领导。他们懂出版业务，热爱出版事业，乐于为出版社奉献自己的激情和智慧。他们以身作则，能带领全社员工团结一致为出版社的发展而努力。班子团结、奋发有为，是出版社快速发展的基础。

1999 年，也是中国高校扩招的第一年。新班子抓住了这个有利时机，找准了出版社能快速发展的路子：在坚持正确的办社宗旨这个前提下，走一条"小而优、小而特"的办社之路，确定了"学术为本、教材优先"的出版方针，把出版高校教材作为突破口，规划出版了高职高专、本科、研究生等多个层次的立体化的公共课和专业课教材，以及配套的教辅。通过努力，出版社在以福建省内为主的高校教材市场中占有了一席之地，推出一大批高校公共课教材，以及经管、法律、广告等学科专业的教材品牌，获得了较好的经济效益，出版社的经济实力大增。同时，出版社确立了"蕴大学精神，铸学术精品"的出版理念，在学术出版和古籍整理方面也开始走出一条适合自己的"专精特"新出版路子，在台湾研究、东南亚华人华侨研究、高等教育学、海洋学、化学化工等学科领域策划出版了一系列有影响力的图书，也奠定了出版社在这些领域的出版地位。

到了 1999 年，出版社"事业单位企业化管理"已经过了 7 年的探索，为适

应企业管理的一套完整的制度开始建立起来。在1999年至2009年这快速发展的十年中,出版社非常重视制度的建设,根据实际情况和工作需要,修订和制定了一系列适合自身发展需要的管理制度,使出版社从事业单位成功转型为较适应市场竞争的企业,保证了出版社既能快速发展又坚持出版方向。厦门大学出版社的管理也进入了规范化和正规化阶段。

1999年至2009年,也是出版社管理信息化建设快速发展的十年,南强出版管理系统全面应用到出版社内部管理中,管理信息化水平大大提高。为适应出版社的发展需求,南强系统一直在更新换代,厦大出版社的管理信息化水平也居于全国大学出版社前列。

这一时期,出版社的办社实力得到了极大的提升,办公条件也得到了极大的改善。位于厦大思明校区演武操场南侧的出版大楼5楼的出版社办公室经历了多次内部升级改造,办公面积也一直在扩大中。到了2008年,出版社终于购买了位于厦门软件园二期的办公楼,办公室面积达到2100平方米,并且拥有自己的产权。出版社有了属于自己的永久办公场所。一直困扰和影响出版社业务发展的仓库,也在这一时期得到了彻底解决,于2010年购买了位于同安思明工业园的标准仓库。经过精心设计,仓库的软硬件设备均达到了较高水平,新库房安全、面积大、物流方便。社里自行设计了先进的仓库管理系统,书库的管理做到人员少、效率高,管理水平达到国内先进水平。

这一时期,出版社的企业文化得到了进一步发展和巩固,将"把出版社办成温馨的家"的企业文化赋予了新的含义,"奉献、进取、温馨、和谐"成为企业文化的完整内容。全新内容的企业文化增强了团队的凝聚力和员工的忠诚度,员工将出版社当成自己的家,为了这个家的发展而出谋划策、竭尽全力,出版社在这一时期一直在和谐的环境中快速地发展着。

2009年,迎来了出版社发展中十分荣耀的时刻,这一年,厦大出版社被新闻出版总署授予"全国百佳图书出版单位"称号,同时被评为国家一级出版社。这是对出版社自身选择的专注和长期坚守的专精特新出版方针的充分肯定,得到这一荣誉实至名归。

二、出版社领导班子变更

1999年,厦门大学在全校范围内就部分处级领导干部实施公开招聘、竞争上岗的选拔方式,出版社社长、总编辑岗位也进行公开招聘。经过竞聘人演讲、民主测评、组织部门考察、校党委研究决定等一系列程序,学校于1999年11月22日发文任命蒋东明为出版社社长(为出版社第五任社长),任命陈福郎为总编辑(为出版社第四任总编辑)。11月30日,经社内公开竞争上岗,社务会讨论决定,并报学校组织部同意批复,出版社任命宋文艳为副总编辑,侯真平(厦大古籍所副所长、副教授)为副总编辑(兼职),于力为副社长。自此,出版社组建起新一届领导班子。这一时期分管出版社的校领导先后为时任副校长吴水澎、邓力平、李建发、张颖。

1999年12月31日,厦门大学出版社举行"厦门大学出版社欢送老同志暨迎接千禧年晚会",欢送陈天择社长、许经勇总编、杨际平副总编光荣退休。副校长吴水澎出席并讲话。

图3-1　1999年12月31日厦门大学出版社欢送老同志暨迎接千禧年晚会

蒋东明,男,中共党员,1957年11月生于厦门,祖籍福建泉州。1982年毕业于厦门大学物理系,后留校任教。1987年入职厦门大学出版社,主要从事编辑工作,并在总编办、出版科、发行科、美编等多个岗位锻炼。曾担任厦大出版社南强书苑法人代表、厦大出版社福州经营部法人代表。1993年担任社长助理,1996年担任副社长。1996年评聘为副编审。发表专业论文多篇,撰写《李政道传》及合著《高科技时代》《新兴学科大观》等专著。

陈福郎,男,中共党员,1951年4月生,福建省武夷山市人。毕业于厦门大学中文系。毕业后留校工作,任职于校党委宣传部,担任校刊编辑。1987年因工作需要,调任厦门大学出版社,先后担任编辑、出版社党支部书记、副总编辑、常务副总编辑。1991年6月评聘为副编审,1997年3月评聘为编审。个人策划编辑了“21世纪广告丛书”“茅盾研究丛书”等一批优秀图书,撰写了一批有影响的出版论文,《试论大学出版社的特色与价值取向》是第六届国际出版学研讨会中国高校出版社唯一入选论文。此外,创作出版了《浪迹天涯》等三部长篇历史小说,其中两部荣获福建省文学奖。系中国图书评论学会理事、中国作家协会会员、福建省出版工作者协会常务理事。

2009年11月出版社举行欢送会,欢送侯真平副总编辑、于力副社长光荣退休,7月社内公开选拔增补社务委员,通过竞聘演讲,员工投票,社务会讨论决定,并报学校组织部批准备案,徐长春任副总编、施高翔任副社长,增补为社务委员。

三、图书出版情况及主要出版活动概述

出版社在上级主管部门和学校的领导下,在新一届领导班子带领下,准确定位,坚持“学术为本、教材优先”的出版方针,继续在大学教材、学术专著和古籍整理等方面下功夫,探索出一条适合自身发展的“专、精、特、新”成功之路,尤其是抓住高校扩招的大好时机,把出版高校教材作为突破口,极大提高了图书的两个效益。2000年6月9日,教育部社政司顾海良司长在校党委书记王豪杰、校长助理邓力平的陪同下,来厦门大学出版社调研。顾司长对厦门大学出版社的发展之路给予充分肯定,对厦门大学出版社新班子的未来发展规划给予高度评价,同时,他也希望厦门大学出版社要加强经营管理,勇于面对市场,扩大出版物的市场占有率和影响力,不断提高出版物的“双效益”。校党委书记王豪杰也对出版社所取得的成绩给予表扬,对教育部领导的意见表示完全接受,并再次提出学校对出版社的发展将给予更大的支持,以促进厦门大学出版社的各项工作朝着更高、更强的发展目标继续推进。厦门大学出版社的主管部门和主办单位领导亲临指导,对厦门大学出版社的工作起到了极大的推进作用。

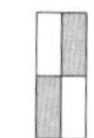

图3-2　2000年6月9日教育部顾海良司长、校党委王豪杰书记、副校长邓力平莅临我社指导工作

从1999年至2009年，出版社共出版图书3487种，其中新版图书1875种，再版重印图书1612种，267种图书获省部级以上奖励，5种图书获国家级大奖，获国家级、省部级奖励的出版物占全部出版物7.7%，形成了以学术出版和教育出版为主的出版优势。在所有的出版物中，70%以上为学术专著和高校教材，作者队伍也主要为高校教师。出版社在台湾研究、东南亚华人华侨研究、历史文化研究、古籍文献整理，闽南文化、海洋科学与海洋文化研究，经济学、管理学、法学、广告学、高等教育学、化学化工等学科，以及高校公共课、专业基础课、专业课的教材建设方面，已经形成了高质量、高水平、有特色的图书结构，实现学术品牌的不断拓展，推动了多学科多层次的高校教材系列出版，逐步形成了一批在学术界、出版界颇具影响力和有文化积累意义的出版物。

2009年3月24日，福建省政协副主席、省新闻出版局局长郭振家，副局长蒋达德，厦门市新闻出版局局长于浩，在厦大党委副书记、纪委书记陈国凤，宣传部部长王炳华等的陪同下，莅临出版社软件园新址视察。领导们对出版社硬件设施与办公环境的改善颇感欣慰，对出版社多年的发展所取得的成绩给予充分的肯定。郭振家局长认为厦大出版社经过多年努力，已奠定了坚实的基础，树立了良好的品牌，在传统图书出版权之外，又争取到电子出版与网

图3-3 2009年3月24日,福建省政协副主席、省新闻出版局局长郭振家,副局长蒋达德,厦门市新闻出版局局长于浩,厦大党委副书记、纪委书记陈国凤等莅临出版社指导

络出版权等。同时他指出:出版社改制后,要建立现代企业制度。在现代企业的发展中,品牌、规模、资金运作要得到充分重视。品牌是第一要素,而品牌的树立,既要积累、维护,更要创新;规模扩张就是要实行多元化经营,要跨行业、跨地区寻求合作,要拓展思路,尽可能地抢占市场空间。他还希望出版社充分利用校内外优势资源,在海峡概念上做足文章,更好地发展壮大自己;希望出版社在学校的支持下,在金融危机席卷全球的情况下,能逆势而上;希望出版社能与厦门市新闻出版局合作,建立一个数字出版平台,在传统出版之外,扩大发展空间。

出版社在坚持社会效益的同时,经济效益也取得了不错的成绩,确保了国有资产的保值增值。1999年图书销售码洋只有932万元,经过十余年的发展,2009年图书销售码洋达到5492万元,图书销售码洋约增长5倍,这一时期图书销售码洋共计38756万元。

(一)多部学术著作获得国家级大奖,彰显学术品牌的效应

1.《透视中国东南:文化经济的整合研究》(陈支平、詹石窗主编,责编陈福郎,2003 年版),2004 年荣获第十四届中国图书奖

图 3-4　《透视中国东南:文化经济的整合研究》2004 年荣获第十四届中国图书奖

由陈福郎总编策划、厦门大学人文学院陈支平、詹石窗两位教授主编的国家"十五"规划重点图书《透视中国东南:文化经济的整合研究》,是一部历经多年磨砺的鸿篇巨制,是一部首次系统论述中国东南文化经济的学术巨著。该书整合厦门大学、福建师范大学在研究我国东南地区历史、文化、经济、社会、宗教等领域的一批知名教授共同打造。通过解剖东南区域文化经济的历史与现状以及这种特殊的文化生态结构,揭示东南区域的社会文化与经济生态的内在结构及其发展动因,阐发东南文化经济的互动关系,不仅有其重要的学术价值,对于我国的经济与社会发展也有重大的借鉴意义,在学术界引起极大的反响。该书出版后的 2003 年 11 月 24 日,厦门大学专门举行首发式,汪毅夫副省长,朱崇实校长,潘世墨、李建发副校长参加。福建省新闻出版局领导、《中国图书评论》主编杨平,该书主编陈支平等一批知名学者出席。随后《光明日报》《中国出版》《中国社会经济史研究》等 10 多家重要报刊就该书发表了评论文章。该书的出版充分体现了大学出版社利用自身平台,整合学术资源的独特作用,也是陈福郎总编提出"策划时代的大学出版"命题的垂范之作,充分体现了编辑在出版过程中的主体意识。

2.《民事程序法》(齐树洁主编,责编施高翔,1998年版)和《英国证据法》(齐树洁编著,责编施高翔,2002年版),2004年荣获首届中国优秀法律图书奖

齐树洁是厦门大学法学院教授,中国法学会民事诉讼法学研究会副会长,主要从事民事诉讼法研究和司法改革问题研究,曾主持中欧高等教育合作项目以及国家社会科学基金、司法部、教育部、福建省政府多项有关司法改革的研究课题,在厦大出版社出版九十多部教材及专著,对打造出版社法律品牌起到了非常大的作用。齐树洁教授主编的普通高等教育"十一五"国家级规划教材《民事程序法》,被很多高校选用为本科教材,畅销十多年,改版8次,取得了显著的社会效益和经济效益。2005年1月16日上午,"首届中国优秀法律图书奖"评选总结会在人民大会堂隆重召开,全国人大常委会副委员长何鲁丽等领导出席了会议。《英国证据法》和《民事程序法》两种图书分获法学理论类和法学教育类优秀法律图书奖。全国仅24家出版社的56种图书获奖,其中特别奖1种,法学理论类14种,法律实务类14种,法学教育类22种,法制文艺类5种,基本上包含了1998—2003年全国所出版的具有代表性的优秀法律图书。

图3-5 民事程序法

图3-6 英国证据法

3.《固体表面物理化学若干研究前沿》(万惠霖等著,责编宋文艳,2006年版)入选2007年新闻出版总署首届"三个一百"原创图书出版工程(国家级),并获首届福建省优秀出版物奖

万惠霖是厦门大学化学化工学院教授,我国著名的物理化学家,长期从事

物理化学催化方面的科研和教学工作，1997 年当选为中国科学院院士。为了促进和推动在固体表面物理化学及相关领域的研究进一步向前发展，2003 年厦门大学固体表面物理化学国家重点实验室组织了包括 5 位中科院院士和 20 余位教授，以及 40 多位在固体表面物理化学及相关研究领域第一线工作多年、对国内外相关研究动态有较全面而深入了解的教师及研究生，结合自身的研究工作，在理论和基础研究、技术和体系应用研究等层面上，撰写了《固体表面物理化学若干研究前沿》这本专著。书中的论述对从事物理化学研究的科研人员和高等学校化学、化工类有关专业师生来说，有非常重要的参考价值。

"三个一百"原创出版工程

证　书

厦门大学 出版社：

你社出版的《固体表面物理化学若干研究前沿》一书入选新闻出版总署第一届"三个一百"原创图书出版工程。

特颁此证。

中华人民共和国新闻出版总署

二〇〇七年四月

图 3-7　2007 年《固体表面物理化学若干研究前沿》入选新闻出版总署首届"三个一百"原创图书出版工程

4.《中国农村社会保障法律制度创新研究》(左菁著，责编施高翔，2007 年版)入选 2008 年新闻出版总署第二届"三个一百"原创图书出版工程(国家级)

西南政法大学经济法学院教师左菁多次深入贵州、内蒙古、陕西、重庆等地的农村地区，实地走访了当地的农民政府社会保障相关职能部门的工作人员，了解到许多农村社会保障制度试点地区的制度运行情况，获得了大量珍贵的一手材料，并以此为基础对资料进行统计、归纳和比较分析，完成了《中国农村社会保障法律制度创新研究》一书，为农村社会保障法律制度的创新性研究打下了坚实基础。该书从经济法学、社会学、经济学的角度着重探讨了农村社会保障制度的框架建构,对相关具体制度展开了深入的专题研究,如新型农村合作医疗制度的创新、农村养老保险制度的重构、农村低生活保障制度的创立等,具有较高的学术价值与实践指导意义。

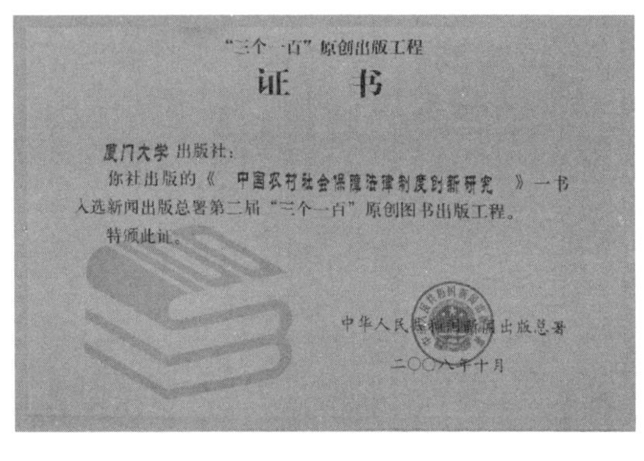
"三个一百"原创出版工程

证　书

厦门大学出版社:

你社出版的《 中国农村社会保障法律制度创新研究 》一书入选新闻出版总署第二届"三个一百"原创图书出版工程。

特颁此证。

中华人民共和国新闻出版总署

二〇〇八年十月

图 3-8　2008 年《中国农村社会法律保障制度创新研究》入选新闻出版总署第二届"三个一百"原创图书出版工程

5.《中国农村经济制度变迁 60 年研究》(许经勇著,责编陈福郎、许红兵,2009 年版)入选 2011 年新闻出版总署第三届"三个一百"原创图书出版工程(国家级)

本书全面系统地反映了新中国成立 60 年来,中国农村经济制度各个侧面所发生的深刻变化,并揭示其未来的演变趋势。在这 60 年间,前 30 年基本上是实行计划经济体制,后 30 年则是处在从计划经济体制向社会主义市场经济体制转变过程中。那么,在过去的 60 年中,中国农村先后实行两种完全不同的经济体制和运行机制,这其中有什么历史的必然?本书作者从中国赶超型经济发展战略、政府主导型的资源配置、重工业优先的资本原始积累(农民是提供这种积累的主体)、城乡二元结构体制和高度集中的计划经济体制之间的内在联系等角度,对此作了深刻的分析和创新研究,视角独特,具有很强的说服力。

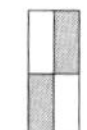

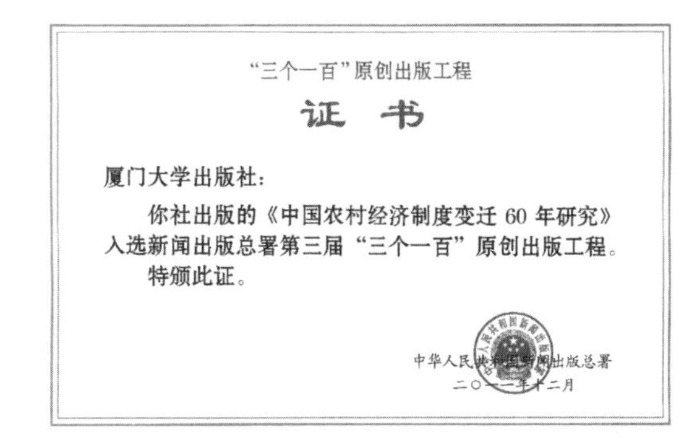

"三个一百"原创出版工程

证　书

厦门大学出版社：

你社出版的《中国农村经济制度变迁 60 年研究》入选新闻出版总署第三届"三个一百"原创出版工程。

特颁此证。

中华人民共和国新闻出版总署
二〇一一年十二月

图 3-9　2011 年《中国农村经济制度变迁六十年研究》入选新闻出版总署第三届"三个一百"原创图书出版工程

(二)大型史料丛书及文献资料的出版,奠定了出版社学术出版重镇的地位

1.出版社深入挖掘厦门大学图书馆的馆藏资源和厦门大学优势学科的学术资源,立足在对台研究和珍稀文献方面做出特色

图 3-10　《台湾文献汇刊》(共 100 册)

出版社从2001年开始策划,联合厦门大学、福建师范大学诸多专家学者,遴选整理了与台湾历史文化相关的珍稀文献资料600余部,并与九州出版社合作,历经三年多的时间,于2004年完成出版鸿篇巨制《台湾文献汇刊》(陈支平主编,责编陈福郎、侯真平、徐长春)(共100册)。《台湾文献汇刊》被列为中央对台宣传重点项目、"十五"国家重点出版规划项目,同时获福建省第六届社会科学优秀成果奖特别奖。

《台湾文献汇刊》分7辑100册,第一辑收录郑氏家族与清初南明相关的文献;第二辑收录康熙统一台湾的有关文献;第三辑收录闽台民间关系族谱;第四辑收录台湾相关诗文;第五辑收录台湾舆地资料;第六辑收录台湾事件史料;第七辑收录林尔嘉家族及民间文书资料。文献史料绝大部分是分藏于祖国大陆各地图书馆、档案馆以及散落于民间的孤本、珍本、抄本,也有一部分是近年在台湾地区、日本等地新发现的。形式主要为两岸明清及民国初期私人著述及地方志书、闽台关系族谱、台胞祖传私家文件,以最直接最客观最生动的史实,深刻揭示台湾与祖国大陆源远流长、密不可分的历史与现实关系,有助于进一步推进大陆、台湾同胞和国际社会对台湾历史的深入认识,对于反对和遏制"台独"具有重要的意义。《台湾文献汇刊》真实反映了台湾与祖国大陆的历史渊源,填补了台湾历史文化研究在文献资料建设上的缺陷,与台湾出版的《台湾文献丛刊》互为补充,堪称迄今研究台湾历史文化最基本和最重要的资料,具有重大出版价值。

2005年1月21日,《台湾文献汇刊》首发式在北京人民大会堂北京厅举行,国家领导人成思危、许嘉璐、张克辉出席,教育部、新闻出版署、国台办、福建省新闻出版局、厦门大学、福建师范大学等单位领导参加。中央电视台当日做了报道。2005年9月,厦门大学出版社和九州出版社在台北上海书店举行《台湾文献汇刊》台湾地区首发式,厦门大学出版社社长蒋东明和九州出版社总编王杰等出席,经台湾媒体报道后,引起很大的关注。海内外学者对厦门大学出版社长年坚持出版学术精品,形成台湾研究特色表示充分肯定。

2006年4月21日,中国国家主席胡锦涛访问美国,向耶鲁大学图书馆赠送一批图书,其中包括百册的《台湾文献汇刊》,中央电视台当日做了报道,在海内外引起了重大反响。

图 3-11　2005 年《台湾文献汇刊》出版座谈会在人民大会堂举行,成思危、许嘉璐副委员长出席

2.出版社继续在史料出版方面进行大型策划,中国社会科学院历史研究所研究员王春瑜应约编纂,经过五年的时间,大型丛书《中国稀见史料》(第一辑)(王春瑜主编,责编侯真平)(共 41 册)于 2002 年正式出版发行

图 3-12　《中国稀见史料》(第一辑)

本辑共收纳海内外现存复本十部以内乃至孤本的稀见明代、清代、民国时期稀见史料78种,其中明代8种、清代42种、民国28种。《中国稀见史料》篇幅近2万码,共41册。该套丛书涉及海内外图书馆和民间秘藏的孤本、稿本、秘不示人的官府档案、私人日记、笔记、文集、家谱、唱本、歌曲集、科举图书、簿记、政商民间实用图书、秘密社会会簿、名人手迹、外交文件、日历、医药等多种类型的史料,书中有日本京都大学收藏的明朝嘉靖年间宫廷档案《吏部考功司题稿》、国学大师清代洪门秘籍《香花僧秘典》旧抄本、《江阴社会调查》1935年铅印本、咸丰六年(1856年)《曾国藩手札》手迹等许多海内外图书馆、大学、学术机构非常重视的珍贵资料,具有极高的史料价值和收藏价值。

2007年10月26日,在厦门国际会展中心举办的第三届海峡两岸图书交易会上,厦门大学出版社召开大型丛书《中国稀见史料》新书发布会。该书的出版引起史学界的广泛关注和赞誉,被海内外众多图书馆收藏。

之后,出版社本着"让史料复活,为文明存史"的出版思想,在文献整理出版方面,陆续出版了《台海文献汇刊》(共60册)、《中国稀见史料》(第二辑)(共20册)、《中国稀见史料》(第三辑)(共20册)、《中国会馆志资料集成》(第一辑)(共10册)、《中国会馆志资料集成》(第二辑)(共16册)、《厦门大学海疆剪报资料选编》(第一辑)(共24册)、《厦门大学海疆剪报资料选编》(第二辑)(共15册)、《海上丝绸之路精要外文文献汇刊》(第一辑汉籍英译,共10册)、《海上丝绸之路精要外文文献汇刊》(第二辑英文文献,共15册),对于保存、研究传统文化起到了非常重要的作用,在大型文献出版方面占有了一席之地,奠定了出版社学术出版重镇的地位。

(三)延续"八五"规划重点图书"台湾研究丛书""南洋研究丛书"的出版,在闽台研究、华人华侨研究、东南亚研究、人文历史文化研究、地方文化等学术图书形成品牌特色

1.台湾研究丛书

厦门与台湾地区以及东南亚各国有着密切的血缘和地缘关系,厦门大学在台湾及东南亚与华人华侨研究方面具有雄厚的实力,出版社充分发挥地域优势、学科优势,紧密结合厦门大学台湾研究所、南洋研究所、经济特区研究所等研究机构及各院系的研究课题,成系列出版了一大批标志性的传世图书和特色图书。出版的台湾研究大系已具有规模,内容包括台湾政治、经济、文化、历史、教育、文学、法律等领域。有关港台与海外华人华侨书籍的出版,成为沟通海内外中国人的一座文化"桥梁"。

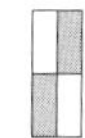

2001年3月,《台湾社会经济史研究》(林仁川、黄福才著,责编陈福郎)出版,该书由国家社会科学规划办公室呈送中央政治局委员,作为了解台湾社会经济历史的参考书,2003年获福建省第五届社会科学优秀成果二等奖。该书客观地论述了台湾社会经济的发展和变化,用历史事实说明了台湾社会是中国社会的一个有机组成部分,台湾经济是属于大陆经济圈的区域经济,有力地批驳了“文化台独”的种种谬论。如该书辟专章论述大陆与台湾贸易的发展变化,用事实论证了台湾贸易离不开大陆,台湾与大陆的贸易互补性很强。即使在日据时期,日本殖民者采取了种种措施,也不能完全切断两岸民间的传统贸易关系,有力地批驳了台湾贸易不属于大陆贸易圈的“台独”谬论。同期,《台湾海疆史研究》(陈在正著,责编徐长春)出版。2005年1月,陈支平主编鸿篇巨制《台湾文献汇刊》出版,更是把台湾研究的出版做到了极致。这一时间,研究台湾的学术著作涵盖了政治、经济、科技、农业、文学等诸多方面,《台湾政治生态的变化与两岸关系》(孙云著,责编文慧云)、《台湾科技发展体制与机制》(陈舒著,责编吴兴友)、《台湾现代农业科技》(郑金贵著,责编陈进才)、《台湾新世代诗歌研究》(王金城著,责编王鹭鹏)、《厦门与台湾关系发展三十年研究》(周明伟著,责编吴兴友)、《闽台区域文化》(何绵山主编,责编牛跃天)、《闽台文化探略》(何绵山主编,责编牛跃天)、《闽台经济与文化》(何绵山主编,责编牛跃天)等学术著作的出版,既有对台湾历史和现状的介绍,也有对台湾发展状况的深入研究,为中国大陆同胞和世界华人了解台湾提供了丰富的真实资料。

2009年11月,厦大台湾研究院游泽民书记、刘国深院长、邓孔昭副院长、邓丽娟副院长,厦门大学台湾研究中心林仁川主任一行专程来出版社,与社领导进行座谈。双方就进一步推动台湾研究图书出版进行商谈,会后签订《关于图书出版合作框架协议》。在合作基础上,出版社陆续推出“台湾研究新跨越丛书”《走近两岸》等台湾研究重点图书。

2.华人华侨与东南亚研究丛书

厦门大学在东南亚与华人华侨研究方面有雄厚实力,出版社充分发挥学科优势,形成了以东南亚与华人华侨研究图书为特色的精品图书体系,出版了一大批标志性的传世图书和特色图书。在华人华侨与东南亚研究方面,出版社已成为出版这方面学术图书的重镇。如所出版的200多种学术价值和现实意义结合较好的相关系列专著为该学科的建设发挥了重要的作用,有很高的学术价值。厦门大学东南亚研究中心系列丛书包括三个系列:档案资料系列、东南亚与华侨华人研究系列、东南亚研究名著译介系列。

2009年10月,新加坡国务资政、前总理吴作栋先生访问厦门大学,厦门大学南洋研究院院长庄国土教授赠予《新加坡人口研究》一书。

图3-13　2009年10月26日庄国土教授(右)向吴作栋(左)先生赠送我社出版的《新加坡人口研究》

为了方便东南亚与华侨人研究的专业人士及高校师生迅速准确地查阅所需文献资料,全面及时地了解国内外的研究动态,促进我国东南亚与华侨华人研究事业的深入发展,出版社分别于1999年、2002年、2006年编制出版了《东南亚与华人华侨研究论文索引》(1990—1995/1996—2000/2001—2005)。本套索引重点引录每个时段国内公开发行的相关专业核心期刊中具有一定理论价值和指导意义的学术论文,选择收录其他一般性刊物中具有参考价值的文献资料。2005年,出版了《东南亚研究图书目录》。

2001年3月,《近现代中国与东南亚经贸关系史研究》(聂德宁著,责编牛跃天)出版。作者以贸易往来为契机,从宏观与微观两个方面,对近现代中国与东南亚经贸往来的进程及其发展变化进行深入细致的考察和分析。该书是国家社会科学基金"八五"青年项目课题"近代中国与东南亚的经济关系",以及教育部人文社会科学研究"九五"规划项目课题"近现代中国与东南亚的经贸往来研究"的最终研究成果。之后聂德宁又编著了《全球化下中国与东南亚经贸关系的历史、现状及其趋势》(责编薛鹏志)(该书入选南强丛书第四辑)、《东南亚与中国关系:持续与变化》(责编王扬帆)、《东南亚的福建人》(责编薛鹏志)。

2001年至2003年,出版社副总编辑侯真平赴荷兰莱顿大学合作校注在印度尼西亚雅加达发现的18—20世纪华人社区民事审判档案《公案簿》。《公案簿》是当时当地华人社区半自治机构——吧国公堂(后来俗称吧城华人公馆)——审理社区民事诉讼案件以及公堂重大事务的中文记录,内容丰富而具体,史料价值极高。2002 年 8 月,“吧城华人公馆(吧国公堂)档案丛书”——《公案簿》(第一辑)出版。后续在长达 15 年的时间内,由聂德宁、侯真平、[荷]包乐史、吴凤斌等人校注,由责任编辑侯真平、徐长春、薛鹏志等人负责编辑,于 2017 年完成了全套共 15 辑的大型出版项目。

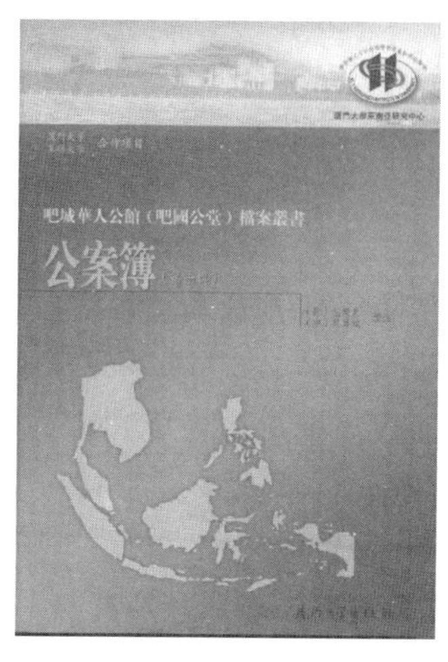

图 3-14　公案簿

2003 年,《二战以后东南亚华族社会地位的变化》(庄国土著,责编侯真平)出版。该书系统、全面地研究了二战以后东南亚各国华人法律地位的变动、应有政治权利和现实享有政治权利的差距、华人个人参政和华人群体参政的互动、华人社会权利及其政治地位的发展趋势与参政前景等,具有重要的学术研究理论价值和社会价值。2003 年 11 月,《战后新加坡华人社会的嬗变:本土情怀·区域网络·全球视野》(刘宏著,责编薛鹏志)出版。该书以 1945 年至今新加坡华人社会的嬗变为中心,探讨其内部分野、政治参与、经济结构、文化认同以及社会和商业网络。《读书》、香港《21 世纪》、《北大学报》、《世界民族》、《华侨华人历史研究》、新加坡《联合早报》、香港《亚洲周刊》等刊出书评,给予高度的评价。2004 年 2 月,《东南亚的经济》([日]北原淳等著、刘晓民译,责编王扬帆)出版。该书论述和分析东南亚经济的历史条件和各国的制度、经济环境,东盟区域内经济合作的历史、现状及其成果,出口工业化政策的转换过程中跨国企业的作用,对外贸易状况,工业化时代的农业和农村开发,越南的经济社会发展,东南亚的经济奇迹和货币危机等,回答了东南亚经济为何从“奇迹”转向“危机”及未来东南亚经济往何处去的问题。2004 年 8 月,《改革开放以来东南亚华商在中国大陆的投资研究》(王望波著,责编薛鹏志)出版。该书系统研究 20 世纪 80 年代以来东南亚华商在中国大陆投资的发展演变,揭示东南亚华商对中国大陆投资的动机、方式和特点,以及对中国东南沿海地区经济发展所起的独特作用。同期,《东南亚华人企业集团对外直接投资研究》(唐礼智著,责编王扬帆)出版。2005 年 11 月,《冷战以来的东南亚国际关系》(李一平、庄国土主编,责编薛鹏志)出版。该书主要以“冷战以来东南亚与大国的关系”和“冷战后东南亚区域安全”为主题展开,集中审视了冷战以来东南亚国际关系的变化,对中国的东南亚国际关系研究进行了一次理性和全面的总结。之后又陆续出版了《新世纪初的东南亚华文文学》(责编牛跃天)、《全球化与本土化:

东南亚华文教育发展策略研究》(陈荣岚著,责编王依民)、《东南亚华语戏剧史(上、下)》(周宁主编,责编王依民)、《全球化进程中的东南亚民族问题研究——以少数民族的边缘化和分离主义运动为中心》(陈衍德、彭慧、高金明、王黎明编著,责编薛鹏志)、《多民族共存与民族分离运动——东南亚民族关系的两个侧面》(陈衍德著,责编薛鹏志)等,从文学、戏剧、教育、民族问题等多角度、全方位展现东南亚及华人华侨的过去、现状和未来。

这一时期,有两种图书被列入"十一五"期间(2006—2010年)国家重点图书出版规划。在新闻出版总署公布的《"十一五"期间(2006—2010年)国家重点图书出版规划》中,厦门大学出版社上报的两项选题——"吧城华人公馆(吧国公堂)档案丛书"与《东亚华人社会:经济与社会资源研究》(庄国土、刘文正著,责编薛鹏志),分别被列入"社会科学总论"和"历史"两大类别之中。入选的两项选题,充分展示了出版社地处东南这一特殊地理位置所独具的与东南亚华侨华人的千丝万缕的联系。

2009年,由陈福郎总编策划、厦门大学南洋研究院院长庄国土教授主撰的《东亚华人社会的形成和发展:华商网络、移民与一体化趋势》(庄国土、刘文正著,责编陈福郎、薛鹏志)出版。该书是"十一五"国家重点规划出版项目,是作者多年研究成果集大成的学术巨著。该书为首部泛东亚华人社会整合研究的学术大书,深入剖析中国崛起与华人社会资源之关系,多角度探究东亚经贸圈与华人社会的互动。本书运用史学、经济学、社会学、政治学等多学科的理论,探讨、分析东北亚与东南亚华人社会的变迁和华人政治认同及文化认同的进程,通过对不同"个体"和"群体"的探讨,勾勒出当代东北亚与东南亚华人社会"整体"发展变化的历史轨迹。在全面系统地阐述东北亚与东南亚华人社会演进历史的基础上,深入探讨华人在所在国经济与社会发展中的角色、地位与作用,进而研究东亚华人社会经济、社会资源对我国社会主义现代化建设的作用。该书不仅在把握华侨华人历史现状及其发展趋势上具有理论探索的重大学术价值,而且在认知和利用华侨华人这一中国最重要的海外资源方面也具有重要的现实意义。2010年本书荣获出版界最高奖第二届中国出版政府奖提名奖。

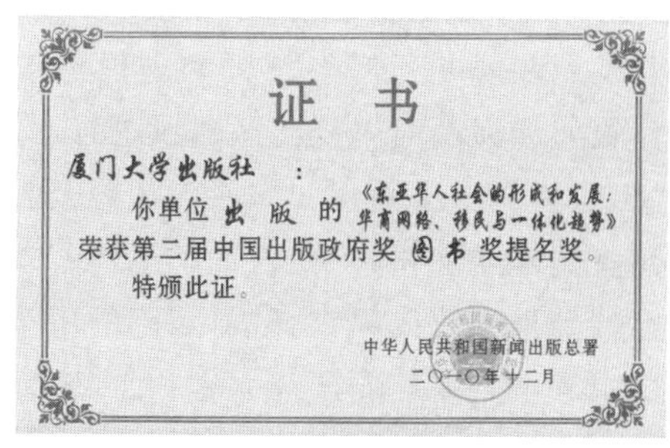

证　书

厦门大学出版社：

你单位出版的《东亚华人社会的形成和发展：华商网络、移民与一体化趋势》荣获第二届中国出版政府奖图书奖提名奖。

特颁此证。

中华人民共和国新闻出版总署

二〇一〇年十二月

图 3-15　2010 年《东亚华人社会的形成和发展》荣获第二届中国出版政府奖图书奖提名奖

3.有代表性的历史和人文研究图书

人文类图书是出版社的主要图书构成，以历史和文学研究图书为基干，中共苏区研究、国学研究、海关史研究、闽南地方文化、女性文学研究和戏剧影视研究方面的图书形成特色。

(1)中共苏区研究丛书。1999 年 8 月，"中央苏区历史研究丛书"(孔永松、蒋伯英主编，责编徐长春)全套 6 册出版。该丛书被列为庆祝中国共产党诞生 80 周年的 100 种重点图书之一，2000 年获福建省第四届社会科学优秀成果奖一等奖。丛书各分册包括：《中央苏区党的建设史》(杨小冬、罗长祥、陈世奎著)、《中央苏区政权建设史》(蒋伯英、郭若平著)、《中央苏区军事史》(曹敏华、高绵、欧阳小松著)、《中央苏区财政经济史》(张侃、徐长春著)、《中央苏区文化教育史》(王予霞、汤加庆、蔡佳伍著)、《中央苏区土地改革史》(李小平著)。

图 3-16　中央苏区历史研究丛书

(2)地方经济文化建设丛书。出版社在为高校教学科研服务的同时,也为推动福建发展和海峡西岸经济区的理论建设和文化传播作为自己的崇高使命。服务福建和海峡西岸经济区建设与发展的出版物据不完全统计达 400 多种,这些出版物见证了福建和海峡西岸经济区的发展成就、理论探索,还传播了福建特有的历史文化,不仅为推动福建省发展做出了现实的贡献,也积淀了一份丰厚的精神文化成果,为政府部门的决策提供了参考。如《福建建设海峡两岸繁荣带若干战略问题研究》(官鸣著,责编文慧云)、《福建省对外经贸发展战略研究》(顾铭著,责编陈丽贞)、《福建:迈向 21 世纪》(福建省计委主编,责编许红兵)、《大战略:福建未来发展的选择》(陈冬、郑庆昌编著,责编宋文艳)、《福建经济发展研究》(庄宗明著,责编许红兵)、《福建近代产业史》(罗肇前著,责编王依民)、《福建海洋产业发展研究》(苏文金主编,责编陈进才)、《福建区域经济》(何绵山主编,责编牛跃天)、《福建改革开放的历程》(曹敏华、欧阳小松主编,责编徐长春)、《福建手工业发展史》(曾玲主编,责编徐长春)、"福建自然保护区科学考察报告系列"、《福建农业改革与发展的探索》(尤珩编著,责编文慧云)、《福建耕地资源》(邢世和著,责编陈进才)、《福建省渔业环境质量状况》(杜琦主编,责编陈进才)等。

(3)魅力·老潘系列丛书。2000 年 5 月,《魅力厦门》([美]潘维廉著,责编施高翔)出版。该书以一个外国朋友的视角,介绍厦门的历史、风土人情,特别是对厦门的气候、风味小吃、旅游景观等外国人感兴趣的方方面面做了生动而详细的介绍,文笔流畅,笔调轻松、幽默,适合初到厦门的外国人、外地游客阅读,是一本很好的宣传厦门的图书。之后由施高翔不断策划并担任责编,潘维廉教授在厦大出版社陆续出版了《老外看福建》《魅力厦大》《魅力泉州》《魅力鼓浪屿》《老外看老鼓浪屿》《我爱海沧的七大理由》《商业老厦门:现代中国商业与工商管理教育的摇篮》《美丽新平潭》,在福建对外宣传方面产生了独特的影响。2019 年习近平主席给潘维廉回信中赞誉"作为中国改革开放的见证者,这些年你热情地为厦门、为福建代言,向世界讲述真实的中国故事,这种'不见外'我很赞赏"。

(4)戏剧影视丛书。2003 年 4 月起,"厦门大学戏剧影视丛书"陆续出版,至今已出版近 20 部著作。该丛书广泛涉及戏剧戏曲学的各个领域,视野开阔,呈现出厦门大学戏剧影视研究中心的雄厚实力。多部著作具有开创性的学术成就。丛书中的《想象与权力:戏剧意识形态研究》(周宁著,责编王依民)、《三角对话:斯坦尼、布莱希特与中国戏剧》(陈世雄著,责编王依民)2005 年获福建省第六届社会科学优秀成果二等奖。《三角对话:斯坦尼、布莱希特

图 3-17　魅力·老潘系列丛书

与中国戏剧》2006 年还获华东地区大学出版社第七届优秀教材、学术专著一等奖。

(5)厦门大学国学研究丛书。为了促进我国国学研究的繁荣,2008 年,厦门大学国学研究院与厦大出版社签署出版框架协议,由厦大国学院组织编写并资助、由厦大出版社出版"厦门大学国学研究院资助出版丛书",旨在鼓励海内外学者在国学领域的深入探索和研究。本丛书主要围绕着对中国封建社会后期思想文化产生划时代影响的朱熹理学这一核心,进而探索唐宋以来中国南方的思想文化、政治社会、民生经济、宗教习俗等各领域的演变发展,以及深入研究在朱熹与闽学影响下的闽台及周边区域的历史、文化、社会状况,尤其注重对东南海洋带文化传承的探讨,对中国文化在这些区域的演进,进行全面系统和深入的研究,努力建构国学研究的东南风格。2008 年 10 月,丛书第一本《明清江南农村社会与民间信仰》(滨岛敦俊著,朱海滨译)出版,之后陆续出版了《闽西庵坝人的社会与文化》(余光弘著)、《台湾汉人通俗宗教的空间与环境诠释》(潘朝阳著)、《跨域史学:近代中国与南洋华人研究的新视野》(黄贤强著)、《明清乡约:理论演进与实践发展》(董建辉著)、《清代林贤总兵及台海战役研究》(王尊旺、方遥、刘婷玉著)、《明清闽南宗族意识的建构与强化》(陈启钟著)、《晋江草庵研究》(粘良图著)、《隔岸观火——泛台海区域的信仰生活》(陈进国著)、《中国现代文学基础理论与批评著译辑要(1912—1949)》(贺昌盛

图 3-18　厦门大学戏剧影视丛书

著)。从 2008 年开始策划出版,至 2009 年底,两年的时间内共出版了 10 本国学专著,全部由薛鹏志担任责任编辑。截至 2019 年 12 月,本系列共出版了 50 余本,在学术界、出版界、读者中产生了很大的反响,有很高的研究价值,得到了业界的赞赏。

(6)其他人文社科类

1999 年 3 月,《新概念哲学》(郑庆昌著,责编文慧云)出版,2001 年获华东地区高校出版社第五届优秀教材、专著奖一等奖。该书是一部有学术价值、有

新意的探索性作品,将改革开放以来使用频度极高的一些概念,提升为哲学范畴,或以哲学角度揭示其丰富内涵,集中地反映了时代精神,展示了改革开放以来我国经济、政治、文化等领域的社会事件对马克思主义哲学的推进,以及对其基本范畴的丰富和深化,同时,也展示了新时期哲学观念变革对社会生活各方面的广泛而深刻的影响。

2001年3月,《明清官话音系》(叶宝奎著,责编陈福郎)出版,2003年获福建省第五届社会科学优秀成果二等奖。该书重点是通过明清官话音的分段描写与纵向历时比较,探讨明清两代官话音的基本面貌与历史沿革,通过横向共时比较,考查官话音与基础方言代表点口语音之间"同源异流"既有联系又有区别的关系。该书的重要价值在于前人多重古音而忽视近代音的研究,明清语音的研究一直是个非常薄弱的环节,至今尚无较为全面系统地研究明清语音史的专著面世。该书的出版对于近代汉语和现代汉语语音的研究起到推动作用,具有十分重要的意义。同期,《易学与道教思想关系研究》(詹石窗著,责编陈福郎)出版。从易学体系结构的整体把握入手,追溯了道教产生之前道家学派、祖国传统医学与《易》之关联。在此基础上对易学基本原理的应用和发挥等问题,进行多方辨析。教育部社政司科研处组编的《普通高等院校人文社会科学重点研究基地"十五"科研规划汇编》在总结中国哲学类成果时,认为该书"首次全面揭示了易学与道教在历史进程中相互融合、相互渗透、相互影响关系",作者在这方面的研究"达到了海内外最高水平"。

2002年6月,《超文本诗学》(黄鸣奋著,责编牛跃天)出版,2003年获福建省第五届社会科学优秀成果一等奖。该书从作为历史的超文本、作为理念的超文本、作为平台的超文本、作为范畴的超文本、作为课件的超文本、作为美学的超文本、作为未来的超文本等八个方面,介绍了超文本的发展历史、先驱人物的贡献,探讨了超文本与西方马克思主义、后现代主义的联系,超文本对教育的建构化、集成化及远程化的影响,建立超文本美学的可能性,并对与超文本相适应的超写作、超阅读、超比喻,超文本的技术规范、版权规范、社会规范进行了分析,对超文本的前景做了展望。7月,《汉语词汇计量研究》(苏新春等著,责编牛跃天)出版。2003年获福建省第五届社会科学优秀成果三等奖。该书运用词汇定量理论,在数据库的基础上,以大量词条为例,对《现代汉语词典》《现代汉语方言大词典》的汉语新词进行了研究。其中对《现代汉语词典》的研究最为详细,主要是探讨了该词典的词汇单位与结构、常用字与难僻字、同形词与异形词、标音与词汇属性标注、释义内容与释义方法等问题,以及新旧版本在上述方面的异同,对于汉语词汇理论研究的深入,以及现代汉语规范词典的编撰,都有一定的帮助。8月,《高等教育产业的特殊性研究》出版(史秋衡著,责编牛跃天)。该书于2003年获华东地区大学出版社第六届优秀教材、学术专著奖一等奖、福建省第五届社会科学优秀成果二等奖。该书运用产业经济学、人力资本理论、组织学等,分析了高等教育作为一种特殊产业的内涵以及实践的可行性与运行机制,既全面探讨了高等教育产业化的理论基础、社会基础和内在要求,又分述了高等教育产业的属性、高等教育产业化的条件和途径、我国高等教育的抉择和政策的基本框架等问题,具有很强的实践性和理论性。10月,《MBA教育质量控制系统研究》(章达友著,责编牛跃天)出版,2003年获福建省第五届社会科学优秀成果三等奖。该书运用系统分析的理论和方法,对MBA教育的本质、特点及模式进行阐述,归纳出欧美著名商学院MBA教育的八大特征,提出MBA教育的培养目标和人才规格,构建MBA教育质量控制系统,并将该系统应用于我国MBA教育质量控制的实践中,为改进和提高我国的MBA教育质量提供一种理论模式。11月,《简明中国哲学通史》(高令印著,责编薛鹏志)出版,2003年获福建省第五届社会科学优秀成果三等奖。这是一部贯通古今的中国哲学史专著。全书按远古夏商西周、春秋战国秦汉、东汉末至两宋、元明清近现代四个时期阐述中国哲学思想的发展,主要内容包括先秦和秦汉哲学思想、道与道教的形成、佛教的传入及其义理、儒家由玄学至朱子学、心学与气学、渐进与革命思潮、释道之学、实用主义在中国、毛泽东思想、现代新儒学与东学西渐、中国传统哲学现代化等。书中凸显了儒家思想在儒释道三家中居于主导地位,尤其强调中国文化重心南移与南宋理学家继往开来的地位和作用,还专节评述了谭峭、陈抟、白玉蟾、游酢、杨时、王廷相、陈樱宁、印顺、辜鸿铭、杨献珍、陈荣捷等过去尚少论及的哲学家及其思想。

2003年9月,《中国货币理论史》(叶世昌主编,责编陈丽贞、薛鹏志)出版,2004年获上海市第七届社会科学优秀成果著作奖三等奖,2006年获福建省第九届优秀图书编辑奖二等奖、华东地区大学出版社第七届优秀教材、学术专著一等奖。该书分中国古代货币理论和中国近代货币理论上下两编,系统论述从先秦到新中国成立前货币思想代表人物的货币理论及其发展演变。作者从浩繁的史籍中搜集和发掘具有理论性的货币思想资料,并以马克思的货币学说为指导,运用西方货币理论的方法,同时注意中西货币制度的差别,厘清了中国古代货币理论的发展脉络和特点。如对中国货币数量论的评价做到了与马克思对西方贵金属货币流通的货币数量论的评价有所区别。

2004年4月,《先秦青铜生产工具》(陈振中主编,责编徐长春)出版,2006

年获福建省第九届优秀图书编辑奖三等奖，华东地区大学出版社第七届优秀教材、学术专著一等奖。该书是一部大型工具书，既收集了解放前和解放后所有公开发表的考古报告中有关青铜生产工具的资料，也收集了权威单位（主要是中国社会科学院考古研究所和北京大学考古系）收藏的内部刊物中的有关资料，并收集了相当一部分收藏单位未曾发表的库藏品资料。收集之全为全国之最。

2006 年 3 月，《连横研究论文选》（汪毅夫主编，责编徐长春）出版。同年 4 月，连战先生在福建“寻根之旅”的最后一站——武夷山，收到了一份省委副书记梁滴萍赠送的厚礼——由汪毅夫副省长主编、厦门大学出版社出版的《连横研究论文选》，为其寻根问祖的“祖地行”画上了圆满的句号。连横是连战先生的祖父，他的《台湾通史》是第一部系统研究台湾历史的学术著作，可以称为台湾史的开山之作，至今仍然是研习台湾历史的重要参考书之一。同时，他对台湾的语言研究、诗文创作以及数十年的报刊编辑工作都取得了很高的成就。《连横研究论文选》收录祖国大陆学者已公开发表的论文 24 篇、台湾地区学者论文 2 篇。这是迄今为止大陆集中研究连横的第一本高水平的论文集，主要对连横和他的《台湾通史》、他的民族精神与爱国思想、他的学术思想和学术成就、他的家族渊源与祖籍地等问题进行了深入的研究。

图 3-19　连横研究论文选

2006年5月,《海明威在中国》(增订本)(杨仁敬主编,责编陈福郎、王鹭鹏)出版。本书第一次系统地以海明威抗日战争时期的中国之行为中心,向读者阐述了此行的目的、经过、收获和意义,从不同层次来审视海明威对中国的访问。其中海明威夫妇与蒋介石夫妇的会见,尤其是秘密与周恩来的会见成为这本书初版时的亮点。此次增补了近15年来美国新出版的海明威传记中对海明威中国之行的评价;增补海明威其人其作在中国的影响和传播研究情况,以揭示世界文学大师之一的海明威对中国学者和读者所具有的永恒艺术魅力;增补近15年来国内海明威研究的论文、专著和译著的目录索引,为"海明威在中国"提供更全面的研究资料。美国海明威学会主办的《海明威评论》(*The Hemingway Review*)2006年秋季号一篇书评指出:厦门大学杨仁敬教授新增订的《海明威在中国》增加了许多照片和新资料以及中国海明威研究论著目录,"它是关于中国论及海明威和盖尔虹中国之行最全面的专著,为中国研究者提供了最丰富的原始资料"。

(四)继续出版"南强丛书"

2001年4月,为庆祝厦门大学建校80周年,"南强丛书"(第二辑)出版,分别是《台湾海疆史研究》《台湾社会经济史研究》《明清官话音系》《易学与道教思想关系研究》《国库运作与管理》《上市公司关联交易的法律问题研究》《敦煌文献字义通释》《无机材料研究方法》《近现代中国与东南亚经贸关系史研究》《武夷山常绿林研究》。6月,《大学出版》2001年第3期发表了出版社总编辑陈福郎的文章《潜心治学　厚积薄发——"南强丛书"(第二辑)述评》。出版社充分利用厦门大学的学科优势,并自筹资金,设立"南强学术出版基金",决定从2002年起每年出版5种高水平的学术著作,使之成为厦大的学术窗口。

2003年4月,"南强丛书"(第三辑)出版,分别是:《社会变迁中的村级土地制度》《身国共治——政治与中华传统文化》《外汇业务操作与风险管理》《中国现当代文论与外国诗学》《环境管理会计研究——将环境因素纳入管理决策中》。第三辑由出版社全额出资。

本着弘扬学术、积累和传播文化的精神,通过出版高水平的专著,展示厦门大学教师立足学术前沿的创新理论研究成果,出版社向全校教学、科研人员征集"南强丛书"第四辑选题,该丛书于85周年校庆时(即2006年4月)出版。为保证本次丛书的质量,出版社一改以往直接征集书稿的办法,先向作者征集选题后进行评审、确定,以便有充足的研究和写作时间。2006年,"南强丛书"(第四辑)出版,分别是《应用电化学基础》《固体表面物理化学若干研究前沿》

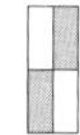

《WTO与中国外资法的发展》《余承尧绘画艺术研究》《海峡两岸新文学思潮的渊源和比较》《政府财务报告研究》《湿地生态与工程——以红树林湿地为例》《当代西方经济学流派的演化》《社会语言学》《汉晋之际道家思想研究》《公司财务报告问题研究》。从第四辑开始，由厦门大学资助部分出版经费，并确定以后每五年(厦门大学校庆逢"五"和"十"年)出版一辑"南强丛书"，并由学校成立丛书编委会，由校长担任编委会主任，对选题价值和书稿内容质量严格把关。

(五)拓展经济学、管理学图书出版规模，形成经管品牌特色

出版社经管编辑室秉承"为高校教学科研服务"的宗旨，秉持学术自由与学术包容的精神，以经管教材和经管专著为重点，开发了研究生、本科、高职等不同层次适用的教材，配套出版高校教辅图书以及供教学使用的电子出版物。同时，注重职业教育和职业考试培训用书的开发，基本做到了品种多样化、层次立体化，不仅为提高厦门大学乃至福建省高校的教学水平，加强师资队伍的建设发挥了自己应有的作用，也取得了良好的经济效益，在我国经管图书市场已占据了一席之地。

1.将学科优势转化出版优势，做大做强教材系列

厦门大学经济学院是一个层次完整、门类齐全的理论经济学、应用经济学与统计学学科群，拥有老中青相结合的优秀学术团队、先进的办学理念和一流的办公条件，是在国内社会各界享有盛誉的经济学学府。厦门大学管理学院发展成为以会计和财务为特色的当今中国管理学教育的一面旗帜，成为中国最具规模和竞争力的商学院之一。厦门大学经济学科、管理学科的教学与科研学术实力强大，名师辈出，涌现了邓子基、葛家澍、余绪缨、常勋、张亦春等一批教书育人的名家。他们立足学科的最前沿，居高鸟瞰。厦大出版社经管编辑室将本校的这些学科优势转化为自身的出版优势，成功策划、陆续出版了"厦门大学会计学研究生系列教材"(5本)、"21世纪会计学系列教材"(10本)。这两套系列教材结合作者多年的教学经验、科研和实践经验，并参考国际通用惯例编写而成，理论与实务相结合，内容深入浅出，体现了基础性、实践性和前瞻性，适应新世纪高等院校会计教学要求与社会发展需要。后续又出版了与"21世纪会计系列教材"配套的学习指导、练习与实验，丰富了产品线，为本科教学提供了更多的资源保障。

1999年9月，《国际金融学》(朱孟楠编著，责编许红兵)出版，2001年获福建省第七届优秀图书编辑奖三等奖。该书系统阐述国际金融学基本理论、概

念、业务,如国际收支理论、外汇与汇率概念、货币自由兑换及外汇管理理论、外汇风险及其管理、国际金融市场及其创新业务(如期权、期货、互换等)、国际资本流动理论、国际储备理论、国际金融组织与国际金融体系等。全书突出国际金融学科的学术水平,注重国际金融乃至整个国际经济领域的发展新动向,反映当时我国的对外金融活动及改革开放的实践。

2001年1月,《现代西方会计理论》(葛家澍、林志军著,责编陈丽贞)出版,2003年获华东地区大学出版社第六届优秀教材、学术专著奖一等奖,福建省第八届优秀图书编辑奖三等奖。该书以阐述现代西方规范会计理论为主,并以美国的会计理论、准则和实务为准绳,对西方会计理论及其最新成就进行完整的介绍。同时针对实证会计理论研究的蓬勃发展,设专章客观公允地评价了实证会计理论;对一些重要的问题,诸如现金流量与现金量表、国际会计协调化等,也做了精辟的分析。2002年,该书被教育部推荐为"2001—2002年度研究生教学用书"(全国仅有两部会计类教材入选)。该书的出版,对我国会计理论研究的进一步发展及会计理论研究水平的深化提高起到积极的推动作用,也为我国会计理论研究与国际会计理论研究前沿的迅速接轨发挥了重要的作用。

2001年9月,《国际会计》(常勋编著,责编陈丽贞)出版。该教材由我国开拓国际会计教学和研究工作的先驱者之一、著名国际会计专家、厦门大学管理学院会计系教授常勋编著。及时更新,紧抓前沿课题,是该教材的最大特色,《国际会计》自出版以来,一直是畅销图书,多次修订,各版本均多次印刷,2006—2007年短短一年即发行17000册,为各高校广泛采用。其修订的次数,是国际会计同类教材中频率最高的,这是读者选择该教材的重要原因。该教材各章均配有研讨题与作业题,着重培养学生的独立思考能力,并有与教材相配套的《国际会计学习指导与练习》。读者普遍反映该教材深入浅出,论述全面,重点突出,要而不繁,例证翔实,文字通畅。除高校会计专业师生外,广大的企业会计人员也乐于购阅此书。该教材2007年列入普通高等教育"十一五"国家级规划教材;2009年获华东地区大学出版社第八届优秀教材、学术专著二等奖;随后又获

图3-20 国际会计

中国大学出版社图书奖首届优秀教材奖一等奖。

2002年1月,《统计学》(陈珍珍主编,责编陈丽贞)出版。该书入选教育部高等教育司普通高等教育"十一五"国家级规划教材。该书第二版于2009年获第二届福建省优秀出版物奖图书奖,华东地区大学出版社第八届优秀教材、学术专著一等奖,2010年获中国大学出版社图书奖首届优秀教材奖一等奖。该书第三版2012年获中国大学出版社协会第二届优秀教材、优秀学术著作、优秀畅销书一等奖。该书在内容安排上贯彻"大统计"学科建设的思想,针对客观实际中存在的大量不确定现象,在书中对随机现象的统计处理引进数理统计方法,力求使社会经济统计与数理统计融为一体。在体系设计上,根据人们认识客观现象的顺序进行安排。结合EXCEL软件的运用,从实例分析入手,阐明数理分析的方法,从而增强学生学习的兴趣并提高学习效率。2003年,全国统计教材编审委员会将其评为"全国统计教材评审委员会推荐使用教材"。

图3-21 统计学

2003年8月,《人力资源管理》(章达友著,责编许红兵)出版。该书入选教育部高等教育司普通高等教育"十一五"国家级规划教材。该书集科学性、系统性和实用性为一体,既注重概念和主要理论的介绍,又注重阐述实践应用的程序步骤和方法技巧。该书体系力图体现出国际通行人力资源管理体系的框架和内容,又避免国内一些著作或教材涉及面过泛,并解决国内大多数人力资源管理教材仍无法较好地处理在吸收西方较成熟的理论的同时,又能与我国国情实践的有机结合的问题。

图3-22 人力资源管理

2004年2月,《审计》(陈汉文主编,组稿陈丽贞,责编眭蔚)出版。该书入选教育部高等教育司普通高等教育“十二五”国家级规划教材。该书属国家精品课程“审计学”教材。以“审计是一个系统的过程”来安排课程结构,将风险分析思想贯穿于全书始终,将审计的最新理论与实务有机结合起来。论述了审计职业的基本问题,包括审计的定义与分类、审计的产生和发展、审计服务的拓展、审计执业规范、审计行业管制及法律责任,同时也阐述了计划审计工作的概念与方法、审计实施的过程,以及外勤审计工作和审计报告。

图 3-23　审计

2005年12月,《财务会计理论》(杜兴强、章永奎著,责编陈丽贞)出版。该书入选教育部高等教育司普通高等教育“十一五”国家级规划教材,2009年获福建省第八届社会科学优秀成果三等奖。该书内容体系比较完整,涵盖了财务会计理论范畴内主要的内容,既包括规范会计理论主要的领域——财务会计概念框架、会计准则、财务报告等,还包括一些实证会计理论的初步知识,如会计政策选择、盈余管理等,体现了西方财务会计理论的最新发展与我国会计准则改革的有机结合,既密切注意到财务会计理论发展的国际动态,关注国际领域出现的诸多新改革、新动向和新问题,又紧密结合我国国内会计环境进行内容更新和知识拓展。

图 3-24　财务会计理论

2.拓宽选题思路,出版多层次经管图书,丰富经管品牌线

出版社本科层次的会计、金融学、经济学、统计学等系列教材,在国内高校中占有很高的知名度和美誉度,选用厦大出版社经管教材的高校也非常多,被读者所认可。经管编辑室在研究市场后,提出开发职业教育辅导产品,得到了社领导的支持。为了帮助参加2003年注册会计师全国统一考试的广大考生全面学习、理解和把握2003年考试的重点、难点、考点及其题型规律,掌握复

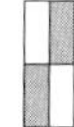

习和考试答题技巧,提高解题能力,顺利通过考试,2002 年经管编辑室编辑陈丽贞积极向厦门大学会计系组稿,由厦门大学会计系教授精心编写了“2003 年注册会计师全国统一考试应试指导丛书”,包括《会计》《审计》《财务成本管理》《税法》《经济法》,由厦门大学出版社和天津大学出版社联合出版,责编陈丽贞。该套丛书推出后,取得了很好的市场反响和读者的认可,随后又陆续再版。

2002—2003 年由陈丽贞组稿并出版了“会计从业资格考试丛书”(4 种,责编陈丽贞),由厦门市财政局、厦门市财会干部教育中心根据财政部“会计从业资格考试大纲”的要求,以财政部最新颁布的企业会计制度为依据进行编写。其中,《初级会计电算化教程》针对会计从业资格入门考试电算化培训的特殊性,分别介绍会计电算化基础知识和会计电算化实务;《会计基础》主要介绍会计的基础知识、基本理论;《会计实务》着重介绍会计实务操作方法;《财经法规》主要介绍并阐释国家最新颁布的财经法规。该套丛书出版后多年热销,随后又多次再版,并根据财政部对考纲新的要求,将《会计基础》和《会计实务》合并为《会计基础》。该套培训丛书每年为我社带来了较大的社会效益和较好的经济效益。

2005 年又相继推出了针对在职会计人员进行继续教育培训的“会计人员继续教育丛书”(责编陈丽贞),分别是《小企业会计制度解析与应用》《内部会计控制与会计职业道德教育》《小企业会计准则图解》,由厦大会计系资深教授主编。该套丛书具有很强的实用性、通俗性和可操作性,出版后广受读者欢迎,并取得了较好的经济效益。

进入 21 世纪后,高等职业教育的改革和发展呈现出前所未有的发展势头,学生规模已占我国高等教育的半壁江山,成为我国高等教育的一支重要的生力军。经管编辑室看清当时职业教育的发展趋势,结合高等职业教育的基本目标,策划了一套以“技术应用”为主、理论够用,满足技能型、应用型专业人才需求的系列教材——21 世纪高职高专会计学系列教材,本系列丛书由深圳职业技术学院(我国首批高职类示范性院校)资深教师精心编写,共 13 本。

3.关注经济热点,策划出版了热销产品

中国为加入世界贸易组织(WTO)持续进行了 13 年的艰苦努力,1999 年 11 月,终于取得了决定性突破。如何主动调整国内相关政策和制度规则,并加快改革步伐,迎接即将到来的种种挑战,而非被动的接受,当务之急是“中国如何应对 WTO”。基于此背景,陈丽贞策划了《WTO:中国加盟——入世后的应对策略》(赖观荣、叶青编著,责编陈丽贞)一书,该书以亚洲金融危机后的世界贸易格局为大背景，鸟瞰式地把握入世大环境——经济全球化、贸易和投资自由化的主导潮流，在综合分析加入WTO后对我国相关行业的影响之后，提出一些应对策略。本书出版后，引起了社会的强烈反响，首印1万册，短时间内销售一空。之后，经管编辑室陆续策划出版了《走进WTO》(周青著，责编许红兵)、《WTO与中国会计的国际化》(杜兴强、章永奎著，责编许红兵)、《经济全球化、WTO与中国特殊经济区再发展》(邓力平、唐永红著，责编陈丽贞)、《危机与转机：WTO视野中的中国高等教育》(邬大光、林莉著，责编牛跃天)等十余种WTO相关的畅销图书，取得了很好的经济效益和社会影响力。

出版社围绕经管品牌，由蒋东明、许红兵组织策划，成功地打造了由台湾作者林荣瑞主编的福友现代实用企业图书系列，一改以往管理书籍的理论风格，以简练的语言罗列要点，配以实用的表格和简短说明，将理论转变为“实务技巧和工具”，可操作性强、实用性强，被大量企业当作培训教材，在市面上的企业管理书系中占有一席之地。2001年5月，出版社参加上海版权贸易洽谈会，向台湾世贸出版社、世潮出版有限公司引进陈照明主编《实用目标管理》《实用管理心理学——适应篇》《实用管理心理学——管理篇》的版权，打造“现代实用企管书系”品牌，强化出版实用管理类图书的特色。其中《实用目标管理》获第六届全国大学出版社优秀畅销书一等奖。

(六)深入挖掘厦门大学法学院法学图书出版，带动区域联合出版；面向全国法学院校策划组稿，在法学出版领域占有一席之地

出版社围绕高校法学教材和法学专著为重点，多年耕耘累积而成的法律类图书，在国内出版界中已形成很好的知名度和品牌影响力，被国内法学界、出版界及高校法学院系所认可。出版社法律编辑室坚持依托厦门大学及知名高校法学院系，开展跨区域学科联合出版；拓宽出版维度，整合全国出版资源，将法律图书品牌打造成出版社一张闪亮的名片。

1.依托厦门大学法学院打造“厦大法律品牌”

依托厦门大学法律系(现法学院)的学科优势，出版社与厦门大学法律系合作，自2000年始，施高翔策划出版系列化、立体化的法学教材和学术专著。通过与厦门大学法学院诉讼法专业教师合作，由齐树洁教授主编的“厦门大学法学院诉讼法学系列”第一辑和第二辑在几年内陆续出版；通过与厦门大学法学院民商法专业教师合作，由时任厦门大学法律系系主任的柳经纬教授主编的“厦门大学法学院民商法学系列”也陆续出版。此外，“厦门大学国际经济法学文库”“厦门大学经济法学系列”“厦门大学刑事司法系列”等专业教材和丛

书陆续出版,并定期出版《厦门大学法律评论》集刊,基本奠定了出版社法学出版的根基。

2000年9月,《民法总论》(柳经纬主编,责编施高翔)出版。该书入选教育部高等教育司"普通高等院校'十一五'国家级规划教材",2010年获中国大学出版社图书奖首届优秀教材奖二等奖。该书包括民法概述、民事法律关系、自然人、法人、人格权、物权、法律行为、代理、民事责任、诉讼时效、期间和期日、民法的适用,涵盖了民法总则的基本制度和内容。在阐释民法总论原理和我国民事立法的同时,注重吸收近年来我国民法学理论研究的最新成果,如法人制度、人格权制度、法律行为制度的最新研究成果。

图3-25　民法总论

2002年7月,《英国证据法》(齐树洁主编,责编施高翔)出版。2003年获福建省第五届社会科学优秀成果三等奖,2004年获首届中国优秀法律图书奖(法学理论类)。2002年12月,《商法》(上、下)(柳经纬主编,责编施高翔)出版。该书入选教育部高等教育司"普通高等院校'十一五'国家级规划教材"。该书共分为六编,涵盖了目前商法学科的基本制度和内容,包括商法导论、公司法、证券法、票据法、保险法、海商法。在阐释商法原理和我国商事立法的同时,注重吸收近年来我国商法学理论研究的最新成果,如人格否认制度、证券民事法律责任制度、机动车强制第三者责任保险制度的最新研究成果。

图3-26　商法

2004年4月,《财产、经济犯罪专论》(陈立主编,责编施高翔)出版。5月,《破产法研究》(齐树洁主编,责编施高翔)出版。

2004年6月,《海洋法专题研究》(傅崐成著,责编施高翔)出版。该书

2005年获福建省第六届社会科学优秀成果二等奖。该书系有关联合国国际海洋法方面的专题研究的专著,收集了作者近年来研究海洋法相关问题的部分论文28篇,分四个专题,内容涉及以下四个领域:海洋环保与水下文化遗产、海洋渔业管理、海洋边界与海洋争端解决、台湾海峡与两岸合作。

2004年8月,《商法总论》(柳经纬、刘永光编著,责编施高翔)出版。9月,《外国刑法专论》(陈立、陈晓明主编,责编施高翔)出版。

中共中央政法委政研室致函[政研发(2009)24号]厦大法学院,高度评价了厦大出版社出版的两种出版物《厦门大学法律评论》和《东南司法评论》。信函中称赞两书坚持正确的政治方向,坚持理论联系实际,关注世界发展大势,关注中国特色社会主义法治建设的重大理论和实践问题,有很多新理论、新观点,针对性、指导性比较强,对于建设公正高效权威的中国特色社会主义司法制度,进一步做好新形势下政法工作和社会稳定工作,具有重要的参考价值。《厦门大学法律评论》由厦大法学院主办,自2001年出版以来,已连续出版32辑,每辑均收录不同类型、不同学科的法学研究方面的论文,具有一定的理论深度和前沿性,学术价值较高;《东南司法评论》于2008年出版第一卷,此后每年出版一卷,由厦大法学院司法改革研究中心与厦门市中级人民法院研究室共同主办,中心主任齐树洁教授任主编,每卷收录有关司法改革理论和实践、热点案件审判研讨、调研报告、域外司法改革动态介绍等方面的文章。

这一时期法律图书的出版奠定了厦门大学法学教材出版的基础。

2.拓宽出版维度,实现区域联合出版

法律编辑室扎根福建,取得了重大的突破,2007年首次实现了全省本科院校法学专业教材的联合出版。2006年,经出版社法律编辑室策划组稿,由厦门大学校长朱崇实教授担任总主编,以厦大法学院为依托,联合了福建省内11所高校法学院校共同编写"高等学校法学精品教材系列",充分展现了出版社坚持"学术为本、教材优先"的出版理念和"为高校教学科研服务"的宗旨。该教材系列包括14种法学本科核心课程教材和十余种选修课教材,于2007年正式出版发行。本教材系列的编写,充分发挥了厦大法学院在福建省高校法学教学中的领头作用,培养了一批年轻的作者,提高了这些教师的写作水平和科研水平,提供了一个各院校之间进行良性交流互动的平台,使参编院校之间加强了联系与沟通,不同院校教师之间有了较深入的学术交流,体现了福建省法学教学、科研的水平,为福建省各法学院校提供了一套统一的、适用的本科法学精品教材。该系列教材已经多次改版,是绝大多数福建高校法学院系选用的教材,因选用高校较多,应师生需求,出版社又策划出版了与该系列的

图 3-27　高等学校法学精品教材系列

配套书系“高等学校法学课程学习宝典”,为高校教学提供了支持,取得了很好的社会效益和经济效益。

3.突破区域出版,整合全国出版资源,打造法学特色

在法律图书出版成果日益受到学界肯定后,出版社积累的丰富的出版经验为积极扩大出版合作范围奠定了扎实基础。西南政法大学是厦门大学出版社最早开拓也是合作最深入的知名法学高校之一。2004年,经厦门大学法学院齐树洁教授的引荐,出版社首次跨出福建省,走进国内知名法学院校西南政法大学进行组稿策划,并成功组稿了西南政法大学“21世纪民事诉讼法前沿系列”和“经济法学系列”教材和专著。在西南政法大学田平安教授和李昌麒教授的大力支持下,两个系列顺利推进。2005年,《民事诉讼法原理》(田平安主编,责编施高翔)正式出版,进而将法学出版事业从厦大推向全国,厦门大学出版社法学出版的品牌建设之路由此展开。2006年,《民事诉讼法原理》获第二届全国法学教材与科研成果奖一等奖、第七届全国高校出版社优秀畅销书二等奖。该书是系统阐述民事诉讼法的基本概念、基本理论、发展历史、基本制度等的高校法学本科教材。全书以中国民事诉讼法为基础,参照各国民事

诉讼法的有关原理与制度,对程序主体、程序架构、原则与制度、诉讼证据、程序进程、非讼程序、执行程序、涉港澳台及涉外民事诉讼程序等内容进行了系统的阐述,并提出对我国民事诉讼法的立法建议。

图 3-28 民事诉讼法原理

自2005年出版西南政法大学田平安教授主编的《民事诉讼法原理》之后,出版社法律编辑室与西南政法大学展开全面合作,先后与国际法学院、经济法学院、民商法学院等诸多学院合作,策划出版了“21世纪民事诉讼法学前沿系列”“西南政法大学民事证据规则系列”“西南政法大学国际法学系列”“西南政法大学经济法学系列”“西南政法大学知识产权法学系列”等。此后,法律编辑室与中国政法大学、武汉大学、浙江工业大学、西北政法大学、苏州大学、广州大学、广东财经大学、暨南大学、深圳大学等全国众多高校的法学院系合作,组织策划了多个教材和学术著作系列。与知名法学院校的合作,进一步拓展了出版社法律图书在全国的影响力,为法律图书品牌的进一步发展提供了坚实的作者队伍群体,也为法律图书品牌向更高端的学术出版方向发展提供了机遇和能力。

4.支持学科建设,注重社会效益

为了扶持学术研究成果的发表以及支持学科建设,法律编辑室长期不间断地出版多种学术集刊。如《厦门大学法律评论》自19辑后成功入选CSSCI集刊目录;CSSCI集刊之一的《民间法》亦由厦大出版社出版;张卫平教授和齐树洁教授主编的《民事程序法研究》(中国民事诉讼法学研究会会刊)由出版社持续出版。

图 3-29 厦门大学法律评论

除了在法学教材和法学专著领域的出版上着力甚多,出版社法律编辑室也在法学通俗读物上进行了一定尝试。2004年,“最新司法案例精解丛书”出版。同年11月3

日,“最新司法案例精解丛书”首发式在厦门大学克立楼隆重举行。该丛书由厦门大学校长朱崇实任主编,厦门大学法学院和福建省高级人民法院、厦门市中级人民法院、厦门海事法院、泉州市中级人民法院、宁德市中级人民法院等法院合作编写。该丛书的案例均精选自上述各家法院审理的成千上万个案件,具有典型意义,充分反映我国社会变迁中法律关系和司法实践的发展。

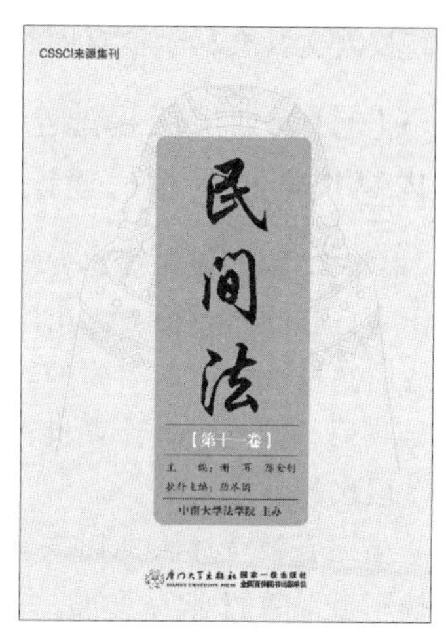

图 3-30 民间法

2009年,由出版社策划,联合厦门大学法学院和莆田市中级人民法院合作出版的“农村法律问题小帮手系列”陆续出版。该系列共有12种图书,为针对全国“农家书屋”计划主动策划出版的普法型读物,由知名法学家牵头,高校法学教师和基层实务法官执笔,通过收集、改编涉及农村法律问题的短小案例,向农民朋友介绍涉及农村生活的法律基本常识和常见农村纠纷解决方法,受到了全国广大农民朋友们的好评。

2009年10月,适逢中华人民共和国成立60周年,出版社也荣膺“国家一级出版社”和“全国百佳图书出版单位”称号。借此东风,法律编辑室在出版社领导的支持下,策划出版了“共和国六十年法学论争实录”丛书。丛书作者阵容强大,由我国著名法学家、中国政法大学前校长、终身教授、博士生导师江平先生担任总主编,中国政法大学、中国人民大学、厦门大学等院校以及北京其他院校的知名法学学者担任各卷主编,并参照我国法学学科的划分,分为法理学卷、宪法卷、行政法卷、民商法卷、刑法卷、诉讼法卷、经济法卷和国际法卷等8卷。2009年10月30日,丛书在厦门国际会展中心举行了首发式,总主编江平教授出席并发表了讲话。“共和国六十年法学论争实录”丛书的出版,进一步巩固了出版社在法学出版领域的地位,也进一步提升了出版社在法学界的声誉。“共和国六十年法学论争实录”以史家的笔法,以“实录”的方式,从学术史的层面上再现共和国六十年历史进程中发生的一次又一次法学重要问题的论争,从一个侧面揭示我国法学从“荒蛮之地”走向“显学”,从“幼稚之学”走向成熟,与时俱进、不断开拓的历程。读者不仅能从其间领略到我国法学成长过程的点点滴滴,同时也能真实感受到共和国60年民主法治与法学发展的艰辛历程。丛书的出版受到《中国新闻出版报》、《中华读书报》、《福建论坛》以及中国高校人文社会科学信息网等权威媒体的高度关注。

(七)策划出版福建全省高校公共课、专业基础课、专业课,带动省内高校学校的教材建设

厦大出版社作为福建省唯一的大学出版社,始终把福建省高校教材的建设作为自己的首要任务。出版社团结了一大批高水平的作者队伍,组织编写了适应高校教学改革需要的教材,并已形成规模化和系列化。其中,军事、形势与政策、高职单招、计算机、体育及广告等教材出版,有力地推动了高校多学科多层次的教学发展。

福建省教育厅长期以来对组织编写普通高校军事课教材非常重视。1991年,福建省教委国防教育办公室(体卫处)即组织厦门大学、福州大学、福建师范大学、集美航海学院编写适用于福建省军训试点高校教学需要的教材,由厦门大学吴温暖担任主编。本教程第一版《高等学校军事科学教程》(责编蒋东明)于1992年6月由厦门大学出版社正式出版发行。1999年,在蒋东明、施高翔的积极策划下,福建省教育厅体卫处同意立项,委托吴温暖教授在《高等学校军事科学教程》的基础上,编写了《军事理论教程》(责编蒋东明、施高翔)和《军事训练教程》(责编蒋东明、施高翔)。其中,《军事理论教程》于2006年通过教育部国防教育办公室和全国高校军事教学指导委员会评审,推荐为全国优秀教材(共推荐5种)。2013年,为适应高校军事教学的需要,《军事理论教程》和《军事训练教程》合编为《军事理论与训练教程》。2019年1月,为落实教育部、中央军委国防动员部《关于印发〈普通高等学校军事课教学大纲〉的通知》(教体艺〔2019〕1号),贯彻新《大纲》的内容,并结合近年来国家颁布实施的新的国防法律等重要法律和文献的内容,为适应当前高校国防教育教学需要,将《军事理论与训练教程》改版为《军事理论与技能训练教程》。本教材作为福建省高校军事理论课使用的教材,其高校教材使用率达80%以上。

图3-31 军事理论教程

为了进一步加强福建省高校军事理论课教师队伍建设,提高军事理论课教师能力水平,提升高校军事教学质量,加强各校之间军事教学学术研讨和经

验交流。2003 年 4 月,由福建省教育厅主办,厦大出版社承办的福建省高校军事理论课教师培训班首次在厦门鼓浪屿华能宾馆举行。该培训班每年都举办一次,到 2012 年已举行近十届,分别在福建省的东山、连城、长汀、宁德、武夷山、三明、泉州、莆田、漳州等地举行,每年受训教师达 100 多人。培训班聘请福建省教育厅领导、国内著名军事专家和高校教师讲课,对提高福建省高校军事理论课教师的教学水平和科研能力起到积极作用,受到全省高校老师一致好评,奠定了我社军事课教材的领先地位,为教材发行打下了坚实的基础,大大推动我社出版的军事课程教材的发行。

图 3-32　军事训练教程

《形势与政策》(责编文慧云)是福建省教育厅根据上级加强高校思想政治课教学工作的有关文件精神、有关形势政策教育的统一部署和图书出版管理有关政策。在蒋东明、陈福郎、徐长春、文慧云的努力策划下,争取到由福建省教育厅委托厦门大学出版社负责出版发行福建省高校"形势与政策"课程教学参考连续出版物。该教材由福建省教育厅主管(2015 年起"福建省高校思想政治理论课教学指导委员会"协助对其主管),委托厦门大学出版社负责出版发行,在完成审定工作后,厦大出版社负责印制、出版、发行,年发行量都超过 20 万册。

图 3-33　形势与政策

福建省教育厅长期以来对组织编写形势与政策课教材非常重视,委托厦门大学出版社负责编辑出版发行,福建省教育厅成立了《形势与政策》编委会,由福建省教工委宣传部部长任编委会主任,厦大出版社总编辑任主编。在内容上,该教材及时反映国内外形势新动态,是对高校学生进行形势与政策教育的主要阵地,一年分 8 期出版。在使用上,由于这部教材采用分期、分栏目、分专题的形式，教师在教学中，可结合教材，根据教学的需要和学生特点，采取系统讲授与专题讲座相结合、课堂教学与课外讨论相结合的灵活多样的教学方式，增强了教学效果。

为确保“形势与政策”教学与教材使用顺利开展，加强福建省形势与政策课高校教师队伍建设，提高形势与政策课教师能力水平，提升形势与政策课教学质量，加强各校之间形势与政策课教学学术研讨和经验交流，出版社每年都承办由福建省教育厅主办的全省高校《形势与政策》编委会会议，并多次承办由福建省教育厅主办的全省高校《形势与政策》教师培训班，收到了很好的效果，受到全省高校老师一致好评。

“福建省高职单招考试复习指导用书”于 2000 年 3 月由福建省教育厅组织福建省学科专家和从事教学与科研的一线骨干老师共同编写，并由厦门大

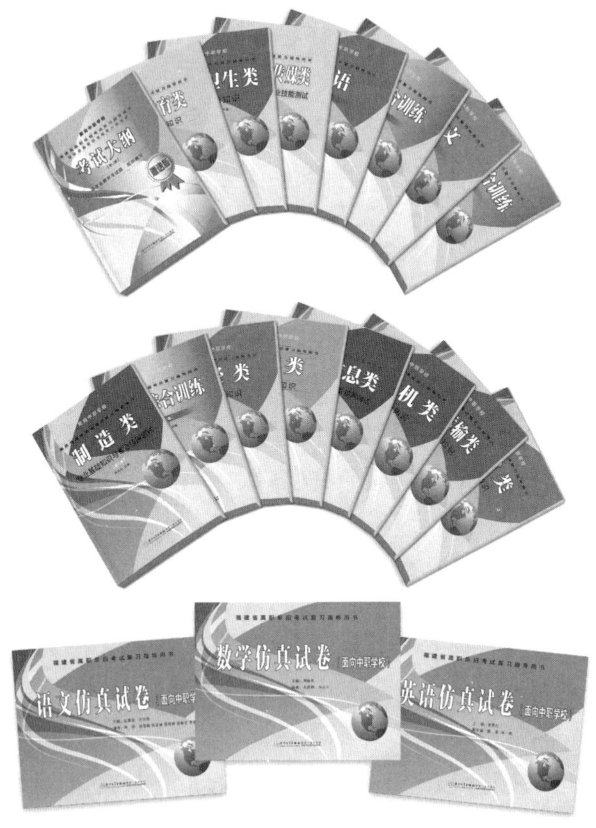

图 3-34　高职单招丛书

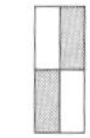

学出版社出版。在黄茂林的积极策划下,全社各部门积极配合,顺利出版了这套丛书。本套丛书共19种,主要是为广大中职学校应、往届毕业生参加福建省高职单招考试提供一套复习指导用书,并受到广大中职学校师生的欢迎,全省使用中职院校达到95%以上,为福建省高等职业技术教育的健康发展奠定了基础。

福建省高等学校计算机等级考试规划教材,是出版社的一个子品牌。在宋文艳的积极策划下,该规划教材从1995年就开始策划、出版,至今已经出版26年。该系列教材不断发展壮大,更新换代,一直保持旺盛的生命力,对福建省高等院校计算机教育的发展,做出了重大的贡献。

福建省高等学校计算机等级考试规划教材是在福建省教育厅的领导下,组织福建省高校,如厦门大学、福州大学、福建师范大学、福建农林大学、华侨大学、集美大学等高校计算机教师编写,由出版社出版的系列教材。该系列教材涵盖福建省计算机等级考试一、二、三3个级别。目前该规划系列教材包括15种,具体为一级4种:《大学信息技术基础——以Python为舟》、《大学信息技术实验指导》(Window 7+Office 2010)、《大学计算机应用基础》(Window 7+Office 2010)、《大学计算机应用基础学习指导》(Window 7+Office 2010);二级6种:《Python程序设计与应用教程》《数据库应用技术教程——ACCESS关系数据库》《数据库应用技术实验教程——ACCESS关系数据库》《C语言程序设计教程》《C语言程序设计学习指导》《Visual Basic程序设计教程》《Visual Basic程序设计与应用学习指导》;三级4种,包括"偏硬"3种:《微机应用技术基础》《MCS-51微机原理与接口技术》《Intel 80X86微机原理与接口技术》,"偏软"1种:《计算机等级考试三级(偏软)考试指导书》。

随着计算机技术的发展,以及福建省计算机等级考试的不断变化,该系列教材品种也在不断更新,以跟上技术进步,适应考试。一级的《大学计算机应用基础》,操作系统从Dos版本、Windows 95、Windows XP、Windows Server 2003,更新到Windows 7,Office也更新到了2010版。二级的各种语言,也紧跟时代潮流,淘汰一些不太好用、退出历史舞台的语言,比如Foxpro,更新、纳入流行的语言。近年来,随着人工智能、大数据技术的快速发展,Python语言流行起来,并逐渐占据主流。2019年,出版社新推出了《Python程序设计与应用教程》,以适应时代要求。

本规划教材作为福建省计算机等级考试的指定教材,发行量大,高校使用率高。其中,一级教材的发行量,总计多者达200万册以上,少者也有几十万册,高校的使用率可达80%左右;二级的发行量,总计也达十几万册,其中《C语言程序设计教程》还荣获中国大学出版社第二届优秀畅销书一等奖。

图3-35　福建省高校计算机等级考试规划教材

为了进一步提升福建省高校计算机的教育教学能力和水平，提高高校计算机的教学质量，加强各校之间交流，出版社组织了十多次由福建省计算机等级考试委员会委员以及高校教师参加的教学研讨会，在2018年和2019年主办了"福建省计算机基础教育"论坛，受到全省高校教师的一致好评。

长期以来，高校体育学科一直是出版社重点服务对象，出版了大量优秀体育专业教材。20世纪90年代，出版社正处于事业的发展期和上升期，为了完善出版选题，丰富出版内涵，出版社将出版视角探向高校体育专业选题的开发。在施高翔的积极策划下，出版社以有限条件集中资源，同时凭借策划人员的专注，陆续与福建省高校体育专业建立了良好的关系。在此期间，与厦门大学、集美大学、福州大学、福建师范大学、宁德师范学院、武夷学院、闽南师范大学、泉州师范学院等省内大部分本科高校合作出版了校本公共体育课和体育专业课教材，使出版体育教材成为高校体育专业发展的新方向，在当时为专业科研和建设提供了新的思路，也让出版社在体育专业图书的出版上占据了优势，为后续选题的策划打下坚实的基础。在多年体育教材出版的基础上，为了更加完善出版品种，扩大优势，更好地服务高校，出版社主动调研，开

图3-36　高等院校体育与健康

放思路，寻求更多的出版空间。在2008年前后，施高翔调研了全省高职高专公共体育教材出版的情况，并与福建省教育厅合作，由教育厅体卫处牵头，成功开展了多次高职高专公共体育课教材的出版选题策划会和研讨会。2009年，《高等院校体育与健康》顺利出版，成为全省高职高专院校公共体育课统编教材，2010年，该教材通过“全国高等学校体育教学指导委员会”的审定。此后，出版社参与了“福建省高职高专阳光体育研究会”的筹备与成立，同时发挥优势，承担了全省每年高职高专公共体育课教师培训的任务，延续至今。

厦门大学是全国最早开启新闻教育的高校之一，在专业的发展过程中，在大陆率先以“传播”冠名，创办了广告专业。厦门大学出版社是国内最早出版广告专业图书的出版社，在陈福郎的积极策划下，1987年厦大出版社出版了国内第一本广告学著作《广告原理与方法》，并于1993年陆续推出“21世纪广告丛书”(共10种)，是中国大陆第一套系统的广告学教材。

图3-37　广告原理与方法

在此过程中，出版社发现全国范围内能满足广告专业教学需求的教材极少，甚至专业新闻传播教育高校的教材也无法作为广告专业通用教材。出版社借此契机，通过调研了解，发挥厦门大学的学科优势，借助学科带头人的专业实力和影响力，挖掘选题，完善学科专业出版，陆续出版了《广告策划与策划书撰写》《网络广告原理与实务》《广告经营与管理》等几十种广告类图书，迄今共有五套丛书：“厦门大学广告学丛书”“厦门大学广告人丛书”“厦门大学广告与传播艺术丛书”“先锋广告人丛书”“广告新视野丛书”。这些教材适应了国内大部分高校广告专业的发展需求，也发挥了厦门大学广告学专业的学科引领优势，深受读者好评，产生了广泛的影响，自此，广告类图书成为我社的品牌之一。这一大批广告学图书的出版，促进了厦大广告专业的学科建设，真知名度、美誉度名列全国第一，被誉为中国广告人的“黄埔军校”。

(八)围绕教育出版，出版了一批思政公共课教材

这一时期，出版社在形成了高质量、高层次、有特色的图书结构，实现品牌的

不断拓展的同时,还围绕教育出版,催生了一批高校思政课教材的出版,其中福建省"两课"教材、福建招生资讯等图书出版,为地方教育建设做出一定贡献。

厦大出版社出版了福建省"两课"教材中的《思想道德修养》和《法律基础》。《思想道德修养》是在福建省委宣传部的指导下,由福建省委教育工委、福建省教育厅组织厦门大学、福建师范大学、福州大学、福建农林大学、福建工程学院等部分从事思想政治教育理论研究和思想品德课教学的老师集体合作编写的,由厦门大学党委书记王豪杰担任主编,是福建省高校马克思主义理论课和思想品德课的系列教材之一。在蒋东明、文慧云的积极策划下,本书由厦大出版社出版,得到了教育部"思想道德修养"示范教材(本科)副主编、教育部"思想道德修养"示范教材(专科)主编、清华大学德育研究中心主任刘书林教授和福建省委教育工委副书记,福建省教育厅党组副书记、副厅长施祖美研究员审读指正。

《思想道德修养》一书自1999年初版以来,受到师生的欢迎和有关方面的肯定和鼓励。2001年5月,教育部在成都西南交通大学举行全国普通高校"两课"优秀教材表彰暨教材建设研讨会,表彰了33本"两课"优秀教材,本教材榜上有名,成为该门课程5本获奖教材之一,也是福建省唯一获此殊荣的"两课"教材。此后,为力求教材更加完善,出版社多次召开使用本书的师生研讨会,并于2003年对本教材进行了修订。此次新修订的《思想道德修养》,注重体现十六大精神和"三个代表"重要思想,吸收了使用原教材师生的合理意见和专家的评审意见,总结了近几年教学改革实践和原教材编写过程中的成功做法。

《法律基础》一书是在福建省委宣传部指导下,由省委教育工委、省教育厅组织省内部分高等院校的教师共同参加编写的供高等院校开设法律基础课使用的教材。本教材在编写过程中依照教育部印发的《"两课"贯彻十六大精神教学指导》和《法律基础教学基本要求》,结合高校法律基础课教学改革的实际,注意吸收近年来法学研究和教育的成果,努力反映我国社会主义民主法制建设发展的新情况,体现新的时代特点和与时俱进的理论品质,力求达到科学性、思想性、针对性和可读性的有机结合和完整统一。在蒋东明、施高翔、文慧云的积极策划下,本书由厦大出版社组织编写出版,得到厦门大学、福建师范大学、福州大学、集美大学、福建农林大学等高校的大力协助,书稿在付梓之前,承蒙教育部普通高等学校"两课"教学指导委员会委员、中国人民大学法学院谷春德教授和中共福建省委宣传部卓家瑞副部长在百忙之中拨冗审阅,并提出宝贵的具体修改意见和建议。教材的出版使用得到广大师生认可和肯定。

《毛泽东思想、邓小平理论和“三个代表”重要思想概论》由厦门大学马列部从事“毛泽东思想概论”“邓小平理论和‘三个代表’重要思想概论”教学工作的部分老师编写完成，并于2005年由出版社出版。自教育部颁布实施“高校政治理论课和思想品德课98新方案”以来，“毛泽东思想概论”和“邓小平理论概论”两门政治理论课均为独立开设的课程。在教学过程中，毛泽东思想、邓小平理论和“三个代表”重要思想，都是马克思主义在中国革命和建设各个不同历史阶段的丰富和发展，都是中国化的马克思主义，它们之间是继承与发展的关系。通过学习教育部提出的政治理论课改革新方案，并对写作提纲和内容进行调整，完善新教材的编写工作，出版社最终出版了《毛泽东思想、邓小平理论和“三个代表”重要思想概论》。此书作为福建省高校思想政治理论课教材，全省高校使用率达95%以上，受到广大师生一致好评。

“福建招生资讯”项目于2002年启动，在蒋东明、徐长春的积极策划下，由福建省教育考试院有关处室与厦门大学出版社合作编辑完成。此后，根据形势的发展，结合本省考生的实际情况，由《福建招生资讯普通高考考生手册》改版为《福建招生资讯·普通高校招生计划》，并分为理工类、文史类、艺术体育类三本分册。本书专门为福建省高考考生提供相关资讯服务，并被作为福建省各级教育考试工作人员的工作用书。

(九)策划出版高品质的市场图书，推动全民阅读

出版社在这一时期，逐步形成了以台湾研究、东南亚华人华侨研究、历史文化研究、经济学、管理学、法学、广告学等出版品牌，在高校公共课、专业基础课、专业课的教材建设方面，已经形成了高质量、高层次、有特色的图书结构，实现学术品牌的不断拓展，产生了很好的社会效益。在品牌积累、高端出版的过程同时，出版社利用自身作者优势和出版优势，逐步开发市场图书，满足全民阅读的需求。

2000年11月，由蒋东明、徐长春策划，绍南文化编订的“儿童中国文化导读系列丛书”(责编徐长春)出版。丛书包括《学庸论语》《唐诗三百首》《老子庄子选》《孟子》《诗经》《易经》《孝弟三百千》共7种，绍南文化秉承古圣先贤及南怀瑾先生的文化教化精神，以王财贵教授“读经”之教育理念，崇尚圣贤之道，传播中国传统优良文化为宗旨。本套丛书自出版后，畅销至今，销售量突破百万余册。

2002年1月，由施高翔策划编辑的《如何填报高考志愿》(王康平、刘艳杰主编，责编施高翔)一书在北京图书大厦做重点宣传。该书翌年全国市场销售

图3-38 儿童中国文化导读

万余册,成为我社持续至今的市场畅销书之一。全书解读填报志愿相关的每年高考政策与应对措施,为高考生及家长提供选择志愿的基本策略和多角度思路;同时本书整理了教育部已经公布的参与高考录取的靠前全部高校(2000多所)和全部本科专业和全部专科专业的信息,浅显易懂地回答家长与考生常见的疑问,是一本内容丰富的高考填报志愿宝典。

2002年9月,出版社出版由易中天主编的"穿透灵魂之旅"丛书(易中天主编,责编张文化)(共5种,《目光在何处——关于绘画》《永恒的偶像——关于雕塑》《都打碎了——关于现代艺术》《这不是一只烟斗——关于设计艺术》《A空间——关于建筑》)。这是一套人文素养书系,著名学者易中天教授带我们"穿透灵魂之旅",带我们畅游在文学、历史、哲学、艺术的海洋中,一路下来,让读者领略到雕塑、绘画、建筑、设计、现代艺术等各个艺术门类的精粹。专业知识与艺术技巧并不是书中要告诉你的,即使你对它们一窍不通,你仍能从这些艺术的强烈震撼力中产生灵魂的对撞,寻找到心灵的共鸣。这套系列丛书出版,在业界引起广泛关注。福建电视台就本丛书的出版及艺术普及问题采访了主编易中天教授。2020年10月,新闻出版署原署长,时任中国出版工作者协会会长于友先特地到厦门大学出版社在第十三届全国书市的展台了解本丛书的情况,厦门市市长张昌平还特地向本丛书主编易中天教授表示祝贺。

图 3-39　穿透灵魂之旅

2005年,由陈福郎策划的"女缘丛书"(林丹娅主编,责编张文化)出版。本套丛书一共5本,由厦门大学教授、作家、中国妇女研究专家林丹娅担任总主编,丛书包括《悦读海派女》(孙佳妮著)、《悦读京城女》(李青菜著)、《悦读江南女》(鲍贝著)、《悦读台北女》(徐学著)、《悦读潇湘女》(肖欣著)。本套丛书的5位作者从天南地北聚集而来,以精美的文字和图片,呈现了她们源自不同地域与视野中的女性所特有的生命形态、生存状态、生活姿态之间的特殊联系;作者灵心慧眼所构成的独特视角对这种联系的观照、感受和解读。本套丛书,通过拨开历史的云雾,岁月的尘埃,性别的偏见,地域的隔膜,把明明白白、真真切切、有血有肉、风骨绰约的各地女性,多角度、多层面地呈现出来。

图 3-40　女缘丛书

(十)本时期出版社重要出版活动

本时期出版社有许多重要活动,其中重大事件如2005年1月21日在北京人民大会堂举行《台湾文献汇刊》出版座谈会的盛况,已在本章第一节做了介绍;"购置位于厦门软件园二期望海路39号楼6楼的办公楼","荣膺国家一级出版社,全国百佳出版社称号",将在本章专文介绍。其他出版活动也值得介绍。

1.设立厦门大学"出版杯"教职工篮球赛

2001年,正值厦门大学80周年校庆,出版社倡议举行厦门大学教职工篮球赛,以各学院、机关部处为参赛单位,由出版社出资冠名为"出版杯",每年在校庆期间举行,并提出赛事口号"强健体魄　著书立说"。这项赛事得到学校有关部门和各单位的大力支持,在校园里引起很好的反响,迄今已连续举办19届,成为广大篮球爱好者的欢乐节日。出版社也组队参加每年的赛事,并于2019年夺得冠军。篮球活动也在出版社内广泛开展,成为广大职工喜爱的运动。

2.设立厦门大学"出版奖学金"

2003年3月,出版社设立厦门大学"出版奖学金",专门面向来自西藏等少数民族地区的学生。到2020年4月该奖学金已连续颁发18次,有100多位西藏等少数民族地区学生得到该奖学金的奖励。

图 3-41　2014 年第十四届"出版杯"篮球赛

图 3-42　部分获厦门大学"出版奖学金"的西藏学生

3.出版社举行建社 20 周年庆祝活动

2005 年 5 月,出版社成立 20 周年。为庆祝出版社成立 20 周年,出版社举办一系列活动。

2005 年 4 月 20 日,出版社特别邀请香港凤凰卫视著名时事节目主持人阮次山先生在厦门大学克立楼报告厅举行关于国际形势和中美、中日关系的演讲,并现场回答听众的提问。阮先生的精彩演讲吸引众多听众,克立楼报告厅被挤得水泄不通。《厦门日报》记者佘峥做了独家采访,多家媒体做了报道。厦大许多老师称厦大出版社利用社庆做了一件好事。

图3-43 2005年4月,出版社邀请香港凤凰卫视时事评论员阮次山来我校演讲,受到广大师生热烈欢迎

2005年4月25日,出版社邀请福建省第一位获中国绿卡的美国人,厦门大学教师,《魅力厦门》等多部书作者潘维廉在校本部、漳州校区开办讲座。

2005年5月,《厦门大学报》出版专刊,庆祝厦大出版社成立20周年。

2005年5月,出版社出版了厦门大学出版社建社20周年纪念册《南方之强 文化使者》,书中刊登教育部社科司的贺信和王豪杰书记题词:"蕴厦大英才灵气 铸科学文化精品",朱崇实校长题词:"出版学术精品 传播大学精神",还有出版社员工的文章,留下了一份宝贵的精神财富。

图 3-44　纪念册《南方之强　文化使者》

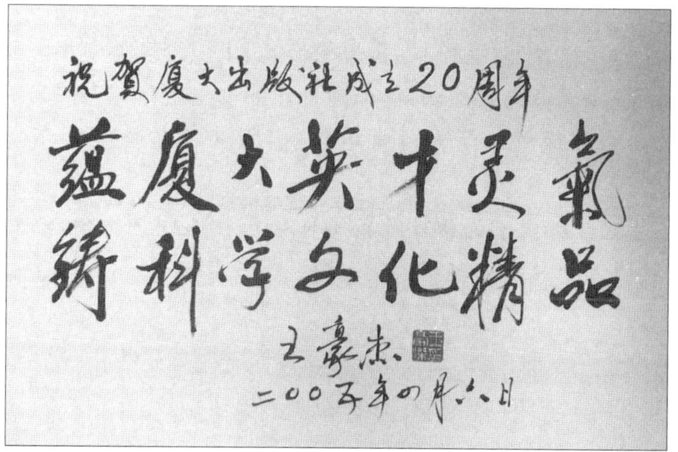

图 3-45　2005 年建社 20 周年王豪杰书记题词

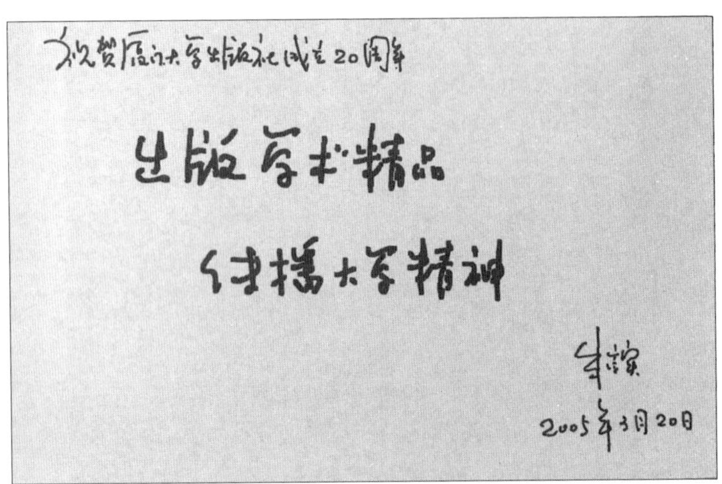

图3-46　2005年建社20周年朱崇实校长题词

2005年5月30日,出版社在厦门国家会计学院举办联欢晚会,校领导、全社员工及所有在出版社工作过的同志欢聚一堂,共庆厦大出版社20华诞。

4.第23届全国大学出版社订货会在厦门国际会展中心召开

2009年10月27日—11月2日,第5届海峡两岸图书交易会暨第23届全国大学出版社订货会在厦门国际会展中心召开,出版社全员投入、承担会务工作,获得同行及来宾的一致赞扬。1991年第三届大学出版社订货会也是由厦大出版社承办,对比18年前办会的艰难境况,眼前的巨大变化不禁令人感慨万千。

订货会期间,教育部社科司副司长徐惟凡、出版管理处魏小波处长及刘影秋来出版社视察,祝贺出版社获得"全国百佳图书出版单位"称号,对出版社的发展思路和取得的成绩给予充分肯定,对出版社新办公楼的办公环境赞赏不已。

同时本年度全国大学出版社社长工作会议在厦门国际会展中心举行,教育部、大学版协领导及100多家大学出版社社长参加。

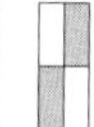

四、抓好制度建设,为出版社转型和快速发展提供有力保障

到了1999年,厦门大学出版社走过了青涩的14年,开始进入青壮年时期。按照教育部和学校的要求,出版社需要真正向企业转型,一个企业要保持持续的快速增长,配套和完善的制度建设必不可少。对此,新的领导班子有清醒和正确的认识,他们认为,出版社经过早期的探索后已进入较成熟的阶段,这时必须要有一套完整的制度来促进出版社的转型发展。在快速发展的十年中,出版社非常重视制度的建设,根据出版社实际情况和工作需要,修订和制定了一系列适合自身发展需要的管理制度,使出版社从事业单位成功转型为较适应市场竞争的企业,保证了出版社既能快速发展又不偏离方向。厦门大学出版社的管理也进入了进一步规范化阶段。

这一时期修订和制定的管理制度主要有:

1.岗位责任制:包括社长岗位责任制、总编辑岗位责任制、总编室岗位责任制、策划室岗位责任制、编辑室主任岗位责任制、各级编辑人员岗位职责、美术编辑岗位责任制、出版岗位责任制、校对岗位责任制、发行岗位责任制、关于实施发行人员营销责任制的通知、关于加强发行工作的几点意见、储运岗位责任制、仓管岗位责任制、办公室岗位责任制、财务岗位责任制、电脑室岗位责任制、关于我社激光精密照排系统管理规定、关于设立咨询顾问制度的决定、图书进出仓管理办法等。

2.图书出版流程与规范:包括厦门大学出版社重大选题备案制度、关于加强选题申报和发稿手续的几点规定、厦门大学图书印刷委托制度、关于图书装帧设计审批手续的几点规定、厦门大学出版社稿件及图书质量、资料归档制度、厦门大学出版社图书重版前审读制度等。

3.质量管理制度:包括编辑工作质量管理、美术编辑工作质量管理、出版印制质量管理、校对工作质量管理、关于加强编审校工作的若干规定、关于校对工作三条补充规定、关于加强我社校对工作的几点意见、书稿录入排版质量管理、图书质量会议纪要等。

4.财务管理制度:包括财务管理办法、会计核算制度、固定资产管理办法、稿酬实施办法、职工计奖办法、关于调整部分奖励政策的办法、优秀图书奖励办法、关于重大选题项目负责制的实施办法、差旅费开支及报销办法、关于我社非学校编制人员工资改革的实施办法、重大采购管理办法、关于增加对厦门大学出版社高校图书代办站投资的决定等。

5.行政管理制度:包括职工考勤管理办法、合同制用工管理规定、关于聘用干部的管理规定、车辆管理规定、样书管理规定、办公大楼管理规定、上网管理暂行规定、关于增设综合编辑室等部门的决定、关于加强出差人员管理的补充规定、关于职工继续教育管理的有关规定、关于加强电脑室管理的有关规定、聘用干部初级中级职称聘用办法、关于调整编辑室组织机构的决定等。

(一)岗位考核及奖励制度的全面制定和修订

1992年下半年,厦大出版社为适应社会主义市场经济,根据教育部文件精神,大学出版社按“事业单位企业化管理”,实施了经济责任制,迈出了企业化管理的重要一步。经过7年的实践,原有的经济责任制规定的内容需要根据新的发展形势做出调整,而原来没有制定的需要补充。

1.《关于重大选题项目负责制的实施办法》实施,有力地促进了出版社经济实力在较短时期内的快速提升

时至2000年,出版社的经济实力尚比较薄弱,没有经济基础,出版社就难以策划和出版具有重大意义的选题,硬件条件和员工收入也难以改善,因此出版社急需尽快增强经济实力。当时出版社规模很小,二十多个员工,出书量也不大,靠多出书来慢慢积累显然行不通。经过多次研讨,出版社领导班子一致认为,要组织一些既符合出版社出版方向和图书结构,又具有双效益特别是经济效益突出的图书,这是短期内增强经济实力的一个好的解决办法。当时将这一类经济效益突出的选题确定为出版社重大选题项目。2000年9月,《关于重大选题项目负责制的实施办法》正式公布实施,对重大选题项目确定标准、具体实施办法和奖惩标准等做了规定。

列入重大选题项目的标准怎么定?当时出版社出版的图书单本书的利润大多很低。从实际出发,社领导经讨论后确定单本书在一年内产生的利润超过3万元的项目即为重大选题项目。《办法》第二条规定:“重大选题项目是指符合我社出书方向、图书结构,有一定出版意义的单本书或丛书。每个书号(或平均)应能获利3万元以上(含一年内重印利润的累加)。一年内如未能达到利润指标,则按一般选题图书计奖。”重大选题项目怎么奖励?确定重大选题项目就是为了激发员工的积极性,因此在奖励比例上需要比一般图书要高,

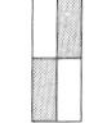

“重大选题项目予以重奖”,这是一开始就定下的原则。通过多次研究,最后定下按利润分段奖励的办法,从 15%到 24%,远高于一般图书的奖励额度。

“重大选题项目负责制”是出版社已有的经营目标责任制的特别规定,在多方面有突破。除了在奖励额度上有较大突破外,另一个突破是项目负责人制。在该制度实施前,出版社选题策划是编辑的事,图书产生的利润也只奖励给编辑。这样就影响了社里其他员工对组稿的积极性,对于图书产生的利润多少也不是太关心。该制度实施后,出版社全员可以参与重大选题组稿,也可以得到重大选题产生利润的奖励,这是一次大的突破。

重大选题项目负责制的实施,为出版社较大幅度提高经济实力发挥了极大的作用。在该制度激励下,全社员工发挥出巨大的能动性,一大批符合出版社出书结构、具有突出经济效益的图书在短期内出版,很多图书到现在还在产生良好的经济效益。特别是多门公共课教材近 20 年来年年重印,如军事课教材、大学计算机教材、公共体育课教材、思政课教材、高职单招教材等。该制度还起到了很好的引导选题策划方向的作用。重大选题大多是双效益俱佳的选题,除了经济效益外,对出版社的社会效益同样产生了很大的影响。

2.重视发行业务,修订和新增加强发行业务的制度

随着出版社业务的发展,特别是教材出版业务的快速增长,发行工作也发展很快,原有的关于发行营销工作的一些考核和规定已跟不上形势:一是出版社发行人员规模快速增加,岗位职责和内部管理需要更加明确和精细;二是营销工作也从零开始探索,发展很快,有些营销工作需要加以规范;三是奖励制度以前较粗,没有明确与回款等挂钩,不能真正激励发行人员。以上问题都需要修订和新增相关的规定。

(1)制定《厦门大学出版社发行人员营销责任制》

2002 年 7 月公布《厦门大学出版社发行人员营销责任制》,这是对 1999 年 4 月制定的《厦门大学出版社发行科发行人员经销责任制》的重大修订。新的《营销责任制》主要解决了以下一些问题:

一是明确营销工作重点和主要工作内容。第五条至第八条作了规定:

五、发行业务员应及时反馈图书市场信息,积极参与选题策划、论证。发行科长作为社选题论证小组成员,对社内选题有发表意见及表决权。

六、应强调重点图书的宣传策划发行。对每套重点书,发行科必要时应参与策划,并应在立项后关注其进展,当书名、内容、读者受众群确定之

后,应拿出具体策划发行方案,以便实施。重点教材应协助编、作者做好教材使用教师群体的培训工作,积极主动将教材直销学校。

七、社内应有计划有准备地组织参加全国大型图书订货会及与我社图书有关的专业联合体订货会。

八、图书宣传工作包括大型订货会宣传,书、报刊宣传,网上宣传及重点书宣传外,还应定期编写本版图书目录,并应及时将新教材分别列入由新华书店总店编写的《全国大中专教学用书汇编》、高校图书代办站服务中心编写的《高校教材图书征订目录》。

二是调整了发行科职责,明确了内部分工及具体管理办法。第二条规定:“做好全国范围的图书市场。积极建立以一渠道(国营新华书店)为主,二渠道(守诚信的民营书店、高校图书代办站、各大学周边的学术书店)为辅的发行网络。同时,应根据图书的不同内容、读者对象做好对口营销及直销。大学教材的营销应与社内教材出版同步,逐渐做到学校。”这条明确规定,发行科的职责是建立好发行渠道,包括一渠道和二渠道。同时,提出了对大学教材营销工作的要求。

出版社从2000年起,随着我国高校普遍扩大招生规模,在校大学生数激增,大学教材教辅的出版呈爆发式增长,优先大量出版教材成为出版社既定的尽快壮大经济实力的一个方针,做好教材的发行工作也成为这段时间出版社工作的重点之一。经过讨论后,出版社决定成立一个专门的教材发行部门。第三条规定:“2002年起,本版图书发行分3个部门完成,并分别计算。一是发行科,负责本版一般图书、教材及专有教材的省外发行;二是教材科(暂设在编辑部),负责专有教材的学校直销及省内书店发行;三是图书代办站及南强书苑,以营销外版书为主,辅助经营本版图书。”

这是出版社关于发行改革迈出的一个比较大的步子,为出版社在福建省建立稳固的教材市场发挥了极大的作用。

三是奖励制度重新修订,第九条对此做了非常具体而明确的规定,将回款额、回款率等与奖金挂钩;同时对发行人员的差旅费和出差补贴标准也作了明确规定,具有较强的可操作性。

(2)设立福州图书配送中心

2000年成立教材科后,福建省内的高校教材发行工作马上有了明显的发展。当时大多数高校设立教材科,由教材科向出版社直接订教材,出版社向学校配送。由于福州地区高校较多,由出版社自己直接从厦门配送成本高、时间

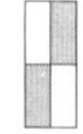

长,且服务不到位。为此,2003年3月,出版社决定在福州设立厦门大学出版社福州图书配送中心,聘任徐国清负责教材在福州的配送。配送中心的成立,为做好出版社教材配送工作、在厦门大学出版社版教材与其他版别教材的营销竞争中占据一定优势,发挥了很大的作用。

(3)发行科整合

教材科设立后,对出版社教材在福建省内发行发挥了很大的作用。由于教材科设立在编辑部,由宋文艳副总编分管,在具体业务开展上与发行科既有分工,又有一定的冲突。由于业务的相似性,两个部门需要加强配合才能提高内部的工作效率,如果长期分在编辑部和发行科两个部门,对于开展工作有所不利,也不利于出版社发行工作省内省外并重的发展格局的形成。在教材科设立七年后,经社务会决定,2007年7月发布了《关于加强发行工作的几点意见》。《意见》提出:"我社的发行工作要取得进一步的发展,应在原有成绩的基础上,解放思想,转变观念。要把过去发行工作侧重于学校转变为面向学校与面向书店并重;把过去侧重于福建省内转变为面向省内与面向省外并重。"第二条规定:"将我社发行科更名为发行一科;教材发行科更名为发行二科。发行一科负责除福建省以外的国内外图书市场、重大发行活动以及作者包销书的发放和邮购业务;发行二科负责福建省内的图书市场。两科室业务不再实行以集中某种教材发行为主的办法,而是按各自的区域进行全品种推销",将发行科内部结构和业务区分作了明确规定。《意见》还对发行科人员配置和总的奖励标准作了规定。新设立的发行一科主任由林鸣担任,发行二科主任由徐长春兼任,统一由于力副社长分管。

3.加强图书出入库管理

出版社因地处厦门,没有合适的仓储、物流公司可以合作图书的储运工作,只能自己成立仓储部门来做。随着出版社出版图书品种和印数均有了较大的增加,发行业务有了较大的发展,仓储工作的重要性就突显出来了:第一,图书入库是图书制作、生产的最后一个环节,图书入库后才是完成了图书生产的全流程。第二,图书发货出库是图书销售的第一个环节,因此,仓储是生产与销售的最核心环节之一。第三,图书在仓库中要保证不受非正常损失,仓库要有基本的防潮、防火、防尘等功能。

原有的仓库管理已跟不上需求,出现了诸多问题。如以往的纯手工管理模式已满足不了出版社业务发展的需要,库存量无法准确、即时统计;入库不及时,图书不能及时开单;配书速度慢,发货速度跟不上市场需要;发货差错率高且难以控制;图书因存放不当导致的报废率高,等等。出版社为了解决手工管理中的不足，在南强系统中增加了部分仓储管理功能，希望能通过信息化管理手段来有效解决这些问题，但实际使用中，出现了诸如图书入库数据仓库录入不及时、从印刷厂直发的图书没有录入入库数据、发货审批流程未完成即发货等问题。这些问题的解决，需要重新制定相关制度来定位仓储岗位，梳理仓储工作流程。

2003年3月，出版社修订了《仓管岗位责任制》，明确了仓管人员的职责和地位，将仓管岗位与出版科、发行科的职责区分清楚，使三个部门的工作能有序开展。同时，出版社制定了《图书进出仓管理办法》，对图书进库、出库的工作流程以及与南强系统相配合的要求做了较为明确的规定。出版社自1996年开始使用南强系统管理图书销售以来，系统中对于仓库管理的功能也在不断新增中，社领导也认识到，出版社仓库管理中存在的发货差错多、库存统计困难、配货慢、仓库利用率低等诸多问题，需要通过信息化管理，对仓库管理流程进行改造，将仓库的信息纳入南强系统中，才能彻底解决传统仓库管理中存在的问题。但在系统使用过程中，因当时仓库尚未配备电脑设备，仓库出入库信息录入由发行科根据仓库出入库单录入南强系统，造成数据录入较为滞后，有的数据录入有遗漏等。为此，《办法》中对于实际工作如何与系统数据对接做了详细规定。

如第一条第一款“图书进库”中规定：“图书进库我社图书由承印厂送到我社(或自运)后，仓管员在得到通知后，应立即确定时间，并在约定的时间里做好验收入库工作，并据实填写入库单，注明自然包册数。仓管员、送书人、出版科三方在入库单上签字后交一联至发行科做电脑入库，一联仓管员留存，一联出版科留存，一联财务作账。凡因电脑入库数与实际库存不符造成的失误，由仓管员负责。”

第一条第二款“虚拟进库”，规定了直接从印刷厂把作者包销的图书给作者送货的流程和系统数据处理办法：“作者(或单位)包销的图书，凡可不必进库而直接送货的，由出版科填写入库单，并由通知发书人签字，送发行科做电脑入库，同时由通知发书人开具相同数量的发书单，确保电脑库存量与实际库存量相符。”

对于图书出库，《办法》也按系统管理要求做了规定。如第二条第一款规定：“图书出库必须严格凭电脑发书单方为有效。手续不全，仓管员有权拒发。仓管员凭第一联单(黑色联)发书。”而且对系统管理中因意外情况下如何处理都做了详细安排：“如遇电脑故障或其他不可抗拒的原因，由发行科负责人同意并签字后，可暂用手工开单发书。但在重新启用电脑后，应立即补上电脑发

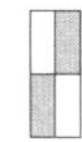

书单,同时取回手写单作废。擅自发书所造成的损失,由仓管员负责。”

(三)图书出版流程和规范制度的完善

1.重视图书编校质量,加强校对管理

保证图书编校的高质量是出版工作的核心内容之一,这也体现了出版社的核心竞争力。厦大出版社规模小、实力弱,要在市场竞争中赢得一席之地,必须有自己的硬功夫,他们把图书编校的高质量确定为出版社的核心竞争力之一。

为了能保证出版社图书编校质量优质、稳定,出版社在这一时期制定了不少相关的制度。

(1)理顺编校关系和各自职责。1999年6月,出版社出台了《关于校对工作三条补充规定》,第一条明确规定,“所有书稿的校对工作,由校对室负责统一安排”,这就明确了校对工作由校对室负责,分清了编辑和校对的工作职责。传统校对工作以校对排版稿与手写原稿的异同为主,但这一时期书稿基本从手写稿转为以交电子稿为主,原稿即为排版稿了,编辑和校对的工作职责开始有了融合,也造成了编校人员之间的责任区分困难。为了理顺编辑、校对工作的关系,2002年3月,《关于加强编、审、校工作的若干规定》第四条规定,“凡作者提供磁盘的书稿,校对人员有‘校是非’的责任”。

(2)坚持编校分开原则。编校分开是保证图书编校质量的一个重要原则,也是《图书出版管理办法》明确规定的要求。《关于校对工作三条补充规定》第三条规定,“坚持编、校分流的原则,编辑人员原则上不参与本人担任责编的书稿的校对工作”。2003年3月,出版社又出台了《校对工作质量管理》,第一条又重申,“坚持编、校分流的原则,编辑人员原则上不参与本人担任责编的书稿的校对工作;如有特殊情况需要由责编本人校对,应事前征得总编同意”。

(3)保证校次和加强审读工作。《校对工作质量管理》第一条规定:“校对质量要靠必要的校对次数来保证。校对次数越多,消灭差错的可能性就越大。但是,限于人力和时间,不可能任意增加校次,因此应当以最少的人力和最短的时间最大限度地消灭差错为确定校次的原则。在正常情况下,校对次数不得少于三次,同时必须经过通读检查后才能付印。”这条明确规定了三校制度,所以书稿校对不得少于三次。在加强校对的同时,出版社认识到,要保证编校质量,还要做好审读关。为此,2002年3月,出版社专门设立了审读室,与校对室合署办公,对出版后的图书进行编校质量检查。

2.重新梳理出版流程,在保证图书质量的前提下,提高出版效率

出版流程对于出版社规范管理、保证图书质量、提高工作效率、明确责任和分工具有重要的作用。出版社自成立开始,由于没有经验可循,图书出版流程和各项规范都是摸着石头过河,一步步摸索出来的。出版社最核心的工作是编印发三个环节,理顺三个环节的工作流程,分清各自的责任,这是出版社能正常运转的基础。出版社的生产环节多,流程长,而且很多环节都有政策上的严格要求,如选题申报、三审三校、发印管理等,因此流程不能完全按出版社自己的想法来设置。随着出版社管理越来越企业化,根据上级主管部门的相关规定,出版社对编印发各环节进行修订或是增加了不少管理规定。如2003年制定《厦门大学出版社重大选题备案制度》《厦门大学出版社图书印刷委托制度》《关于图书装帧设计审批手续的几点规定》《资料归档制度》《厦门大学出版社图书重版前审读制度》等,这些制度的修订或制定基本涵盖了图书生产全过程。在此基础上,出版社最终于2003年制定了《图书出版流程与规范》。

3.出版流程与管理系统结合,由系统来执行规范化流程

好的制度需要切实执行才能真正发挥作用。《图书出版流程与规范》融入南强出版管理系统中,充分发挥了它的管理作用。南强系统在设计和使用过程中,对出版流程做了很多优化,在符合上级主管部门管理规定的前提下,原来一些处于上下游的流程,在系统中优化为可以并发同时进行,加快了各个流程的流转速度,同时管理上更加严格、规范,既达到了管理的初衷,又提高了整个出版的工作效率。

(四)办公管理制度的完善

1.职工考勤管理办法

出版社自成立之日起就带有浓厚的学校基因,在上班制度上也完全参照学校的做法。出版社也与学校一样有寒暑假,采用两学期制。随着出版社"事业单位企业化管理"模式的改革,出版社需要在作息时间上首先要适应市场竞争的需求。

为适应市场竞争需要,提高内部企业化管理水平,出版社于2000年10月1日起制定实施《职工考勤管理办法》。这是出版社向企业化管理迈出的坚实的一步。首先,取消了与学校同步的寒暑假。出版社在20世纪90年代中后期开始开发高校教材市场,特别是2000年开始,提出"学术为本,教材优先"的发展战略,保证教材按时出版以满足高校春秋两季的教材供应成为一项重要

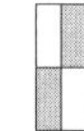

工作，而寒暑假期间正好是教材编辑、印刷最紧张的时期，因此，取消与学校同步的寒暑假成为必然。其次，出版工作体现编辑为中心的思想，除编辑外，其他相关部门的人员需要正常坐班，以配合编辑保证出版业务的顺利开展。再次，编辑也要求每周有一定的坐班时间。编辑作为专业技术人员，通过要求编辑有固定的坐班时间，一方面可以协调各出版流程，也使编辑在观念上将自己与市场接轨，积极投身市场经济中，通过市场竞争来获得好稿源、好的经济效益。

2.出版社自主招聘用工管理办法

最初的大学出版社是大学的下属单位，大多数没有独立的人事权，用人不仅要有编制，还要经学校相关部门批准。但是，随着大学社企业化管理水平和市场化程度的提高，大学社自身发展对自主招聘员工有了迫切的需求，逐渐采用面向社会招聘的聘用制。同时，国家的人事政策也开始改革，各高校先后停止给高校下属企业化管理单位事业编制。

自2000年起，厦门大学不再给出版社分配事业编制名额，但出版社可获得用工权，可以根据自己需求向社会和人才市场招聘。这是出版社真正向企业化管理迈出的重大改变的一步。2000年3月，出版社自主面向人才市场公开招聘2人，开始了出版社招聘合同制员工工作。出版社也是从这一年开始形成了如今“老人老办法，新人新办法”的“双轨并行”用人机制。

随着自主招聘的合同制员工越来越多，合同制员工如何招聘、如何培训、待遇标准怎么确定、如何管理等问题就开始突出，这些都需要有相关文件来加以规定。出版社于2000年3月出台了《合同制用工管理规定》，对相关问题做出了规定，规定的基本原则沿用至今。如“根据经营管理和特定岗位的需要，按照全面考核、择优录用的原则公开招收部分劳动合同制员工”“合同制员工在聘用期间可享受与出版社在职职工同等待遇”。

《合同制用工管理规定》确定的是一些原则性规定，规定内容较粗，如对于招聘的具有大专以上学历人员的待遇问题没有细化，影响了这些员工的积极性。按照学校和出版系统深化人事制度改革的趋势和要求，用人制度实行“老人老办法，新人新办法”。因此，除了学校编制人员以外，出版社新进干部一律实行聘用合同制，包括新进经营管理干部和专业技术人员。凡具有大专以上学历的受聘人员，统称为聘用干部。2007年7月，出版社出台了《关于聘用干部的管理规定》，专门为聘用干部招聘、待遇、职务聘任、考核办法等做了较为详细的规定。通过这个规定，明确了聘用干部与校聘专业技术人员基本一致的管理办法；除基本工资外，社内其他待遇水平与校聘人员相同;职称评聘采用资格考试加评聘的方法,为聘用干部提供了职业上升通道。管理规定中有一条,“鼓励聘用人员利用业余时间进修学习。在取得相应的学历后,可根据本社的岗位需要予以聘任”。这条规定的出台,极大地调动了合同制员工的学习积极性,未取得大专以上学历的员工普遍参加了继续教育学习,通过学习,有多人取得了大专学历,出版社给他们按聘用干部标准调整了工资待遇,部分员工按照规定调整到了校对、财务等岗位。

五、形成独具特色、凝聚人心的企业文化

企业文化是企业在发展过程中结合员工的发展期望以及公司的规划愿景所提出的一种文化管理理念,是企业在生产经营实践中逐步形成的,为整体团队所认同并遵守的价值观、经营理念,以及在此基础上形成的行为规范的总称。企业文化能够让企业具有更强大的凝聚力,是企业经营者核心主张的具体体现。企业文化对于企业整体发展、提升经济效益具有重要作用,对员工具有潜移默化的影响。通过建立企业的价值观,为员工树立精神层面的目标,从而增强团队的凝聚力和员工的忠诚度。企业文化为企业创造价值,是企业所特有的,是很难被模仿的,是企业维持竞争优势的源泉。

每个成熟、成功的企业都有着自己独特的企业文化。厦大出版社也不例外,在多年的发展过程中形成了颇具特色、为业内称颂的企业文化。简单梳理厦大出版社企业文化,可见几代厦大出版人对企业文化建设都有强烈的共识,企业文化内涵丰富:提出“把出版社办成一个温馨的家”的企业愿景;提倡“进取、奉献、温馨、和谐”的企业精神;凝练出“蕴大学精神,铸学术精品”的企业核心理念;表现出“正气、热气、静气、和气”的企业气质。这些宝贵的精神财富,激励着一代又一代厦大出版人前行。

“以人为本,构建和谐团队”,是出版社几任社领导的共识,他们极力倡导“把出版社办成温馨的家”,他们满怀激情“进取奉献”,他们潜心坚守“蕴大学精神,铸学术精品”的办社理念。

从厦大出版社的企业文化发展历程我们不难发现,团队文化是贯穿出版社企业文化的主线,在不同的发展阶段又有着不断丰富的内涵。

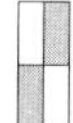

1.温馨和谐——“把出版社办成温馨的家”

出版社成立之初，担任社领导的基本上都是学校著名学者，他们博学儒雅，待人宽厚，以其高尚的人格魅力感染周围的人，奠定了出版社温馨和谐人际关系的基石。“把出版社办成温馨的家”是出版社人口口相传，深入骨髓的一句名言。出版社领导能俯下身近距离、平等地关爱每一位员工，关心他们的职业发展、职称晋升、生活和家庭。同样的，每一位员工懂得珍惜、懂得感恩，用生命的力量共同打造美好家园。

陈天择社长曾经说过，出版社的管理工作最重要的有两个方面，一是人，二是书。先要做好人的工作，才能做好书。他在任期间，是出版社初创时期，条件异常艰苦，但他以超越常人的耐性、付出，把仅有二三十个人的出版社打造成温馨和谐的家园，激发出员工的责任心、事业心、创造力、竞争力，让每位员工都有发自内心的荣誉感、归属感。1996年华东地区大学版协年会在厦门大学举行，陈社长在会上发表了《把出版社办成一个温馨的家》一文，此文成为厦大出版社企业文化建设方面里程碑式的文章。从此“温馨和谐”成为出版社在做好人的工作方面的基本思路，并在实践中不断丰富它的内涵。

此后，出版社新的领导班子传承了这一企业文化的理念、倡导“进取、奉献、温馨、和谐”的团队精神，提出出版社要有“正气、热气、静气、和气”的优雅气质，人人争做出版工作的有心人。工作上，大家把出版社当成家一样去经营。出版社每年根据专业定位、专业特色储备，培训相应专业的新员工，送员工外出培训学习，参加专业学术会议，到兄弟社学习经验；努力为员工搭建发展平台，提供发展机会，使个人的奋斗目标与出版社发展目标和谐一致。员工人人关心出版社的发展，工作尽心尽责。大家常常利用晚上、周末主动加班，私车公用是常有的事，出差住宿选最节省的，出差回来(哪怕三更半夜到家)第二天一定赶来上班，下午出差上午还会出现在办公室。大家都把社里的事当成自家的事。让人记忆深刻的是1998年1月17日，出版社位于图书馆地下室的书库因水管爆裂遭遇水灾，全社员工得知消息，纷纷携家带口冲到现场，合力抢救受灾图书，为社里挽回不少经济损失。

生活上，大家把出版社当成家一样去维护。同事有结婚、生子等喜事，大家都会高兴地送去祝福；同事生病或是家里有困难，大家会第一时间送去关怀，伸出援手。2002年一员工上班途中意外严重摔伤，昏迷数月，社领导多方联系，前后三次请来省内最好的专家医生会诊，以自己的实际行动带领大家奉献爱心，使这位同事奇迹般重返工作岗位，一时成为厦大校园里的美谈。

出版社经常组织员工举行丰富多彩的团队建设活动,如参加学校教职工运动会、“出版杯”篮球赛、趣味运动会,户外素质拓展活动,春游秋游活动。此外还举行积极向上的文化活动,如在中秋节邀请员工和家属一起参加独具闽南特色的博饼活动,在社庆之时举办名家讲座、书展、文艺晚会等具有纪念意义的庆祝活动。

图 3-47　参加学校工会活动

“把出版社办成温馨的家”不仅体现了出版社以人为本的人文关怀,也反映其多元并存的包容精神。温馨的内涵不是简单的“一团和气”,而是在这样的氛围里,员工彼此配合默契,人的才能得到充分发挥。这种企业文化已根植在员工心里,并不断得到充盈和升华。

图 3-48　中秋博饼

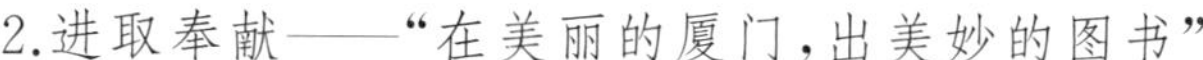
2.进取奉献——“在美丽的厦门，出美妙的图书”

厦大社地处中国东南小城厦门，与其他中心城市出版社拥有“出版业务外包”的社会资源不同，厦门地区编校、设计等出版业务资源匮乏，选题资源相对局限。然而在这样的条件下，厦大社在图书市场仍能拥有一席之地靠的就是整个团队有不断进取的勇气和乐于奉献的精神。

出版社的领导和员工无论是兼职还是专职，都深知出版的文化内涵和使命，把出版当成自己义不容辞的责任。他们对出版工作怀有发自内心的热爱，认为出版工作“充满创造性的诗意和愉悦”，是“充满乐趣的迷人事业”。他们以满腔的热情全身心投入出版工作，全社上上下下都充满着勇于进取、甘于奉献的良好风气。因为人手少，出版社里很多人都承担了各种义务兼职工作，有义务兼职封面设计工作、党务工作、工会工作、法务工作、宣传工作等等，有的身兼数职，大家都为着共同的理想，不计报酬，奉献着并快乐着。

3.坚守创新——“蕴大学精神，铸学术精品”

厦门大学在办学之初就形成了自己的大学精神：“研究高深学术，养成专门人才，阐扬世界文化。”大学精神代表着学术自由和学术创新。而大学出版社的价值取向、角色定位、战略定位一定是与大学理念趋同，其办社宗旨蕴含着大学精神。因此大学出版社的出版物应坚持学术为本，为教学科研服务，构建文化高地。在生存压力下，要放弃中小学教材教辅和其他方面出版的效益，做到坚守“学术为本”，实属不易。面对考验，出版社最终选择了学术的坚守。实践证明，这一发展定位对厦大出版社的发展至关重要，也是厦大出版社的立身之本。在学术著作出版方面选择本校特色优势学科，集中出版了有关台湾研究、东南亚华人华侨研究、经管、法律、广告、古籍整理方面的图书，很快就形成了规模，打造出学术图书品牌。

2005年5月厦大社建社20周年，在总结办社经验时，大家认为厦大社已经探索出一套适合自身发展的“专、精、特”成功之路，如何总结经验再出发是一个重要的问题。蒋东明社长经过反复思考、学习，并与老领导、同事、兄弟大学出版社同行探讨，提出厦大社的出版理念是“蕴大学精神，铸学术精品”，并向时任厦大党委书记王豪杰、校长朱崇实汇报出版社20年来的工作，也对这一出版理念做了说明。两位校领导十分赞赏，在厦大社20周年社庆之际，出版了《南方之强　文化使者》纪念册，两位校领导为本书题词。王书记题词：“蕴厦大英才灵气　铸科学文化精品”，朱校长题词：“出版学术精品　传播大学精神”。厦大社首次明确自己的办社理念：“蕴大学精神，铸学术精品”。《出版参考》2005年第5期发表了陈福郎总编辑的文章《大学精神与大学出版》，该文论述了大学精神在大学出版中的灵魂作用。

4.积极参与公益活动

“5·12”汶川大地震后,灾区的灾情每时每刻都牵动着厦大出版社50名员工的心,大家积极参与学校、党组织、大学版协组织的各项抗震救灾活动,用实际行动支援灾区人民,先后向灾区捐款4.63万元。当接到四川省绵阳市图书馆馆长张余君的求助信,得知绵阳市7个市县公共图书馆在这次地震中损失惨重,损毁图书100余万册,面临着文献严重匮乏的实际困难时,出版社马上筹集各种适合公共图书馆的用书9800册发往灾区,支援灾区重建,为灾区提供精神食粮和关爱动力。

六、出版社信息化建设起步早,走在同行前面

出版社自1996年开始使用由施高翔主持研发的南强出版管理系统,是同行中最早迈出信息化管理步子的出版社,此后,出版社信息化建设一直没有停止过。在全国出版行业转企改制的大背景下,出版社想要成为真正意义上的市场主体,大大提升市场化经营水平,必须有信息化手段作支撑。

(一)坚持长期自主研发“南强出版管理系统”,管理信息化水平居全国大学出版社前列

“南强出版管理系统”(以下简称“南强系统”)是厦门大学出版社拥有知识产权、依靠自己的力量自行开发的一套出版社管理系统。与传统的ERP系统相比,南强系统功能更加全面、更加强大、更加实用,除了包括图书编印发的全流程管理外,南强系统还集成了办公管理、数字资源管理、档案管理等,围绕图书这个主题,把凡与图书编印发有关的出版社人、财、物和业务流程全部纳入南强系统,做到了信息的集中管理和全社共享,在日常工作中真正做到了无纸化和信息化办公,信息准确率高,归集难度和成本降低,极大地提高了工作效率,为出版社的各项考核和决策提供了准确的数据。

南强系统的研发始于1995年,当时国内各行业刚刚兴起采用信息化管理,但出版行业处于初期发展时期,尚未有适合行业管理特点的管理系统,市场采购不到,只能自己设计。出版社邀请了陈群伟一起开始尝试进行系统的设计和使用,根据使用情况和实际业务需求,不断地研发和升级换代。南强系

图 3-49　南强系统页面

统到目前已经历 4 次重大升级。1996 年第一代南强系统首次在出版社投入使用，成为国内同行中最早使用计算机管理的出版社之一。第一代系统采用当时流行的 Foxbase 开发，仅是一个单机版发行开单系统。1997 年增加了选题管理系统。2000 年开始研发网络版管理系统，使用过程中各相关部门的业务管理模块逐渐增加，功能不断改进。2003 年南强系统的数据库及开发工具做了再一次重大升级，用 VB6 工具开发了基于 C/S 结构的网络版管理系统。出版社对南强系统的这次升级和实施非常重视，为了能使系统正常运行，方便开展日常管理工作，抽调专人整理数据，将出版社建设以来的选题、书目等基础数据加以补齐。

随着南强系统在出版社日常工作中的全面实施，对南强系统的功能需求越来越多，要求也越来越高，同时软件技术也在此间有了发展，经过几年不断地修改、升级，到 2007 年，系统又做了第三次的平台升级和业务流程的整合，基于.Net 技术，采用 B/S 结构的全新的南强系统改版成功，也是国内最早全流程基于 B/S 结构的出版管理系统。

2009 年，南强系统新增了 OA 模块，将员工档案、考勤、工资、派车等功能纳入系统管理，进一步实现了业务、办公一体化管理。2010 年，出版社新购置同安西柯思明工业园仓库，为了满足对仓储物流自动化、精细化管理的需要，南强系统对仓储物流模块进行了升级，同时在仓库配置了无线 WiFi、手持智能终端等硬件设备，使仓储物流的效率有了质的飞跃，实现了当天订单当天发货，在仅有 3 名仓库员工的情况下，年发货码洋超一个亿。同时，发货差错率降到了极低的水平，成为业界学习的楷模。

随着数字出版时代的到来,数字内容资源的收集和管理、数字内容加工网络化、数字资源销售管理等这些功能成为开展数字出版工作的必需功能,但传统出版管理系统中并不涉及这些。为适应融合出版的需求,2015 年 6 月,厦大出版社另组建研发团队,对南强系统开始新版本的升级,这次升级以融合出版为理念,在保持原有系统管理规范、流程简单、容易上手的特点的同时,引入了出版云服务的概念,同时进一步加强了系统数据的严谨性、逻辑性以及业务数据完整性,将排版、校对、美编等流程纳入主流程管理,并首次将数字出版资源纳入管理系统,实现与出版上下游的数据和资源共享。2016 年,以南强系统为基础的"基于媒体融合的数字出版云端协同平台及产业应用"入选中央文化产业发展专项资金项目,并获得 200 万元资助。

经过 20 多年的磨合与打造,南强系统在管理理念、设计理念以及功能上均进入了较成熟和行业领先的阶段,形成了自己的特色。南强系统在流程设置上全面体现了"管理规范、效率优先"的管理理念,通过系统的运用,全面体现公平、公正、公开的管理原则。在具体功能设计上,本着"以人为本"的原则,处处从使用者的角度来考虑操作的方便性;并充分利用设计者自身处于出版业务第一线、熟悉出版流程的优势,以及管理系统的强大管理功能,对出版社的业务流程进行再造与简化,使用者在使用南强系统后可减少大量的事务性工作,腾出大量时间和精力用于业务开展。

南强系统已在出版社的日常生产和管理中发挥着不可替代的重要作用。出版社目前办公和书稿出版流程管理已基本上纳入系统管理中,实现了完全无纸化和网络化办公,办公不受时间、地点的影响,办公和出版效率大大提高,节约了不少成本。流程管理规范、公正,监管到位,减少了人为的差错和失误。2009 年,原国家新闻出版总署对全国部分出版社的档案管理进行检查,经检查后,检查组给予了厦大出版社高度评价,在检查结果通报中对我社规范的档案管理进行了表扬。当时检查组专门提到了我社因为有南强系统的管理才能做到档案管理这么规范。

南强系统也得到了业内的肯定。2007 年开始,南强系统在其他出版社实施。目前,除了厦门大学出版社自己使用该系统外,已有上海立信会计出版社、西北工业大学出版社、中国石油大学出版社、四川大学出版社、合肥工业大学出版社、江西高校出版社、上海高教电子音像出版社、上海大学出版社等十家出版社采用了南强系统。通过这几家出版社的使用,南强系统优秀的适应性、功能的可扩展性、与出版实际工作的紧密结合等方面的优点得到了充分的展示。使用了南强系统的这几家出版社对系统给予了很高的评价,大家一致的感觉“南强系统是出版行内人开发的真正适合出版的管理系统”,“系统很好用”。

(二)出版社获网络出版权

厦门大学出版社于2004年取得新闻出版总署批准的电子出版权。近年来,出版社一直在积极探索网络出版的发展道路,并在技术、人才、资源、出版管理等方面都奠定了基础。主办单位厦门大学拥有中国教育科研网华东网络主节点、信息科学与技术学院、网络管理中心、软件学院、网络教育研究中心、艺术教育学院、新闻传播系等;有网络教育学院,并在全国建有50多个远程教学站。这些为出版社网络出版提供了较好的技术支持、资源环境、基本市场需求。厦门大学出版社获得网络出版资质后,其服务范围延伸至互联网图书、互联网学术出版物、互联网电子出版物以及互联网教育出版物。至此,厦门大学出版社已全面具备图书、电子、网络等多种媒体的出版资质。厦门大学出版社将充分利用互联网这个广阔平台,整合和拓展优势出版资源,深入发掘读者和用户的需求,为学术出版市场提供更加丰富和多元的知识产品和服务。

(三)出版社官网上线

出版社在内部重视管理系统的开发与使用,同时也非常重视对外的官网建设。1999年12月17日,出版社官网注册成功,并正式上线,这是全国大学出版社中走在前列的。官网的功能主要考虑了以下几个方面:

一是宣传出版社,让官网成为外人了解出版社的一个窗口。官网设置了出版社简介、新闻中心等。

二是营销功能,设置了图书中心和书目下载功能。出版社开设淘宝店后,通过图书中心查询到相关图书后,可以直接链接到淘宝页面进行购买。

三是服务师生功能,包括教材相关课件下载、教师申请教材样书、作者投稿流程等。

出版社官网的部分功能与南强系统做了对接,这是官网建设中的一大亮点。如新书推荐、图书中心书目等内容,均来自南强系统,通过在南强系统的控制,可以让部分正在编辑阶段的图书在官网做新书推荐。经总编室确认后的书目,可以转到官网上发布。这样,减轻了官网的维护工作量,而且数据准确,发布及时。

(四)出版社信息化基础建设

2008年,出版社购买了位于软件园二期的办公楼,2月成立了以蒋东明、徐长春、施高翔、惠诚忠为成员的办公室装修领导小组。基于对出版社信息化管理和今后数字出版业务发展的中长期考虑,装修小组对新办公室装修时的信息化基础设施进行了全面的规划,按照"实用够用,适度超前"的原则,在尽量节省的前提下,适当为今后发展预留一些拓展余地。方案中主要有以下一些建设思路:

(1)设立主机房。主机房是出版社信息化设备的中枢所在。设立主机房有很多优点。一是主机房内设置大型机柜,所有的网络线、电话线、监控线、广播系统线等都从机柜引出,统一控制,线路整洁,以后维护方便。二是机柜可以随着网络端口的增多而增加,空间上做了预留。三是机柜上预接了很多数据线,为今后增加接入网络终端、电话机和各种智能设备做了充分的准备,不需要到时再重新施工接线。四是服务器统一管理,保证了服务器的安全。

(2)强电弱电分开布线。这首先是为安全考虑,同时也为弱电今后各种扩展应用预留空间。新办公室强弱电都采用桥架布线,将包括网络线、电话线、监控线、广播系统线等弱电线统一布设到弱电桥架中。采用桥架既安全、美观,也为今后的维护和扩展提供了方便。

(3)安全设施。一是楼外及办公楼入口设置监控。二是每间办公室和办公室公共走廊设置喇叭,平时可以播放音乐和通知等,在出现紧急情况时,可作为警报系统使用。三是预留门禁系统。

(4)使用网络化的打卡机。在办公室东西两个门口设置了网络指纹打卡机,打卡结果与南强系统做接口,实现智能化OA考勤系统,减轻了办公室工作人员的工作量。在大门改造时,打卡系统功能做了延伸,与门禁系统合二为一,做到了完美结合。

(5)使用固定IP地址的宽带专有光纤。为了保证从外网稳定而且网速较快地登录南强系统,最好的解决办法是使用固定IP地址的宽带,采用固定IP地址的宽带,也能保证社内办公上网的需要。当时向电信公司申请专有光纤和固定IP地址的单位还很少,费用较高,申请难度也较大。出版社对于申请专有光纤非常支持,通过包括施工方等几方的共同努力,终于成功申请到了固定IP地址段和专有光纤。

经过十多年的实践,当时确定的办公楼信息化基础设施建设方案被证明是正确的,后来多次设备升级、人员和各种应用增加,都不需要动到基础设施

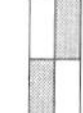

的修改就非常方便地完成了,而且目前基础设备都还够用。

(五)仓库信息化建设

1.仓库信息化基础建设

2010 年出版社购买了位于同安的新仓库,在确定仓库功能划分和装修方案时,也充分考虑了信息化管理所需的基础设施建设。仓库信息化基础建设参照出版社的整体解决方案,总体上要做到仓库自己能独立信息化管理,又要与出版社进行南强系统对接。

2.仓库管理系统建设

仓库的信息化基础设施建设为下一步仓库的信息化管理打下了基础。在仓库装修期间,为仓库专门全新设计的南强系统仓库管理模块也同时开始。该项目由施高翔主持,雷杰负责开发,仓库人员参与测试。基于较为先进的信息化基础设施,新仓库管理系统做了不少创新性的功能,在减轻仓库人员工作强度的条件下,极大地提高了仓库出入库效率,大大降低了出入库差错,并能做到可实时查询到准确的库存数据。具体有以下一些创新性功能:

(1)仓库系统作为南强系统的一个模块,完全融合到南强系统中,仓库的图书信息可在南强系统实时查询,仓库也能实时接收到订单和发货单信息。

(2)全面使用手持扫描枪用于图书的入库、配书、盘点、移库等环节,通过扫描图书的条码,可以校验图书是否准确。在图书发货配书环节,扫描枪上能显示智能规划好的最优取书路线,引导仓库人员取书,同时能按图书重量分好包。这样大大减轻了仓库人员配书的工作强度。盘点和移库也通过扫描枪完成,可做到实时盘点和移库,不再需要像以前那样需要仓库停止发货,集中一大批人同时盘点和移库,大大节省了人力物力,而且数据远比以前准确。

(3)图书入库时称重,出库时以重量校验数量,大大提高了出库效率,并且最大限度地减少了发货差错。

(4)系统自动分包,打印发货标签。这既大大减轻了仓库人员的工作量,又能使发货包标准,并能查询到每包中的图书书目和册数。

(六)办公管理融入南强系统

由厦大出版社自主研发的南强系统,结合出版社实际办公需求,探索出了以南强系统为平台的办公信息化解决方案,取得了很好的效果,这是在全国同行中属于领先的思路。办公管理系统由李联林设计,主要有以下功能模块。

1.考勤系统

制度切实、不折不扣的执行是制度生命力和发挥作用的关键。如何将好的制度在工作中落实下来,是领导班子需要认真考虑的。蒋东明社长、陈福郎总编都对南强系统寄予了厚望,他们认为,只要是人管理的,总有不公平、不公正的地方,易引起员工的不满,由管理系统代替人来执行管理制度,可以很好地解决了由人管理中存在的难题,把制度的执行公开化,让员工心服口服。将考勤系统纳入南强系统中,就是这一想法的体现。

出版社2009年1月搬到软件园办公后,考勤打卡设备从纸质打卡机升级为指纹打卡机,这为考勤管理系统研发提供了基础条件。

考勤系统包括打卡数据自动采集、判断出勤情况、自动核算考勤扣款等模块。通过考勤系统的这些功能,极大地减轻了办公室和财务人员的工作量,又使考勤管理做到了公平、公正。

2.出差请假审批功能

包括出差、因公外出、请假申请,审批流程均在系统中完成。针对营销中心出差多的特点,为了加强信息沟通,专门为营销中心设计了出差日志功能,营销人员出差时按天撰写出差日志,提交给中心主任和分管社领导阅读,有关信息和想法可在出差日志中交流。

3.工资核算功能

结合考勤数据、出差和请假数据,系统自动核算出当月扣款,并能计算出当月个人所得税等。

此外,还设计了通知与公告、学习资源、大事记、论坛等模块,以加强内部的交流、资源归集等功能。

七、办社条件改善

(一)购置新的办公楼

出版社办公楼经过几次搬迁,从最初的囊萤楼、经济学院到出版印刷大楼,虽然场地面积不断扩大,但还是无法跟上发展的需求。2009年1月16日,出版社从厦大校园里的出版印刷大楼搬迁到厦门市软件园二期望海路39号楼6楼办公。这里离厦大思明校区有13公里,乘车沿着风景优美的环岛路约20分钟便可到达。

图3-50 位于厦门软件园二期望海路39号的厦大出版社新办公楼

厦门软件园二期位于厦门会展中心附近,是厦门软件业的集中地。园区内的望海路39号楼是厦门大学购置的,作为厦门大学"大学科技园"的研发办公楼。出版社在6楼拥有一层2100多平方米的宽阔空间。作为企业自购、具有独立产权的固定资产,是出版社非常重要的一次投资,这给出版社的发展腾飞插上了翅膀。

2007年10月的一个下午,朱崇实校长紧急请蒋东明社长到他办公室,商量解决困扰出版社已久的办公空间不足的问题。朱校长同意将学校在软件园二期购买的研发大楼的其中一层给出版社使用,可由出版社出资购买。

经过蒋社长初步考察,召开全社干部紧急会议并进行实地考察,最后社里决定,搬迁到厦门市软件园二期,理由有三:一是空间扩大,有利于出版社的发展;二是出版社有了自己的房产,有了固定资产,这对于出版社非常重要;三是软件园是数字产业的集中地,对出版社迎接数字出版时代是一个很好的契机。

2007年12月18日,学校办公会讨论,正式发文,同意出版社出资购房搬迁至软件园二期望海路39号楼6楼,并办理独立产权。同时在思明校区内提供场所供出版社办公联络之用。

此后的五年里,出版社经历了一系列不小的周折:要入驻软件园,必须符合园区准入条件,国有产权要进行变更,同时还要考虑设计装修问题等等,非常棘手。在学校领导和相关职能部门的大力支持下,在众多同事及其亲友的热心助力下,出版社终于在2014年11月17日拿到房产证。个中的甘苦,只有经历过的人才能体会。值得一提的是,在办公楼设计装修的过程中,负责装修的同志们就像对待自己家的装修一样,对每间办公室的功能、布线,公共空间的设计,装修风格等都充分商议,并按规矩进行招投标,他们还专门到建材店、家具店反复比较选购。终于,呈现在大家面前的是特别温馨、时尚、实用的办公室。

(二)书库变迁

书库对于图书出版社的重要性自不待言。出版社的书库几度搬迁,直到最后自己购置库房,也从一个侧面见证了出版社的发展历程。

图3-51 位于厦门思明工业园51号楼的书库

出版社最早的书库是在"厦大一条街"。在最东边靠近大南校门有三间店面是学校分配给刚成立的厦大出版社的。这三间店面大小不一,最大的一间作为书店,其次那间是代办站的办公室,最小的一间就是书库。这间书库大约仅有15平方米,存放出版社和书店、代办站的书。

到了1997年,学校决定改造大南校门,拆除"厦大一条街",陈天择社长四处奔走,最终找到图书馆的地下室,这地下室虽然空间很大,但图书出入库很不方便。尤其是 1998 年 1 月 17 日凌晨一次水管爆裂,水淹图书近 1/3,全社人员水中搬书,还请来消防队抢救。到了 1999 年夏天,一场特大台风正面袭击厦门,由于地下室书库的通风窗与室外地面处于同一水平面,暴雨引发的大水几乎要涌入书库,好在社里事先有所准备,多名值守人员用沙包袋等物件挡住大水入侵,才使书库免于水灾。但图书馆地下室是不能久留了。

2000 年夏天,书库搬迁至位于西校门因停办而空置的仪器厂内。这次的书库最为合适,空间大,出入方便,离出版社也很近。但到了 2003 年,学校准备拆掉此仪器厂建游泳馆。时任副校长朱崇实还专门召集几个部门负责人商量书库迁出仪器厂的办法。最后在建南集团的支持下,2003 年 4 月,出版社书库搬到经济学院提供给建南集团办公用房的地下车库。这里空间虽然刚好够用,但内部高低错落,对于笨重图书的收取摆放,需要费很大的劲。随着出版社出书量的不断增加,库房的同事每天劳苦搬书,很是不易。由于空间有限,图书也很难分类摆放,只能凭工作人员的记忆寻找图书,而且库房空间已经无法满足出版社不断发展的需要。2007 年厦大一条街拆迁,经济学院地下车库也在拆除之列。2007 年 12 月,出版社书库再次搬迁到学校外围的上李小区。这里有一处借用部队旧房的物流园区。园区的库房顶棚是用塑料板盖的,稍大点的雨就会哗哗作响,还会漏雨。一旦台风来临,书库的房顶都可能被掀起。书库的问题成了大家挥之不去的心病。

随着出版社的不断发展,出版的书越来越多,书库问题到了必须解决的时候了。社务委员曾根据购房信息集体四处考察,但始终没有找到合适的地点。这时候,厦门明亮彩印公司刚在同安的思明工业园区购置一栋五层楼的厂房,公司负责人同意把厂房的二、三层楼卖给出版社作为书库。两层面积共有 3390.66 平方米,并且按原价 1300 元/平方米转卖。这里离出版社约 20 公里,从厂房的价格、质量、面积,书库又紧临印刷厂,车辆进出便利等因素来看都很合适。经过社务会商讨,并报董事会和学校办公会研究,2010 年 10 月 14 日,学校发文同意出版社的购置方案。2010 年 11 月 8 日,书库正式搬入位于同安的仓库。

从此,出版社书库告别了东挪西借的时代,有了属于自己的库房。新库房不仅安全、面积大,且方便物流。有了新库房后,社里自行设计了先进的书库管理系统,对书库的管理做了许多独创设计,做到人员少、效率高,出库零差错,引来众多同行前来参观学习。特别欣慰的是,每当台风暴雨来临,当蒋社长电话询问书库情况时,书库的同事都会自豪地说:“社长,您最可放心的就是书库了!”

八、荣获国家一级出版社

(一)获评国家一级出版社

2009年9月,中华人民共和国新闻出版总署发布《关于表彰全国百佳图书出版单位的决定》(新出〔2009〕268号),决定对被评为一级的100家出版社授予“全国百佳图书出版单位”称号,厦门大学出版社名列其中。这是新中国成立以来,国家首次对全国500多家经营性图书出版单位进行的等级评估。新闻出版总署从2003年开始着手准备,2008年6月正式启动的首次图书出版单位等级评估工作,历时6年之久,终于落下帷幕。

图3-52　厦大出版社荣获“全国百佳图书出版单位”称号

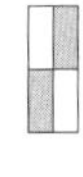

图3-53　2009年11月26日全国百佳图书出版单位授牌仪式

等级评估是对出版单位综合实力和竞争能力的一种定量评估办法。此次评估将根据评估分高低,分为四个等级,一级为100家(占20%)。由于我国出版单位成立时间长短不一,以及专业分工不同的特点,不同类别的出版社具有不可比性,因此评估不是采用"综合排队法",而是采用"分类排队法"把全国500多家出版单位划分为社科类、科技类、教育类、少儿类、文艺类、美术类、古籍类、大学类8个类别,我国大学出版社共有100家左右,评估的结果大学类有20家为一级出版社。厦门大学出版社作为福建省唯一的大学出版社,评估之时成立时间只有20多年,人员仅58人的小型出版社,能在此次评估中问鼎一级社,进入大学出版社前20名,确实不易。

此次评估体系由图书出版能力、基础建设能力、资产运营能力和附加项四方面组成,共有25项评估指标,44个得分点,共计1030分。评估工作由总署委托78名专家和3个中介机构进行,体现了公平公正和权威性。蒋东明社长认真地整理各种材料,对照总署当年颁发的《评估办法》《评估工作通知》,媒体上发表的《百佳映射多元出版生态》《"百佳"图书出版单位这样产生》等,还有出版社申报的各种材料、历年的工作总结进行潜心研究,得出结论:厦大出版社这项桂冠得来不是运气的眷顾,而是她自身选择的专注和长期坚守的结果,同时也体现了党和国家对出版行业发展的宏观布局,就是要促进构建起一个多元的出版生态——既有综合实力强大的大社名社,也有专业性强,特色鲜明,充满活力的小社。

(二)跻身一级社优势探寻

出版社对照评估指标体系以及各种相关的信息,梳理了厦大出版社在发展历程中所积累的几点经验:

1.坚持社会效益与经济效益的有机统一

坚持社会效益优先,两个效益有机统一原则,是出版社主管部门、主办单位领导经常反复告诫的首要事项,也是出版社历任领导班子和全体员工融入在血液中的强烈共识。出好书、出高品位的书,绝不出有政治问题或低俗的书,这是出版社从上到下每个人最关注的事。20多年来,厦大社没有出版过一种有问题的图书,出版导向上没有任何偏差,并且在规范出版纪律方面严格要求,没有做过"买卖书号"的违规操作,保证了出版纪律的严肃性和出版行为的规范性。此次评估中,对图书出版单位出版有重大政治问题图书,有重大违规行为,或受到停业整顿处罚的实行一票否决,做降级处理。有许多出版社业绩不错,但在这个问题上"摔跤",教训深刻。

2.坚持走"专、精、特、新"的发展道路

厦大社作为小型的大学出版社,一直以来坚持依托高校,走"专、精、特、新"的办社道路,严格遵守专业分工的要求。在出书品种方面,学术著作和高校教材占90%,图书的重印、再版率较高,专业特色鲜明,打造了诸如台湾问题研究、东南亚华人华侨研究、经管、法律、广告学等在全国有较大影响的品牌图书。值得一提的是,此次评估条例中,中小学教材教辅、各类考试培训用书是不进入统计的,而厦大社在这方面的图书几乎为零。这使得厦大社与许多拥有中小学教材教辅的出版社相比,其业务收入额就几乎站在同一起跑线,甚至成为厦大社的优势。

3.重点图书多,获奖图书多,社会贡献大

此次评估要求各单位申报2006—2007年重点图书出版情况、获奖图书情况。这两年里,厦大社有50种图书获得44种省部级以上的奖励,有11种图书入选"十一五"国家级教材规划。《台湾文献汇刊》是国家规划重点图书,被选送作为2006年胡锦涛主席访美赠耶鲁大学图书馆的图书之一;《透视中国东南:文化经济的整合研究》获"中国图书奖";《军事理论教程》被评为"全国高校优秀国防教育教材"(全国仅5种入选),《固体表面物理化学若干研究前沿》入选新闻出版总署"三个一百"原创图书出版工程,"吧城华人公馆(吧国公堂)档案丛书"与《东亚华人社会的形成和发展:华商网络、移民与一体化趋势》被

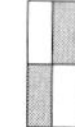

列为“十一五”期间国家重点图书出版规划。这两年出版社出版物亮点多多，在总共出版 704 种新书中，获奖和重点图书接近 10%，这是非常不容易的。在这之前，厦大社的图书多次获得出版大奖，获奖率在 13%左右，在社会上产生良好的影响，为图书市场健康发展做出积极贡献。

4.注重人才培养，人员训练有素，职称结构合理

厦大出版社人员不多，2007 年有员工 58 人(其中学校编制 24 人，社聘编制 34 人)，平均年龄为 37.05 岁。这支队伍素质高、学历高、职称结构合理，有 88%的人员学历在大专以上，其中硕士以上学历占 27.5%，高级职称人员占 24%，中级职称人员占 25%。

作为综合性大学出版社，厦大出版社编辑学科门类比较齐全，设有人文、经管、理工、法律、外文、综合编辑室。由于厦门地区缺乏出版技术方面的社会资源，没有编校的相关工作室可以利用，因此，厦大出版社还设立校对室(文编室、审读室)、美编室、出版科，出版全流程都在社内掌控，这倒成为厦大社的一大优势。厦大社对员工的培训工作非常重视，编辑与技术部门和营销部门的人员合作顺畅，共同把关，对图书质量控制和提高服务质量起到很好的保障作用。同时，厦大出版社多年来在企业文化建设方面成效显著，形成“进取、奉献、温馨、和谐”的团队精神，充分调动全社员工的工作热忱，产生很好的凝聚力和战斗力。

5.创新意识强，注重引入管理的新理念、新技术

厦大社紧跟时代步伐，具有较强的创新意识，在信息化建设方面起步较早，取得令人瞩目的成绩，也是此次评估中的一大亮点。

厦大社自 1996 年开始自主开发基于 B/S 结构的出版管理系统，该系统以出版业务为主轴，涵盖出版社整个业务流程。经过不断的研发创新，管理系统可以做到远程、实时、全天候办公，保证出版社的日常管理规范化、流程化、自动化和数字化，极大地提高出版社的工作效率和规范化管理水平。1999 年，出版社开通独立域名网站，成为对外宣传、电子商务的服务平台。2005 年厦大成立电子出版社，拥有电子出版权和网络出版权，较早开展数字出版工作，出版了一大批高质量的高校教材配套电子出版物，也出版了多种网络游戏产品。这些工作起步早，为后来的数字出版打下良好的基础。

此外，厦大社在管理制度建设上也下了功夫。到 2007 年为止，共计出台 70 项管理制度，涉及出版运营的各个环节，也深受好评。

6.资产运营效果好，办社条件明显改善，做好公益事业

厦大社职工人数不多，出书品种和营业规模也不大，但资产的运营效果较

好。在评估年份 2006 年至 2007 年间,出版社税后净利润增长 48.35%,图书单品种平均利润增长 44.14%;速动比率:2006 年为 84%,2007 年为101.05%;净资产收益率:2006 年为 55.23%,2007 年为 61.87%,是一张很不错的财务运营成绩单。

厦大社底子薄,从创业开始就力行勤俭持家,一步一步逐渐发展壮大。2007 年,社里出资购买拥有自主产权的厦门市软件园二期望海路 39 号楼 6 楼 2100 平方米作为办公用房,人均办公面积达 35 平方米。这在全国大学出版社是少有的。在基础建设这一项,厦大社毫无疑问可以得到高分。

在从事社会公益事业方面,厦大社在 2006 年至 2007 年间,向边疆少数民族地区、希望小学、灾区以及社会各界捐书 29046 册,码洋 819376 元;设立厦门大学“出版奖学金”,每年举办“出版杯”厦门大学教职工篮球赛。这些都是加分的亮点。

7.有一个团结、稳定、进取、奉献的领导班子

厦大出版社的领导班子,是一个团结、稳定、进取、奉献的领导班子。在学校领导的支持下,本时期厦大出版社的班子一直比较稳定,班子里的每个成员拥有相近的出版理念和价值观,怀着强烈的事业心和奉献精神,一心一意投入工作中。大家心往一处想,劲往一处使,互相支持,真心相待,建言献策,形成合力。每位领导在自己的分管工作中,开拓进取,尽显才干。正是出版社班子的不懈努力,才使厦大社戴上这顶“一级、百佳”的桂冠。

这次等级评定工作在我国出版界是一次开创性的工作,它所设立的指标体系对各家出版社在谋划发展时,具有很强的指导意义。在这次大考中,厦大出版社作为小型的大学出版社,在依托高校、发挥优势、创新发展、办出特色方面,取得了优异的成绩。这是厦大出版社发展史上的一座丰碑!光荣属于全体厦大出版人!

(本章撰稿人:施高翔　王洪春　欧光江)

第四章　发展壮大、追求一流时期(2010—2020)

一、成功转制,追求一流,提升图书品质

2010 年是全国出版体制改革的决胜之年。党和国家领导对文化体制改革给予高度重视,特别是 2010 年 7 月 23 日,时任中共中央总书记胡锦涛在中共中央政治局第二十二次集体学习时就深化我国文化体制改革研究问题发表重要讲话后,新闻出版改革发展更是全面提速。2010 年 4 月,经学校办公会研究决定,成立厦门大学出版社董事会、监事会,任命校长助理庄宗明为董事长,出版社社长蒋东明为副董事长,资产总司财务总监陈芃为监事会主席。2012 年 4 月,出版社完成改制工作,更名为"厦门大学出版社有限责任公司"。

2011 年 4 月 20 日,新闻出版总署公布了《新闻出版业"十二五"时期发展规划》,提出了未来五年新闻出版业发展的重点任务、总体目标,包括到"十二五"期末,新闻出版业发展方式转变基本到位,数字出版等战略性新兴产业领域的发展达到世界先进水平,大幅度提升中华文化的国际传播力和影响力等方面内容。这一时期,厦大出版社《海峡蓝色经济发展丛书》入选新闻出版广电总局"十二五"国家重点图书项目,《中国百年地质灾害史(1911—2010)》(主编:高建国)、《海上丝绸之路研究丛书》(主编:王日根)入选"十二五"国家重点出版物出版规划增补项目,《物理化学》(作者:孙世刚)、《审计》(作者:陈汉文)入选教育部"十二五"规划教材。

在数字出版方面,2012 年 5 月电子出版部改名为"数字出版中心"。出版社多次召开数字出版工作座谈会,开展调研,紧跟数字出版发展形势,取得了初步成果。2015 年 4 月,《海疆学术剪报资料数字化知识服务》被列为新闻出

版改革发展项目库重点项目,同年 9 月获国家财政部中央文化产业发展专项资金资助 550 万元。2016 年 7 月 29 日,“基于媒体融合的数字出版云端协同平台及产业应用”项目通过对多家出版单位的调研,提出了符合传统出版单位共性的数字出版业务流程再造方案,并将数字内容协同编辑、数字资源管理等列入规范化管理,研发数字化营销功能及一体化数字出版发布运营平台。出版社总投资预算 1404 万元,获 2016 年度文化产业发展专项资金资助 200 万元(财文资〔2016〕14 号)。2018 年,出版社的重大融合出版项目——“海疆学术资料馆数字化知识服务平台”顺利通过了专家审定,给正在努力向数字化转型的出版社打了一剂强心针。

出版社在“走出去”方面成果显著。自 2013 年起,出版社连续 8 年荣获“中国图书海外馆藏影响力出版 100 强”称号,其中,2017 年影响力排名位居全国 500 多家出版社的第 35 名,位居 100 多家大学出版社的第 6 名,创历史最好成绩,与国际著名出版商施普林格等建立稳定的合作关系,拓展版权输出项目。2017 年,《房地产大转型的“互联网+”路径》获评全国“第十六届输出版优秀图书”;2019 年,国家重点图书《前生源化学条件下磷对生命物质的催化与调控》获评全国“第十八届输出版优秀图书”。

2013 年,国家新闻出版广电总局确定“出版物质量保障年”,并开展了多项活动。业内普遍提高了质量意识,建立了出版物质量保障机制。2014 年为“出版物质量专项年”,2015 年为“出版物质量提升年”,2016 年深入开展出版物“质量管理 2016”专项工作,组织开展“3·15”出版物质量监督工作,对编校质量不合格出版物进行查处并通报。国家对出版物质量的重视程度不断加强,质量检查已经成为常态化。在此要求下,出版社图书质量不断提升,与此同时,形成了一支业务扎实、能力突出的国内一流编校团队。经相关部门统计,在 2007—2017 年举办的六届“韬奋杯”全国出版社青年编校大赛中,厦大出版社获奖 14 次,位列全国第三。出版社长期以来十分重视年轻编校队伍建设,使她们成长迅速,屡获佳绩,在全国出版界引起关注,受到福建省新闻出版局领导的充分肯定和表彰,成为厦门大学出版社核心竞争力之一。

2015 年 7 月 15 日,国家新闻出版广电总局发布关于编制《“十三五”国家重点图书、音像、电子出版物出版规划》的通知,提出十项规划重点。2015 年 11 月 13 日,出版社办公会讨论通过《厦门大学出版社十三五发展规划》。《海上丝绸之路精要外文文献汇刊》、《美国大学图书馆与档案馆馆藏日本侵华档案汇编与翻译(1)》、《明史纪事本末》、“一带一路”建设中国际贸易和投资风险防控法律实务丛书入选“十三五”国家重点出版规划。

2017 年党的十九大后,2018 年十三届全国人大决定进行国家机构改革,成立国家新闻出版署,并将国家新闻出版署职能划归中宣部管理,这给出版业提供了大发展的机遇。2018 年 12 月,在习近平新时代中国特色社会主义思想和党的十九大精神的指引下,为贯彻习近平总书记关于宣传思想文化工作的重要思想,加强党对宣传思想文化工作的全面领导,旗帜鲜明坚持党管意识形态,做好新时代的高校出版工作,中共厦门大学党委决定成立中共厦门大学出版社总支部委员会。党总支成立后,出版社紧紧围绕"举旗帜、聚民心、育新人、兴文化、展形象"的使命任务的要求,进一步加强意识形态工作,坚持正确的出版导向,立足服务党和国家发展大局,为学校"双一流"建设做出贡献。

在厦门大学党委、校行政的指导下,在"一流大学要有一流出版社"这一崇高使命的感召下,出版社一直依托母体厦门大学,积极为高校教学科研和人才培养服务。出版了一系列精品力作,凝聚了作者和编辑心血,在高等教育界和学术界产生了较大的影响。

2013 年,时任厦门大学党委书记杨振斌在厦门大学第十次党代会的报告中提出:"加强期刊、出版等高水平学术载体建设,着力提升学术影响力。"这段精辟的论述既充分肯定了出版社所取得的成绩,又指明了出版社的发展方向。2018 年厦门大学第十一次党代会报告在回顾过去五年的成就时,专门提到出版社出版的《我的厦大老师》等文化精品,极大提升思想政治工作的针对性和实效性,在立德树人、师德师风教育中发挥了重要作用。经过锲而不舍的努力,出版社在台湾研究、东南亚华人华侨研究、历史文化研究、经济学、管理学、法学、广告学、高等教育学、闽南文化、海洋科学与海洋文化研究、化学化工、古籍文献整理等厦大优势学科方面,已经形成了高质量、高水平、有特色的图书结构,实现学术品牌的不断拓展,推动了多学科多层次的高校教材系列出版,逐步形成了一批在学术界、出版界颇具影响力和文化积累意义的出版物。

尤其激动人心的是,在 2015 年世界读书日前夕,李克强总理考察厦大时,视察了校园书店,在蒋东明社长的介绍和推荐下,自费购买出版社出版的"中国最美的大学——厦门大学"丛书,赞许"中国最美大学"这一称号,鼓励大家多读书、读好书。这一场景使出版社全体员工感到无比自豪,是 30 周年社庆最绚丽的时刻,鼓舞了出版社追求一流的士气。

二、党建引领抓思想，凝聚合力促发展

长期以来，厦大出版社党支部在校党委的正确领导下，加强党建工作，认真做好员工的思想政治工作，与出版社行政一起，带领全社员工，始终坚持正确的出版导向，秉持“蕴大学精神，铸学术精品”办社理念，为读者奉献了一大批优秀图书。2018年7月1日，厦大出版社党支部荣获“厦门大学先进基层党组织”称号。

2018年6月，在习近平新时代中国特色社会主义思想和党的十九大精神的指引下，为贯彻习近平总书记关于宣传思想文化工作的系列重要讲话精神重要指示批示精神，加强党对宣传思想文化工作的全面领导，旗帜鲜明坚持党管意识形态，做好新时代的高校出版工作，中共厦门大学党委决定成立中共厦门大学出版社总支部委员会。

(一)以党总支成立为契机，开创党建工作新局面

1.筑牢根基，夯实党组织建设

2018年12月，中共厦门大学出版社总支部委员会成立，厦门大学党委任命郑文礼同志为中共厦门大学出版社总支部委员会委员、书记，黄茂林同志为中共厦门大学出版社总支部委员会委员、副书记。

2019年6月，完成出版社党总支委员选举工作，选任李小青、宋文艳、郑文礼、施高翔、徐长春、黄茂林、眭蔚为出版社党总支委员；7月，结合出版社业务实际设置三个党支部，第一党支部由编辑部党员组成，第二党支部由文编室、美编室、办公室、财务室党员组成，第三党支部由数字出版中心、营销中心、印务中心、物流中心、上海事业部党员组成；10月，完成各支部书记和支委选举工作，第一党支部由高健、郑丹、甘世恒任支委，高健任支部书记；第二党支部由李小青、王艺亭、蒋卓群任支委，李小青任支部书记；第三党支部由欧光江、赵康健、李联林任支委，欧光江任支部书记。

2.学思践悟，“不忘初心、牢记使命”

(1)起建制度之墙，明标准打基础。2019年2月，成立出版社安全稳定工作领导小组，明确分工，由相关负责人分头落实书稿意识形态审核、网络意识形态等领域的安全管理责任，严把意识形态关；8月，《厦门大学出版社干部选

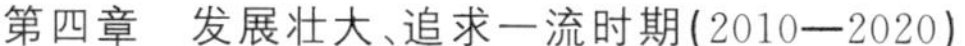

任工作办法(试行)》进一步规范干部选任工作,并依此办法选任出7名青年骨干;11月,发布《厦门大学出版社党总支委员会议事规则(暂行)》《厦门大学出版社党政联席会议议事规则(暂行)》《厦门大学出版社"三重一大"决策制度实施细则(暂行)》,进一步完善出版社管理体制和运行机制,增强领导班子整体功能。

(2)理论学习有收获,思想政治受洗礼。2019年"不忘初心、牢记使命"主题教育期间,各党支部分别以"当初入党为什么""立足岗位作表率"等为主题开展"固定党日＋"活动,以"学习党章,重温入党誓词""学习党的十九届四中全会精神及学习张富清同志先进事迹"等为主题开展面对面集中学习,以灵活创新的形式推动学习教育的开展,不断加强党员干部思想政治建设,筑牢信仰之基、补足精神之钙、把稳思想之舵。全体员工学习习近平总书记给厦门大学潘维廉教授重要回信精神,备受鼓舞和鞭策;邀请专家作习近平新时代中国特色社会主义思想关于保障和改善民生、十九届四中全会精神解读等专题报告,广大员工深受启发,对大形势下如何做好选题策划、主题出版有了更深入的理解。

(3)坚守出版使命,锐意进取。开展集中学习的重点在于教育引导广大党员干部在原有学习的基础上取得新进步,加深对新时代中国特色社会主义思想和党中央大政方针的理解,学深悟透、融会贯通,提高运用党的创新理论指导实践、推动工作的能力。厦大出版社作为党和国家理论宣传的重要阵地,围绕党和国家工作大局,加大主题出版工作的力度,认真组织实施体现习近平新时代中国特色社会主义思想,反映改革开放40周年、建国70周年,以及党和国家重大发展战略的主题出版工程,切实坚持理论与实践的紧密结合。

(二)党建赋能,书写"守正创新"新篇章

1.培根铸魂抓思想

培根铸魂就是要把握正确的政治方向。2020年,编辑部党员认真学习习近平总书记给人教社老同志回信精神、每周一次编辑例会、首期基层党建能力提升班,社党总支不断在加强全体编辑、书稿、选题等关键人、关键事的意识形态把关上下功夫,为图书的质量保驾护航。第一党支部开展"托起城中村孩子阅读的希望——助力厦门鸟巢阅读计划公益图书馆建设"活动,第二党支部开展"发挥党员作用　推助书香社区建设——厦门大学出版社第二党支部走进思明区莲前街道前埔东社区"活动,充分发挥党员模范先锋作用;第三党支部以"资源共建共享,服务教学科研"为主题开展的同厦门大学图书馆采编党支

部的共建活动,支部党员不仅进一步坚定了理想信念,还提高了业务水平,推动党建与业务“同频共振”。

2.以书为媒传声音

2021 年是厦门大学建校百年。为献礼百年校庆,厦大出版社把做好百年校庆系列图书作为一项重要政治任务来抓。自 2020 年 9 月 19 日至 2021 年 3 月 20 日,全社开展“乘风破浪 砥砺前行”百年校庆图书出版大干 180 天活动,所有员工周六全天加班,挂图作战、紧盯进度;“保质保量铸精品,自强不息续华章”“真抓实干,百折不挠”等标语在社内实时滚动,全社上下形成合力,营造出了良好的氛围。

在抓好百年校庆图书的同时,厦大出版社心里始终有立德树人主旋律,坚持以精益求精的工匠精神深耕专著和教材,在出版行业发出了厦大出版社的好声音。

3.服务大局展作为

厦大出版社不仅扛起编书育人的重责,编出精品教材,更全方位助力高校立德树人根本任务。2020 年抗“疫”期间,社党总支为了响应“停课不停教、不停学”的号召,组织相关编辑部门联合数字出版中心,利用寒假时间为高校制作电子书教材 70 余种并免费分发;为让高校学生在家也能有教材可以学习,自费 50 万元为全省 30 多所高校近 10 万名学生免费快递配送教材,社营销中心、物流中心的员工为此加班加点,充分彰显了厦大出版社党员的毅力与责任感。

厦大出版社坚持彰显作为一家大学出版社的社会责任与担当,多年来积极参与扶贫扶智公益活动,为西藏民族大学、宁夏隆德县、学校挂钩帮扶县福建诏安县图书馆捐赠图书,用广博的图书知识为贫困地区的孩子照亮前行的路,助力贫困学子点燃出彩人生梦。同时,为让厦大学子日常生活的每一处场域都蕴含丰富“营养”,厦大出版社还坚持助力“三全育人”,为厦大思明校区、翔安校区一站式平台学生服务中心捐赠图书,以文化人,发挥文化浸润的作用。

三、扶贫攻坚中的“出版”力量

2020 年是全国决胜脱贫攻坚战、全面建成小康社会的收官之年,举国上

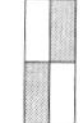

下坚定信心、顽强奋斗，以更大决心、更强力度坚决夺取脱贫攻坚战全面胜利，坚决完成这项对中华民族、对人类都具有重大意义的伟业。

厦大出版社党总支坚持以习近平新时代中国特色社会主义思想为指引，坚持把助力教育扶贫作为一项重要政治任务，彰显作为一家大学出版社的社会责任与担当，在教育脱贫攻坚战场上全力以赴，以文化的力量助推闽宁协作大局和厦门大学定点扶贫县巩固脱贫成果，持续推进脱贫攻坚与乡村振兴的有效衔接。

(一)捐书助学送知识

厦大出版社坚持向厦门大学对口支援西藏民族大学、挂钩帮扶县福建省诏安县图书馆等捐赠图书。2019 年 7 月，厦大出版社郑文礼社长一行到访西藏民族大学，捐赠出版社的 2063 册价值 13 万元的图书，用广博的图书知识为贫困地区的孩子照亮前行的路，助力贫困学子点燃出彩人生梦。

在助力厦门大学推动定点扶贫隆德县"精准脱贫"路上，厦大出版社主动作为，以自己的图书资源丰富智力扶贫模式，助推凝聚扶贫攻坚强大合力，进一步深度融入闽宁协作大局。2019 年 5 月，厦门大学党委书记张彦、副校长邓朝晖向隆德县捐赠厦大出版社的 1026 册价值 5 万元的图书；同年 7 月，出版社郑文礼社长一行到访隆德县，向县图书馆捐赠 1669 册价值 10 万元的图书；2020 年，厦门大学副校长邓朝晖向隆德县张程小学捐赠出版社的 200 册价值 1 万元的图书。

(二)合作出版育人才

高校作为人才培养基地，教学资源和科研水平是重中之重，提升贫困地区的高校教学质量是教育扶贫的关键。厦大出版社坚守"编书育人"，坚持"扶贫先扶人，育人先育心"的理念，积极通过为贫困地区高校提供出版服务助推教育扶贫。厦大出版社专设"经管文库""法学文库"，协助西藏民族大学教师出版专著、教材近 30 种，为西藏民大教师著书立说、科研成果转化提供更多的便利，也推动西藏民大进一步提升学术水平、教学科研水平；为来自西藏等边远地区的学生设立"出版奖学金"，鼓励莘莘学子发奋图强，勇敢追梦。2018 年 5 月，厦大出版社郑文礼社长、宋文艳总编辑、王日根特聘编审一行人到访贵州师范大学，与贵州师范大学签订了合作协议，进一步拓宽厦门大学对口支援贵州师范大学的渠道，为尽快实现两校学术出版方面的合作，提升合作的整体水平迈出坚实的一步。

四、图书出版情况

2010—2020年,出版社依托母体厦门大学,努力将学校学科优势转化为出版优势,凝练出主题出版、台湾研究、东南亚华人华侨研究、经管、法律、广告、化学、海洋研究、闽南文化、古籍文献整理等特色图书,并不断推动高校公共课、专业课的教材建设,实现品牌的不断拓展,推动了多学科多层次的高校教材系列的出版,逐步形成了一批在书界颇具影响的品牌图书,并在市场上赢得了良好口碑。

(一)主题出版选题突出,社会效益显著

这一时期,出版社突出主题出版的重要性,坚持做主题出版应抱有“心中有大局、心中有定力、心中有读者、心中有敬畏”这“四心”,围绕党和国家重点工作、重大会议、重大活动、重大事件、重大节庆日等主题,结合国家发展形势、厦门大学的学科优势,以及出版社的特点,出版了众多服务当前国家工作大局、服务地方经济文化建设、推动科技进步的图书。重点在以下几方面布局:

1.展示马克思主义研究新进展、新路径

2019年,出版社策划的《习近平新时代中国特色社会主义经济思想的理论创新研究》(杨继国、任力著,责编吴兴友)入选全国高校出版社主题出版选题名单。

2.助力国家重大目标、重大战略、重大活动

(1)建设海洋强国,是中国特色社会主义事业的重要组成部分。习近平同志在党的十九大报告中指出:“坚持陆海统筹,加快建设海洋强国。”2017年,《厦门大学海疆剪报资料选编》(萧德洪、蒋东明主编,责编韩轲轲)隆重面世。书中汇集的许多资料,是证明南海诸岛属于中国领土的重要资料,是研究近代国人海权思想与海洋意识极为难得的第一手资料,是研究近现代东南亚国家状况的重要资料,反映了华人华侨开发南洋的历史记忆。台盟中央副主席、中华全国台湾同胞联谊会汪毅夫会长称赞“此举体现出真正出版家的眼界”。在此基础上建立的“海疆学术剪报资料数字化知识服务平台”被列为新闻出版改革发展项目库重点项目,获国家财政部中央文化产业发展专项资金资助550万元。

图 4-1　2017 年 6 月 27 日，台盟中央副主席、中华全国台湾同胞联谊会会长汪毅夫，厦门大学校长朱崇实出席《厦门大学海疆剪报资料选编》首发式

(2)厦大出版社依托位于海上丝绸之路起点的优势，系统深入挖掘整理相关文献，推动相关领域的学术研究，服务“一带一路”倡议和海洋强国战略构想。

2017 年、2018 年，陆续推出关于海上丝绸之路的文献整理工程《海上丝绸之路精要外文文献汇刊》(周宁、鲁西奇主编，责编韩轲轲)第一辑、第二辑。2018 年，关于海上丝绸之路历史的学术研究丛书“海上丝绸之路研究丛书”(王日根主编，责编薛鹏志)出版，为新时期海上丝绸之路建设提供资鉴。

2017 年起，陆续推出“‘一带一路’与中国开放经济新体制丛书”(戴金平主编，责编吴兴友等)，2018 年推出“‘一带一路’贸易投资风险防控法律实务系列丛书”(张晓君主编，责编甘世恒、李宁)。这两套丛书为“一带一路”倡议的落地提供了理论和策略上的支持，并分别入选教育部社科司 2017 年、2018 年全国高校出版社主题出版选题名单。

3.呼应国家重大改革课题、解决重大实践问题

(1)十八大以来，习总书记明确提出“精准扶贫”理念并将之贯彻于脱贫攻坚实践，把精准扶贫提高到治国理政的新高度，开创了我国扶贫开发事业的新局面。目前，“精准扶贫”已成为小康路上的重要推手，为配合 2020 年全面实现小康战略，出版社策划了“精准扶贫实践的理论与实践研究”书系(叶兴建主编，策划黄茂林、文慧云，责编文慧云)，该丛书以社会调查为基础，结合习近平

系列著述文献解读,把实践个案分析、地方经验总结、系统理论研究相结合,使人们能够深刻理解和科学贯彻党中央精准扶贫政策,进而打好脱贫攻坚战,为实现全面小康助推一臂之力。2018年,《精准扶贫的"宁德模式"》(叶兴建著,责编文慧云)等项目被列入教育部全国高校出版社主题出版选题。

(2)2014年,中央提出"四个全面"战略布局,要"协调推进全面建成小康社会、全面深化改革、全面推进依法治国、全面从严治党,推动改革开放和社会主义现代化建设迈上新台阶"。为配合该战略布局,出版社推出了"'四个全面'背景下的当代中国农村调查系列"丛书(张有奎主编,策划黄茂林,责编高健),从农村精准扶贫政策实践情况、德治与法治相结合的社会治理情况、全面从严治党背景下农村党建理论探索与实践、全面深化改革背景下的中国农村发展等方面对当代中国农村进行了深入调查,为落实"四个全面",实现全面建成小康社会,实现中华民族伟大复兴的阶段性战略目标贡献了一份力量。该丛书被列入教育部2018年度全国高校出版社主题出版项目。

4.弘扬重要人物、纪念重大历史事件

2015年4月7日,《人民日报》发表了《三十四年后的追寻——"四有"书记谷文昌》一文,在全国掀起了一股研究和学习谷文昌先进事迹和精神的热潮。随后,为配合党员教育实践活动,出版社组织了"'四好'书记谷文昌"丛书选题(陈再生主编,责编文慧云),从不同侧面研究谷文昌精神的理论价值与实践意义、时代价值与现代启示、基本蕴含及主要特色。该丛书的出版,对于当前正在全国开展的"四有"教育和反腐倡廉、从严治党行动有参考价值和现实意义。

2015年,为纪念中国人民抗日战争暨世界反法西斯战争胜利70周年,出版了《耶鲁大学图书馆馆藏日本侵华战争珍稀档案汇编与翻译》(岳峰等编译,责编王扬帆),以耶鲁大学神学院图书馆的原始珍稀档案为基础,向世人展示抗战期间,美国在华外交官、传教士、旅行者与商人的有关日记、信件、照片及其他档案资料,通过第三方视角,客观地再现日军的侵华暴行,角度新颖,具有较强的说服力,对于日本国内右翼势力美化、淡化日军侵略行径的言论是一种有力的反驳。该书入选中宣部"纪念中国人民抗日战争暨世界反法西斯战争胜利70周年重点选题目录"。2016年,本书获国家出版基金主题出版项目立项资助。

2018年,围绕改革开放40年这一主题,出版社先后策划出版了多部高品质图书。《勇立潮头:福建改革开放40年》(黄端等著,责编江珏屿)全方位展示了福建改革开放40年走过的历程、取得的成就和经验,并展望新时代。该

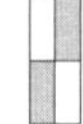

图书入选2018年教育部主题出版重点出版物。《回眸高考四十年》(该书编写组编,责编宋文艳、曾妍妍)从不同角度记述了1977级、1978级部分大学生在参加高考及入学之后的精神状态、校园生活、师生情谊及他们参与祖国建设的耕耘与收获。《邮记中国:改革开放四十年》(该书编写组编,责编宋文艳、冀钦)用方寸邮票浓缩反映中国改革开放40年巨变。"改革开放40年法律制度变迁"丛书(张文显主编,责编施高翔、甘世恒、李宁)全面回顾总结和适时传播改革开放40年来我国法律制度变迁和依法治国事业取得的伟大成就。

2019年,出版社精心策划出版庆祝新中国成立70年系列献礼书。其中,《邮票上的民政事业——献给新中国成立70周年》(福建爱国拥军促进会编著,责编朱迪婧)以一枚枚精美的邮票为媒介,全景展现了70年来我国民政事业改革发展取得的巨大成就。《邮票上的中国妇女:献给新中国成立70周年》(福建爱国拥军促进会编著,责编曾妍妍)通过对100余张精美邮票的展现和解读,讲述70年来我国妇女事业走过的不平凡的发展历程。《福建:砥砺奋进的七十年》(黄端等编著,责编宋文艳、施建岚)全方位展示新中国成立70年以来福建走过的跨越式历程,全面总结福建70年取得的成就,并对实现第二个"百年梦"目标下的福建经济社会发展进行畅想。

5.依托福建省的红色资源,继承和发扬革命传统,深入挖掘苏区档案、革命史料,深化对革命史的研究

福建是中央苏区所在地,在这片红色的土地上,诞生了无数可歌可泣的革命英雄儿女,为后人树起了一座不朽的丰碑。她是新中国的摇篮,是党和军队的根。在社会主义建设高速发展的今天,我们不应忘记那些为新中国抛头颅、洒热血的革命先烈。为此,出版社策划了一系列图书来记录老区的光辉历史和辉煌成就。

"泉州闽浙赣边区革命史研究文集丛书"(朱定波主编,责编薛鹏志、林灿)以及"龙岩学院中央苏区历史研究丛书"(张雪英主编,责编徐长春),充分发挥地方院校及学者扎根当地的优势,通过实地调查、史料搜集和访谈口述等多种手段,重现苏区历史,讲好苏区故事,推动了中共党史和革命史研究的精细化、深入化,成为开展中共党史和革命精神研究、革命传统教育宣传、红色文化资源开发利用以及服务革命老区经济社会发展的重要著作。

"全国革命老区发展史·福建卷"(福建省老区建设促进会主编,责编韩轲轲、章木良、林灿)涉及福建省70余个老区县(市、区),是对中华人民共和国成立70周年的献礼之作,也是"不忘初心、牢记使命"主题教育的生动教材。该丛书回顾了老区革命历史、展示了老区发展新貌,进一步增强弘扬老区精神、

传承红色基因的历史使命感和责任感,为历史立言,为时代讴歌,为发展聚力。

《闽东抗日战争档案史料》(宁德市档案馆、福鼎市档案馆、厦门大学马克思主义学院编,责编韩轲轲)和《福建珍稀革命史料》(厦门大学马克思主义学院、厦门大学历史系编,责编韩轲轲)收录了一大批此前未曾公布的福建各地档案馆收藏的抗战档案以及散见于民间的革命史料,为中共党史研究提供了弥足珍贵的历史文献。

6.积极服务于福建省特别是厦门市地方经济文化发展

2017年9月3—5日,金砖国家领导人第九次会晤在厦门举行。为更好地宣传普及"金砖"知识、"金砖"文明、"金砖"礼仪,打造良好的"金砖会晤"软环境,出版社提前一年时间,精心策划"迎金砖"系列选题。包括《印象厦门》(厦门市委宣传部编,责编曾妍妍)、《邮票上的金砖国家》(该书编写组编著,责编王扬帆、章木良,该书入选2017年度福建省重点出版项目)、《金砖国家法律报告》(邓瑞平主编,责编甘世恒、邓臻、李宁,"十三五"国家重点图书)。

2016年,"闽商发展史"丛书(苏文菁主编,责编高健、曾妍妍、韩轲轲、章木良)全景式地记叙了海内外闽商的形成与发展过程,再现了闽商在塑造中国海洋文明和促进所在地经济社会发展中的重大作用。2017年,《全景福建》(该书编写组编著,责编宋文艳、王扬帆)以中英文双语的形式介绍福建的山川地理、人文历史、民俗风情概貌,彰显福建改革开放以来的发展和建设成就。同年,《解读新福建》(黄端等著,责编宋文艳、江珏屿)全方位展现福建改革开放创新、经济社会发展、城镇乡村建设的新风貌,形象反映福建广大干部群众为全面建成小康社会而奋斗的激情实干和责任担当。

近年来,出版的"厦门历史丛书""厦门文献丛刊""闽台文化研究丛书""闽台历史民俗文化遗产资源调查"(刘芝凤主编,责编许红兵等)"魅力·老潘""厦门文化改革发展蓝皮书""厦门市经济社会发展与预测蓝皮书"等系列,为厦门地方文化的繁荣与发展发挥积极作用。

7.积极策划出版百年校庆图书,传承弘扬百年厦大精神

著名爱国华侨领袖陈嘉庚先生于1921年创办了厦门大学,厦门大学由此成为中国近代教育史上第一所华侨创办的大学。百年厦大的发展史,与中华民族的艰苦奋斗和祖国的复兴繁荣有着密切联系,在中国高等教育史上占有重要地位。为了梳理、凝练和弘扬厦大独特的大学精神与文化,传承厦大学术传统,凝聚师生校友的共同力量,早日实现厦门大学创建世界一流大学的奋斗目标,出版社积极配合学校,组织编写和出版百年校史系列丛书。百年校庆系列图书包括以下几个系列:(1)百年校史系列,主要包括《厦门大学百年校史》、

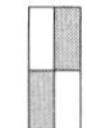

校史资料汇编、学生名录;(2)百年院系史、组织机构史;(3)百年精神文化丛书系列,分两大出版主题,分别为陈嘉庚、陈景润等人物传记系列和更贴近青年读者、具有较强的可读性的精神文化系列;(4)"百年学术论著选刊"系列,精选、重刊一批在厦门大学工作过的已故学者撰写的、具有重要价值的学术论著;(5)"南强丛书"第七辑,入选著作42部,这些著作是厦大学者经过多年研究积累,显示学科特色,代表厦门大学学术水平的精品;(6)《王亚南全集》(该书编委会编,责编许红兵、江珏屿),全面展示我国当代著名的马克思主义经济学家、教育家,新中国成立后厦门大学的首任校长王亚南的学术成就。

(二)保持特色,学术为本

十年中,出版社以学术出版为使命,胸怀理想,发挥优势,在坚持走学术出版的路子上,思路更为清晰、选择更加专注,较好地形成并巩固了自己的学术品牌。

1.台湾研究的图书品牌继续强化

2014年,由厦门大学牵头且以台湾研究院为核心力量成立的"两岸关系和平发展协同创新中心"入选国家级"2011计划"。2017年9月,厦门大学台湾研究院被中宣部纳入国家高端智库建设培育单位。出版社充分发挥台湾研究方面的学科优势和人才优势,十年间出版了一大批具有较强原创性、前沿性的台湾研究图书,对台湾的历史与现状做全方位的研究,加深了海峡两岸的互相了解,增进了两岸的共识,为促进两岸互信提供了有力的学术支撑。出版社立足地缘优势与厦大学术资源,强化关于台湾研究特色图书的选题。

(1)台湾研究新跨越系列丛书(刘国深主编,责编高健)

出版社立足两岸关系和平发展的新形势,以厦门大学台湾研究院研究人员为基本作者队伍,提出了一系列台湾研究的新课题,出版了一套"台湾研究新跨越系列丛书"。丛书选题涉及两岸政治互信、两岸军事互信、两岸经贸关系、海西战略与两岸区域经济整合、两岸产业合作、台湾历史上的移民与社会、台湾文学的发展脉络、两岸民众交往的法律问题等。该丛书的出版对两岸的现实交往产生了积极的助推作用,在出版过程中得到国务院台湾事务办公室的高度重视。

(2)《走近两岸》(陈孔立著,责编高健)

2011年,出版台湾研究"南派泰斗"陈孔立关于海峡两岸关系问题研究的最新著作《走近两岸》。该书获得华东地区大学出版社第九届优秀教材、学术专著一等奖。

(3)漳州与台湾关系丛书(策划黄茂林,责编黄茂林等)

“漳州与台湾关系丛书”从寻根问祖到现实交往,全面阐述了漳州与台湾的关系,内容涵盖漳台血缘、神缘、人物、文物、地名、经贸、民俗、语言、戏剧等各方面,资料翔实,论述精当,充分展现了两岸同根共源,为进一步加强两岸的交往发挥了文化支撑作用。

《漳州与台湾族谱对接指南》撰述了千部漳州与台湾族谱对接提要,为两岸同胞提供丰富、准确的血缘信息,促进两岸和平发展,促进两岸民间血缘文化的交流融合,是一部海内外漳州人知根识源、寻根谒祖的血缘地图和服务指南。

《台湾涉漳旧地名与聚落开发》对漳州府及其所属的各个不同县市居民向台湾移民所产生的涉漳地名、聚落进行了细致的梳理,使漳州人民迁移台湾与开发台湾的具体历程基本清晰化。该书荣获福建省第十届社会科学优秀成果奖二等奖。

这些图书的出版,推动了两岸之间祖根文化的研究、交流与合作,促进了两岸民众的情感互动。

(4)《台湾女性文学史》(林丹娅主编,责编王鹭鹏)

2015年,出版了厦门大学人文学院教授林丹娅主编的《台湾女性文学史》,以近百万字的篇幅,勾勒了台湾女性文学的缘起、发展、沿革的历史脉络,填补了学术研究的空白。该书获福建省第十二届社会科学优秀成果奖二等奖。

(5)《台湾海峡常见鱼类图谱》(苏永全等著,责编陈进才)

本书介绍了台湾海峡常见鱼类,解决了台湾海峡两岸的鱼类地方名称不一致,造成两岸教学、科研管理上极大不便的问题,促进了海峡两岸海洋经济共同发展。该书于2013年获评国家新闻出版广电总局第四届“三个一百”原创出版工程。

"三个一百"原创图书出版工程

证　书

厦门大学出版社：

你社出版的《台湾海峡常见鱼类图谱》入选国家新闻出版广电总局第四届"三个一百"原创图书出版工程。

特颁此证。

图 4-2　《台湾海峡常见鱼类图谱》入选第四届"三个一百"原创出版工程

(5)闽台历史民俗文化遗产资源调查丛书(刘芝凤主编，责编许红兵等)

本丛书从闽台民间习俗、民间文学、民间艺术、民间体育、传统方言、传统饮食、传统服饰、传统节庆、传统民居建筑、传统手工技艺、传统人生礼仪、传统农业林渔业生产、传统茶叶生产与茶文化习俗等 13 个方面，初步对闽台历史民俗进行了全方位资源调查与分析，是今后闽台民俗资源文化共建对接项目的基础性资料。该丛书荣获福建省第十一届社会科学优秀成果奖三等奖。

总之，十年间，出版社坚持学术为本，以学术为纽带，把涉台图书做强做大，在大学出版社中形成了自身的特色，有关台湾的出版物蔚为大观，成为促进海峡两岸文化交流的一座壮丽的桥梁。

2.东南亚和华人华侨研究图书方面，出版社成为全国出版重镇

厦门与东南亚各国也有着密切的"血缘"和"地缘"关系，厦门大学在东南亚与华人华侨研究方面有雄厚实力。出版社充分发挥地域优势、学科优势，出版了一大批标志性的传世图书和特色图书，涵盖政治、经济、历史、文学、教育等多个领域，成为全国出版东南亚和华人华侨研究方面学术图书的重镇。2010—2019 年，厦门大学东南亚研究中心系列丛书继续出版，包括"档案、资料系列""东南亚与华侨华人研究系列""东南亚研究名著译介系列"三个系列。

其中《菲律宾华人通史》(庄国土等著，责编薛鹏志)一书是近十年关于东南亚和华侨华人研究的重磅作品，入选第四届"三个一百"原创图书出版工程，获 2010 年度国家出版基金资助，并荣获福建省第十一届社会科学优秀成果奖一等奖。该书系统而全面地阐述了菲华社会和中菲关系的历史发展与变化。

该书是第一次全面阐明中菲 1500 年关系史和菲华 700 年历史的总结性著作，也是迄今菲华研究领域规模最大的学术成果。该项目的研究对于正确把握中菲关系和菲华社会的历史和现状，制定正确的对外关系和侨务政策具有重要的资政作用。本书的出版，被誉为 21 世纪东南亚华侨华人历史和中菲关系史研究的一个里程碑。

"三个一百"原创图书出版工程

证 书

厦门大学出版社：

你社出版的《菲律宾华人通史》入选国家新闻出版广电总局第四届"三个一百"原创图书出版工程。

特颁此证。

国家新闻出版广电总局

二〇一三年十二月

图 4-3 《菲律宾华人通史》入选第四届"三个一百"原创图书出版工程

3.人文、历史类图书"高原""高峰"并现

人文、历史类图书是出版社历年出版图书中品种最多、涵盖范围最广、规模最大的门类，包含文学、历史、哲学、外文、地方文化等多个领域。历年来，人文历史类图书屡屡斩获大奖，为出版社赢得了极大的社会效益。

(1)《闽南传统建筑》(曹春平著，责编陈进才)

《闽南传统建筑》是第一本从建筑技术与建筑文化的角度全面研究闽南传统建筑的著作，紧扣传统文化的传承与普及的时代主题，既有历史与理论的阐述，结构与技术的专业探讨，又结合具体实例，完善和丰富了中国建筑历史和闽台建筑比较史的研究，填补了中国建筑历史研究的空白，有利于发掘传统建筑的历史、科学、艺术价值，对于闽南传统建筑文化遗产的保护与利用，具有史实资料收藏与研究的学术价值，对于中国地域特色的现代建筑创作也有着借鉴作用。2019 年，该书获第七届中华优秀出版物(图书)奖。

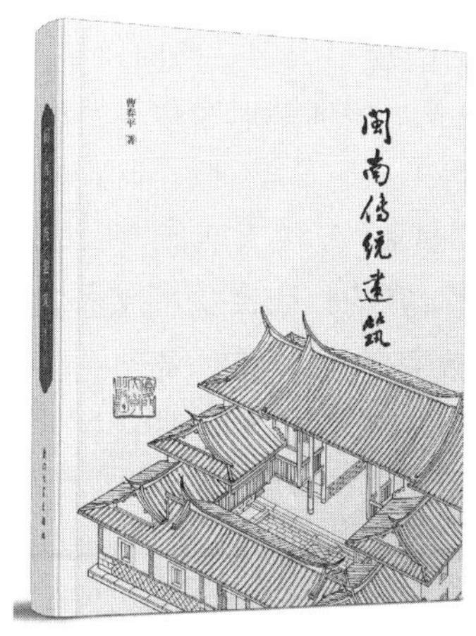

图 4-4　《闽南传统建筑》获第七届中华优秀出版物(图书)奖

(2)《中国古代买地券研究》(鲁西奇著、责编韩轲轲)

本书系统校录、考释传世与考古发现所见之汉代至清代的买地券(冥契)388 种，提供了一份迄今为止最为全面系统、可资凭信、便于使用的古代买地券释文文本。2015 年，本书被评为国家出版基金资助优秀项目，出版社受到国家出版基金管理委员会通报表扬。2016 年，该书荣获福建省第十一届社会科学优秀成果奖二等奖。

(3)中国社会经济史新探索丛书(王日根主编，责编薛鹏志等)

社会经济史是厦门大学历史系的特色专业，自 2017 年起，出版社开始与厦大历史系共同策划出版“中国社会经济史新探索丛书”，以秉承傅衣凌先生开创的中国社会经济史治学传统，占有更多样化的史料，了解更丰富复杂的社会现实状态，借鉴更多学科、学派的治学方法，放眼中国和世界，建构具有中国特色的社会经济史理论。

(4)海上丝绸之路研究丛书(王日根主编，责编薛鹏志等)

该丛书为出版社推出的学术精品书系，汇集了国际范围内著名学者和学界新锐的前沿研究成果，是国际海洋史学界最新成果的一次集中展示，内容涵盖中国海上丝绸之路有关海洋贸易、航运贸易、港口区域经济、海洋区域社会人群与经济互动等专题性、前沿性研究，反映海上丝绸之路的发展轨迹，为新时代海上丝绸之路建设提供一份资鉴。2016 年，本丛书入选国家出版基金资助项目。

(5)厦门大学妇女/性别研究文丛(林丹娅主编,责编曾妍妍)

中国的妇女/性别研究兴起于20世纪80年代,厦门大学是国内较早开展这方面研究的高校之一。厦门大学妇女/性别研究与培训基地在学科建设、先进性别文化传播、人才培养等方面取得显著成就,形成了妇女/性别研究的"厦大学派"。在此基础上,出版社于2018年起陆续出版"厦门大学妇女/性别研究文丛",以集中呈现厦门大学多年来妇女/性别研究的代表性学术成果。

(6)《老教授论坛》系列论丛(厦门市老教授协会编,责编黄茂林)

为挖掘学术资源,延续学术命脉,2003年起,出版社开始策划出版由厦门市老教授协会编的《老教授论坛》系列论丛,收录厦门大学等高校退休老教授的文章,包括理论、学术、随笔等诸多领域。每年出版一辑,至2020年已出版至第17辑,受到社会的广泛关注。不论是青年学生,还是离退的老教授、老干部,都争相传阅。2003年10月,在北京召开的中国老教授协会第五届代表大会上,吴树青会长在工作报告中还特别提到"厦门市老教授协会开展的'百名教授百场报告'和'老教授论坛'等活动,影响广泛"。

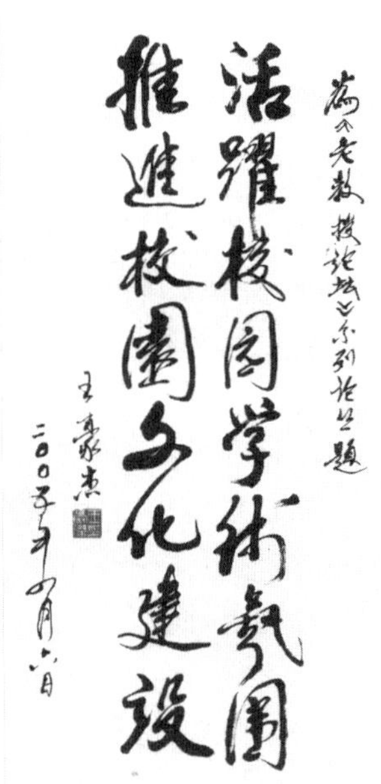

图4-5 厦门大学原党委书记王豪杰同志为《老教授论坛》题词:"活跃校园学术氛围,推进校园文化建设"

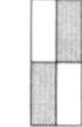

4.经管类学术著作出版实现新跨越

出版社经管类图书在市场上的口碑打响后，社领导对经管图书的品牌建设提出了更高的要求，认为经管图书出版要做到“四个度”，即高度、热度、宽度、厚度。其中，高度和热度针对学术著作，宽度和厚度针对教材出版。

高度，指经管图书要有精品，要多出国内知名学者的作品。在这一思想的指导下，出版社策划并出版了多个学术专著系列，包括青年经济学者文库、厦门大学企管学术文库、经管学术文库、新锐经管学术书系、金融新视野、人力资源管理学术文库等。其中应计制政府会计改革研究丛书(李建发主编、责编陈丽贞等)由中国会计学会副会长、厦门大学党委常务副书记李建发教授担任总主编，以他为首的研究团队长期以来一直密切关注我国政府会计改革中的热点和难点问题，全程参与我国政府会计改革的研讨和咨询活动，使得本套丛书内容不仅具有理论性，而且也具有现实性和针对性。本套丛书于2011年获福建省重大出版项目基金资助，其出版对进一步丰富我国政府会计的理论体系具有重要意义。

另外，出版社在此期间出版了一些由行业精英写作的图书。此类书是业内专家多年工作经验和思考的总结，实用性很强。比如，由银行高级国际业务专家写作的《品读UCP600》《品读ISBP745》(林建煌著，责编吴兴友)，由从业多年的基金经理写作的《指数投资》(何天翔著，责编吴兴友)，由外企高管写作的《自我管理：如何实现人生终极目标》(陈万彬著，责编吴兴友)等图书都受到读者的认可。

在提升经管类图书高度方面，尤其值得一提的是《王亚南全集》(该书编委会编，责编许红兵、江珏屿)的出版。王亚南是我国当代著名的马克思主义经济学家、教育家，也是新中国成立后厦门大学的首任校长。他一生始终坚持不懈地追求真理，孜孜不倦地思考、写作、演讲，是《资本论》全三卷的首译者之一。王亚南一生著作等身，建树甚高。2021年，时值厦门大学百年校庆，为全面展示王亚南校长在学术研究方面的卓越成就，厦门大学成立《王亚南全集》编辑委员会，编纂出版《王亚南全集》，对于繁荣学术研究，发展社会科学，实现教育强国梦，都有着十分重要的意义。

热度，是指经管类轻学术图书要跟得上经济热点，且能获得足够高的曝光度，掀起购买热潮，提高出版社知名度。在前期的品牌建设中，前三个度已基本做到，但热度还远远不够。在经过一段时间的市场跟踪调研后，出版社根据2010年欧债危机的背景推出了“国际金融新趋势”丛书(戴金平主编，责编许红兵、吴兴友、江珏屿)——《量化宽松》《流动性危机》《主权债务危机》等；在国内民间借贷险象环生时,推出了《跑路——疯狂的高利贷》(周德文著,责编郝静);2012 年在房地产处于滞涨时,推出了《房地产大周期的金融视角》(巴曙松著,策划宋文艳,责编郝静、吴兴友);2013 年在国内掀起新一轮城镇化热潮时,又推出了《城镇化大转型的金融视角》(巴曙松著,责编宋文艳、吴兴友);2019 年 2 月 18 日,中共中央、国务院印发《粤港澳大湾区发展规划纲要》,出版社推出了《粤港澳大湾区协同创新机制研究:基于自由贸易组合港模式》(巴曙松等著,责编宋文艳、吴兴友)。这些书不仅跟上了社会热点,而且还取得了良好的经济和社会效益,其中《房地产大周期的金融视角》一书多次登上 2012 年各大年度图书排行榜,《粤港澳大湾区协同创新机制研究:基于自由贸易组合港模式》于 2020 年获得闽版十大好书奖,《城镇化大转型的金融视角》一书更是斩获了"中华优秀出版物"图书提名奖,成为名副其实的"双效益"图书。

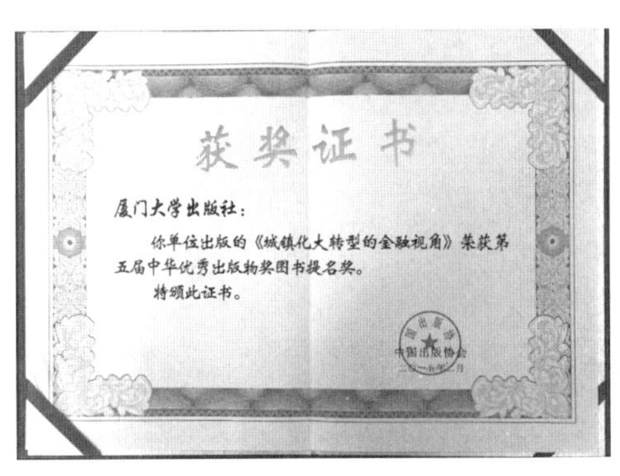

获奖证书

厦门大学出版社:

你单位出版的《城镇化大转型的金融视角》荣获第五届中华优秀出版物奖图书提名奖。

特颁此证书。

中国出版协会

图 4-6 《城镇化大转型的金融视角》获第五届中华优秀出版物奖提名奖

随着大数据技术的兴起,大数据相关图书也成为热点。出版社依托厦门大学统计学这一优势学科,组织学者编写出版大数据丛书,包括《大数据概论》《Excel 在大数据挖掘中的应用》《文本挖掘技术及其应用》等,供大学生和研究人员使用。此外,出版社出版了历年《厦门市经济社会发展与预测蓝皮书》《厦门发展报告》《服务贸易评论》,及时向读者展示厦门市的发展状况。

通过"四个度"的建设,出版社已经将经管类图书打造成与厦门大学经管学科齐名、学界及市场高度认同的品牌。

5.法学类图书成为出版社的金字招牌

法学图书方面,出版社坚持走"专精特新"路线,一直以法学精品教材和精品著作作为自己的主要出版方向,并以系列化作为出版的主要模式,重点开发了法学专业中的民商法方向、民事诉讼法学方向和国际经济法学方向,使得独居东南一隅的厦门大学出版社得以和北京诸多法学图书出版名社站在同一水平线上,铸就了出版社法学类图书的响亮品牌。2017—2019 年,“家事法评注丛书”、《金砖国家法律报告》、“改革开放 40 年法律制度变迁丛书”连续三年获得国家出版基金资助。根据武汉卷藏微信公众号的统计,出版社法律图书馆配数量连续五年排名全国前 20 名。可以说,出版社的法律图书品牌已经在法律图书出版领域确立了一定的地位,具有较大的影响力。

(1)家事法评注丛书(夏吟兰、龙翼飞主编,责编甘世恒、李宁)

“家事法评注丛书”由中国法学会婚姻法学研究会和厦门大学出版社共同策划、组织出版,逐章、逐条详细讲解、透彻分析家事法律中的每一个法条。这套丛书的出版,在我国依法治国及家庭建设的进程中发挥了积极的作用,成为读者理解和适用家事法律的首选,并在民法法典化的进程中为相关法律制度的修改完善提供重要参考,是中国法学会具有标志性的里程碑意义的一套丛书。该丛书获 2017 年度国家出版基金资助。

(2)中国民法典争鸣系列丛书(王利明主编,责编甘世恒、邓臻)

2014 年,党的十八届四中全会决定编纂民法典。出版社敏锐地抓住这一时机,策划、组织出版了“中国民法典争鸣系列”丛书。该丛书是关于中国民法典的权威学术著作丛书,是对民法总则孕育发展过程和民法学发展的回顾和总结,凝聚了民法学者长期研究民法学和民法实践的心血,为民法分则编纂提供了参考和借鉴,为中国民法典的拟订和最终立法的审议通过提供精准的学术支持,是对民法典编纂的一份献礼。

(3)农村法律小帮手系列(潘峰、佘文唐主编,责编甘世恒、贾素文)

“农村法律小帮手系列”是一套面向农民读者的普法丛书。本丛书以切实帮助农民解决农村生活和新农村建设中遇到的实际法律问题为宗旨,力图使农民在轻松愉快的阅读中了解法律基本知识,懂得如何运用法律维护自身权益、解决农村生活中的实际法律问题。该丛书因其实用性、专业性入选全国“农家书屋”推荐目录,成为普及农村法律知识,帮助农民学法、懂法、用法的良师益友。

(4)改革开放 40 年法律制度变迁丛书(张文显主编,责编施高翔、甘世恒、李宁)

2018 年,为了纪念改革开放 40 周年,出版社策划出版了“改革开放 40 年法律制度变迁”丛书,聚合了我国当今权威法学学者的学术力量,全面回顾总结和适时传播改革开放40年来我国法律制度变迁和依法治国事业取得的伟大成就,为中国特色社会主义法律体系的进一步完善提供学术上的支持,也唱响了我国法学界献礼改革开放40年的主旋律和最强音。该丛书获2019年度国家出版基金资助。

图4-7 “改革开放40年法律制度变迁丛书”(获2019年度国家出版基金资助)

(5)台湾知名法学家著作系列(责编甘世恒等)

依托毗邻台湾地区的地缘优势,法律编辑室团队还策划出版了台湾知名法学家著作系列,如“黄茂荣法学文丛”,葛克昌教授主编的“税收公法学丛书”等,拓展了厦大出版社法律品牌在宝岛台湾的影响力。

此外,法律编辑团队还曾在多地独立组织多场全国性法学教学和研究的专业会议,为我国的法学教育与科研做出了一定贡献。

6.高等教育学图书板块异军突起

高等教育研究是厦门大学的传统学科,厦门大学高等教育发展研究中心是全国唯一的专门研究高等教育的教育部人文社科重点研究基地。作为中国高等教育研究重镇,厦门大学在高等教育基本理论研究、高等教育体制与管理研究、考试制度研究与科举学等领域取得了奠基性的科研成果。

这几年,在出版社领导和相关编辑的推动下,依托厦大高等教育研究的资源,出版社的高等教育学图书板块异军突起,不仅在数量上形成优势,图书的品质也很高。近年陆续策划出版了高等教育学术精品文丛、教育管理与评估丛书、高等教育实务系列、中外合作办学质量工程系列丛书、福建省教育质量

发展监测报告丛书、研精覃思教育丛书、国家大学生学情调查研究丛书、中国教育发展与质量书系等。其中《世界一流大学教育理念》(别敦荣著，曾妍妍责编)、《应用型人才培养的理论与实践》(潘懋元著、责编牛跃天)、《国家大学生学习质量提升路径研究》(史秋衡、王芳著，责编曾妍妍)、《翻转课堂与高校教学创新》(郭建鹏著，责编曾妍妍)、《中外合作办学发展报告(2010—2015)》(林金辉、责编章木良)等多种图书荣获高等学校科学研究优秀成果奖、福建省社会科学优秀成果奖等奖项。

7.广告学图书出版与学术研究相互推动

近十数年来，国内高校的广告学专业两极分化非常明显，一是大量的院校增设广告学专业，总计有320多所高校开设广告学专业，广告学专业学生数量增大，二是有传统优势的院校纷纷扩大研究生层次的教学，削减本科生数量，甚至有的院校在2020年取消了本科生教学，专勤于研究生教学。许多院校集中学科优势，打造相关平台，学术竞争白热化。

传统广告学的教学模式也发生了变化，原本畛域分明的细分方向不再适用，网络媒介的出现和与社会传播方式的变化都刺激着广告的教学和与社会的互动随之异动。最典型的例子是广告消亡论、品牌传播替代论的兴起，还有广告经常性的弥散状态。出版上的直接反映是引进版的教材和专著增多，很多院校的广告学科带头人普遍有跨专业的研究倾向和译著，很多院校的广告专业教学点易名品牌传播学。

厦门大学的广告学教学发展早、起点高，系友众多，但福建省内广告学专业水平差异太大，总体体量不足。针对上述情况，出版社有针对性地进行了图书的开发和出版。目标是维护发展重点教材，围绕出版物打造学术发表平台，反映学术重心变化，增加市场读物品种。

围绕着厦门大学广告学系友众多的优势，出版社打造了先锋广告人丛书，承接著名系友的相关成果，或介绍其带领的国内4A公司的经验，或介绍其主导的品牌服务机构的著名案例，还出版了《广告第一课》这样的普及读物及新闻传播学考研丛书。

在架设平台方面，针对广告专业文章投放平台少的现状，出版社组织出版了每年一期的《广告学报》(陈培爱主编，责编王鹭鹏)。从2013年起，还组织出版了每年一期的中国品牌健康度检测报告。从2008年起，连续多年出版中国广告协会的年会出版物，先后有《中国元素与市场营销》(陈培爱主编，责编王鹭鹏)、《创新与开拓》(陈培爱主编，责编王鹭鹏)等。

最近这些年，厦门大学广告学的学科发展的特点是低调，但是新而尖，所以出版社又量身订作了新媒体丛书、跨文化传播丛书和华夏传播出版物这些平台，收纳校内外作者围绕这些特色方向的学术成果，集中呈现。

为了巩固和促进传统优势学科，出版社围绕着厦门大学的传播史研究持续发力，又组织出版了中国广告发展史研究丛书，这套书比较特别，承接的是厦门大学的重点特色学科——传播史，作者多为本校博士生毕业，但又在各高校供职，很好地体现了厦大广告学为国内高校广告学发展服务的特点。为了服务研究生的教学，出版社还组织出版了厦门大学广告与传播艺术丛书、品牌与广告研究书系。

总结这十数年来，出版社围绕广告学出版了图书近两百种，在学术出版的声誉和品种开发上，做出了重要贡献。

8.理工类学术著作精品迭现

厦门大学的化学、海洋、生物等理工类学科在全国占有龙头地位，出版社依托学校这一资源，策划出版了一系列能够代表和引领相关学科学术前沿的高品质图书。

(1)《中国鲎生物学研究》(洪水根著，责编施高翔)

该书是著名生物学家洪水根30多年致力于鲎生物学研究的总结，该书对于人工恢复鲎种群数量、挽救这一濒临灭绝的物种，都具有较大的社会意义，极大地提升了我国鲎生物学研究的学术地位。该书出版后被评为国家出版基金代表成果。

(2)红树林研究系列丛书(林鹏主编，责编施高翔)

厦门大学滨海湿地生态系统教育部重点实验室是建立在著名生物学家金德祥、唐仲璋、林鹏等多位先驱几十年工作的基础上，以国家重点学科(水生生物学、动物学、环境科学)、福建省重点学科(生态学)为依托的部级重点实验室。国内滨海湿地生态系统研究方面的相关图书很少，出版社出版的中国工程院院士林鹏的“红树林研究系列丛书”在学术界深受瞩目。

(3)《南方滨海沙生植物资源及沙地植被修复》(王文卿编著，责编陈进才)

本书是国内第一部关于滨海沙地修复技术和沙生植物资源图谱的专著，其中的部分成果，对于我国正在实施的南海岛礁绿化工程，具有直接的指导作用。作为我国首个系统阐述滨海沙地及沙生植物的专业书籍，对科学构建滨海沙地体系和推动沙生植物研究，具有奠基意义。因其较强的学术价值和使用价值，本书于2016年获得国家出版基金资助。

(4)《前生源化学条件下磷对生命物质的催化与调控》(赵玉芬著，责编眭蔚)

该书通过对生命有机磷化学的深入、系统研究，深入阐述生命起源中磷的重要作用，让读者了解磷化学的奥秘。2019年，本书获评全国“第十八届输出版优秀图书”。

图4-8　《前生源化学条件下磷对生命物质的催化与调控》获评全国“第十八届输出版优秀图书”

(5)《福建树木彩色图鉴》(何国生著，责编陈进才)

《福建树木彩色图鉴》是目前最新、最全的福建省树木彩色图鉴。该书共收录福建省境内野生及栽培的森林树种、园林树种1355种(含亚变种)，每种均附有分类科属、简要形态特征描述、省内外分布、主要习性用途及彩色图片，特点突出，形象直观，是广大林业、园林、生物工作者及生态资源保护爱好者直观鉴定对照树种的重要参考用书，也是全国首次出版的省级地方特色树木彩色图鉴。该书先后荣获2014年福建省优秀出版物奖(图书奖)、第四届中国大学出版社图书奖优秀著作一等奖。

9.海洋研究图书成为新亮点

近年来，出版社出版了一大批海洋自然科学、涉海人文社会科学和服务国家海洋战略的图书,达到一定的规模,成为出版社图书的新亮点,形成了出版社继台湾研究、华人华侨研究图书之后的新特色。

2012年,厦门大学成立了南海研究院,是国内高校第一个以南海问题为研究对象,以相关政策和法律为主轴的学术机构。它整合校内既有的海洋、人文、法政等学科的学术资源,组建成立跨学科的研究平台,积极开展涉外海洋问题尤其是南海区域的多领域、跨学科的综合研究。在打造涉海特色图书的过程中,出版社以强烈的责任感、使命感,花大力气出版精品图书,以争取各级重点出版物规划项目为契机,服务国家的海洋战略,通过设计选题来起到凝聚作者和整合研究成果的作用,组织大型出版项目,搭建涉海学术平台,从而深化了出版社的海洋特色。

海疆史研究方面,曾有谢必震教授的《中国与琉球》、陈在正教授的《台湾海疆史研究》等精品。近年来推出的《厦门大学海疆剪报资料选编》更是关于东南亚和海洋问题研究、历史上中国海权意识研究不可或缺的重要史料。

海洋史学方面,出版社出版了一批重要著作,其中《中国东南瓷业海洋性的历史进程》(王新天著,责编高健)从一个重要方面对中国海洋文明史做了阐释。《海外交通史迹研究》(庄景辉著,责编陈福郎)反映了中国古代的航海技术与海洋精神,《从百越到南岛:东南海洋人文的土著基础》(吴春明著,责编薛鹏志)则论述以海洋文化为特征的华南至东南亚土著文化史。"海上丝绸之路研究丛书"(王日根主编,责编薛鹏志)提供了一套由海洋史视野观照中国历史的新著作,复原中国海洋国家的发展史,提升国人的海洋意识,为海上丝绸之路的申遗和中国走向海洋强国提供历史借鉴。

国际海洋法及海洋事务研究方面,出版社策划组织"海洋政策与法律研究丛书""厦门大学南海研究院海洋事务系列丛书"(傅崐成主编,责编甘世恒、李宁等),为服务国家海洋发展的总体战略,维护国家海洋权益提供了必要的智力支持。

海洋生物、近海海洋环境研究方面,厦门大学拥有近海海洋环境科学优秀国家重点实验室、滨海湿地生态系统教育部重点实验室、水声通信与海洋信息技术教育部重点实验室。通过挖掘这几个重点实验室的学术资源,出版社推出了一大批高质量的学术著作,如郑重、李少菁的《海洋桡足类生物学》,郑天凌的《海洋磷虾类生物学》(责编陈进才),苏永全的《台湾海峡常见鱼类图谱》(责编陈进才)、《台湾海峡及毗邻海域生物多样性与渔业资源可持续利用》(责编陈进才),洪水根的《中国鲎生物学研究》(责编施高翔),林鹏的《红树林研究系列丛书》(责编施高翔),均在学术界深受瞩目。

海洋强省战略研究方面，基于对福建海洋自然资源优势和文化特色的深刻把握，福建省着力实施"建设海洋经济强省"的战略决策，海洋经济获得长足的发展。为此，出版社组织出版了一批海洋强省战略研究著作。其中，《福建海洋发展战略研究》(陈朝宗著，责编文慧云)站在世界海洋发展的高度，开展有理论深度的、翔实的海洋战略研究。

21 世纪以后，海洋在世界政治、经济、军事等领域的战略地位更为显著，因此研究海洋科学、开发海洋资源、论述海洋精神、发展海洋经济的出版物有着光明的前景。出版社将一如既往重视出版这方面的出版物，在服务国家海洋战略的过程中，进一步强化出版特色，实现出版社的社会效益和经济效益双丰收。

10.版权输出日益增多，海外影响力全国领先

学术图书的出版者十分重视它的被引用率和海内外图书馆的馆藏量。值得骄傲的是，在中国图书海外馆藏影响力排行榜中，厦大出版社连续七年被评为"中国图书海外馆藏影响力出版 100 强"，并一直名列前茅。该排名比较公正而客观地反映了中国大陆出版机构的国际影响力，受到业界、学界的高度认同。此外，厦大出版社还与施普林格、德古意特等著名国际出版集团合作输出版权；其中《房地产大转型的"互联网＋"路径》(巴曙松著，责编宋文艳、吴兴友)入选"第一财经年度金融双语图书榜单"，并获"2016 年度输出版优秀图书奖"；《前生源化学条件下磷对生命物质的催化与调控》(赵玉芬著，责编眭蔚)获"2018 年度输出版权优秀图书奖"，为国家文化输出贡献了自己的一份力量。

(三)大型文献整理精益求精

1.继续深入挖掘东南亚史、华人华侨史、台湾研究史料，为相关学科的研究提供基础

《公案簿》(包乐史、聂德宁、吴凤斌等校注，责编陈福郎、薛鹏志)持续推出，2010—2019 年出版了第 10～15 辑，成为研究东南亚史、华人华侨史研究不可或缺的重要史料。

涉台史料整理方面，最突出的成果有以下两项：

2014 年，在《台湾文献汇刊》的基础上，出版其姊妹篇《台海文献汇刊》(陈支平林晓峰主编，责编薛鹏志)，共 4 辑 60 册，收录文献近百种，大部分为珍稀版本，还有不少是私家传抄本，故绝大部分未在大陆出版单位公开出版过，具有极高的文献与史料价值。它们对于推动台湾问题研究，增进祖国对于台湾

以及海外的文化影响力,也具有重要的现实意义。该项目入选国家新闻出版改革发展项目库。全国台联副会长杨毅周指出,该书的出版再一次佐证了两岸文化同根同源、两岸同胞是一家人的历史事实,将有力地促进闽台文化研究,推进两岸文化交流,推动两岸关系和平发展。

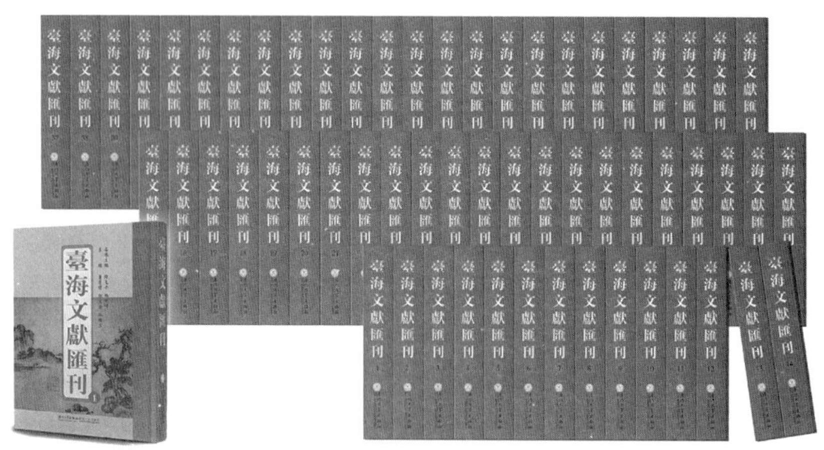

图 4-9 台海文献汇刊

2019年,由厦门大学台湾研究院李祖基、陈忠纯编校的《清代巡台御史奏折汇编》(责编韩轲轲)获得国家古籍整理专项基金资助。该书搜集与清代巡台御史制度和巡台御史个人有关的上谕和其他大臣的奏折进行点校并汇编成册,是了解研究清代台湾地区政治、经济、社会、文教、汉"番"关系的重要史料。该书的出版,对于深入研究清代台湾的历史和中央政府的治台政策,对于从历史上、学术上批驳"台独"史观均有重大意义。

2.继续整理、出版乡邦历史文献

十年间,出版社不遗余力地挖掘、整理和出版几成孤本或流散各地、面临失传的乡邦历史文献典籍,以深化地方文史研究、更好地弘扬地方优秀传统文化。

(1)"同文书库·厦门文献系列"(责编薛鹏志、章木良)自2016年起,每年出版一辑,由中共厦门市委宣传部和厦门市社会科学界联合会总编、厦门市社会科学院执行编辑,致力于厦门近代文献典籍的"旧书重版"和"遗稿新刊"。其收录内容丰富,表达主题多样,既有文人唱和,又有军旅忧思,更有家国沉沦之痛;在当时中国近现代的特殊时代背景下,称其为"衰世之麟角"亦不为过。本丛书是研究厦门近现代文化史的重要资料,多次获厦门市社会科学成果奖。

(2)“厦门文献丛刊”(厦门市图书馆点校整理,责编薛鹏志)已出版15种,该丛刊致力于对未曾开发的地方文献进行整理、校注,其中不少是劫后残余、弥足珍贵的古籍。该丛刊之编纂不以尽揽历代厦门文献为能事,而是专注于这些未曾开发之文献,拾遗补缺,以弥补厦门地方文献开发利用之空白,实乃匠心独运之举,使诸多珍贵的厦门文献卷帙长存,瑰宝永驻。

(3)“厦门市图书馆馆藏旧报刊资料丛书”(责编薛鹏志)从厦门市图书馆馆藏的旧报刊中辑录出有关近代厦门地区经济、教育、文化、华侨、外事、城市建设、社情等方面的相关新闻报道和文章,不仅可以为地方修志提供基础资料,也可以为厦门经济建设和文化发展提供有益的借鉴。

(4)“福建旧方志丛书”(责编薛鹏志)由福建省地方志编纂委员会有计划地从历代各级所修地方志中,选择部分富有历史和文化价值者,如《大田县志》《清流县志》《永定县志》等,重新整理并点校出版,充分发挥旧志的作用,不仅可为历史研究提供重要的有价值的史料,而且还可提供地情资讯,利用旧志资源,为当地社会经济文化建设与发展服务。

(5)2019年起,“福建山地珍稀文献丛刊”(责编薛鹏志)陆续出版。该丛刊收录厦门大学历史系从福建山区民间收集的民间文书、石刻拓片、个人文集、地方史料等珍稀文献,绝大多数此前未曾公开,揭示了八闽山区社会生活的多种样貌和明清以来乡土社会历史变迁过程,为民间文献和区域史研究提供了丰富的资料。

3.为建设海洋强国和助力“一带一路”倡议,组织出版《厦门大学海疆剪报资料选编》和《海上丝绸之路稀见外文文献汇刊》

闽南学人陈盛明先生从民国时期起便创办“海疆剪报资料馆”,长年以南洋问题为中心,收集海内外报刊资料,内容极为丰富。中华人民共和国成立后,厦门大学接收了陈老先生捐献的这些资料,并专门成立机构,继续收集剪报资料,为厦门大学建立我国南洋问题研究中心奠定了坚实的基础。但这些资料由于年代久远,逐年破损,岌岌可危。在厦门大学图书馆的数字化抢修中,厦大出版社发现其出版价值,及时跟进。在多方努力下,经过整理、分类、修复,出版了《厦门大学海疆剪报资料选编》第一、二辑(萧德洪、蒋东明主编,责编徐长春、薛鹏志、韩轲轲)。在此基础上建立的《海疆学术剪报资料数字化知识服务》被列为新闻出版改革发展项目库重点项目,并获国家财政部中央文化产业发展专项资金资助。

图4-10 《厦门大学海疆剪报资料选编》第一辑

2017年、2018年,出版社陆续推出《海上丝绸之路精要外文文献汇刊》第一辑、第二辑(周宁、鲁西奇主编,责编韩轲轲)。这套丛书将外国人有关海上丝绸之路的记载与研究汇集起来,极大地丰富了对不同历史时期海上丝绸之路的认识,深化了海上丝绸之路的研究,可为我国"一带一路"建设、证明南海主权、中国海上丝绸之路申报世界文化遗产提供历史依据。该丛书入选2017年度全国高校出版社主题出版项目,在该丛书基础上建设的"海上丝绸之路历史文献资源服务平台"入选2017年度新闻出版改革发展项目库。

4.革命史相关史料的整理出版

在纪念世界反法西斯战争胜利和中国人民抗日战争胜利70周年之际,习近平总书记高屋建瓴地指出:"抗战研究要深入,就要更多通过档案、资料、事实、当事人证词等各种人证、物证来说话。"

列入福建省重点图书出版规划,并获省出版基金资助的《福建珍稀革命史料汇编》(厦门大学马克思主义学院、厦门大学历史系编,责编韩轲轲)着重对闽西苏区、闽东苏区、闽北苏区的珍稀革命史料进行影印出版。该书包括鲜为人知的民国时期孤本档案闽西义勇军档案资料、孤本文献《林心尧日记》、反映闽西苏区红军长征之后社会状况的档案资料、闽东苏区契存、中国共产党人闽东进行革命活动的资料、东方军及闽浙赣革命斗争档案等。

《闽东抗日战争档案史料》(责编韩轲轲)自2015—2020年出版1~8辑，由宁德市各级档案馆、厦门大学马克思主义学院由宁德市各级档案馆馆藏抗日战争档案中整理、编辑而成。这批档案史料既是“闽东之光”的历史见证，也是宁德人民的精神财富和文化遗产。

这两个系列图书的出版充分发挥了档案史料“存凭、留史、资政、育人”的作用。

5.《中国会馆志资料集成》陆续出版

2013—2019年，《中国会馆志资料集成》第一、二辑(王日根、大木康编，责编薛鹏志)陆续出版，收集大量散见于国内外各地图书馆、民间或私人手中的会馆志和征信录等稀珍藏本，系统展现不同历史时期各地会馆的设立过程、运行机制、管理规约、捐输源流、兴衰历程及其特点各异的社会功能，对于挖掘和保存中国优秀的本土文化资源，借鉴和发扬传统乡土社会流动人口和行会社团管理的有效经验，都具有深刻的现实意义。

图4-11 《中国会馆志资料集成》第二辑

(四)教材出版披荆斩棘开新篇

经过多年的摸索,出版社在教材发展方面逐渐形成了自身特色和发展思路。从总体上说,就是大力实施品牌战略,走“专精特”路线,将厦门大学的学科优势转化为出版优势,不断增强出版社教材的核心竞争力。

实施“品牌战略”,就是把品牌建设提到战略的高度,并贯彻到出版的各个环节中。出版社一方面把教材的质量放在首位,杜绝任何粗制滥造教材的出版,做到对教材使用者负责;另一方面重视系列化教材和套书的出版,使之逐步成为出版社在全国高校中“叫得响”的品牌图书。同时,出版社也根据自身作为中小型出版社的特点,在品牌建设中坚持“有所为,有所不为”的方针,不求规模“最大”、出书“最多”,只求出书“最好”“最快”,能够最大限度地满足读者的需求。

“专精特”路线包括三个方面:一是“专”,即专业化出版,重点出版某些门类的专业教材,在教材出版的各个环节都做到专业化,同时专心致志,心无旁骛。二是“精”,即坚持出精品。如出版的广告类专业教材,虽然品种不多,但几乎部部都是精品,一直被同行视为同类教材中的佼佼者。三是“特”,即出版各种具有理论特色和地方特色的教材,尽量不“炒冷饭”,不人云亦云,不重复出版。

目前,出版社的高校教材出版已经形成良好的发展格局:一是选题相对集中。在每年的选题和新版图书中,经管类、法律类、广告传媒及高职高专教材占据了教材总数的60%左右。二是图书品种多样化。目前经管类教材和法律类教材都已出版了300多种,基本涵盖了经管类专业和法律专业的各个方向。三是教材层次立体化。如会计专业,以本科为原点,向上和向下延伸产品线,已出版了从研究生到本科生、高职高专学生乃至社会职业培训等各种不同层次的教材,充分体现了厦门大学会计学科的强势地位。四是获奖图书多。出版社有多种经管类教材和法律教材入选教育部的“十一五”“十二五”规划,并在国家级和省部级等不同级别的评选中获奖,不仅受到广泛的好评,而且取得了良好的社会效益。

近年来,出版社的教材出版也遭遇种种困难,如因学生自主选购而导致教材销量下滑,因政策因素而导致创建多年的品牌受到重创等,但是出版社始终不改初心,坚持“学术为本、教材优先”,坚持为学校教学科研服务,为“双一流”建设服务。为了应对这些危机,出版社调整产品线,成立职业教育事业部。职业教育教材成为出版社经济效益新的增长点。

1.公共课教材历久弥新

(1)《形势与政策》教材(责编文慧云)

受福建省教育厅委托,出版社于2000年起负责出版发行福建省高校“形势与政策”课程教学参考连续出版物。教材一年分多期,每期设多个栏目,内容上紧扣“形势与政策”课程的教学要求,紧贴时事、追踪热点、分析形势、研究时政,及时反映国内外形势新动态,体现“教学参考资料”指导性、资料性的办刊宗旨,加强时效性、针对性和知识性,帮助、引导学生正确认清形势,正确理解党的路线、方针、政策,受到了全省广大高校师生的好评,也取得了较好的经济效益。

为了更好地主办好我省“形势与政策”课程教学参考连续出版物,2010—2019年,出版社继续从多方面着手,创新完善这项工作,收到了好的效果:

在形式上,为了更好地配合学校的课时安排,该教学参考连续出版物由原来的一学年8期改为6期,后又改为4期。开本也由原来的16开改为32开,每册页码由42码改为64码,方便了教与学的使用。

在内容上,根据福建地处海峡两岸前沿的特殊地理位置,为突出体现地方性特色,教材加设“八闽来风”专栏,研究、反映闽台合作发展新形势、新成果、新动向,为祖国统一大业服务。

在服务上,教材更加注重服务于教师教学之用。一方面,每期教材注意突出一个热点,设专题进行深度解读、深入透彻分析,加强对规律性的阐述,抓住学生的疑点、难点进行诠释解惑。另一方面,每学期开学初,编辑出版一本《形势与政策教师参考资料》,按教育部“高校形势与政策教学要点”,分专题深入分析形势、解读政策。还配上相关资料和课件,刻成光盘免费寄给学校相关老师,并在福建省教育厅官网上设立“形势与政策”教师联络群,在群上发布资料和课件,供教师免费下载以备课、参考和使用。

在使用上,为做好福建省“形势与政策”教学与教材使用工作,进一步加强福建省形势与政策课高校教师队伍建设,提高形势与政策课教师能力水平,提升形势与政策课教学质量,加强各校之间形势与政策课教学学术研讨和经验交流,出版社每年都承办由福建省教育厅主办的全省高校形势与政策编委会会议,并多次承办由福建省教育厅主办的全省高校形势与政策教师培训班,收到了良好的效果,受到全省高校老师一致好评。

2019年下半年,按照教育部社会科学司和思想政治司的要求,高校形势与政策课程统一采用中宣部《时事报告》杂志社编辑出版的权威教材《时事报告大学生版》,出版社《形势与政策》暂停出版。

(2)军事理论教材(责编蒋东明、施高翔)

出版社长期注重福建省国防教育课程的教材建设和全省军事理论课教师的培训工作。1999年开始出版的《军事理论教程》和《军事训练教程》一直是福建省高校军训专用教材,随着形势的发展,该书也多次修订、改版。2013年,为适应高校军事教学的需要,《军事理论教程》和《军事训练教程》合编为《军事理论与训练教程》。2019年1月,为落实教育部、中央军委国防动员部《关于印发〈普通高等学校军事课教学大纲〉的通知》(教体艺〔2019〕1号),贯彻新《大纲》的内容,并结合近年来国家颁布实施的新的国防法律等重要法律和文献的内容,适应当前高校国防教育教学需要,将《军事理论与训练教程》改版为《军事理论与技能训练教程》。本教材作为福建省高校军事理论课使用的教材,其省内高校使用率达80%以上,为出版社创造了巨大的经济效益。

(3)福建省高等学校计算机等级考试规划教材(责编宋文艳、陈进才)

福建省高等学校计算机等级考试规划教材,是厦门大学出版社的一个子品牌。该规划教材从1994年开始策划,至今已有26年,其间不断更新改版,一直保持着旺盛的生命力,为本省高等院校计算机教育发展做出了重大贡献。

本规划教材是在福建省教育厅的指导下,由厦门大学出版社牵头,组织省内高校,如福州大学、福建农林大学、福建师范大学、集美大学、福建工程学院、莆田学院、厦门理工学院、闽南师范大学等高校教师共同编写的。该系列教材涵盖福建省计算机等级考试一级、二级和三级。2010—2020年,出版社组织对本套教材多次改版,并增加新的教材。2010年,增加二级教材:《数据库应用技术教程——ACCESS关系数据库》《数据库应用技术实验教程——Access关系数据库》,而后几经修订、改版。2016年,继续改版一级教材:《大学计算机应用基础(windows 7 + office 2010)》《大学计算机应用基础学习指导(windows 7 + office 2010)》《大学信息技术实验指导(windows 7+office 2010)》,并修订、改版《大学信息技术基础》,同时提供线上配套教学资料。2019年,重新改版一级教材《大学信息技术基础——以Python为舟》,同时提供线上配套教学资料;出版二级教材《Python程序设计与应用教程》,同时提供线上配套教学资料。目前该系列教材有15种。

本规划教材作为福建省计算机等级考试的指定教材,发行量大,高校使用率高。其中,一级考试教材的发行量,总计多者达两百万册以上,少者也有几十万册,高校的使用率可达80%左右;二级考试教材的发行量,总计也达十几万册,其中《C语言程序设计教程》还荣获中国大学出版社第二届优秀畅销书一等奖。

为了进一步提升福建省高校计算机的教育教学能力水平，提高高校计算机的教学质量，加强各校之间交流，我社组织了十余次由福建省计算机等级考试委员会委员以及高校教师参加的会议，并多次主办“福建省计算机基础教育”论坛，受到全省高校教师的一致好评。

(4)高等院校体育教材(责编施高翔)

2010—2019年，出版社的体育教材继续被福建省大部分高校所选用。尤其是《高等院校体育与健康》年销量高达60000册，市场覆盖了福建省绝大部分的高职院校。为促进高等职业院校体育学科的建设与发展，提高体育部(室)主任的管理水平和体育教师的教学能力，十年间，出版社每年组织福建省高等职业院校体育教师培训班。这些培训对于一线教师来说，既是难能可贵的学习机会，有利于各位教师吸收教学热点，改进教学行为；同时，也是一次教学经验的交流互通，有助于增进各位教师分享实际教学中的心得体会，解决体育课教学过程中的疑难困惑，有益于全面提升自身教学水平，提高体育课的教学质量。培训班的开展，造就了一支全省高职院校体育课程骨干教师队伍，并推动了《高等院校体育与健康》教材的使用，为福建高职院校体育教学工作做出了重大贡献。

但近几年，因为同行竞争日益激烈，及各高校行政变动频繁，出版社体育教材销量略有萎缩。为挽回损失，出版社营销中心转变思路，深入高校，采取量体裁衣的方针，为部分专科院校提供个性化性服务，量身定制体育教材，所策划的教材赢得了学生和教师的一致好评。经过努力，体育教材市场占有率和读者满意度基本上延续了前期的繁荣。

(5)《大学语文》教材(责编黄茂林、曾妍妍)

为适应福建省高等专科学校毕业生升学统一招生考试(专科起点升本科)的需要，福建省教育厅组编了《大学语文(高职高专版)》教材，2003年由厦门大学出版社出版，2004年再版。这本教材兼具教学与入学考试指导用书的性质，即既可以作为新生使用的教材，亦可以作为应届毕业生参加全省专升本考试的用书，是任课教师辅导、应试考生复习和出卷教师设计考题的主要依据。自出版以来，深受广大学生和老师的欢迎，每年重印，总发行量超过100万册。

2.经管类教材稳步发展

厦大的经济学科和管理学科在全国高校中长期处于领先地位，有一批具有全国影响力的知名教授，因此在教材建设中，出版社一直发挥母校经管类学科的优势，把经管类教材作为重点学科门类来建设，要求经管类教材既有宽度，也有厚度。宽度，即产品线要宽，既要有教材、专著，也要有轻学术图书、大众读物;既要有纸质教材,也要有配套的在线题库、教学课件、慕课等数字资源。厚度,是指经管教材产品要覆盖从本科及高职高专到职业培训。在这一思想指导下,出版社先后组织出版了一系列优秀的经管类教材。

这些系列教材中,较具影响力的教材有由国内会计学术重镇——厦门大学会计系众多知名教授主编的会计学研究生系列教材和本科系列教材,其中,著名会计学家葛家澍所著《现代西方会计理论》(责编陈丽贞)、著名会计学家常勋所著《国际会计》(责编陈丽贞)一再重版,在学界具有广泛的影响力。厦门大学财经类优秀教材、厦门大学统计学系列教材、厦门大学金融学系列教材等也在众多高校中广泛使用,口碑较佳。此外,会计与财务管理系列教材、南开大学金融学系列教材、新世纪会计学系列教材、21世纪经济管理类教材也是出版社的主打产品。

近年来,在以上系列的基础上,出版社又针对不同类型学校、不同教学层次的需求,相继开发了创业学与资本市场系列教材、市场营销核心课程规划教材、现代实用企管书系、高等院校经济管理类主干课系列教材、应用型本科金融与贸易系列教材、21世纪高职高专会计学系列教材、高职高专财会专业工学结合实训教材、高职高专经管类专业基础课教材系列、高职高专现代服务业规划系列教材、高职高专旅游大类系列教材、高职高专经管类精品课程"十三五"规划教材等多套教材教辅系列。其中,21世纪高职高专会计学系列教材由我国高职高专示范学校之一——深圳职业技术学院财金系会计专业教师编写,突出了高职教育的特点,密切结合会计实践,强调实际操作方法和操作技能,实例丰富,具有很强的实用性,形成了浓厚的职教特色。自出版以来,被许多本科院校和高职高专学校使用,广受师生欢迎,口碑好,市场占有份额大,为出版社创造了良好的经济效益,成为出版社经管类教材的拳头产品。

2019年,出版社"会计在线教育平台"项目申请在热切期盼中,通过了厦门市有关部门的立项。该平台将建设成为直接为教学服务、为读者提供增值服务、为教材提供后台支撑的在线教育平台。相信在出版社及厦大会计学科的共同努力下,能够尽快为在校学生、高校老师及从业人员提供优质的在线教育会计服务。

3.法学教材调整方向再出发

厦大法学学科在全国法学界具有较大的影响,出版社不仅有一支学术涵养深厚、学术梯队整齐的作者队伍,而且有一支有业务能力和事业心强的编辑队伍。因此,法学也成为出版社教材建设的重点学科。

十年间,新开发的品种有"高校法学'十二五'规划教材系列"和"法律硕士

精品教材系列”。“高校法学‘十二五’规划教材系列”(杜承铭主编,责编甘世恒、贾素文)按照广东法学教材系列标准策划出版,由主编集合广东省多所院校教师共同编写,作为法学必修课教材使用。另外,“法律硕士精品教材系列”(朱崇实主编,责编甘世恒、贾素文)也畅销全国,极大地提升了出版社在全国的影响力。

但是,近年来,根据中央安排,按照中宣部、教育部统一部署,法学院校绝大多数采用统一编写的“马克思主义理论研究和建设工程”教材,出版社法学教材的出版和发行受到较大冲击,法学类图书的出版重心也逐渐向高端精品学术图书转向。

4.理工类教材重心突出

理工类教材主攻高职高专院校。高职高专教育是我们国家当前及今后一段时期内高等教育发展的重点。数据表明,平均到每一个年级,高职高专的学生人数超过本科人数。为了适应高等教育的发展形势,丰富出版社的产品线,出版社贯彻执行《福建省教育厅关于组织实施“福建省高等职业教育教材建设计划”的通知》(闽教高〔2010〕60 号)的精神,积极作为,主动争取,自 2010 年开始,承担福建省高职高专两个大类的出版工作,分别是“福建省高职高专农林牧渔大类十二五规划教材”和“福建省高职高专土建大类十二五规划教材”。

图 4-12　福建省高职高专土建大类十二五规划教材

对于这些系列教材,出版社都成立了丛书编写委员会,各教材也成立编写小组,设立主编及主审。主编制定编写大纲,主审审定,各书主编及编写者依照审定的编写大纲进行书稿的编写。初稿完成后,各主编负责审核编写者的稿件,并进行统稿,统稿完成后再交由主审进行审稿。其间,主编与主审就书稿的审定来回往复,直至定稿,最后主编将"齐、清、定"的稿件交付出版社。整个实施过程有条不紊,周密而审慎。由于出版社主动策划,全程参与,保证了写作质量;同时,出版社组织精干编辑对这些书稿进行认真编辑加工,教材的编校质量优良。教材出版之后,营销人员也深入院校,进行推荐使用。这些高职高专教材出版以来,师生反映良好,基本上都实现了改版或重印,有些一直长销至今,实现了社会效益和经济效益双丰收。

5.广告学教材再现生机

广告学教材是出版社历久弥新的图书品牌,在学界和图书市场具有良好的声誉和影响力。厦大的广告学教学起步早,起点高,教材出版也在国内广受好评。近年来,随着学生自主选购教材的实行,出版社广告教材销量方面有所退步,但是出版社集中精力维护和发展重点教材,并不断修订和开拓新教材。例如,国内最早的广告学丛书——"21世纪广告学丛书",经多次修订和改版,历经十余年畅销不衰。近年来,出版社对这一套丛书进行了修订,增加了许多新的选题,易名为厦门大学广告学丛书,数量从6种增补到20多种,对国内的广告学教学进行了全面覆盖。其中,有《网络广告原理与实务》(林升梁著,责编王鹭鹏)这样针对新业态的教材,也有《世界广告案例精解》(陈培爱编,责编王鹭鹏)等译著。

另外,出版社还策划了一批精心打造的广告系列教材,包括《广告学原理:看得见与看不见的广告》(林升栋编著,责编刘璐)、《广告设计入门》(罗萍、吴璇编著,责编刘璐)、《社交媒体时代的战略传播:共创、共享与对话》(宫贺编著,责编刘璐)、《互联网时代的广告经营与管理》(赵洁、张俪编著,责编刘璐)、《新媒体广告》(苏文编著,责编刘璐)、《广告史》(王晶编著,责编刘璐)、《广告文案写作进阶指南》(周雨编著,责编刘璐)等。这批精品教材的出版正在引领出版社广告板块再现生机。

6.对外汉语教材初露头角

随着孔子学院的发展及在全球影响力的日渐扩大,厦门大学也先后在世界各地创建了16所孔子学院,在传播中国传统文化和民间交流方面做出了突出贡献。为弥补出版社在对外汉语图书出版的薄弱环节,出版社重点推出"孔院故事"汉语学习系列教材(耿虎主编,责编刘璐)和"国际汉语教育研究"系列丛书(郑通涛主编,责编刘璐)。前者以孔子学院发生的新闻故事为素材,开发汉语学习新教材;后者侧重如何培养以汉语为第二语言的国际学生,在对外汉

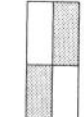

语教学推广方面,这两套书可谓珠联璧合、相辅相成。

7.调整产品线,发展职业教育、继续教育教材

为了应对教材市场改革的冲击,出版社不断调整产品线,2018年3月,经出版社党政联席会研究决定,成立职业教育事业部。职业教育事业部以职业教育、成人教育、继续教育为主要业务方向。该部门成立以来,与职业院校、培训机构保持良好关系,策划、出版了一系列具有双效益的图书,会计培训系列、教师招聘系列、学业水平测试辅导系列、英文经典导读系列便是其中佼佼者。

(1)“会计乐”系列(责编江珏屿、姚五民等)

该项目为出版社与厦门铸远教育科技有限公司合作的会计类培训教材项目。厦门铸远集团旗下品牌“会计乐”,是会计职业导向互动式高效教学标准(APOIT标准)起草和制定的参与者。为匹配数字化时代企业对会计人才的岗位能力需求和求职者的会计能力提升,“会计乐”以APOIT标准为设计纲领,以培养会计应用型实战人才为目标,推出以大数据运营、AI职推为工具,全面提升会计人员的实战能力水平的课程体系。出版社是该系列教材出版的唯一合作方。系列教材包含《会计实战入门》《会计新手岗位实训》《会计精英岗位实训》《管理会计岗位实训》《会计实习工厂》《IMA-MACC管理会计能力素质认证课程》“行业会计岗位实训”等。该系列教材作为出版社经管教材系列的补充,丰富了经管教材的产品,对经管品牌的提升也带来一定的积极作用。合作以来,该系列教材多次改版、重印,取得良好的社会效益和经济效益。

(2)教师资格和教师招聘系列(责编曾妍妍、姚五民等)

2013年,出版社开始与综合性大学生教育服务集团聚英教育集团合作,陆续出版“福建省教师招聘考试辅导丛书”和“国家教师资格证考试专用教材”。职业教育事业部成立后,与国内知名教师智慧教育整体解决方案的提供商学赞教育联合出版“国家教师资格证考试辅导系列教材”,包括教师招聘考试和教师资格考试两大类。

(3)英文经典导读系列(责编姚五民等)

由出版社职业教育事业部承接,绍南文化编订的“英文经典导读”系列丛书,是把“儿童读经”的理念延展至儿童学习英文领域的重大尝试。值得一提的是,这套“英文经典导读”可以扫描二维码听纯正的录音学习英语,还可以使用市面上常见的点读笔点读听录音学习英文,是出版社对融合出版的新探索。

(五)学术普及类、大众类图书形成品牌

目前,出版社已形成了自己的特色和品牌,在市场上有一定的竞争力,但影响力还相对较弱,缺乏大众读物,在图书市场上的声音和身影相对较少。另

外,大学出版社出版学术著作,要求高校的学术成果走出“象牙塔”进入社会公众领域,而非束之高阁、藏之名山。以出版社的规模和地理位置要迅速做大市场书,有一定的难度,只能适当介入。出版社把突破口选择在经管和人文方向。

在宋文艳总编的带领下,经管编辑室从 2012 年开始试水轻学术畅销书。知名经济学家巴曙松教授的《房地产大周期的金融视角》(责编宋文艳)打响了第一炮,该书上市一年内共计印刷五次,取得经济效益与口碑的双丰收。该书的成功增强了出版社做轻学术图书的信心,也赢得了巴曙松教授对出版社的认可。随后的八年里,作者又将《城镇化大转型的金融视角》《房地产大转型的“互联网+”路径》《新中介的崛起与房地产价值链的重构》《存量房时代经纪人的职业化:全球模式与中国道路》《新周期与新金融》《粤港澳大湾区协同创新机制研究——基于自由贸易组合港模式》《从珠澳合作看城市群金融创新与合作路径》(责编宋文艳等)等著作交予出版社出版。这些图书都取得了良好的经济效益和社会效益。其中《城镇化大转型的金融视角》荣获第五届中华优秀出版物提名奖。《房地产大转型的“互联网+”路径》《新中介的崛起与房地产价值链的重构》的英文版权输出给国际知名出版公司施普林格出版集团。在此期间,巴曙松的学生杨现领博士也和出版社建立起良好的合作关系。他在出版社出版的《租赁新时代》《让房屋再生——来自日本的经验》《人人皆赢》(责编吴兴友)等图书都取得不错的销售成绩和社会影响力。这些图书获得房地产从业人员的广泛认可,也充分证明了专业出版的价值。至此,经管类轻学术图书在金融和房地产研究领域逐渐树立起品牌,在良性循环的道路上越走越稳,越走越远,成果日渐丰硕。

人文方面,重点在文学和历史方面突破。2015 年,出版社重磅推出著名畅销书作家、近现代史专家傅国涌的近现代史四部曲——《百年寻梦》《帝国的尽头是民国》《民国年间那人这事》《从龚自珍到司徒雷登》(责编古雪),在市场上取得较大反响,创造了良好的经济效益。2017 年出版的《打开文学的方式》(王敦著,责编冀钦)一书找到了很多读者“文学名著看不进去,一定是我打开的方式不对”的痛点,以类似公开课的形式将文学解读的奥秘揭示出来,不在枯燥的理论套话中打转,直击砍瓜切菜般的阅读现场,并鼓励读者发挥自己的创造力去探索专属于自己的打开文学的方式。该书入选《中华读书报》2017 年百佳图书。同年,出版了日本通史读本《宛如梦幻》典藏版(赤军著,责编冀钦)。《宛如梦幻》是我国首部介绍日本通史的大众读物作品,讲述了日本从创世神话到明治维新的整个古代历史,自 1999 年问世以来,经多次增补修订,已

图 4-13　社会效益与经济效益双丰收图书——《房地产大周期的金融视角》

成为一批日本历史爱好者的启蒙读物。《宛如梦幻》典藏版的作者赤军认为这是日本历史文化普及著作的“决定版”,兼具欣赏和收藏的价值。此外,出版社还策划了“凤凰树下随笔集”丛书,整合了厦门大学几十位学术名家的学术随笔。这些充满灵性的学术感悟文字,体现了厦大学人的深厚学术积淀,使读者近距离感受学者的思想和风采。

“邮书系列”也是出版社近几年在大众类图书方面重点打造的品牌。早在1992 年,出版社就出版了首部与集邮相关的图书《集邮投资指南》。该书为人们提供了集邮投资的导向,成为集邮爱好者和集邮投资者得心应手的工具书。此后,出版社又先后出版了多部邮书。2016 年以来,在总编宋文艳的策划下,出版社加大邮书题材的开发力度,且多与重大时事题材相联系,取得良好的经济、社会效益。2017 年 8 月底,在“金砖国家领导人厦门会晤”前夕,《邮票上的金砖国家》推出,受到各方好评。该书出版后,获得了中华全国集邮联合会“庆祝改革开放 40 周年”全国优秀集邮图书二等奖。该书的出版也使出版社拓宽思路,为策划邮书系列主题出版物打开一扇门。2018 年是改革开放 40 年,出版社策划出版了《邮记中国:改革开放 40 年》。该书上市后很快售罄,各方反响良好。当年高考前夕,出版社还出版了《邮票上的中国著名大学》《邮票上的外国著名大学》,通过邮票记录中外著名大学走过的辉煌历程,展现高校的特色文化、办学理念和名校风采。2019年是新中国成立70年,出版社策划了《邮票上的中国妇女》《邮票上的民政事业》。这一年,为了弘扬我国优秀传统文化,宣传和保护我国世界文化与自然遗产,出版社还策划出版了《邮说国学:哺育中华三千年》《邮票上的中国世界遗产》。2019年成为出版社邮书系列"大丰收"的一年,但出版社并没有就此止步。2020年是我国完成三年脱贫攻坚任务、实现全面脱贫的关键性一年,也是全面建成小康社会的历史性一年。出版社与福建省政协农业与农村委共同策划、出版了《邮览中国:农耕文明与乡村振兴》,作为献给2020年我国第三个丰收节的贺礼。2021年将迎来中国共产党建党100周年的大喜日子。中央已决定隆重纪念这个伟大的节日,出版社也趁潮而上,策划出版《邮票上的杰出共产党人》,向建党百年献上贺礼。经过20多年的积累,出版社出版的邮书已形成系列,赢得口碑,在选题策划、编排、营销上也积累了一定经验。

图4-14 邮书系列

总之,十年间,出版社的图书出版有辉煌、有成绩,也有困难、有挫折,但是出版社不畏困难,在努力保持和巩固原有品牌和市场的同时,不断开拓新的板

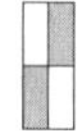

块。未来出版社将再接再厉,争取"百尺竿头,更进一步"。

五、重大出版活动

(一)领导视察指导

2015 年 4 月 22 日,"世界读书日"前一天,李克强总理来厦大视察,专门到访了校园书店。在书店里,李总理与在场的陪同领导和师生畅谈"世界读书日"的意义与保持良好阅读习惯的经验和方法。在热烈的气氛中,厦大出版社社长蒋东明向总理推荐"中国最美的大学——厦门大学"丛书(《厦大往事》《厦门大学嘉庚建筑》《我的大学》《美丽厦大》共 4 册),并心怀敬意地欲将此书赠送给总理。李总理高兴地翻着这套精美的图书,并坚持自费购买。总理说:"我来书店就应自费买书,也算是我为厦大做一点贡献,为宣传厦门大学做一点事。"这一场景使全体员工感到无比自豪,是出版社 30 周年社庆最绚丽的时刻,鼓舞了出版社奋争一流的士气。

图 4-15　中国最美的大学——厦门大学

2017年10月14日,中国出版工作者协会理事长邬书林到访出版社,对出版社工作,予以充分肯定和高度评价。他说:“大学出版社在为高校教学科研服务的过程中,要开阔视野,把出版人类最优秀的知识和学术成果作为自己的使命。”在同年11月16日华东师大出版社成立60周年的庆典上,邬书林在演讲时说:“我接触过许多大学出版社,有两家出版社备受校领导的称赞,一所是华东师范大学社,他们学校的书记说,华东师大社在业内排名超过华东师大,这是很高的评价;另一所是厦大出版社,他们的校长说,出版社是厦门大学的一张闪光的名片,校长如此肯定,很不容易,说明大学出版社真正为学校做出了贡献了!”

图4-16 中国出版工作者协会理事长邬书林莅临出版社视察指导

2013年4月25日,中宣部出版管理局局长郭义强一行在省委、市委宣传部领导同志的陪同下到出版社调研。对于出版社今后工作的重点,郭局长提出三个宝贵的建议:首先是要坚守,其次是要发展、创新,再次是要建设好出版人才队伍。

2012年6月15日,由新闻出版总署刘双洋局长率领的“书号实名制申领”检查团来出版社进行检查,对出版社的书稿、三审流程的管理和规范性操作给予高度评价。

2019年10月15日,中国版本图书馆副馆长、中宣部出版物数据中心副主任蔡凤娟,中宣部出版物数据中心出版物标识部副主任王庚梅、信息技术部副主任耿锐一行来到出版社进行调研、指导工作。蔡凤娟副馆长对出版社在图书版本、数据方面的工作给予充分肯定。

图 4-17　中宣部出版管理局局长郭义强莅临出版社指导

2019 年 10 月 16 日，中宣部出版产品质量监督检测中心副主任田森到出版社调研、指导工作。田森副主任对出版社的图书编校、印制管理工作给予充分肯定和高度评价。他指出，出版社在出版工作上政治站位高、质量意识强、员工能力强，人数虽少但每年出版图书数量多，在图书质量管理工作上取得了不错的成绩。他希望通过每一年的质检活动，促进各图书出版单位的质量管理工作，不断提高出版物质量水平。最后，他就质检工作给出版社给出指导意见。

图 4-18　中宣部出版产品质量监督检测中心副主任田森莅临出版社调研、指导

2010年8月12日,福建省新闻出版局蒋达德副局长、赵文淦巡视员一行莅临出版社调研指导工作。在调研会上蒋达德副局长、赵文淦巡视员先后询问了出版社"十一五"规划的完成情况、"十二五"规划的制定情况及目前现有的资源情况。蒋局长指出,出版社作为福建省唯一一家全国一级出版社,为福建省争得了荣誉。在目前的形势下,厦大出版社还需要探索大学出版的新路子,要认清形势,特别是在行业面临新的挑战及机遇的时候,还要找准自身的定位,同时也要有所坚守,有所拓展。

2012年2月23日,福建省新闻出版局副巡视员赵文淦受省新闻出版局委托,莅临出版社检查并指导工作。还专门为全体员工做题为"关于出版工作若干问题"的热情洋溢的讲座。

2013年8月12日上午,福建省政协副主席、福建省新闻出版局局长郭振家一行,在厦门市副市长黄强、厦门大学副校长金能明等陪同下,来出版社调研和指导工作。在了解出版社出版改革发展情况及数字出版发展情况后,对今后的工作方向,郭局长提出了宝贵的建议:一是要形成自己的核心竞争力,选择好自身发展战略,经营好出版作者队伍,发挥好学校的人才优势、学科优势。二是根据厦大特色,除了出版高质量和高水平的经管类作品,还应结合厦门、厦大的发展,进一步多出应用科学方面的书籍,这类学科读者的受益面更广。三是在数字化问题上,应提高出版项目策划的能力,强强联合,做出更有竞争力、更有文化内涵的项目。四是在期刊整合方面,福建省期刊资源中厦大占一大部分,出版社可以对这部分优质资源进行整合,以发挥更好的作用。最后,郭局长表示省新闻出版局对于厦门大学出版社的好的想法、好的项目将给予大力支持。厦门市副市长黄强也表示今后厦门市将给出版社提供更多的发展机会,希望出版社在转型后能够办得更有特色,更有实力。

2014年6月15日,福建省新闻出版广电总局党组书记李闽榕莅临调研。李书记详细询问了出版社的出版思路,产品布局,读者定位,社会效益和经济效益和改革措施,对出版社取得的成绩予以热情肯定,对今后的发展提出了许多重要的指导意见。

2014年10月29日下午,福建省新闻出版广电局陈必滔局长、蒋达德副局长,厦门市文化广电新闻出版局领导一行来出版社调研、指导工作。陈必滔局长、蒋达德副局长对出版社一贯坚持正确的出版导向,坚持较高的出书品味,坚持专、精、特的发展模式,以及为厦大乃至全省高校学术水平的提升所做出的贡献给予充分的肯定,对出版社在坚守传统出版的基础上探索新兴出版道路充满期待。他们殷切希望,出版社继续巩固转制取得的成绩,发挥传统出

图 4-19　福建省新闻出版局局长郭振家莅临出版社调研

图 4-20　2014 年 6 月 15 日,福建省新闻出版广电局党组书记李闽榕莅临出版社调研

版优势,向数字出版成功转型。

2012 年 11 月 29 日,福建省新闻出版局图书处处长卓少锋等到出版社,听取出版社 2013 年图书选题报告,并做出指示。

2013 年 11 月 27 日,福建省新闻出版局蒋达德局长、程少霞副处长参加出版社 2014 年年度选题论证会。蒋局长提出“巩固、提高、拓展、转型、多元”的指导意见。

2019 年 11 月 27 日，福建省委宣传部出版管理处领导龚高健、刘志昂莅临指导出版社 2020 年度选题论证工作。

2018 年 11 月 6 日下午，厦门市委宣传部一行莅临出版社指导工作。戴志望副部长赞誉出版社多年来为厦门文化改革与发展所做的贡献，对出版社的工作提出以下建议：(1)把出版的社会效益放在首位，注意社会效益和经济效益相结合；(2)做好图书出版分类管理；(3)建设覆盖区域及全国的在线出版平台等。

图 4-21　2018 年 11 月 6 日，厦门市委宣传部戴志望副部长莅临出版社指导工作

2012 年 12 月 6 日，厦门大学党委书记杨振斌、副校长叶世满以及校资产公司等领导一行到出版社调研工作。杨书记肯定了出版社的发展成果，并寄语出版社能更快更好地发展壮大，在努力为学校教学科研做贡献的同时提升总体的价值。杨书记对出版社工作提出了几点希望：世界上名列前茅的大学都有一个优秀的出版社，一个发展良好的出版社能够反过来促进学校发展和提升学校的竞争力。希望厦大出版社能够更快更好地发展，在发展中求创新，在创新中求进步，不仅应在已有的纸质书上保持原有的市场，还要在数字出版方面创新发展，在未来的市场中占据一席之地。同时，出版社一定要重视社会效益，做到社会效益与经济效益的完美结合。在日益激烈的竞争环境中，机遇与挑战并存，学校会加大对出版工作支持力度。

图 4-22　2012 年 12 月 6 日,厦门大学党委书记杨振斌、副校长叶世满以及校资产公司等领导一行到出版社调研工作

2015 年 2 月 21 日,厦门大学朱崇实校长莅临出版社,代表学校向出版社 30 岁生日表示祝贺,并提出为 30 周年纪念文集作序。

2017 年 6 月 27 日,在北京台湾会馆举行的《厦门大学海疆剪报资料选编》首发式上,朱崇实校长说:“厦门大学之所以能成为知名的高等学校,是因为他有许多闪光的名片,而厦大出版社就是这其中一张亮丽的名片。出版社作为文化单位,不在北京、上海这样的文化大都市,而位于较边远的厦门,能有如此的影响和成就,实属不易。”

2018 年 6 月 15 日,厦门大学党委书记张彦到出版社调研、指导。张彦书记肯定了《我的厦大老师》出版所取得的成功,建议出版社可以借助厦门大学独特的人文地理优势,针对不同的读者、访客需求出版个性化礼品书、纪念册等,既满足各方面群体需求,又能更好地宣传厦大,还能给出版社带来很好的社会效益和经济效益。张书记指出,企业经营战略可以选择创新模式,也可以选择坚守传统,要允许在尝试中犯错,失败是成功之母。

2020 年 6 月 5 日,厦门大学党委书记张彦到出版社调研、指导。张彦书记听取了出版社关于疫情防控和复工复产情况、关于厦大百年校庆图书的工作进展的汇报。张彦书记给予亲切的回应、指导,让出版社对如何进一步做好百年校庆图书更加明确,也推动出版社干事精气神的进一步提升。

2012 年 11 月 28 日下午,厦门大学副校长金能明等领导同志来到出版社深入开展调研工作。金副校长充分肯定了出版社近年来取得的可喜成绩,特别是

图 4-23　2020 年 6 月 5 日,厦门大学党委书记张彦到出版社调研、指导

出版社在竞争激烈的出版市场中能获得“国家一级出版社”的优异成绩,实属不易。对今后出版社的工作提出以下要求:要充分依托本校的科研优势,围绕学校科研、重大科技实践的进展开发选题;要切实做好出版人才队伍的建设,针对目前的用人招聘制度,与学校人事部门沟通,走出一条新路,让新一代年轻人对厦大出版社有强烈的职业认同感和归属感。这是事业发展的根本保证。

图 4-24　2012 年 11 月 28 日,厦门大学副校长金能明一行莅临出版社调研

2015 年 3 月 20 日,厦门大学副校长韩家淮院士刚被学校分工分管出版社,他特地来出版社视察办公场所,并与社务委员座谈。他说:“我印象中,学

校出版社的工作很出色,大家辛苦了！我对出版是外行,但出版社对大学很重要。你们一定要坚持出版高水平的书,教材和学术著作的出版是你们的主要任务,这是对的。科学家追求发表论文,但出版学术著作是更不容易。”他表示学校会一如既往支持出版社。

图 4-25　2015 年 3 月 20 日,厦门大学副校长韩家淮院士莅临出版社指导工作

2018 年 11 月 13 日,厦门大学党委常委、副校长杨斌、学校部分部处领导到出版社指导工作。杨斌副校长肯定了出版社在为厦大科研成果出版服务的工作、扩大厦门大学学术影响力等方面做出的贡献,对出版社在出版界获得的成绩与荣誉表示赞许,表示学校将全力支持出版社发展。同时,杨斌副校长对出版社今后的工作提出了要求:(1)强调出版社作为思想宣传教育阵地的重要性,必须始终坚持正确的出版导向,坚持社会效益第一,正确处理好社会效益与经济效益的关系;(2)借鉴出版行业内的先进经验,争取做大做强;(3)优化人才队伍,尤其是编辑人才和营销人才,重视市场营销的影响力;(4)不断增强综合实力,进一步提高影响力,更好地为学校服务,为文化强国做出更大的贡献。

2019 年 2 月 18 日,厦门大学党委常委、副校长杨斌出席出版社学习习近平总书记给潘维廉教授重要回信精神座谈会,并做重要讲话。他指出,总书记的回信体现了其博大的家国情怀和对高等教育的亲切关怀,大家要从治国理政的高度理解这封信的意义。潘维廉教授在厦大从教三十载,在书籍中始终以客观、真实的视角看中国,以智慧与幽默的笔触讲述中国故事,把握时代大方向,见证中国改革发展,其浓浓的中国情令人感动。出版社全体同志要认真

图4-26　2018年11月13日,厦门大学党委常委、副校长杨斌、学校部分部处领导莅临出版社指导工作

学习贯彻习近平总书记重要回信精神,提高政治站位,勇担时代使命,加强选题策划,重视对外宣传,精益求精、用心用情讲述好中国故事,以更加优异的成绩献礼百年校庆,助力学校"双一流"建设。

2020年2月27日,厦门大学党委副书记赖虹凯莅临出版社慰问指导,调研我社疫情防控与复工复产工作情况。他指出出版社应加强思考如何在疫情防控的前提下加大复工复产力度,在疫情过程中,找到新的发展思路,用好厦大百年校庆的机会,加强宣传工作等。

2020年6月10日,厦门大学党委常委、副校长杨斌指导出版社在南强书苑举办的百年校庆图书联展周活动。他希望出版社以一流的品质做好百年校庆图书编辑出版工作,更要用心做好校庆图书传播推广工作,让更多的人了解厦大、热爱厦大、支持厦大,为学校未来的发展汇聚更多资源,凝聚更多力量。

(二)党旗飘扬,坚持正确出版导向

2018年12月,在习近平新时代中国特色社会主义思想和党的十九大精神的指引下,为贯彻习近平总书记关于宣传思想文化工作的系列重要讲话精神,加强党对宣传思想文化工作的全面领导,旗帜鲜明坚持党管意识形态,做好新时代的高校出版工作,中共厦门大学党委决定成立中共厦门大学出版社总支部委员会。

长期以来,厦大出版社在校党委的正确领导下,始终坚持正确的出版导向,秉持“蕴大学精神,铸学术精品”办社理念,为读者奉献了一大批优秀图书,在学术界和出版界赢得了较高的声誉。党总支成立后,出版社持续深入学习习近平新时代中国特色社会主义思想与党的十九大精神以及十九届二中、三中、四中、五中全会精神,认真贯彻落实党中央、学校有关部署和学校第十一次党代会精神,不断增强“四个意识”、坚定“四个自信”、做到“两个维护”,坚持以“一流党建带动一流出版”。

2020 年 5 月,教育部社科司致厦门大学的《教育部社科司关于反馈图书出版单位 2019 年度社会效益评价考核情况的函》(教社科司函〔2020〕26 号),经教育部社科司复查审核,厦大出版社 2019 年度社会效益评价考核得分为 98 分,连续两年等级为优秀。

2020 年 12 月,出版社认真学习《习近平总书记给人民教育出版社老同志的回信》精神。宋文艳总编辑指出,习近平总书记给人民教育出版社老同志的回信,不仅是对人民教育出版社的勉励,更是对中国出版行业、出版人的肯定和鼓励,所有出版人都应高度重视并加强学习。作为大学出版社,厦大社应发挥出版行业培根筑魂、启智增慧的积极作用,更加努力地做好精品教材的出版,组织更优质的教材和图书。

(三)举办多彩社庆活动

2010 年 5 月,为庆祝建社 25 周年,出版社在厦门大学思明校区图书馆举办“厦门大学出版社建社 25 周年图书展”,邀请校领导、各学院教职工代表、部分作者以及出版社退休员工和省市有关领导和兄弟单位人员前往参观,共同分享出版社成长的喜悦。通过书展让更多的老师和学生了解出版社,让出版社近距离接触一大批作者和读者,沟通感情,增进了解,有利于我们更好的服务教学科研,扩大影响。同时,出版《放歌书林》,该书收录我社新老员工的回忆文章,抒发出对出版社的真挚情感,是出版社一笔宝贵的精神财富。该书也得到广大出版同行的赞扬。

2015 年 5 月,举办出版社成立 30 周年社庆系列活动。校党委书记张彦为社庆题词:志存高远,踏实进取;朱崇实校长题词:出版学术精品,传播文明薪火。出版社回顾总结建社 30 年的经验,展现出版理念(蕴大学精神,铸学术精品)、团队精神(进取、奉献、温馨、和谐)和人文情怀(在美丽的厦门,出美妙的图书);举行简朴热烈的庆典及晚会,出版“致敬 30 年”丛书 4 种——《媒体里的厦大社》《厦大版序跋精粹》《厦大出版社印记》《厦大出版人的故事》,拍摄

图 4-27　放歌书林

电视纪录片《独秀东南》,谱写《厦门大学出版社社歌》。《厦门日报》《厦门大学报》都刊发厦大出版社社庆 30 年专版报道。5 月 7 日在出版社会议室举行隆重热烈的庆典活动,社长蒋东明和总编辑宋文艳切开生日蛋糕,全社员工一起共用简餐,洋溢着喜庆气氛。5 月 8—11 日,在厦门大学建文楼举办"厦门大学出版社三十周年社庆"书展。5 月 16—17 日,在厦门市图书馆举办第二场"厦门大学出版社三十周年社庆"书展。

图 4-28　2015 年 5 月 7 日,出版社 30 周年社庆庆典

图 4-29　2015 年 5 月在厦大建文楼举办社庆 30 周年书展

图 4-30　致敬 30 年丛书

(四)坚持"走出去"战略,海外影响力显著提升

自 2013 年起,出版社连续 8 年荣获"中国图书海外馆藏影响力出版 100 强"称号,其中,2017 年影响力排名位居全国 500 多家出版社的第 35 名,位居 100 多家大学出版社的第 6 名,创历史最好成绩。《中国出版传媒商报》一年

一度发布的《海外馆藏:中国图书世界馆藏影响力》报告,公正客观地反映了中国大陆出版机构的国际影响力,受到业界、学界的高度认同。出版社结合自身地处闽南侨乡、台湾海峡西岸的地域特色,依托厦门大学的学科优势,积累了台湾问题研究、东南亚华人华侨研究、经管、法学、广告学、古籍整理、地方文化等图书品牌。同时,出版社积极响应国家新闻出版广电总局推行的"走出去"战略,特别是在学术出版方面,探索出适合自己的"走出去"三大渠道:一是与国际著名出版商施普林格等建立稳定的合作关系,拓展版权输出项目;二是与海外的作者共同撰写学术著作,如厦门大学南洋研究院与菲律宾学者合著的《菲律宾华人通史》,被誉为21世纪东南亚华侨华人历史和中菲关系史研究的一个里程碑,受到世界华人的瞩目;三是与台湾同行共同开发相关的内容资源,为海峡两岸的资源共享架设桥梁。经过多年的不懈努力,出版社在实施中国文化"走出去"这一国家战略方面取得进展,也为提升厦大学术研究以及闽版书的国际影响力做出了应有的贡献。

图4-31　2019海外馆藏影响力出版100强奖状

2017年,《房地产大转型的"互联网+"路径》获评全国"第十六届输出版优秀图书";2019年,国家重点图书《前生源化学条件下磷对生命物质的催化与调控》获评全国"第十八届输出版优秀图书"。

(五)为厦门大学教学科研服务,为校庆活动增添色彩

出版社依托母体学校厦门大学,在"一流大学要有一流出版社"这一崇高

使命的感召下，努力将学校学科优势转化为出版优势，凝练出台湾研究、东南亚华人华侨研究、经管、法律、广告、化学、海洋研究、闽南文化、古籍文献整理等特色图书，并不断推动高校公共课、专业课的教材建设，实现品牌的不断拓展，推动了多学科多层次的高校教材系列的出版，积极为厦门大学教学科研、人才培养特别是“双一流”建设做贡献，近年来，平均每年度出版新书 400 多种，校内作者所著的有一百余种。2019 年 11 月，厦大社科处在科艺中心广场举行的“十三五”以来厦门大学人文社会科学学术著作展中，展出学术成果 403 种，由厦大出版社出版的 109 种，占比 27%，其中新闻传播学院 42%、管理学院 36%、人文学院 34%、教育研究院 31% 的展示著作由厦大出版社出版。

图 4-32　2019 年 11 月，“十三五”以来厦门大学人文社会科学学术著作展

出版的精品著作屡获各种图书奖，为实现厦门大学“两个百年”的奋斗目标做出了一份应有的贡献。

2020 年 9 月，为凝聚全社力量，保质保量完成校庆图书出版工作，自 2020 年 9 月 19 日至 2021 年 3 月 20 日，出版社编辑、文编、美编、印务四科室周六全天加班，其他科室按需调度。出版社全体员工苦干实干，尽心竭力，好好把握住这 180 天的关键时期，把工作任务项目化，定期总结、上报工作进度，牢记各个时间节点，时刻绷紧“按时保质保量完成校庆图书出版任务”这根弦。

1921 年建校时，厦门大学就把“研究高深学术，养成专门人才，阐扬世界文化”作为自己的三大任务。出版社作为厦门大学的一个窗口,一直致力于为提高厦门大学的学术出版水平和影响力服务。其中,逢五逢十校庆出版的“厦门大学南强丛书”多为本校优势学科、特色学科的前沿研究成果,至今已出版了六辑。可以说,每一辑都从一个侧面反映了厦大学人奋斗的足迹和努力的成果,丛书的每一部著作都是厦大发展与进步的一个见证,都是厦大人探索未知、追求真理、为民谋利、为国争光精神的一种体现。

为丰富厦大校园文化建设添砖加瓦。2016年4月26日,出版社携手厦门大学工会在曾呈奎楼建筑学院阅览室启动“悦读书屋”建设活动,首批建设十个“悦读书屋”,提供有关中华传统文化、厦大历史文化、地方文化等近600册书籍。为教职工增加一个阅读平台,倡导全民阅读,积极营造“爱读书、读好书”的良好氛围,开启教职工智慧,激发教职工热爱中国传统文化、热爱厦门大学文化的热情,丰富教职工的精神文化生活,推动“教工小家”内涵式发展。2019年2月4日(除夕)下午,出版社联合厦大团委开展“我们的节日·春节”书香校园系列活动。2020年12月31日,出版社向厦门大学“一站式”学生社区共享空间捐赠图书,为“书香校园”“三全育人”助力。

(六)齐心战“疫”,共克时艰

自2020年年初新冠疫情发生,出版社高度重视疫情防控工作,第一时间成立以党总支书记、社长为组长,社务委员为小组成员的出版社新型冠状病毒感染的肺炎疫情防控领导小组,结合出版社实际,及时落实国家及学校有关部署,为打赢这场疫情“阻击战”不断努力。在这场疫情防控阻击战中,全社上下团结一心,多种渠道购买防疫物资、主动配合做好每日健康信息登记等,推动出版社复工复产和疫情防控工作有序开展。

由厦大党委书记张彦主编的《疫情防控的历史回望与现实思考》在厦大社及时出版,弘扬厦门大学抗疫社科科研成果,为学生返校复学保驾护航。

为响应教育部“停课不停教、不停学”的号召,出版社员工主动放弃寒假休息时间,将相关教材制作成可供在线阅读的电子书约70种,并免费分发给各个学校,做好相应教材的电子书供应保障工作。自费50万元,为全省30多所高校近10万名学生免费邮递教材,充分发挥了冲锋在前、不怕吃苦的精神,展现了厦大社的使命和担当。在新冠疫情常态化防控阶段,创新与作者交流形式,多次举办线上组稿、研讨论坛。

(七)重视图书编校质量,培养编校人才

国家对出版物质量的重视程度不断加强,质量检查已经成为常态化。在此要求下,出版社图书质量不断提升,与此同时,形成了一支业务扎实、能力突出的国内一流编校团队。经相关部门统计,在2007—2017年举办的六届“韬奋杯”全国出版社青年编校大赛中,厦大出版社获奖14次,位列全国第三。出版社长期以来十分重视年轻编校队伍建设,使他们成长迅速,屡获佳绩,在全国出版界引起关注,受到福建省新闻出版局领导的充分肯定和表彰,成为厦门大学出版社核心竞争力之一。

2013年12月21日,由中国出版协会、韬奋基金会主办的,共有93个团体代表队参赛第四届“韬奋杯”全国出版社青年编校大赛结果揭晓,厦门大学出版社曾妍妍、李小青所在的福建二队荣获团体二等奖(第5名),厦门大学出版社高健、伍家丽所在的福建一队荣获团体二等奖(第6名)。高健还荣获编辑组三等奖(在234名编辑组选手中名列第18名),曾妍妍荣获编辑组优秀奖(编辑组第45名),李小青荣获校对组优秀奖(在102名校对组选手中名列第14名),伍家丽荣获校对组优秀奖(校对组第17名)。厦门大学出版社8人次荣获6个奖项,获奖项数量在全国名列第一。

此后,2015年第五届“韬奋杯”全国出版社青年编校大赛,厦门大学出版社高健、李小青参加的福建一队获团体二等奖,高健获编辑个人二等奖,李小青获校对个人三等奖。2017年第六届“韬奋杯”全国出版社青年编校大赛,厦门大学出版社章木良、胡佩参加的福建二队获团体二等奖,胡佩获校对个人三等奖。2019年第七届“韬奋杯”全国出版社青年编校大赛,胡佩获校对个人优秀奖。

厦门大学出版社长期以来十分重视年轻编校队伍建设,使他们成长迅速,屡获佳绩,在全国出版界引起关注,受到福建省新闻出版局领导的充分肯定和表彰。

六、主要经营管理活动

(一)出台多项管理制度,不断完善出版社管理体系

2010年2月3日,出版社办公会讨论并通过《厦门大学出版社2010—2012发展规划》,为之后工作的开展把好方向、提出要求。3月11日,对社领

导工作进行重新分工,使之更加合理、高效。根据福建省新闻出版管理局要求,制定出版社书号实名申领管理办法,重点、公益性出版专项资金资助项目管理和使用办法,国家出版基金资助项目管理办法,以及国家古籍整理出版资金资助项目管理和使用办法。

2011年出版社制定出台多项管理方案,包括:"社聘员工岗位津贴与物价补贴方案";"关于员工未休年假和未参加考察的补贴办法";"关于责任编辑校对费发放标准的暂行规定";"电子编辑工作量及计酬试行办法",就电子课件、网络游戏、电子书、外稿制作、宣传品等制定具体的工作量考核管理办法;"厦门大学出版社公务车辆管理办法",就公务车辆的使用管理、私车公用及驾驶员管理做相应的规定;"关于物流中心考核办法和工作规范",具体就物流中心工作、司机考核管理、货物交接操作等做明确的规范要求。上述办法的制定,有利于出版社在管理方面更加规范化、标准化。

2012年为提高社聘员工收入、改善生活,出版社出台"厦门大学出版社关于社聘员工发放业绩津贴的决定",并自2012年8月1日起实行。

2013年出版社重新制订营销中心和物流中心绩效考核办法,并详细制定营销中心出差报销办法,降低出版社管理成本。3月19日,出版社社办公会讨论决定,凡出版社中层干部、中级以上职称人员,每年需发表一篇以上的论文或工作报告,作为推动理论学习和提升个人业务素质的新举措。

2014年6月出版社实行新的考勤办法,并修订了出版社国家出版基金资助项目管理办法。

2015年出版社颁布了数字文稿、数字中心的考核办法,制定了书刊排版和印刷工价。11月13日,办公会讨论通过《厦门大学出版社十三五发展规划》,为今后五年发展制定明确目标。

2016年,根据出版社实际情况,讨论制定出版社书稿档案和样书管理办法;为加强图书质量管理,制定了关于对质检不合格图书(电子出版物)责任人的处罚办法;为防止版权纠纷,制定了关于使用图片、字体的管理规定;配合学校出台的有关规定,制定了出版社差旅、公务接待管理办法,及单位园区停车费管理办法。

2017年制定了系列员工薪酬绩效考核办法,主要有社聘员工年终双薪发放、获奖出版物、获奖论文、获奖人物及版权输出图书的奖励办法,还制定了出版社上海出版事业部考核办法、图书档案管理办法,调整了校对费(外校)标准,财务室、出版科分别更名为财务中心、印务中心,将原来的电脑室改为排版室并入印务中心管理。

2018年制定了出版社印刷管理和纸张采购办法，进一步规范出版印刷流程管理。

2019年重新修订获奖出版物、获奖论文、获奖人物及版权输出图书的奖励办法，制定出版社人员参与国家级、省部级受资助项目结项的奖励办法，通过党政联席会讨论制定了出版社干部选任办法、党总支议事规则和党政联席会议事规则，不断加强出版社政治引领。

(二)转企改制，华丽转身

自2007年起，高校出版社体制改革工作全面启动，在党中央提出的“创新体制、转换机制、面向市场、壮大实力”的改制方针指导下，根据教育部、新闻出版总署关于高等学校出版社体制改革的实施方案要求，2008年8月9日学校向教育部提出将厦门大学出版社列入第二批全国高校出版社改革试点单位的申请，正式启动出版社体制改革工作。出版社经过4年的努力，在清产核资、资产评估、产权登记、财务审计、人事政策、社会保障等诸多方面做了扎实的工作，顺利通过各项验收，完成了所有的转企改制工作。

2010年4月，经学校办公会讨论决定，成立首届厦门大学出版社有限责任公司董事会、监事会。时任校长助理庄宗明教授担任董事长、校资产公司财务总监陈芃担任监事会主席。2010年4月2日，厦门大学出版社有限责任公司董事会、监事会成立大会暨第一次全体会议召开。庄宗明董事长指出，转制意味着出版社必须从事业单位集合体朝着真正的市场竞争主体转变，企业行为在经营管理中要得到充分重视，同时还要进一步扩大出版社在作者、读者中的影响，希望董事们都能尽职尽责，实质性地支持出版社的工作，使出版社的明天更加辉煌。

2012年，校长助理谭绍滨任第二届董事长。通过改制，厦大对出版社的要求更加明确，更加重视。同时，董事会将学校的许多部门资源整合进来，为出版社发展提供了机遇。2012年4月23日，在厦门市工商行政管理局重新注册，更名为“厦门大学出版社有限责任公司”，并于2012年6月1日对外宣布完成改制工作，正式更名为“厦门大学出版社有限责任公司”，原公章等废止，全面启用新公章，开启出版社新征程。

电子出版社改制工作比出版社晚一年，于2009年9月28日向教育部提出申请，2012年12月31日完成，并在厦门市工商行政管理局重新注册，更名为“厦门大学电子出版社有限责任公司”。

2012年12月28日，出版社举行新一届董事会、监事会任命会议，金能明

图4-33　2010年4月2日,厦门大学出版社有限责任公司董事会、监事会成立大会暨第一次全体会议

副校长、谭绍滨董事长、原董事长庄宗明及全体董事、监事出席。会议听取蒋东明社长的汇报,肯定了出版社的工作,并对今后的发展提出了指导性的意见和具体支持措施。

2015年,在福建新闻出版广电局开展的首批省级传统出版转型示范单位评估中,出版社在战略组织、资源实力、产品形态、市场表现等4类35项评估中表现优异,被列为福建首批省级传统出版转型示范单位。

出版社转企改制,既响应国家文化体制改革号召,又为出版社注入更为新鲜的市场活力、更加规范的管理制度和更为合理的法人治理结构,为出版社今后发展奠定坚实的基础,华丽转身、再创辉煌!

(三)开拓进取,再铸出版管理系统新辉煌

在为数不多的出版行业管理系统开发者中,出版社凭借敏锐的嗅觉、扎实的出版运营管理经验和大家的共同努力,所开发的南强管理系统取得巨大成功,得到了业内同行的高度认可,多家出版社已购买并投入使用。2016年7月29日,出版社"基于媒体融合的数字出版云端协同平台及产业应用"项目通过对多家出版单位的调研,提出了符合传统出版单位共性的数字出版业务流程再造方案,并将数字内容协同编辑、数字资源管理等列入规范化管理,研发数字化营销功能及一体化数字出版发布运营平台。出版社总投资预算1404

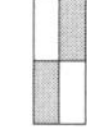

万元，获2016年度文化产业发展专项资金资助200万元。

(四)行业交流培训，加强队伍建设

2013年12月4—6日，出版社组织各编辑室主任、数字出版中心、办公室主任等到上海交通大学、复旦大学、浙江大学三家大学出版社学习交流，谋划未来三年出版社发展方向。

2013年12月13—14日，全社办公会成员到厦门市委党校封闭式开会讨论，制定出版社未来三年发展规划。

2016年5月5日，虎彩速印公司总经理朱俊来到出版社演讲，介绍按需印刷的速印技术，引起社内员工广泛兴趣，出版社也开始了“按需印刷”的尝试。

2016年11月25日，出版社开展了为期两个月的中层干部培训，全体员工在社大会议室听取清华大学出版社吴培华总编辑做“新技术条件下策划编辑的素质与能力”讲座。

2016年12月12日，出版社邀请浙江大学出版社金更达副社长作了《互联网环境下出版社推进融合创新的实践与思考》的培训讲座。12月13日，出版社邀请厦门大学人文学院朱水涌教授作了《习总书记在文艺座谈会上讲话精神解读》的培训讲座。

2016年12月14—16日，蒋东明社长、宋文艳总编带队组织出版社中层干部前往南京大学、南京师范大学和东南大学出版社学习交流。

2018年10月18—19日，郑文礼社长、宋文艳总编等带领办公室主任及学校人事处老师到复旦大学和上海交通大学出版社，交流和探讨改制后出版社组织机构、人事制度变革对出版社发展的利弊，寻求学校对出版社更为有力的支持。

2019年4月8—9日，郑文礼社长带领经管编辑室、理工编辑室、营销中心及两办人员到西安交通大学、陕西师范大学出版社学习交流，听取两社在组织架构、产品结构、绩效考核等方面所取得的经验，启发出版社未来发展思路。

2019年8月26—29日，组织相关部门负责人到广西师范大学出版社学习交流，探讨广西师大出版社在体制机制改革、组织架构设计运营、人力资源管理、绩效考核等所取得的成功经验，为出版社发展提供借鉴。

(五)内部机构改革，迎合发展潮流

2010年3月11日，出版社合并发行一科和二科，成立营销中心，任命林

鸣为主任。

2011年12月31日,出版社设立外文编辑室,任命王扬帆为副主任(自2012年1月起)。

2012年4月9日,出版社决定自2012年5月1日起,将“电子出版部”更名为“数字出版中心”。

2015年7月1日,设立厦大出版社上海出版事业部,任命林鸣为主任。

2017年4月1日起,将原来的财务室、出版科、电脑室名称分别调整为财务中心、印务中心、排版室,排版室隶属印务中心,陈惠英和许克华分别任财务中心、印务中心主任。

2018年3月8日,设立职业教育事业部,姚五民任主任;设立大众图书事业部,吴兴友任主任。

2019年11月8日,增设总编辑助理岗位,陈进才任总编辑助理。

(六)办事处、书店

2011年4月6日,出版社南强书苑重新装修开业。经营内容增加了校园文化产品和小型的咖啡吧,整个书店面貌一新。

2012年9月18日,设立出版社福州办事处,在原有人员(徐国清)的基础上增加人手,加强福州及周边地区的发行力度。

2014年9月15日,南强速印中心开业。

2014年9月,出版社南强书苑翔安校区分店开业。分店位于翔安校区图书馆一楼,面积达270㎡,为师生提供图书、咖啡饮品、校园文化产品等服务,成为翔安校园文化新亮点。

2015年1月29日,出版社天猫旗舰店正式上线。

(七)购买办公楼和仓库,夯实出版社固定资产

继购置软件园二期房产作为办公楼后,2012年12月,出版社又购置了位于厦门市同安区西柯镇思明工业园51栋(2—3层)约3400平方米的厂房作为仓库,既解决了出版社困扰多年的库房问题,又给出版社家底增添了殷实的一笔。

出版社2009年1月16日从学校思明校区搬迁入驻软件园二期,因厦门市软件园管理委员会未批准出版社入园,由出版社出资购买的办公楼产权一直挂在学校名下,出版社的固定资产中始终无法名正言顺地计入该房产。2014年11月,经过多年的努力,厦门市软件园管理委员会终于批准出版社入园资格,软件园二期望海路39号6楼的产权也由“厦门大学”变更为“厦门大

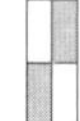

学出版社有限责任公司”，由此出版社名副其实地拥有该房产。

七、领导班子变更情况

2010 年 3 月，随着个别社领导退休，出版社重新任命了年富力强的副社长和副总编，组成新的领导班子，并对班子成员做了详细分工。新一届社务委员为：蒋东明任社长；陈福郎任总编辑兼支部书记；宋文艳任常务副总编兼副社长；徐长春任副总编；施高翔任副社长。

2010 年 4 月，根据出版社转企改制规范要求，经学校办公会研究决定，成立厦门大学出版社董事会和监事会，任命厦门大学校长助理庄宗明为出版社董事长，出版社社长蒋东明为副董事长；厦门大学资产公司财务总监陈芃为出版社监事会主席。董事会成员 9 名，分别是：庄宗明、蒋东明、王炳华（校宣传部部长）、陈福郎（出版社总编、支部书记）、朱福惠（社科处长）、李清标（科技处长）、邱七星（资产公司总经理）、吕子玄（教务处副处长）、曾云声（财务处副处长）；监事会成员 5 名，分别为：陈芃、吴福武（资产处副处长）、何元赞（监察处副处长）、洪少丹（审计处科长）、许红兵（出版社工会主席）。

2011 年 9 月 26 日，厦门大学校领导在出版社召开全社员工大会任免新老总编。校党委副书记陈力文，党委常委、组织部长白锡能，董事长庄宗明到社。陈力文副书记宣布学校党委的决定，任命宋文艳同志为总编，因年龄原因陈福郎同志不再担任总编。陈力文书记代表学校对陈福郎总编在任期间的工作成绩给予高度评价，对新任总编宋文艳寄予厚望。白锡能、庄宗明、陈福郎、宋文艳、蒋东明也分别做了发言。

宋文艳同志，女，1960 年生，祖籍河北，中共党员，1987 年厦门大学化学系研究生毕业后进入厦门大学出版社从事图书编辑工作，历任编辑室主任、副总编、常务副总编等职务。1993 年被评为副编审，2005 年被评为编审。

为加强图书内容和编校质量管理力度，2011 年 11 月，出版社聘请陈福郎和王日根为特聘编审。

2012 年 4 月经出版社提名，校图信党委批准，黄茂林任出版社支部书记，出版社领导班子重新调整，即：蒋东明任社长；宋文艳任总编辑；黄茂林任支部书记；徐长春任副总编辑；施高翔任副社长。

2013 年 9 月因学校相关部处领导岗位调整，学校相应调整出版社董事会和监事会成员，任命厦门大学校长助理谭绍滨为出版社董事长，出版社社长蒋东明为副董事长；厦门大学资产公司财务总监陈芃为出版社监事会主席。董事会成员9名，分别是：谭绍滨、蒋东明、徐进功(校宣传部部长)、计国君(教务处处长)、陈武元(社科处处长)、周宁(人文学院院长)、卢英华(资产公司总经理)、宋文艳(出版社总编辑)、曾云声(财务处副处长)；监事会成员3名，分别是：陈芃、吴福武(资产处副处长)、许红兵(出版社工会主席)。

2017年12月8日，出版社召开干部任免大会。校党委副书记、副校长李建发，校组织部部长梁卫中，校长助理、董事长谭绍滨，图信党委书记林瑞荣以及出版社全社员工出席。会上李建发同志宣布，任命郑文礼为出版社社长，蒋东明因年龄原因卸任，不再担任出版社社长。李建发对蒋东明担任18年社长的工作给予充分肯定，对郑文礼新任社长寄予期望。谭绍滨、林瑞荣、蒋东明、宋文艳、郑文礼也分别发表讲话。为做好厦门大学百年校庆出版工作，出版社聘请蒋东明为特聘编审。

郑文礼，男，1963年生，福建永春人，中共党员，厦门大学管理学院企业管理系教授。1984年7月厦门大学计算机科学系控制理论专业毕业，1987年厦门大学计算机与系统科学系运筹学与控制论专业(现为系统工程专业)硕士研究生毕业，毕业后分别在厦门大学经济学院和管理学院从事教学和科研工作，并于1996年晋升为副教授，2003年晋升为教授，2004—2007年曾任厦门大学管理学院企业管理系副主任，2006年12月担任厦门大学继续教育学院院长(至2018年12月)。

2018年6月学校发文宣布成立中共厦门大学出版社总支部委员会，同年12月29日任命郑文礼为总支书记、黄茂林为副书记。另外，随着出版社党总支的成立，出版社同时成立独立的部门工会，于2018年11月选举惠诚忠为第一任工会主席。

2020年12月，学校任命洪秋霞为出版社党总支书记，郑文礼不再担任出版社党总支书记职务。

洪秋霞，女，1972年10月生，福建南安人，中共党员，在职研究生学历，管理学硕士学位，讲师。1996年7月毕业于厦门大学艺术教育学院，1996—2008年在厦门大学生物系(生命科学学院)担任政治辅导员、团委书记，2008—2013年在厦门大学材料学院担任党委副书记，2013—2020年在厦门大学管理学院担任党委副书记、纪委书记。

(撰稿人：黄茂林、洪秋霞、高健、韩轲轲、惠诚忠、张怡)

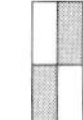

第五章　厦门大学电子出版社简史(2004—2020年)

一、历史沿革

(一)建社

1999年起,我国高等教育由精英化向大众化发展,各高等院校扩大了招生规模,这对高校的教学管理产生了深刻的影响,尤其对与教学质量紧密相关的教材建设影响尤为显著。各个高校开始重视教材的建设工作,大力开展自编教材,创新教材编写工作,提高自编教材规范性。与此同时,互联网技术也开始向大众化发展,计算机技术在高等院校教学中得到普及,任课老师逐步认同运用现代化的手段,通过计算机技术和多媒体技术,在课堂上及学生自主学习中进行教学辅助,并使之成为了课堂教学的新模式。部分高校为了更好地开发本校教学资源,结合学校专业发展实际,制订了立体化教材建设规划,鼓励教师开展立体化教材开发工作。

出版社抓住了高校对教材建设迫切需求这一机遇,根据确定的“学术为本,教材优先”的出版方针,大量策划和出版高校急需的各类教材。这其中,以外语类和音乐系声乐教学类为主的教材需要配套出版录音磁带。同时,新技术在教学中的应用越来越普遍,教师对多媒体课件有越来越强烈的需求,这就要求出版社在出版教材时要有配套的课件资源。这一时期出版的多媒体课件基本上以光盘为出版形式。按照新闻出版署的规定,出版单位出版磁带和光盘需要有音像出版权和音像号才能正式出版。在当时,厦大出版社因没有音像出版资质,出版与教材配套的磁带和光盘需要与音像出版社合作。在与厦门音像出版社合作过程中,出现了一些问题:一是出版周期延长。磁带和光盘的出版经常晚于教材的出版,教材要等磁带和光盘出版后才能一起塑封出版,教材出版周期就延长了,而且时间还无法控制。二是出版手续和流程增加,工作量加大。教材的责编、作者、出版科人员除了要做好教材的编校出版手续外,还需要经常与音像出版社的责编和制作人员沟通磁带和光盘的编辑和制作工作,而且还需要经常去音像社当面沟通,工作量很大。三是费用增加。磁带和光盘的出版,需要向音像出版社支付出版费用。因此,出版社非常希望有自己的音像出版权。但根据相关规定,申请的难度非常大,当时国家有关部门原则上不再审批新增音像出版社了。

此时,国家新闻出版署开始试点推动我国的电子出版工作。为了规范和促进电子出版工作的发展,1996年,新闻出版署批准了首批36家具有电子出版权的出版单位,其中有12家为大学出版社。1997年,电子出版单位增至42家,2000年,具有电子出版权的大学出版社增至22家。电子出版权是一项新的出版资质,与传统的音像出版权不同,电子出版针对的是非磁带这种出版媒介,主要针对新出现的用于电脑读取的媒介,如光盘、磁盘、集成电路卡等。这对出版社来说是个好消息,教材配套的磁带和课件都可以光盘的形式出版,如果能申请到电子出版权,就完全可以满足出版教材配套资源的需求。

为了使出版社的电子资源能更好地服务高校教学,也使出版社在电子出版业务上获得更大的发展空间,2002年,出版社经过多次反映和沟通,正式向教育部及新闻出版总署提出申请,增加电子出版权。

2004年6月29日,国家新闻出版总署下发《关于同意设立厦门大学电子出版社的函》(新出音〔2004〕804号):

> 经考察、审核,同意厦门大学出版社增加电子出版物业务,设立“厦门大学电子出版社”……出版范围为出版社会科学、科学技术、教育类电子出版物。

该文件明确授予出版社电子出版权,也给是否成立厦门大学电子出版社来独立从事电子出版业务提供很大的政策空间。为了尽早搭建出版社电子出版的专业队伍,完善电子资源制作出版的业务流程,制定电子出版的管理制度,保障电子出版物的出版质量,尽快开展电子出版业务,经社务会讨论,决定由出版社先设立电子出版部门,为将来成立电子出版社奠定基础。2004年8月,出版社设立电子出版部,施高翔兼任主任,陈进才兼任副主任。

2004 年 12 月 20 日，出版社正式向厦门大学递交申请报告，请示是否设立电子出版社，以及电子出版社的管理架构、资金投入方式、班子配套及今后的发展方向。

2005 年 1 月 7 日，经过校长办公会讨论，“决定成立‘厦门大学电子出版社’，依托厦门大学出版社，采用‘一套人马，两块牌子’的做法，由出版社出资注册并进行管理，出版社法定代表人兼任电子出版社的法定代表人，电子出版社所需人员由出版社自行聘用，办公地点在出版社现在的办公场所内解决”(厦大办纪要〔2005〕1 号)。

2005 年 2 月 28 日，厦门大学下发《关于成立厦门大学电子出版社的决定》(厦大人〔2005〕31 号)，正式确定由学校出资成立厦门大学电子出版社，蒋东明同志任厦门大学电子出版社社长(法定代表人)。

经过努力，2005 年 8 月 24 日，厦门大学电子出版社经工商注册登记成立，经营许可范围包括出版社会科学、科学技术、教育类的电子出版物。2012 年 12 月，电子社变更营业执照，将计算机软件开发、销售与咨询列为电子社的经营范围。2016 年 6 月，电子社再次变更营业执照，将其经营范围扩大到“电子出版物出版；软件开发，信息技术咨询服务；数据处理和存储服务；动画、漫画设计、制作”。

(二)机构建设与业务开展

经过一年多的探索，也伴随着出版社教材配套资源的不断增多，2006 年 5 月，电子社开始对外招聘电子编辑，负责电子教学课件的编辑制作及出版工作，这是电子社首次对外招聘专职电子编辑。

2008 年 3 月，为了在服务高校教学科研的基础上，让电子社的电子出版资质发挥更多应有的作用，提升电子社电子出版的品牌优势，提高电子社选题的独立策划编辑能力，出版更多高质量、社会效益显著的电子出版产品，出版社制定了《厦门大学(电子)出版社关于电子编辑工作量计酬的试行办法》，重新梳理了电子编辑的业务，科学地为电子编辑制定了工作量以及考核方案，鼓励电子编辑走出去，独立策划更多更优秀的电子出版物，开拓更广阔的电子出版市场，为电子社创造更大的社会效益和经济效益。

为了更好地满足互联网环境下电子出版业务的发展，促进电子出版向数字出版转型升级，探索数字出版多元化发展的道路，2012 年 4 月 9 日，经社务会讨论同意，电子出版部更名为数字出版中心。中心成立以后，主要负责教材课件资源制作、电子出版物及游戏出版物出版、南强出版管理系统的研发及销售、电子书的制作和营销、出版社官方媒体平台的宣传以及出版社数字化项目的策划及运营。

2015年3月,为了更好的满足融媒体环境下数字出版中心的工作要求,提高数字出版中心员工的工作积极性,促进出版社数字出版的高质高效发展,出版社制定了《厦门大学出版社数字出版中心考核办法》。办法的出台,梳理了数字出版中心的现有业务,规范了业务的具体操作及考核方式,有效地提高了数字出版中心员工的工作积极性。

(三)改制

2003年,党中央、国务院启动文化体制改革试点工作。新闻出版系统21家试点单位全面完成了改革试点任务,为新闻出版体制改革提供了有益经验。2005年,《中共中央、国务院关于深化文化体制改革的若干意见》发布,文件要求全面推进文化体制改革,加快发展文化事业和文化产业,繁荣社会主义文化,2006年3月,全国文化体制改革工作会议在北京召开,对推进文化体制改革做出具体部署。2007年1月,教育部印发了《高等学校出版体制改革工作实施方案》,对高校出版体制改革试点工作做出了部署。2009年,根据新闻出版总署转企改制的要求,电子社上报了《厦门大学电子出版社体制改革实施方案》。2010年9月25日,新闻出版总署下发《关于同意厦门大学电子出版社体制改革实施方案的复函》(新出字〔2010〕427号)。2012年10月30日,教育部下发《教育部关于同意厦门大学电子出版社改制的批复》(教技发函〔2012〕年30号),同意电子出版社转企改制。2013年5月15日,国家新闻出版广电总局下发《关于同意厦门大学电子出版社更名为厦门大学电子出版社有限责任公司的批复》(新出审字〔2013〕50号),同意电子社更名并办理工商变更手续。

二、主要工作内容及成果

(一)课件制作

高校教材辅助教学课件的制作是电子社从建立以来就一直开展的一项重要的工作。自建社以来,电子社共制作了429种教材配套课件,促进了相关学科的多媒体教学的发展。2015年以后,随着移动互联网的飞速发展以及高等

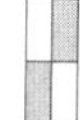

院校信息化建设的不断深入,原有的电子课件已不能完全满足新时期高校师生开展互动教学、为师生提供多样化的教学辅助的需要。在这个时期,电子社也在不断地学习、探索数字化教学辅助材料的类型、内容及互动形式。2018年起,电子社开始自主搭建数字化资源平台,并与技术商合作研发数字化教学平台。一方面,为高校师生提供具有互动性好、可拓展性强的互动性平台,加强了任课老师及学生的交流与协作;另一方面,在数字化教学资源的配套上,电子社在原有电子课件的基础上,以HTML5语言为载体,以富媒体页面为展现形式,将原有的电子课件优化为更直观、更便捷、界面更为友好的在线课件,并提供了音视频播放、习题及其他类型的教学资源下载服务。

(二)电子出版物出版及游戏出版

建社之初,电子社的电子出版物为高校教学的配套课件材料,产品形式较为单一。为了在服务高校教学科研的基础上,让电子社的电子出版资质发挥更多应有的作用,提升电子社电子出版的品牌优势,电子社通过加强电子编辑的业务学习及制定电子编辑的业务考核办法,提高了电子编辑自主策划电子选题的主观能动性,扩展了电子出版物的出版范围,将单一的高校教学配套课件的出版,延伸至了学术资料出版、数据库出版、电子图书出版等方面。2009年以来,电子社在电子出版的基础上,开展了游戏出版业务,先后出版了多款计算机端游戏、网页游戏、手机游戏。截至2019年,电子社共计出版电子出版物124款,游戏出版物29款。

(三)数字阅读

2005年底,我国电子书出版总数已经达到了20万种,超过美国电子图书品种数总和,众多新兴销售机构开始介入电子书的市场化业务。随着业务模式不断推陈出新,电子书给出版单位的回报逐步上升,各个出版单位纷纷开始重视本版图书的电子书产品。2008年起,电子社开始对外授权电子书。初始,电子社开展电子书业务的合作伙伴仅为亚马逊、方正阿帕比及番薯网。由于当时出版社获得的电子书授权数量不多,且图书的排版文件收集不全,可对外授权的电子书数量较为有限。

在社领导班子的统筹协调下,出版社从合同开始注重图书的信息网络传播权及转授权的获取,同时,图书排版文件收集流程更加规范,这些都使得电子书在制作上日益简便,提升了电子社电子书制作、授权的数量。2008年至今,电子社陆续与中文在线、掌阅、当当、京东阅读等10多家数字阅读机构在电子书馆配及大众数字阅读方面开展业务合作,2017 年成功接入中国移动咪咕数字阅读基地并开展合作。自 2008 年以来,电子社累计制作电子书 5596 种,对外授权 5220 种次,大大提升了出版社的图书覆盖面及品牌影响力。

(四)南强出版管理系统

早在 1996 年,在数字出版概念还未诞生的年代里,出版社就在社领导支持下,确定了由施高翔主持南强出版系统的自主研发,在出版信息化管理的道路上迈出了突破性的第一步。1996 年至 2007 年,南强出版管理系统经历了 3 个版本的更迭,由单机版升级至网络版,再由网络版升级至 B/S 结构,完成了从单一页面单一功能到模块划分功能完整的蜕变。

2012 年,电子社承担起了南强出版管理系统的研发及推广任务,该工作也成为了电子社发展的重心。2012 年起,由于积累了多年系统研发经验,系统的研发进入大发展时期,陆续开发出了 OA 模块、仓储模块、客户管理模块等,同时完善了编务功能,优化了众多细节,使南强系统在功能强大的同时,能够兼具人性化的使用体验。在出版行业鲜有出版管理系统的阶段里,出版社敏锐地嗅到了推广的契机,在经过内部使用得到可行性验证和好评之后,大胆地走出去。几年时间里,出版社数字出版中心在上海、江苏、江西、天津、山东等地区多家出版社推广宣传,成功获得了上海立信会计出版社、西北工业大学出版社、中国石油大学出版社、四川大学出版社、合肥工业大学出版社、江西高校出版社、上海高教电子音像出版社、上海大学出版社等十家出版社的采用,经济效益与影响力。

在自主研发过程中,研发团队日益感觉到通过单一团队自主研发已经无法满足日益增长的功能需求,也无法适应新时代互联网数字出版的庞大格局。2015 年,出版社寻求突破,结合了自主研发与外包的方式,与具有相关领域软件开发技术的厦门珂迈软件科技有限公司开展深度合作,将重心从专注功能有无转移到了结合底层架构设计、功能可拓展、系统安全性等的数字出版蓝图设计,并致力于将南强系统从传统的 ERP 管理系统转型成集移动办公、线上协同编辑、大数据统计分析、CRM 管理、OA 管理、营销、仓储管理、出版供应链、数字资源平台于一体的融合出版管理平台。2016 年,基于 4.0 版本的“南强出版管理系统”(即南强融合出版平台)申请的项目“基于媒体融合的数字出版云端协同平台及产业应用”获得了财政部文化产业发展专项资金 200 万元的项目资助。截至 2020 年,4.0 版本的“南强出版管理系统”已经完成了移动办公、CRM 管理、营销、仓储、数字资源平台的布局,为实现完整的融合出版

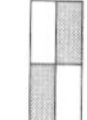

平台迈出了坚实的一步。

(五)在线资源与在线教育

2008年,我国开始了大规模的3G建设,移动互联网开始了快速发展,2012年移动互联网用户首次超过了PC互联网用户,2014年,中国已经进入了4G时代,移动互联网也进入飞速发展阶段。在这个过程中,高等教育也在经历着质的飞跃,传统高校出版单位紧跟时代的浪潮,纷纷布局在线教育领域,一方面为高校教材搭配更符合当前学生使用习惯的各类配套资源,另一方面为高校教师开辟不受时空限制的在线学习环境,以满足高校日益多元化的教学需求。随着数字化配套资源在出版社各个部门越来越受到重视,电子社分别从资源内容建设与平台建设两方面入手,开始了相关的探索。2017年2月,电子社与厦门大学社科处、军事教研室、新闻传播学院及人文学院一起,集合厦门大学的各项优势资源,开始制作《军事理论与训练》精品视频课,视频课在福建省各个高等院校军事课程教学中使用,获得了广泛好评。2018年10月,电子社开始了二维码在线资源制作平台的研发,并在此基础上承担起了本版高校教材的资源制作及上传工作。2018年底,出版社第一本由本社制作的附带二维码在线资源的图书《财务管理》(第三版)出版,该书包含了测试题、视频等在线资源。2019年起,《通用学术交流英语》《2020年教育学考研复习指南》等多种配套在线资源的图书陆续出版。

(六)数字出版项目申报

2011年,为了支持文化体制改革重点企业发展,落实重大文化产业项目带动战略,鼓励有实力的文化企业跨地域、跨行业经营和重组,推动文化产业技术改造和升级,努力发展新媒体和新的文化业态,培育一批有实力、有竞争力的骨干文化企业,支持文化产品和服务出口,财政部设立了文化产业发展专项资金,2013年资金规模达到了16.8亿元,到2014年上升至80.22亿元。在国家大力推动媒体融合发展的政策下,2014年起,出版社结合自身高校教材出版及学术出版的特点,依托厦门大学的学术优势以及福建省闽台交流、东南亚交流的地缘优势,积极策划申报相关项目,先后申报了"海峡知网复合出版项目""海疆学术资料馆知识服务平台项目""基于媒体融合的数字出版云端协同平台及产业应用""基于移动云的出版协同编辑平台及产业应用"及"富媒体会计教学及师资培训融合出版项目"5个项目,其中"海疆学术资料馆知识服务平台项目""基于媒体融合的数字出版云端协同平台及产业应用""富媒体会计教学及师资培训融合出版项目”入选了国家新闻出版改革发展项目库,“海疆学术资料馆知识服务平台项目”“基于媒体融合的数字出版云端协同平台及产业应用”于2015、2016年获得了财政部文化产业发展专项资金550万元和200万元的支持。2018年12月,经过了3年的努力,“海疆学术资料馆知识服务平台项目”经专家现场评估论证,获得了圆满结项,其余项目正在有序推进中。项目的申报与实施,使得电子社对数字出版的内容产业形式有了新的认识,在知识服务建设上有了新的理解,也使得电子社在融合出版的前进道路上有了新的方向,提高了电子社数字化生产水平及内容数据复用效率,促进了电子社对数字出版相关产品体系、标准的建立,使出版社对知识服务类产品的研发有了新的思路。

(七)2020年新冠疫情期间助力高校复学工作

2020年初,新冠病毒肆虐全球,我国遭受到了前所未有的疫情影响,春节后,高校暂停开学。2月5日,教育部印发《关于在疫情防控期间做好普通高等学校在线教学组织与管理工作的指导意见》(以下简称《指导意见》),要求采取政府主导、高校主体、社会参与的方式,共同实施并保障高校在疫情防控期间的在线教学,实现“停课不停教、停课不停学”。电子社积极响应号召,主动与作者及教材使用学校联系,获得各校使用出版社教材的相关信息,在尚未完全复工的情况下,电子社克服各种困难,收集相关教材的封面、版权页及排版文件,加班加点转换格式,第一时间将各类教材70余种,制作成可供在线阅读的电子书,免费分发给使用高校,同时做好相应教材的电子书供应保障工作。这批教材包括公共课教材、专业课教材以及疫区武汉理工大学使用的《营销战略与管理》一书,有力地保障了高校学生在疫情期间的居家复学工作。

(八)电子社为百年校庆添砖加瓦

2021年是厦门大学百年华诞,作为厦门大学的一分子,电子社通过实际行动支持学校的校庆宣传工作。

2020年6月17日,作为百年校庆图书宣传的重要部分,数字期刊“百年拾光”项目启动,该项目由校宣传部与出版社联合制作发布,电子社作为新媒体编辑团队参与到了本项目的各项工作中,在具体策划了每期栏目的展现形式,并与被访问者进行了多次详尽沟通之后,开展视频的拍摄、制作及后期处理工作。先后发布期刊8期,制作视频6部。“百年拾光”第一期一经发布,取得了良好的社会反响,发布当天,阅读量就达到了5万。

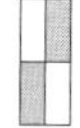

2020年9月9日,"为吾国放一异彩"小程序开发项目启动。作为"百年拾光"数字刊物的延续,同时也作为《为吾国放一异彩》一书的配套宣传,该小程序以厦门大学主要校园景观为主线,将全国34个省级行政区及福建9市1区的主流纸媒专题文章45篇一一呈现,反映百年来厦门大学紧密围绕国家和地方战略需求,主动为国家和地方服务,在地方人才培养、科学研究和社会服务等方面做出的努力和贡献,以及一代又一代厦大人扎根五湖四海、放歌天南地北、书写家国情怀的感人故事。电子社全程参与了该小程序的策划、设计、开发、制作过程。开发过程中,制作方案数易其稿,美工及内容的优化更是不胜枚举。电子社先后上传文章45篇,制作各类报纸图片86幅。针对小程序图片较大,加载速度缓慢的问题,电子社先后尝试了多种图片压缩方案,在保证呈现质量的前提下,降低了图片大小,提高了访问的速度,使小程序的在线加载访问方案达到了最优。

三、获得的荣誉

(一)电子出版物《植物生物学(课件)》(电子 CD-ROM)(责编施高翔,制作朱凤琴),2008年荣获首届福建省优秀出版物(音像、电子和游戏出版)奖

本电子出版物是教材《植物生物学》的配套课件,课件和教材内容都分绪论、植物细胞与组织、植物体的形态结构和发育、植物的物质与能量代谢、植物生长发育与调控、植物与环境、植物的遗传和变异、植物多样性和植物分类与进化八个大的模块。在课件资料收集、内容编写和制作过程中,始终把握教学大纲这根主线,严格遵循课件的思想性、科学性及先进性,保持植物生物学基础知识和基本理论的系统性、完整性的原则。

本课件是运用当时最先进的多媒体课件专业制作软件之一(autherware)进行设计制作。该软件能兼容动画、录像等多种程序。课件包含许多反映植物显微结构的显微照片,室内植物体、花、果、植被等实物照片、录像。这些都给学生提供了真实的感觉,加上录像的趣味性,能有效地激发学生学习的积极性。

本课件中还采用不少动画。动画的生动表达,是教师课堂讲解中用语言和手势都无法表达清楚的。运用进行教学,使得先前的难点变成了易点,既缩

短了课堂讲授的时间,缓解了日益丰富的知识与教学时数没有增加的矛盾;同时提高了教学效果,这种形式教学效果提高的程度,显示了现代科学技术应用于改进教学手段的威力。

本课件弥补了纸质教材形象单一,用文字和线条图难以表达清楚的缺陷,提高了学生预习和自学以及课堂听课的效果,缩短了课堂讲授的时间,缓解了日益丰富的知识与教学时数没有增加的矛盾,激发了学生预习和自学等方面的学习积极性,还起到了"百闻不如一见"中那"一见"的效果,有效地加深了学生对相关知识的理解和记忆,从多方面提高了教学效果和教学质量。

获奖证书

厦门大学电子出版社:

你社出版的《植物生物学(课件)》(电子CD-ROM)获首届福建省优秀出版物(音像、电子和游戏出版物)奖。

特发此证,以资鼓励。

福建省新闻出版局　福建省出版工作者协会

二〇〇　年一月

图5-1　《植物生物学(课件)》获奖证书

(二)电子出版物《闽南话漳腔辞典》(电子CD-ROM)(责编陈进才,制作朱凤琴),2009年荣获第二届福建省优秀出版物(音像、电子和游戏出版物)奖

闽南话漳腔,即漳州腔,指的是旧漳州府属县通行的本地方言。较之泉州腔、厦门腔有许多相同之处,但它也有自己大量特殊的词语和语言腔调。它是中原汉人入闽开漳带来的中原话与本地土话逐步交融而形成的,保留了上古、中古汉语的词汇和语音特点,也保留了少量古越族的语言底层,是古代汉语的活化石。

《闽南话漳腔辞典》是在福建省政协主持下,省委统战部、省台盟、省台办、市政协等部门联手,委托陈正统等专业学者组成编写组编写的。辞典共收词

目1.7万余条,总字数约140万字,词目以旧漳州府所在地为首,下面收录属县有差异的部分词条,也酌收台湾闽南话漳腔的部分词条。辞典录入了全部词条的漳腔读音,还附有古代文学作品《诗经》、《离骚》、唐诗、宋词以及古代私塾蒙学读物的漳腔吟诵片段,配合辞典的使用,可便于读者直接了解漳腔读音。该辞典词全程信息化采集,引入了数据库及全文搜索技术,采用自主研发的检索解析引擎,支持单字、全文等检索,并以整洁美观的画面展现结果,快速准确。

本辞典编写组聘请了国内知名闽南方言专家厦门大学教授周长楫、中国人民大学教授郭锦桴和老一辈漳州方言学者王作人及台湾学者柯逊添担任顾问,邀请漳州市方志、语言、科技、文化等各界专家、学者参加书稿审校工作,保证本辞典的学术严谨性及内容质量。

获奖证书

厦门大学电子出版社:

你社出版的《闽南话漳腔辞典》(电子CD-ROM)获第二届福建省优秀出版物(音像、电子和游戏出版物)奖。

特发此证,以资鼓励。

福建省新闻出版局　福建省出版工作者协会

二〇〇九年十二月

图5-2　《闽南话漳腔辞典》获奖证书

(三)游戏出版物《什么什么大冒险2.0》(游戏网络)(责编朱凤琴),2009年荣获获得第二届福建省优秀出版物(音像、电子和游戏出版物)奖

《什么什么大冒险2》是厦门奇域科技有限公司自主开发的一款Q版大型2D网络游戏。除了精美绝伦的画质,优美动人的音效,游戏最大的特色就是从头到尾都充满了BT文化、超级搞笑的场景、令人喷饭的对话、神经兮兮的NPC,再加上史上独一无二、极度疯狂的“整你整到我崩溃”的整人系统,整个

游戏充满了轻松休闲的特性。

该游戏从背景到风格,创造了一个轻松和平的游戏环境,符合绿色网游的特点。PK 不再是游戏的核心,战斗只是游戏的一个系统,玩家有更多的玩法,更多的选择。

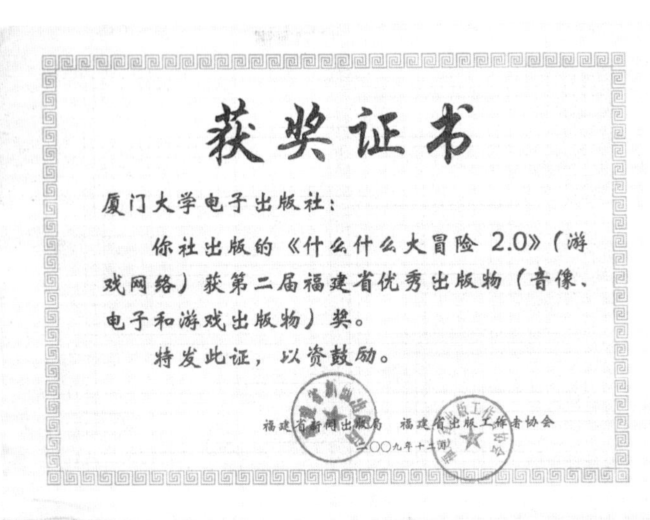

获奖证书

厦门大学电子出版社:

你社出版的《什么什么大冒险 2.0》(游戏网络)获第二届福建省优秀出版物(音像、电子和游戏出版物)奖。

特发此证,以资鼓励。

福建省新闻出版局　福建省出版工作者协会

二〇〇九年十二月

图 5-3　《什么什么大冒险 2.0》获奖证书

图 5-4　《什么什么大冒险 2.0》加载页面

图 5-5　《什么什么大冒险 2.0》游戏截图

(四)游戏出版物《醉红楼》(游戏、网络)(责编朱凤琴),2015 年荣获 2011—2013 年度福建省优秀出版物(音像、电子和游戏出版物)奖

客户端网络游戏《醉红楼》是以中国古典名著《红楼梦》为历史背景改编的一款大型精品网络游戏。该游戏画面精致细腻,游戏内容丰富、职业特色鲜明、系统多样。游戏的基本主旨和主题均以《红楼梦》为主要故事背景和情节主线、其表现的故事内容和形式及游戏内任务设计具备相关题材的显著特点,并延展了红楼梦的一些故事背景,使其具有更多的变化,通过这些变化而产生更多虚幻色彩的情节。该游戏剧情任务感人至深,通过主线任务,剧情设计等可以激发青少年的英雄意识,同时让世界了解中华民族文化与传统美德。

该游戏深入地展现了传统文化并加以深度挖掘,加入了 Q 版造型,使人物设计更具现代特点,让玩家可以在体验纯正的红楼风味同时,感受到一个可爱、浪漫的红楼世界。游戏系统设计独具匠心,创新且不失文化底蕴,操作简便,上手难度不高。

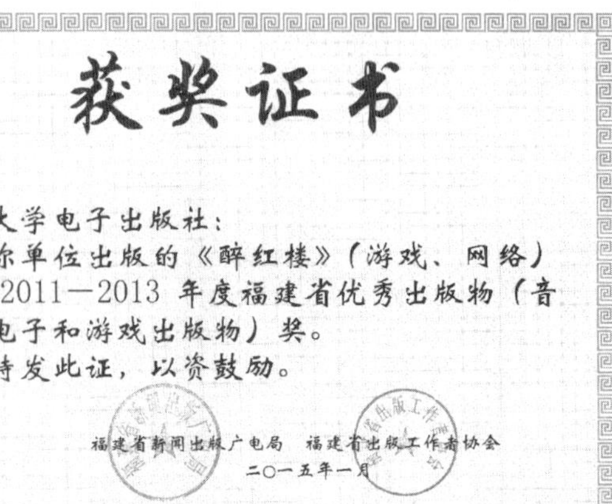

获奖证书

厦门大学电子出版社：

你单位出版的《醉红楼》（游戏、网络）荣获 2011—2013 年度福建省优秀出版物（音像、电子和游戏出版物）奖。

特发此证，以资鼓励。

福建省新闻出版广电局　福建省出版工作者协会

二〇一五年一月

图 5-6　《醉红楼》获奖证书

图 5-7　《醉红楼》游戏加载界面

图 5-8　《醉红楼》游戏截图

(五)“厦门大学海疆学术资料馆剪报资料复合出版项目”,2015 年 3 月入选 2015 年新闻出版改革发展项目库重大项目,同年 8 月,项目获批财政部文化产业发展专项资金 550 万元,2017 年,入选“十三五”国家重点电子出版规划项目

“厦门大学海疆学术资料馆剪报资料复合出版项目”是由厦门大学出版社与北京北大方正电子有限公司联合申报的国家新闻出版发展改革项目库重点项目,同时于 2015 年 8 月获得了财政部文化产业发展专项资金 550 万元支持,经过 4 年多建设,该项目于 2018 年 12 月顺利验收结项。

该项目的源资料——厦门大学图书馆馆藏厦门私立海疆学术资料馆剪报资料,是民国时期由学人陈盛明等人创办的“厦门私立海疆学术资料馆”,自民国前后数十年间所收集整理的国内外各种重要的报纸剪辑而成。该剪报资料以南洋问题为中心,同时兼顾国内其他地区和世界政治局势,其内容涉及民国前后国内外的政治、军事、社会、经济、文化、风俗等各方面情况,其中多为海内外孤本。该资料是研究近代国人海权与海洋意识方面极为难得的第一手资料,是研究近现代东南亚国家状况的百科全书,是反映华人华侨开发南洋的历史记忆,是证明南海诸岛属于中国领土的直接见证。然而该资料分散于厦门大学图书馆和厦门大学南洋研究院各书库,加之因年代已较久远,许多资料未加特别整理保护而变黄渐酸,或有虫蛀,呈易碎易损状态,不利于更好地传播和利用。该项目通过与厦门大学图书馆及厦门大学南洋研究院合作,将厦门大学图书馆私立海疆学术资料馆剪报资料的数字化升级,使海疆学术资料得到更好的保存和利用,解决文献的保存保护和公共利用之间的矛盾,通过现代技术手段延续其生命力,提高其利用率,发挥其长期的学术价值和历史文献价值。

图 5-9　海疆学术资料数据库首页

图 5-10　海疆学术资料数据库剪报页面

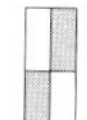

该项目将针对目前已整理并收集的大量稀见的剪报资料、历史图片、地图、海图及统计资料等进行加工整理并赋之数字化的形式。一方面择要出版纸质图书《厦门大学海疆学术资料馆剪报资料集成》(目前已出版2辑39册);另一方面使用专业的扫描设备对剪报、报纸、照片、地图等多种类型的文献进行扫描存档,同时对重点文献资料实现全文数字化加工,并将资料数据进行统一存储与管理,并通过知识服务发布平台将已经成品化的数字内容进行抽取与封装,形成各种信息展现形式的知识产品,为广大研究者或者机构用户服务。

(六)电子出版业务的发展及所取得的成果,使出版社获得第二批福建省数字出版转型示范单位称号

2015年,经过申报、评审、公示等环节,出版社获得了第二批福建省数字出版转型示范单位称号。出版社荣获此殊荣,离不开电子社所开展的各项工作。电子出版及数字出版业务为出版社数字出版转型及数字出版道路的进一步探索,提供了技术支撑及业务保障。

(本章撰稿人:施高翔、李联林)

附录

一、厦门大学出版社大事记(1985—2020年)

1985年

1月　文化部批准组建“厦门大学出版社”(文出字〔85〕第79号)。

2月　教育部批准成立“厦门大学出版社”(教供字〔1985〕005号通知)。

5月　厦门大学出版社正式成立,为正处级单位。学校任命:黄厚哲为社长兼总编(兼职);陈章干为副社长;钟同德、陈逸光、郑文贞为副总编(兼职);刘熙钧、陈天明为顾问(兼职)。设置了编辑部、出版科、发行科和办公室(含财务室)。社址设在囊萤楼一楼西侧两间办公室。

7月　校行政办公会议决定,将教务处教材科、印刷厂划归出版社管理。

8月　学校任命增补许宏业为副社长。成立出版社党支部,属机关第二总支,副社长许宏业兼任支部书记。

9月　出版社搬迁至经济学院大楼东侧会计系二楼(经济学院C201—C205)办公。

11月　出版第一种图书——《台湾府志校注》(陈碧笙校注)。

12月　厦门市人民政府根据国家教委批文和厦门大学申请报告,以厦府〔1985〕综553号文批准同意组建“厦门大学出版社”,进行企业工商注册,属全民所有制,事业单位,企业化管理。

1986年

1月　厦门市工商行政管理局核准,办理营业执照,陈章干副社长为法人代表。

8月　副总编钟同德教授携出版社出版的学术专著《多复变函数的积分表示与多维奇异积分方程》,应邀参加在瑞典举行的世界"多复变函数研究"年会。与会美国专家称赞钟先生所著一书所研究推出的公式,比美国专家早28年。我国著名数学家华罗庚教授为该书题签书名,这是华罗庚先生生前唯一题签书名的一本书。

9月　参加北京首届国际图书博览会。其间《中外合资经营企业会计》(常勋主编)被国家教委有关领导同志称赞为"出得好,出得及时,像这样的书应该多出。"

10月　《台湾府志校注》(陈碧笙校注)、《多复变函数的积分表示与多维奇异积分方程》(钟同德著)、《敦煌吐鲁番出土经济文书研究》(韩国磐主编)等三部书,首次参加法兰克福书展和莫斯科书展。

12月　参加华东地区高校出版社首届图书展览会。江泽民同志特为本届书展题写了会标。

1987年

3月　社长黄厚哲、副社长陈章干、副总编郑文贞调任。学校任命郑沛伦为社长(兼职);周勇胜为总编;陈天择为副总编(兼职);庄呈芳为副社长、法人代表。

6月　学校任命廖泉文为编辑部主任(副处、兼职)。

7月　厦门大学出版社发行业务处在厦大一条街开业。

8月　参加在大连举行的全国大学出版社首届书展。

9月　社长郑沛伦调任,周勇胜兼任社长。

11月　厦门大学出版社部门工会成立,郑耀宗任主席。

11月　出版社党支部换届,周勇胜任书记。

11月　由陈福郎策划,陈培爱著的国内第一本广告学著作《广告原理与方法》出版,之后又陆续推出"21世纪广告系列丛书"。

11月　出版国家教委教材编审组审核的委颁教材《汉语方言学》。

12月　出版国家教委教材编审组审核的委颁教材《新编英语口语教程》(1—4册)。

1988年

3月　陈天择任社长(兼职)。

4月　庄呈芳副社长辞职,陈天择社长为法人代表。

8月　出版社80种图书参加香港书展。

10月　出版社搬进位于演武操场南侧新建的校出版印刷大楼五楼(共计300 m^2),办公条件大为改善。

11月　华东地区高校出版社工作研究会第四次年会在出版社召开,出席会议的有全国大学出版协会领导和华东地区19家大学出版社代表共90多人。

11月　经国家教委全国高等学校出版社联合出版发行服务中心批准,出版社成立"高校出版社图书代办站"。

1989年

6月　全国出版社进行整顿,重新登记。厦门大学出版社获准登记,并于1990年初发放证书。经厦门市工商行政管理局组织考试,确认陈天择社长为厦门大学出版社法定代表人,并核发企业法人执照。

9月　《毛泽东思想与中国文化传统》等30种图书参加全国第二届书展。书展期间,江泽民总书记等中央领导同志参观了福建馆。

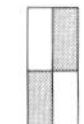

1990 年

1月　学校决定印刷厂归校科教委管理,业务方面由出版社指导。

3月　近百种图书参加全国大学出版社第二届图书看样订货会。

6月　与香港商务印书馆合作出版《毛泽东思想与中国文化传统》海外版,书名改为《毛泽东思想的中国基因》,列入商务印书馆建馆90周年丛书首批十二种之一。

10月　全国人大教科文卫委员会副主任委员刘冰同志、全国人大教科文卫委员会办公室主任史晓风同志、福建省人大常委会副主任张渝民同志、福建省人大常委会教科文卫委员会副主任陈奎同志等一行,到出版社检查著作权的贯彻实施情况,并与出版社领导同志进行座谈,充分肯定出版社几年来出版工作所取得的成绩,指出出版社的出版物是严肃的。

11月　国家新闻出版署编制"八五"国家重点图书出版规划,出版社《涉外经济系列丛书》(9种)、《南洋研究丛书》(7种)、《台湾研究丛书》(8种)被列为国家"八五"重点图书选题。

1991 年

4月　全国大学出版社第三届图书看样订货会由出版社承办。参加这次订货会的大学出版社有84家,地方出版社5家,新华书店156家,共550人,有53位国家教委、新闻出版署和各社领导亲临这次订货会。会议取得了显著的社会效益和经济效益,订货码洋首次突破1000万,是大学出版社与图书发行界一次合作成功的盛会,出版社受到国家教委主管部门的表扬和奖励。

4月　为庆祝厦门大学七十周年校庆,宣传和弘扬"南强精神",推动厦门大学教学、科研和出版工作,繁荣社会主义科学文化事业,学校决定使用校友黄克立先生等捐赠的教学科研基金,由出版社出版首批《南强丛书》(共15本)。

4月　出版社周勇胜被选为中国大学出版社协会常务理事。

6月　出版社、学报党支部换届,陈福郎任书记。

8月　出版社郑耀宗被中国大学出版社协会发行工作委员会聘为副秘书长。

10月　出版社郑耀宗被福建省图书发行协会聘为理事。

10月　出版社郑耀宗被厦门市图书发行协会聘为副会长。

1992年

4月　由新华社、人民日报、光明日报、新闻出版报、中国青年报、中国教育报、中央电视台等七家中央新闻单位组成赴闽采访团到厦大出版社采访,并在《人民日报》《新闻出版报》和新华社新闻稿上对厦大出版社情况作了报道,相继发表《近水楼台先得月》《厦大出版社全力为特区建设服务》文章,介绍出版社推出台湾、东南亚研究和为特区经济发展服务的图书。

4月　中国人民解放军中将、原国防大学党委书记兼副校长刘忠同志和原上海市人大常委会主任胡立教同志,分别为出版社题词。

6月　出版社陈福郎被选为福建省出版工作者协会常务理事。

6月　由蒋东明策划编辑,吴温暖教授主编《高等学校军事科学教程》出版。此后,出版社与省教育厅合作,陆续出版由吴温暖教授主编的《军事理论教程》《军事训练教程》《军事理论与技能训练教程》,成为全省高校使用的军事理论和训练教材。该项目由蒋东明、施高翔编辑策划,延续至今。

7月　出版社郑耀宗被华东地区高校出版社工作研究会聘为华东地区高校出版社发行工作委员会副主任,并同29家大学出版社发行人员一起进行巡回订货活动。

10月　承担在厦门大学举行的“全国版权工作会议”的会务工作。国家版权局沈仁干副局长、著名版权法专家郑成思到会并做报告,出席会议的还有省新闻出版局主要领导。

下半年,出版社经过反复讨论和研究,制定了一系列关于图书质量管理、各科室人员工作职责及经济责任制条例。大大激发了职工的工作积极性和创造性,对提高出版社图书“双效益”起了重大作用。

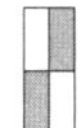

1993 年

1 月　出版社在福州设立“厦门大学出版社福州经营部”,蒋东明任法人代表。

2 月　增补陈福郎为副总编,社领导班子的成员如下:社长陈天择(兼职);副社长许宏业;总编周勇胜;副总编钟同德(兼职)、陈逸光(兼职)、陈福郎。

2 月 2 日　由林训民先生率领的“台湾出版人福建访问团”,与福建省出版工作者协会负责同志,厦大出版社、鹭江出版社负责同志在厦门大学举行闽台合作出版座谈会。

3 月　编辑部改为总编室,恢复科级建制,增设社长助理。王依民任总编室主任,蒋东明任社长助理。

5 月　国家新闻出版署署长宋木文、国家版权局副局长沈仁干、国家教委出版处副处长焦仁里、福建省新闻出版局局长张黎洲、副局长杨加清到出版社检查指导工作。

6 月　文科编辑室改为第一编辑室,黄茂林任主任,理科编辑室改为第二编辑室,宋文艳任主任。

10 月　出版社购买第一部车辆。这是一台江铃双排座工具车,可用于出差、送书、接送客人。

1994 年

1 月　出版社创建电脑室,运用激光照排系统,使排版印刷工作又上一个新台阶。

4 月 8 日　厦门大学举行敦聘吕振万先生为客座教授、吕振万书籍出版基金捐赠仪式,由吕振万捐资 100 万元人民币,用于资助厦门大学教师出版优秀专著和教材。

6 月　出版社、学报党支部换届,陈福郎任书记。

7月10日—18日　由国家教委主办、出版社承办的“全国高校出版社总编辑工作研讨会”在厦门大学举行。中宣部、国家教委、新闻出版署有关领导林炎志、宋镇铃、阎晓宏、王富,国家教委出版管理处的周思、魏小波、吕福兰、葛维威等同志,及全国87家大学出版社总编辑共120人出席。大会取得圆满成功。出版社向会议提交典型经验交流材料《发挥学科与地域优势,努力为教学科研服务》。出版社全体人员为大会做了大量精心、细致、繁重的会务工作,深受与会代表的好评。

10月　任命杨际平为副总编辑(兼职)。

11月　任命许经勇为总编辑(兼职)。

1995年

3月　出版社与学报(哲学版)编辑部被学校授予“巾帼建功”先进集体荣誉称号。

5月　为庆祝出版社成立10周年,出版《南强书苑——厦门大学出版社建社10周年纪念文集　1985—1995》。该书收入许多关于出版社的报道、书评及出版社员工撰写的纪念文章,见证了出版社10年发展的奋斗路程。

6月19日—7月1日　陈天择社长作为福建省出版工作者协会访台代表团副团长,率团访问台湾。

11月　出版社员工白来福因病手术,全社员工踊跃捐款,共捐款近万元。

12月　出版社与福友企业管理咨询公司(台湾企管专家在大陆创办公司)合作,出版“福友现代实用企管系列丛书”。该项目由蒋东明、许红兵策划,共出版近60种企管图书,延续至今。

1996年

1月　为促进全省高校计算机教学的全面展开,福建省教育厅从1993年开始组织全省高校进行非计算机专业学生计算机水平等级考试,宋文艳展开组稿工作。从1994年开始,经过一年多的组织、策划、编校加工,第一本全省

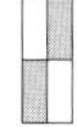

统编计算机教材《计算机等级考试复习指导》(一级)于1996年春季推出。此后,省计算机等级考试(一、二、三级)的相关教材都交由厦门大学出版社滚动出版,持续至今。

5月　第三次全国大学出版工作会议在北京京西宾馆举行,陈天择社长、蒋东明社长助理参加。会上展出厦大出版社的部分图书,引起新闻出版署署长于友先、教育部副部长韦珏等领导和兄弟出版社的极大兴趣。

6月　根据厦大人〔1996〕69号文件,任命蒋东明为副社长。

7月　出版社开始启动出版管理系统的设计工作,由施高翔负责。

1997年

3月　在纪念厦门大学校友、著名数学家陈景润逝世一周年之际,出版社推出由蒋东明、施高翔选编的《走近陈景润》一书,该书经过近一年的组稿、选编工作,汇集了许多陈景润生前的师友、同事亲自撰写的回忆文章。陈景润夫人由昆在本书中首次发表了回忆文章。

7月　华东地区大学出版社工作研究会年会于1997年7月21日至23日在厦门大学召开。全社同志全力以赴做好接待工作,热情地为到会代表服务,精心组织各项活动,使年会取得圆满成功,受到代表们一致好评。陈天择社长在大会上做“把出版社办成一个温馨的家”的发言,受到与会代表的好评。“把出版社办成一个温馨的家”成为厦大出版人的温馨理念而口口相传,并成为大家的自觉行动。

10月18日—20日　国家教委组织的以周思同志为组长的高校出版社评估验收组对出版社进行评估验收。经过3天的实地检查,听取校、社领导汇报,召开各部门员工座谈会,查阅出版社书稿档案、财务报表和规章制度,对出版社给予高度评价。出版社评估综合评分:89分,附加分12分。评估验收评语中指出:“厦大出版社自建社以来,坚持正确的办社方向,执行党的出版方针,遵守出版纪律和专业分工的原则,出书结构合理,落实了为教学科研服务的宗旨,出版了一批优秀的教材和专著,为学校的学科建设和人才培养做出了一定的贡献。树立了精品意识,图书获奖率较高,连续两年有两种书获“中国图书奖”。“出版社领导班子健全,团结进取,勤奋务实,善于作深入细致的思想工作,建立了一套比较健全的规章制度,管理比较规范,坚持书稿三审制。

经营管理水平和经济效益逐年提高,出版社已形成了稳定健康发展的良好势头。”

10月　出版社决定组织兼职校对队伍,向全校招聘,有80多人踊跃报名应试,经考核确认18名出版社兼职校对人员。

10月　成立校对室。

10月　出版社在原有的发行业务处基础上,出资50万元,注册成立“厦门大学出版社南强书苑”,法人代表蒋东明。并与厦门华文图书公司合作经营,地点设在厦大一条街1号。

11月　出版社推出大型传记文学《陈景润》(沈世豪著),它记录了党和国家三代领导人对陈景润的亲切关怀;再现陈景润攀登科学高峰的传奇生涯的大型传记文学。福建省委书记陈明义在为本书所作序中写道:“陈景润在数学王国里是位思维清晰、逻辑严谨、勤奋至极的耕耘者;在日常生活中,是一个朴素正直、谦虚谨慎、受人尊敬的科学家。”这是对陈景润十分完整的评价。

1998年

1月15日—17日　由中共厦门市委宣传部和中共厦门大学党委宣传部联合举行《陈景润》出版座谈会,出版社也同时举办《陈景润》首发式和签名售书活动。陈景润夫人由昆和儿子陈由伟应邀专程来厦参加首发式,并在厦门新华书店和厦大出版社南强书苑签名售书,一时间,大南校门口人山人海,场面壮观。《陈景润》一书是出版社选题策划的成功尝试,宣传工作做得较成功,发行量达4万册。

1月17日　由于厦门大学维修服务中心安装不慎,使出版社图书馆地下室书库消防水管脱落,造成出版社书库发生水灾,出动消防车紧急救援,直接经济损失60多万元。全社员工及部分家属迅速赶来抢搬,齐心协力,尽量减少损失。

4月10日—12日　全社职工赴汕头、潮州考察,其间,与汕头大学出版社交流联欢。

4月　福建省新闻出版局根据大学版协对出版社“高校图书代办站”的评估意见。正式批准代办站为图书二级批发单位,并办理工商营业执照,蒋东明为法人代表。

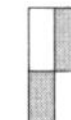

5月　“厦门大学出版社南强书苑”取得营业执照，注册资本50万元，法定代表人蒋东明。

6月　在厦门市举行的“鹭岛书香”活动中，出版社与晓风书屋、华文书店等单位共同在《厦门日报》上举行“读者最喜爱的10种书”的投票评选活动，出版社《陈景润》一书名列其中。此项活动在广大市民中引起很大的反响。

6月　因大南校门整修，出版社一条街书店拆迁，南强书苑迁址南光八，重新开业。

6月　各科室人员开始配备使用电脑。

10月　出版社投资16万元，成立“厦门大学出版社高校图书代办站”，法定代表人蒋东明。

10月　陈福郎常务副总编参加闽浙赣鄂四省出版理论研讨会。

11月25日—27日，福建省新闻出版局副局长李玉光、图书管理处处长赵文淦、副处长黄正慧等一行4人来社检查工作。

12月24日—27日，由新闻出版署教育培训中心主办、出版社承办的全国大学出版社社长、总编岗位培训总结研讨会在厦门大学举行。

12月　出版社新组建的发行一科，并参加在郑州举行的全国大学出版社第十一届图书订货会。

1999年

1月　出版社发行电脑管理系统正式启用。

1月　出版社首次参加北京图书订货会。

9月　出版社参加在福州国际展览中心展出的“福建新闻出版广播影视50年成就展”，并荣获组织奖和优秀设计奖。

11月22日　学校任命蒋东明为出版社社长、陈福郎任出版社总编辑。

11月30日　经公开竞争上岗，社务会讨论决定，并报学校组织部同意批复，任命宋文艳为副总编辑，侯真平为副总编辑(兼职)，于力为副社长。

12月17日　“厦门大学出版社”官方网站注册成功，正式上线。

12月30日　出版社举行“厦门大学出版社欢送老同志暨迎接千禧年晚会”，欢送陈天择社长、许经勇总编、杨际平副总编光荣退休。副校长吴水澎出席并讲话。

2000年

3月　出版社开始自主面向人才市场公开招聘的工作。

3月　福建省教育厅组织专家编写的《福建省面向中等职业学生招收高等职业学生入学考试复习指导用书》,由黄茂林同志主持策划,厦门大学出版社正式出版发行。本丛书初版含17种科目教材。

3月10日—12日　蒋东明社长参加全国大学出版社协会理事会暨21世纪大学出版社战略发展研讨会,并当选为全国大学出版社协会常务理事,经营管理协会副理事长。

5月15日—16日　举办建社15周年庆祝活动。在校图书馆举办精品图书展,校报刊出专版。潘维廉为《魅力厦门》签名售书。

6月9日　教育部社政司顾海良司长在校党委书记王豪杰、校长助理邓力平的陪同下,来出版社调研,对出版社的发展之路给予充分肯定。

6月14日　省新闻出版局李玉光副局长在吴水澎副校长陪同下,来出版社调研,听取出版社关于十五规划的汇报。

6月　与福建省教育厅合作,组织编写出版福建省高校"两课"教材之《思想道德修养》《法律基础》,蒋东明、施高翔、文慧云负责组织策划。

9月　与福建省教育厅合作,组织编写福建省高校《形势与政策》,每年出版8期。蒋东明、文慧云负责组织策划,省教育厅聘请两位专家担任顾问,陈福郎、徐长春先后担任主编,文慧云任责编,由省教育厅宣教处最终审定。此教材延续出版近20年。

10月　由施高翔主持策划出版福建师大公体部主编的《大学体育》。此后,与福建省教育厅及省内主要高校合作,陆续出版体育公共课教材,经过十多年的努力,出版社出版的体育教材基本涵盖了福建省内高职高专院校和主要本科院校。

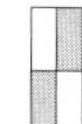

2001年

3月　出版社的大学教材推广宣传工作有了新进展。有多种教材收入《全国大中专教学用书汇编》,供全国各高校教务处教材科等部门做选用参考。

4月　为庆祝厦门大学建校80周年,出版社在校图书馆举办了"厦门大学出版社精品图书展",充分展示了出版社自1985年建社以来出版的优秀学术著作及优秀教材万余种。

4月　国家新闻出版总署署长于友先、福建省新闻出版局局长杨加清到出版社参观调研。

4月　出版社出版的《走进WTO》等59种图书计962.375印张被认定为一等品。

4月　为庆祝厦门大学80周年校庆,由出版社发起,自2001年起,在每年校庆期间资助组织厦门大学教工"出版杯"男子篮球赛,并提出"强健体魄,著书立说"的口号。到2019年校庆已共成功举办19届,成为校园一项影响极大的体育赛事,深受广大师生的好评。出版社每年都组织篮球队参赛,并取得不错的成绩。篮球运动也成了出版社最受欢迎的群众性体育运动项目。

4月　为庆祝厦门大学建校80周年,出版社推出一系列代表学校科研学术水平的精品图书——《南强丛书》(第二辑)10种,受到专家、学者的好评,其中《台湾社会经济史研究》由国家社会科学规划办公室推荐给中央政治局委员,作为了解台湾社会经济历史的参考书。

4月　出版社自筹资金,设立"南强学术出版基金",充分利用厦门大学的学科优势,计划从2002年起每年出版5种高水平的学术著作,使之成为学校的学术窗口。

4月　由施高翔策划编辑的《如何填报高考志愿》一书在北京图书大厦做重点宣传。该书翌年全国市场销售万余册,成为出版社持续多年的(2001—2010年)市场畅销书之一。该书每年出版,延续至今。

5月　组织全社员工到武夷山参观考察。

5月　宋文艳副总编参加上海版权贸易洽谈会,向台湾世贸出版社、世潮出版有限公司引进《实用目标管理》《实用管理心理学——适应篇》《实用管理心理学——管理篇》的版权,打造"现代实用企管书系"品牌,强化出版实用管理类图书的特色。

5月—7月　侯真平副总编赴荷兰莱顿大学合作校注近年在印度尼西亚雅加达发现的18—20世纪华人社区民事审判档案《公案簿》。

9月　在昆明参加第12届全国书市,出版社积极配合福建省新闻出版局,做好闽版书的宣传。并向云南少数民族地区捐赠图书2300册,码洋34000元,为西部开发做贡献,受到书市组委会的表彰。

11月　在大连参加第14届全国大学出版社订货会,出版社重点宣传推出"新婚姻法实务丛书""中国人讲英语丛书""21世纪会计学系列教材""21世纪统计学系列教材""21世纪广告丛书""现代实用企管书系"等系列图书。在第14届全国大学出版社订货会上,向大连地区贫困中小学捐赠图书1100册,码洋10650元,受到大学版协的表彰。

11月　向深圳虚拟大学园图书馆捐赠图书372册,码洋9700元;精心挑选1000册适合中学师生的图书,捐赠给地处革命老区的连城一中,受到师生的热烈欢迎。

2002年

1月—3月　出版社办公楼重新装修,租用印刷厂大会议室,增加原学报三间办公室,办公条件大大改善。

3月　全国高校图书代办站研讨会在厦门召开。

5月　出版社取得国家财政部企业国有资产产权登记证,是厦门大学唯一一家取得产权登记证的企业。

5月29日　蒋东明社长陪同陈传鸿校长,杨勇副校长、校长助理李建发等校领导赴北京,会见第一位获诺贝尔物理学奖的华人科学家李政道博士,并在中科院物理所会议室举行"厦门大学聘请李政道博士为名誉教授"的仪式,陈校长和李先生分别发表演讲。陈校长当场为李先生佩戴厦大校徽,李先生为厦大题词,并表示期待有机会到厦门大学访问讲学。出版社施高翔、王洪春也出席仪式。

5月　出版社组织全社员工到古田、连城参观考察。

6月　出版社与福建省招生办合作出版《福建招生资讯》系列,由蒋东明、徐长春策划。此项目延续出版近20年。

6月—8月　侯真平副总编继续与厦门大学南洋研究院、荷兰莱顿大学学者进行《吧城华人公馆(吧国公堂)档案丛书》之一的《公案簿》合作校注。8月《公案簿》第1辑出版。

7月　出版社员工文慧云骑车严重摔伤住院治疗,学校领导和全社员工十分关心,寻医问药,轮流值班守护。全社员工还纷纷捐款,奉献爱心。文慧云在大家的帮助下,战胜病魔,又回到工作岗位,出色地完成自己的工作。

12月20日　办公会议决定,加强图书编辑、发稿、印刷流程管理,并制订和修订了相关的文件,从2003年1月起实施。

2003年

1月22日　召开全社大会,分管领导邓力平副校长来社调研工作,充分肯定出版社近三年来取得了较大成就。

2月　学校开展清产核资工作,出版社作为厦门大学唯一一家取得产权登记证的单位,通过年审登记。

3月　设立厦大出版社福州图书配送中心,聘任徐国清负责在福州的教材发行等事宜。

3月　设立"厦门大学出版奖学金",专门面向来自西藏等少数民族地区的学生。到2019年4月该奖学金已连续颁发17次,有100多位西藏等少数民族地区学生得到该奖学金的奖励。

4月9日　国家教委社科司黄百炼副司长在李建发校长助理的陪同下,到出版社视察时指出:"大学出版社要立足高校实际,争取跨越式发展。"

4月　出版社出版由易中天主编《穿透灵魂之旅》(共5种)(2002年9月出版),引起广泛关注。

4月　由省教育厅主办,出版社承办的全省高校军事理论课教师培训班首次在厦门鼓浪屿华能宾馆举行。培训班聘请省教育厅领导、国内著名军事专家和高校教师讲课。此后,出版社每年在省教育厅的指导下,组织全省高校军事课科任教授进行培训,对提高我省高校军事理论课教师的教学水平和科研能力起到积极作用,也大大推动出版社出版的军事课程教材的发行。

4月　校机关二总支委员换届选举,陈福郎当选为机关二总支委员。

4月　出版社参加在福州举行的第13届全国书市,厦大出版社的图书得到普遍的赞誉。原新闻出版署署长,时任全国版协主席于友先到出版社展台,对出版社的图书给予充分的肯定和赞扬。

4月　为配合第13届全国书市在福州举行,出版社邀请人文学院易中天教授在克立楼报告厅做《艺术与人生》讲座,听众挤满会场,场面火爆。易中天教授还为他的新作《穿透灵魂之旅》(共5册)签名售书。

4月　出版社仓库搬入位于厦大一条街建南集团地下一层内近千平方米库房,正式挂牌成立出版社储运部,并完善了各种规章制度,工作效率大有提高。

6月　出版社经考核被评为“福建省新闻出版统计工作优秀单位”。

6月　省新闻出版局李玉光副局长来社调研。

6月　出版社召开发行财务会议,研讨强化发行的财务监督问题。

10月　组织全社员工到江西庐山、龙虎山参观考察。

10月10日—11日　出版社在鼓浪屿鼓浪别墅召开中层干部会议,讨论出版社的发展定位和发展目标问题。

10月28日　再次召开发行财务监督工作会议,形成文件,规定发行管理程序。

11月24日　在厦门大学嘉庚主楼会议室举行《透视中国东南:文化经济的整合研究》首发式。汪毅夫副省长、朱崇实校长、潘世墨、李建发副校长参加。福建省新闻出版局领导、《中国图书评论》主编杨平、本书主编陈支平等一批知名学者出席。

2004年

1月　设立美编室。

1月　启动使用“南强出版管理系统”。这是出版社自主开发的出版管理系统,对出版社的工作进行全流程的系统管理,大大提高出版社的管理水平,深受全社员工的好评。

3月　出版社对代办站增加投资34万元,代办站的注册资本由最初16万元增至50万元。

7月　出版社增加注册资本为200万元。

8月　增设综合编辑室、电子出版部、教材发行科。

10月22日—26日　全社组织到婺源、黄山考察学习。

11月3日　由朱崇实校长任主编、厦门大学出版社出版的《最新司法案例精解》丛书首发式在厦大克立楼举行。

12月13日—15日　大学版协出版工作会议在厦门召开,出版社承办会务。

12月　社务会决定从2005年开始,给每位员工送100元生日礼饼券祝贺,彰显家的温馨。

2005年

1月7日　经教育部、新闻出版总署批准,校长办公会研究决定,成立厦门大学电子出版社,与出版社采用一套人马,两块牌子进行经营。蒋东明兼任厦门大学电子出版社社长。

1月21日　出版社与九州出版社联合出版的《台湾文献汇刊》(陈支平主编)首发式在北京人民大会堂北京厅举行,国家领导人许嘉璐、成思危出席,教育部、新闻出版署、国台办、福建省新闻出版局、厦门大学、福建师范大学等单位领导参加,中央电视台当日做了报道。本书的出版在海内外引起了重大反响。

4月　出版社在井冈山召开《形势与政策》及思想政治理论课教材发行研讨会。

4月　为庆祝出版社成立20周年,出版社举办一系列活动。

邀请香港凤凰卫视著名时事节目主持人阮次山先生在厦门大学举行关于国际形势和中美、中日关系的演讲,并现场回答听众的提问。阮先生的精彩演讲吸引众多听众,克立楼报告厅被挤得水泄不通。《厦门日报》记者佘峥做了独家采访,多家媒体做了报道。厦大许多老师称厦大出版社利用社庆做了一件好事。朱校长和张颖副校长分别宴请了阮次山先生。

邀请福建省第一位获中国绿卡美国人,厦门大学教师,《魅力厦门》等多部书作者潘维廉在校本部、漳州校区开办讲座。

《厦门大学报》出版专刊,庆祝厦大出版社成立20周年。刊登王豪杰书记题词:“蕴厦大英才灵气铸科学文化精品”,朱崇实校长题词:“出版学术精品传播大学精神”。还有蒋东明、陈福郎文章,出版社员工的文章。

出版社借厦门国家会计学院举办联欢晚会,校领导、全社员工及所有在出版社工作过的同志欢聚一起,共庆厦门大学出版社20华诞。

5月　出版社参加在天津举行的全国书市,并在会上召开"女缘丛书"首发式。陈福郎总编、丛书主编林丹娅教授出席。

5月　为庆祝出版社建社20周年,出版社出版了《南方之强　文化使者》纪念册。书中主要收入大量珍贵照片和获奖书目。教育部社政司发来贺信,校党委书记王豪杰、校长朱崇实分别为厦大出版社20周年社庆题词。王书记题词:"蕴厦大英才灵气铸科学文化精品",朱校长题词:"出版学术精品传播大学精神"。出版社首次提出出版社的出版理念:"蕴大学精神　铸学术精品"。此宣传广告语多次在大学订货会和各种宣传展览场合上受到好评。

5月25日—29日　在厦门大学校内图书馆举办出版社20周年社庆书展。

6月6日　获福建省新闻出版局2004年度"福建省新闻出版统计工作优秀单位"奖励。

6月24日—25日　在同安银鹭山庄召开厦门大学出版社"十一五"发展规划研讨会,并形成会议纪要,有力推动出版社各项工作的进展。

8月28日　厦门大学电子出版社在工商局注册,正式开展业务。

9月　社长蒋东明、社长助理徐长春随海峡出版中心代表团访问台湾,出席在台北上海书店举行的《台湾文献汇刊》台湾地区首发式,并参观台湾多家出版社和图书物流配送中心。

9月20日　南强书苑迁至学校敬贤二,与三明高专书店合作,于9月23日开业。

11月25日—27日　全社组织到金门考察。

2006年

4月6日　厦门大学85周年校庆,出版社出版了《南强丛书》(第四辑共14种)、《魅力厦大》、《凤凰树下》等一系列图书作为校庆献礼。并于4月5日邀请潘维廉教授(《魅力厦大》作者)、诺贝尔奖获得者克莱夫·格兰杰(《经济学中的经验建模——设定与评价》作者)进行签名售书活动。

4月　全社员工为"厦门大学教育发展基金"捐款。

4月21日　中国国家主席胡锦涛访问美国期间，向耶鲁大学图书馆赠送"十五"国家重点出版规划项目、中央对台重点宣传项目、百册大型文献《台湾文献汇刊》。这充分表明出版社出版的《台湾文献汇刊》的重大出版价值。此新闻在中央电视台等媒体报道后，引起强烈反响。教育部领导、厦门大学领导纷纷对出版社和作者表示祝贺，对出版社坚持出版学术精品，彰显台湾研究特色表示肯定。

5月16日　台湾出版同业公会代表到出版社参观交流。

6月　出版社首次开展社聘员工职称评聘工作。

6月　在第16届全国书市期间，为推进少数民族地区先进文化建设，出版社向新疆边远少数民族地区赠书633册，码洋14297.30元。

10月　调整编辑室，设立人文、法律、综合、经管、理工外文五个编辑室，撤销第一、第二编辑室。

10月　收回出版社高校图书代办站和南强书苑经营权，任命欧光江为代办站和南强书苑经理。

10月29日　组织员工到青岛参加全国大学出版社订货会，并到济南、泰安等地考察。

11月25日　社长蒋东明陪同朱崇实校长赴北京，出席在人民大会堂举行的"李政道教授80华诞"庆典。朱校长代表厦门大学向李政道教授表示生日祝贺，并赠送大型漆线雕花瓶。

11月　出版社购买激光照排机，引进精密照排出片系统，大大提高图书印刷质量。

2007年

1月　仓库安装出版社管理系统，实现储运远程管理。

4月　颁布社编员工工资改革办法。根据最新劳动合同法细则，重新设计出版社员工聘用合同并与全体社聘员工重签劳动合同。

4月　引进电信短信群发系统，结合社内管理系统，将通知、文件等快速、准确、高效地发给相应员工及个人，提高工作效率。

4月　经出版社和代办站提议，学校组织财务处曾云声副处长、教务处吕子玄副处长、教务处谢火木副处长、学生处林东伟处长、出版社蒋东明社长、代办站欧光江总经理等部门负责人召开全校教材管理协调会,会议通过由教务处负责教材建设,由出版社代办站负责全校教材的征订、发放、结算等工作。

7月5日　召开出版社教材发行会议,邀请教务处领导,有关全校公共课教研室主任、全校教学秘书参加。此次会议由蒋社长亲自主持,会上达成了许多共识,解决了许多出版社教材在校内发行存在的问题。

9月20日　组织出版社全体党员到贵州遵义考察,进行革命传统教育。

10月26日—28日　在厦门国际会展中心举办的第三届海峡两岸图书交易会上,出版社召开《中国稀见史料》新书发布会,取得了很好的社会效益。

10月　组织全社人员到云南昆明、大理、丽江等地参观考察。

11月　出版社对出版印刷大楼六楼办公室重新修葺一新,改善办公环境。

12月　库房由校内建南集团地下层搬迁至上李,同时开展清仓工作,对新库房重新部署。

12月　分别召开办公会和全社大会,就购置厦门市软件园二期望海路39号六楼(共有2100平方米)作为出版社办公场所事宜进行讨论,最后形成一致意见:为出版社今后的发展,需要有更大的办公场所,我们应抓住机会,大胆投资,扩大我们的发展空间,也增加出版社的固定资产。同时也请求学校保留出版社在校内一定的办公场所,作为和老师、作者的联络点。

12月　为便于出版社的发展,出版社专项上缴400万元,学校对出版社增加注资400万元。至此,出版社注册资金为600万。

2008年

1月　出版社对代办站增加投资160万元,代办站注册资本由原来的50万元变更为210万元,成为一般纳税人企业。

2月　出版社召开由相关印刷单位参加的2006—2007年度出版社图书印刷质量评比,并发文通报评比结果。

2月　出版社正式购买厦门市思明区软件园二期望海路39号601单元(面积2107.76平方米)。

5月　仓库迁离学校,全部搬入上李。

5月12日　四川汶川大地震,出版社全社总动员,通过大学版协捐款

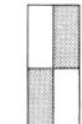

20000元,并先后向绵阳等七个县市及通过省新闻出版局向地震灾区捐献图书9800册,码洋161900元,员工个人也踊跃捐款,共计46300元。

7月11日　召开全社大会,全面动员布置出版社参加全国图书出版单位等级评估工作。

7月21日　颁布《出版社职工带薪年休假暂行办法》,取消原有的寒暑期统一休假。

8月15日　举行出版社软件园办公楼的空调招投标会议,共有四家公司参与,最后经专家、社领导等评定,厦门新必图自动化工程有限公司提供的三菱空调系统中标。

9月12日　委托厦大建南环境艺术有限公司为出版社软件园办公楼设计、装修。

10月30日　全国出版社等级评估工作小组到福建审查,蒋东明社长带领办公室、总编办、财务室等相关人员上福州进行答辩。

11月7—8日　全社中层干部会议在鼓浪屿召开,讨论新形势下出版社面临的挑战和机遇,及如何进一步发展的问题。

12月12—14日　全社党员到瑞金、长汀、赣州学习考察。

12月17日　出版社党支部大会选举,增补新支部委员。调整后的支部委员分工如下:书记陈福郎,副书记兼宣传委员黄茂林,组织委员兼纪检委员徐长春,统战委员惠诚忠,青年委员林鸣。

2009年

1月16日　出版社正式搬迁进驻厦门市软件园二期望海路39号6楼办公。

1月19日　邀请退休员工到软件园新办公楼参加2008年终总结大会,共享乔迁之喜。

2月27日　张颖副校长率厦门大学资产公司邱七星总经理等到出版社软件园办公楼视察。

3月4日　中国大学版协理事长王明舟(北京大学出版社社长)率队来厦与出版社、厦门对外图书交流中心等商谈2009年大学出版社图书订货会在厦召开事宜。

3月16日　机关第二部门工会召开大会选举新一届部门工会委员、教代会代表,许红兵当选教代会代表。

3月24日　省政协副主席、新闻出版局局长郭振家来社视察,对出版社近年来取得的成绩给予了高度评价,陪同视察的领导有出版局副局长蒋达德、厦门大学党委副书记陈国风、厦门市新闻出版局局长于浩等。

4月17日　赖虹凯副校长带队来社调研出版社学习实践科学发展观活动的开展情况。

5月4日　厦门大学资产公司领导来社调研出版社改制与清产核资工作情况。

5月6日　召开出版社清产核资动员会,布置相关工作。

6月9日　全社员工参加"慈善一日捐款"活动,共捐款4650元。

6月23日　《中国新闻出版报》刊登全国图书出版系统首次等级评估结果,厦大出版社被评为"国家一级出版社,全国百佳图书出版单位"。这是自2006年启动,历时3年,规模空前的首次出版社等级评估。评估共分4个等级,全国500多家图书出版社评出100家为最高级的一级出版社,同时授予"全国百佳图书出版单位"称号。全国106家大学出版社共有20家被评为"百佳出版社"。

6月26日—28日　组织出版社全体党员到浙江南湖考察,接受革命传统教育。

7月13日　福建出版协会、台湾出版业公会、鹭江出版社、厦门对外图书交流中心等领导到出版社,商谈今年10月在厦举行的海峡两岸图书交易会和全国大学出版社看样订货会事宜。

8月6日　福建省新闻出版局副巡视员赵文淦来社视察指导工作。

8月21日—23日　华东地区大学出版社优秀图书评奖大会在出版社召开。从图书收集、通知参评、专家审核、大会评比、会务工作、评比结果的奖品发放等环节均由出版社具体承办。华东地区各兄弟大学出版社的领导对出版社的组织工作十分满意,对出版社新办公楼的环境和新获"百佳出版社"的成绩印象深刻,给予高度评价。

8月27日　朱崇实校长、张颖副校长率领一批校领导来社视察指导,对出版社取得国家一级出版社、全国百佳图书出版单位的荣誉与成绩给予高度的评价,鼓励出版社再接再厉、再创佳绩!校电视台和校报在头版头条作了报道。

9月26日　在海洋三所多功能厅举办出版社"庆国庆、迎中秋暨庆祝出版社获评国家一级出版社”联欢晚会，全体员工(含退休)及家属参与，晚会高潮迭起，气氛热烈！是一次难忘的盛会。

10月27日—11月2日　第5届海峡两岸图书交易会暨第23届全国大学出版社订货会在厦门国际会展中心召开，出版社全员投入、承担部分会务工作，获得同行及来宾的一致赞扬。

福建省委宣传部部长唐国忠、厦门市市长刘赐贵参观出版社书展，对厦大出版社工作给予充分肯定。

教育部社科司副司长徐惟凡、出版管理处魏小波处长及刘影秋来出版社视察，祝贺出版社获得“百佳”称号，对出版社的发展思路和取得的成绩给予充分肯定，对出版社新办公楼的办公环境赞赏不已。校领导邬大光宴请了教育部领导。

在厦门国际会展中心举行本年度全国大学出版社社长工作会议，教育部、大学版协领导及100多家大学出版社社长参加。

10月28日　出版社在逸夫楼宴请参加此次订货会的全国大学出版社的领导。教育部社科司副司长徐惟凡、出版管理处魏小波处长及刘影秋参加，副校长李建发出席宴会并致辞。同时，出版社在牡丹万鹏酒店宴请各大学出版社发行、编辑人员。

10月28日　出版社策划组织的《共和国60年法学论争实录》(8卷本)首发式在厦门国际会展中心举行，总主编、原中国政法大学校长、著名法学家江平出席并发表演讲。省新闻出版局副局长陈忠才，出版社丛书策划施高翔在会上发言。共有100多位来宾出席。

11月　厦大台湾研究院游泽民书记、刘国深院长、邓孔昭副院长、邓丽娟副院长，厦门大学台湾研究中心林仁川主任一行来访，双方就进一步推动台湾研究图书出版进行商谈，会后签订《关于图书出版合作框架协议》。在合作基础上，厦大社陆续推出《台湾研究新跨越丛书》《走近两岸》等台湾研究重点图书。

11月26日　蒋东明社长、施高翔副社长赴北京参加新闻出版总署举行的“全国百佳图书出版单位”表彰颁奖大会。蒋建国副署长宣读表彰决定和名单，并授牌匾。柳斌杰署长做重要讲话。

12月　举行全社会议，欢送副社长于力，副总编侯真平光荣退休。

2010年

1月15日—27日　出版社组织部分员工到马来西亚、新加坡考察学习。

2月3日　出版社办公会讨论并通过《厦门大学出版社2010—2012发展规划》。

3月11日　出版社任命新一届社务委员：蒋东明任社长；陈福郎任总编辑兼党支部书记；宋文艳任常务副总编辑兼副社长；徐长春任副总编，施高翔任副社长(4月5日学校组织部发文任命)，并对工作进行了详细分工。

出版社合并发行一科和二科，成立营销中心。

4月2日　召开全社员工参加的"出版社董事会、监事会成立大会"。经学校办公会研究决定，任命厦门大学校长助理庄宗明为出版社董事长，出版社社长蒋东明为副董事长；厦门大学资产公司财务总监陈芃为出版社监事会主席。董事为：庄宗明、蒋东明、王炳华(校宣传部部长)、陈福郎(出版社总编、书记)、朱福惠(社科处长)、李清标(科技处长)、邱七星(资产公司总经理)、吕子玄(教务处副处长)、曾云声(财务处副处长)；监事为：陈芃、吴福武(资产处副处长)、何元赞(监察处副处长)、洪少丹(审计处科长)、许红兵(出版社工会主席)。

5月　出版社向青海玉树灾区捐款8万元，通过大学版协在中央电视台赈灾晚会上捐款。

5月　出版社举行25周年社庆系列活动。在校图书馆举行建社25周年图书展；组织全社员工赴澎湖参观考察；出版《放歌书林》，该书收录出版社新老员工的回忆文章，抒发对出版社的真挚情感，是一笔宝贵的精神财富。

7月　出版社副总编宋文艳陪同福建省高校计算机考委前往四川省调研该省高校计算机教学情况。

9月　出版社组织员工向舟曲地区捐款。

10月　出版社向西南旱灾地区捐款。

10月14日　学校发文同意出版社购买位于同安的思明工业园51号二、三楼作为仓库。

11月21日　仓库从上李搬到岛外同安仓库。

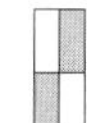

2011年

1月　出版社办公会讨论并通过《厦门大学出版社十二五发展规划》。

2月　出版社全体员工参加为庆祝学校90周年校庆而组织的“感恩南强”捐款活动。

3月　为迎接厦门大学90周年校庆,出版社召开全社大会,提出“大干苦干20天,我为校庆做贡献”口号,动员全社员工,努力完成校庆的图书出版任务。

3月29日　福建省新闻出版局郭振家局长到出版社视察指导工作,厦门市新闻出版局于浩局长、厦门大学吴世农副校长陪同参加。

4月　在出版社全体员工的努力下,出色地完成校庆图书的出版任务。共出版《南强丛书》(第五辑)(17种),校庆礼品书《中国最美的大学——厦门大学》(4种),《厦门大学馆藏珍品》(2种),有关校庆图书共计35种。《厦门大学报》(校庆专刊)对出版社的校庆图书做了专版介绍。

4月6日　出版社南强书苑重新装修开业,经营内容增加了校园文化产品和小型的咖啡吧,整个书店面貌一新。

4月13日—17日　由福建省教育厅体育卫生处发起、出版社承办的“2011年全省高校体育教师代表培训会”在漳州宾馆召开,此会旨在推广出版社出版的高校体育教材。

6月　出版社组织党员到江西井冈山参观学习。

9月26日　厦门大学校领导在出版社召开全社员工大会任免新老总编。校党委副书记陈力文,党委常委、组织部长白锡能,董事长庄宗明到社。陈力文副书记宣布学校党委的决定,任命宋文艳同志为总编,因年龄原因陈福郎同志不再担任总编。陈力文书记代表学校对陈福郎总编在任期间的工作成绩给予高度评价,对新任总编宋文艳寄予厚望。白锡能、庄宗明、陈福郎、宋文艳、蒋东明也分别做了发言。

10月29日　第七届海峡两岸图书交易会上,厦门大学台湾研究资深教授陈孔立的最新力作《走近两岸》,在厦门会展中心举行首发式。海峡两岸关系协会副会长、厦门大学新闻传播学院院长张铭清教授,福建省新闻出版局领导卓少锋,厦门大学台湾研究院院长刘国深教授,厦门大学出版社社长蒋东明等领导出席首发式并致辞，对该书给予高度评价。厦门大学党委宣传部王炳华部长以及厦门大学台湾研究相关学者参加了会议。首发式上还向厦大图书馆、台湾的多家大学图书馆赠送新书《走近两岸》。

10月30日　第七届海峡两岸图书交易会上，由厦门大学出版社出版的、知名作家怡霖的散文集《追梦霞满天》在厦门会展中心举行首发式。著名作家、全国政协委员、中国作家协会原书记处书记张胜友为该书写了序言，并为首发式发来贺电。中国作家协会创研部主任胡平、厦门市委统战部和厦门市、漳州市作家协会领导出席首发式并发表讲话。

11月2日　出版社聘请陈福郎、王日根为特聘编审。

11月25日　教育部发文“教育部关于同意厦门大学出版社改制的批复”，同意出版社改制为有限责任公司，更名为“厦门大学出版社有限责任公司”。

12月13日　出版社党支部换届，黄茂林同志任党支部书记(2012年4月校二总支批准同意)。

12月31日　出版社决定设立外文编辑室。

2012年

2月23日　福建省新闻出版局副巡视员赵文淦受省新闻出版局委托，莅临出版社检查并指导工作。专门为出版社全体员工做了一次题为《关于出版工作若干问题》讲座。

3月2日　福建人民出版社编审林小影应邀莅临出版社进行编辑出版专业知识培训。林老师从事出版工作近三十年，有着丰富的编辑出版经验，他用大量真实案例讲述了图书的定位、案头工作、文史类图书常见差错分析等三个方面内容。这次讲座对出版社编辑工作有很好的指导意义。

4月　经出版社董事会批准，重新调整社务委员会人员组成和分工，成员有：蒋东明、宋文艳、黄茂林、徐长春、施高翔。蒋东明任社长；宋文艳任总编辑；黄茂林任党支部书记；徐长春任副总编辑；施高翔任副社长；

4月　出版社决定自2012年5月1日起，将“电子出版部”更名为“数字出版中心”。

4月　出版社完成改制手续，在厦门市工商行政管理局重新注册，正式更

名为“厦门大学出版社有限责任公司”并核发新的工商营业执照，全面启用新公章等。

4月25日　国务院发展研究中心金融研究所副所长、中国银行业协会首席经济学家、研究员、博士生导师、享受国务院特殊津贴专家巴曙松做客厦大管院EDP“名家大讲堂”，并做与厦大出版社近期推出的新书——《房地产大周期的金融视角》同名的主题演讲。

6月　为加强职工医疗保障、减轻患病职工的医疗负担，出版社为全体在职员工缴交厦门市总工会发起组织的“厦门市职工医疗互助保障”活动费用。

6月13日　由厦门日报、厦门晚报发起的文学爱好网友共15人来出版社做客，蒋东明、王依民、王鹭鹏等与他们进行座谈交流，每位来宾可从样书室自选两本书。此次活动在厦门文学界网友中引起很大反响。

6月15日　由新闻出版总署刘双洋局长率领的“书号实名制申领”检查团到出版社检查，对出版社的书稿、三审流程的管理和规范性操作给予高度评价。

6月　出版社党支部组织全体党员到陕西延安学习考察，进行革命传统教育。

9月3日　新闻出版总署下发《关于同意厦门大学出版社更名为厦门大学出版社有限责任公司的批复》，指示省新闻出版局为出版社办理变更登记手续。

9月13日　出版社出版的新书《漳州与台湾关系丛书》于台北开幕的第八届海峡两岸图书交易会上举办首发式，受到与会人员特别是广大台胞的高度关注。此次交易会上，本书主编、漳州市政协主席谭培根先生还带着本套丛书及近两年出版社出版的展现漳台历史文化渊源关系的《漳州与台湾族谱对接指南》《海峡两岸开漳圣王庙宇楹联集》、明正德版和万历版的《漳州府志》等书拜会了连战、江丙坤、王金平等漳籍台湾政要名人，受到他们的高度肯定。

9月18日　出版社设立福州发行办事处，加强福州及周边地区的发行力量。

10月25日　全国政协原副主席、厦大校友张克群视察出版社图书展，并愉快地签名留念。

10月26日　在第五届海峡两岸文博会上，出版社在厦门国际会展中心为知名作家怡霖的新作《人约黄昏后》举行隆重的首发式。

10月30日　教育部下发《关于同意厦门大学电子出版社改制的批复》，同意电子出版社改制为有限责任公司，更名为“厦门大学电子出版社有限责任公司”。

11月　在青岛举行了第25届大学出版社图书订货会和大学出版论坛，出版社展出的新书深受关注，装饰精致的展台获“优秀展台”，“蕴大学精神，铸学术精品”获“优秀宣传语”。

11月6日　出版社组织了“奉献一片爱心，收获一种感动！”的捐款活动，为出版社出版的《楚楚花开》作者涂馨予献爱心。受蒋东明社长委托，党支部书记黄茂林一行专程到医院看望涂晋警官及家人，并将全体员工的4万元捐款交到涂晋的手上。社长蒋东明表示，“出版社愿与全体厦门爱心市民一道，共筑厦门文明的道德高地，共建厦门和谐的精神家园”。

11月7日、11日　厦门音乐广播电台的《蔷薇之旅生活家》人物访谈“光阴的故事”中，洪岩主播专访了社长蒋东明，广播节目还专门举办了“微博互动送书”活动。

11月10日　上午10点法学院教授李琦撰写的新书《与学生书》的签售活动由出版社南强书苑主办，李琦现场签售，为读者们寄语。

11月12日　出版社党支部黄茂林书记带领支委惠诚忠、贾素文到翔安教育局商谈，拟在所辖区域寻找一所合适(边远、贫困)的中学，进行支部共建，提供师资、器材等方面的帮助，弘扬企业正能量。

11月14日—18日　出版社组织全社员工到山西参观考察。

11月28日　厦门大学副校长金能明等领导同志来到出版社深入开展调研工作，并与出版社中层干部进行座谈，对出版社今后工作的重点做出了重要指示。

11月29日　福建省新闻出版局图书处处长卓少锋等到出版社，听取出版社2013年图书选题报告，并做出指示。

12月1日　出版社在南强书苑举行了外文学院英文系主任纪玉华老师的新书签售活动。纪老师和外籍教师 Sandra Adams 博士为读者们题写寄语。

12月6日　厦门大学党委杨振斌书记、叶世满副校长以及资产公司等领导一行来到出版社调研工作。在听取了蒋社长介绍的出版社创社至今发展情况以及取得的一些标志性成绩之后，杨书记肯定了出版社的发展成果，并寄语出版社能更快更好地发展壮大，在努力为学校教学科研做贡献的同时提升总体的价值，表示学校要加大对出版工作支持力度。

12月12日　出版社购置了位于厦门市同安区西柯镇思明工业园51栋(2—3层)的新仓库。

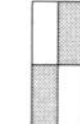

12月13日　根据厦门大学部署，全校部处机关、学院领导全面轮岗，由陈正国为组长的考察组到出版社听取社领导的述职报告，并进行大会调研、现场民调、分组谈话等。最后学校根据综合情况，对蒋东明社长和宋文艳总编的工作给予充分肯定，并决定两位领导继续留任，不必轮岗。

12月31日　电子出版社完成改制工作，在厦门市工商行政管理局重新注册，更名为“厦门大学电子出版社有限责任公司”，并核发新的工商营业执照。

2013年

1月12日　外文学院纪玉华教授“英语演讲与辩论”主题沙龙暨作品签售会在南强书苑举行，签售作品有出版社出版的《英语发音与朗读教程》《英语朗读与演讲》《英语演讲与辩论教程》。

1月17日　出版社取得同安区美溪道思明工业园51号201、301单元(面积合计3390.66平方米)产权。

1月19日　出版社在宁波书城举行了《战神刘玉栋》的新书发布会。刘玉栋、易小荷、蒋东明、赵康健等参加签售活动。

1月23日　应出版社的邀请，复旦大学出版社社长、总编辑贺圣遂先生在厦大人文学院报告厅做学术报告——《编辑与出版》。厦大部分师生、出版社员工及鹭江出版社、《书香两岸》诸多编辑参加。

3月19日　出版社办公会讨论决定，凡出版社中层干部、中级以上职称人员，每年需发表一篇以上的论文或工作报告，作为推动理论学习研究风气的一项举措。

4月11日　出版社和人文学院的领导、教师、编辑欢聚一起，畅谈新的选题。人文学院教师是出版社的重要作者群，双方合作源远流长，出版很多学术精品。此番双方相聚一起，繁荣学术的出版计划又有新的开端。

4月　厦门市软件园管理委员会正式批准出版社入驻软件园二期，出版社出资购买的软件园二期望海路39号6楼办公楼的产权正式变更到出版社名下。

4月21日　全国人大常委，原国家教委副主任，国家总督学柳斌先生，在北师大出版社副社长胡云富陪同下，参观视察出版社。柳斌先生对厦大社的学术出版特色,尤其是出版台湾研究方面的图书特别感兴趣。对出版社的办公环境给予很高的评价,殷殷嘱托厦大出版社越办越好。

4月25日　中宣部出版管理局局长郭义强一行在省委、市委宣传部领导同志的陪同下到厦大社调研。对于厦大社今后工作的重点,郭局长提出三个宝贵的建议:首先是要坚守,其次是要发展、创新,再次是要建设好出版人才队伍。

4月19日　福建省教工委宣传部部长叶扬在出版社主持召开出版社出版的《福建历史文化简明读本》编委会会议,社领导及各编委出席。

5月17日　出版社召开数字出版工作座谈会,施高翔副社长做出版社数字出版工作对策的汇报。

5月25日　为纪念陈景润八十诞辰,出版社出版的《铸梦——追忆舅舅陈景润》一书,在厦门外图书城举行新书发布会。

6月12日　厦门大学潘维廉教授"魅力厦门"主题沙龙暨作品签售会在厦大南强书苑举行。老潘以老外的视角,娓娓道来厦门的变化。签售作品有出版社出版的《魅力厦大》《魅力鼓浪屿》《老外看老鼓浪屿》《魅力厦门》《老外看福建》等。

7月　在华东地区大学版协推荐投票中,共推选10家出版社为新一届中国大学版协常务理事,厦大出版社再次当选。

7月12日　福建省政协副主席、福建省新闻出版局局长郭振家一行,在厦门市副市长黄强、厦门大学副校长金能明等陪同下,来出版社调研和指导工作。

9月27日上午　江西高校出版社邱少华社长、肖俊南副总编一行8人,来出版社交流,并考察南强出版管理系统,大家对管理系统的设计理念及具体解决办法等进行了深入交流。

10月16日—19日　在云南昆明举行的第26届全国大学出版社图书订货会暨2013全国新书昆明团采会上,出版社展位设计被评为第26届全国大学出版社图书订货会优秀展位,并有较大的图采量,扩大了南强ERP管理系统的影响,很好地宣传了出版社的企业文化。

10月25日—28日　"第九届海峡两岸图书交易会"及"第六届海峡两岸文化产业博览会"在厦门会展中心隆重举行,出版社新书《福建翻译史论》和《中国会馆志资料集成》举行了首发式。

10月26日　在海峡两岸图书交易会上,由海峡两岸图书交易会组委会、厦门市作家协会、厦门外图集团有限公司主办的"国台办2013年对台交流重

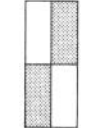

点项目——2013年首届海峡两岸文学笔会暨海峡两岸出版社与作家对接会”隆重举行，陈福郎老师参加了此活动，并参与了海峡两岸出版社与作家对接版权与选题的研讨。

10月29日　召开全社大会，学习习近平总书记8·19宣传思想工作会议讲话，蒋东明社长代表社领导班子做出版社开展群众路线教育活动对照检查。

11月30日　由厦门市作家协会主办的出版社图书《永远的丰碑》首发式在厦门市图书馆举办。这是一部荟萃著名爱国归侨作家高云览先生诞辰100周年纪念文章和书评的文集。

11月23日　出版社与菲律宾世界日报社在菲律宾首都马尼拉联合举办《菲律宾华人通史》首发仪式，陈福郎、薛鹏志参加，中国驻菲律宾大使马克卿到场祝贺。

11月27日　福建省新闻出版局蒋达德副局长、程少霞副处长参加出版社2014年年度选题论证会。蒋局长提出“巩固、提高、拓展、转型、多元”的指导意见。

12月4日—6日　出版社社务委员、各编辑室主任赴上海交通大学出版社、复旦大学出版社、浙江大学出版社学习考察，收获颇丰。

12月13日—14日　出版社全体办公会成员至厦门市委党校召开“未来三年发展务虚会”。与会人员认真准备，对出版社未来发展思路、举措提出了许多很好的意见。

12月27日　《把梦留住——叶楠西部支教纪实》再版发布会在厦门大学举行。会上，厦门大学党委书记杨振斌向所有参与支教的志愿者致敬，呼吁青年学生在参加与民众结合的实践中汲取营养，在为他人的无私奉献中收获快乐；杨书记还赞扬：“我校出版社虽然规模不大，但是具有很强的政治性，为学校的教学科研以及宣传工作做出了很大的贡献。”

12月28日　出版社举行新一届董事会、监事会，金能明副校长、谭绍滨董事长、原董事长庄宗明及全体董事、监事出席。会议听取蒋东明社长的汇报，肯定了出版社的工作，并对今后的发展提出了指导性的意见和具体支持措施。

2014年

3月20日　出版社与外文学院在囊萤楼三楼大会议室,联合举办“老外看闽南文化”讲座。

4月23日　世界读书日,斯普林格(Springer)科技商贸传媒新加坡私人有限公司董事总经理兼编辑总监潘万和先生、斯普林格亚洲有限公司北京代表处柴宁、李琰编辑到访出版社,与出版社蒋东明社长、宋文艳总编辑等共商合作大计,畅谈出版之道。

4月28日　龙岩学院李泽彧校长、刘国买副校长、邱玉峰处长等一行参访出版社,并与出版社正式签署了出版战略合作协议。

5月6日　出版社与福建江夏学院在出版社会议室就双方今后的合作方向、合作方式进行了务实的沟通和探讨,蒋东明社长和屈广清副校长分别代表厦门大学出版社和福建江夏学院正式签署出版战略合作协议。

5月7日　出版社工会换届,许红兵继续担任工会主席。

5月9日　出版社施高翔副社长率队前往福建省商业高等专科学校本部,与该校校长袁新文、党委副书记胡新平,以及图书馆馆长、会计系部分教师等商谈合作,双方就校本教材、实训教材和税务系列教材的编写出版,以及馆藏图书的购买赠送等达成了意向。双方领导签订了出版战略合作协议。

5月15日—17日　华东地区版协常务理事会在出版社召开。

5月31日　厦门大学出版社与三明学院在三明学院正式签订出版战略合作协议。厦门大学出版社蒋东明社长、施高翔副社长,三明学院刘健校长、陈晓明副校长等相关部门领导出席签约仪式。蒋东明社长与陈晓明副校长分别代表厦门大学出版社与三明学院签订了合作协议

6月12日　厦门大学出版社与福州大学在福州大学正式签订出版战略合作协议。蒋东明社长与陈国龙副校长分别代表厦门大学出版社与福州大学签订了合作协议。

6月15日　福建省新闻出版广电总局党组书记李闽榕专程到出版社调研并与社领导座谈。

6月24日　出版社与仰恩大学签订出版战略合作协议。

8月2日　在厦大副校长李建发的陪同下,上海立信出版社到出版社参

观并进行了交流。

9月15日　出版社南强速印中心开业。

9月29日　出版社出版的《台海文献汇刊》在北京台湾会馆举行首发式。中华全国台湾同胞联谊会会长汪毅夫教授，第四届全国侨联主席庄炎林先生，中宣部、国务院台办、中央电视台、新华社，社科院、北京大学、中国人民大学，福建省社科联、厦门大学、闽南师范大学、台湾成功大学、台湾东吴大学等专家学者100多人出席。全国台联领导、闽南师范大学党委书记林晓峰、厦大出版社社长蒋东明、陈支平教授、台湾成功大学教授分别在首发式上致辞。

6月　出版社南强书苑翔安校区分店开业，位于翔安校区图书馆一楼，面积达270 m^2，为师生提供图书、咖啡饮品、校园文化产品等服务，成为翔安校园文化新亮点。

10月24日　闽西职业技术学院来永宝校长及学校科技处、教务处、合作处领导莅临出版社参观指导，并与蒋东明社长、徐长春副总编一起进行业务交流。来校长与蒋社长共同签署了《闽西职业技术学院与厦门大学出版社战略合作协议》，并就“闽西职业技术学院国家级骨干校特色教材建设丛书”的出版事宜达成共识。

10月26日　在厦门市作家协会、海外华文女作家协会主办的“海外华文女作家2014双年会暨华文文学论坛”上，出版社蒋东明社长、宋文艳总编参会并赠书。

10月29日　福建省新闻出版广电局陈必滔局长、蒋达德副局长，厦门市文广新局领导一行莅临出版社调研并指导工作。

10月　出版社高校图书代办站被授予“全国优秀教材经销商”称号。

11月13日　“凤凰树下随笔集”出版基金捐赠仪式在出版社举行。厦大物理系82级校友为表达对母校的一片深情，捐赠出版基金30万元。出席签约仪式的嘉宾有厦门大学党委副书记、纪委书记赖虹凯，厦门大学校友总会副秘书长石慧霞，厦门大学报主编卢明辉，厦门大学物理系82级校友代表洪峰等。

11月21日—23日　应中国民事诉讼法研究会邀请，施高翔副社长、法律编辑室主任甘世恒赴成都参加由四川省高级人民法院和中国民事诉讼法研究会联合主办的中国民事诉讼法研究会2014年年会。施高翔副社长与张卫平会长、李浩副会长、齐树洁副会长等学会领导共同商议，初步达成了多项合作协议。

12月11日　出版社党支部换届，黄茂林继续担任党支部书记，眭蔚任副书记,惠诚忠、李宁、邓臻任支委。

2015年

1月13日　召开南强丛书编委会,朱崇实校长、李建发副校长以及各编委参会,筹备迎接厦大95周年校庆的出版事宜。

1月29日　出版社天猫旗舰店正式上线。

2月21日　朱崇实校长莅临出版社,代表学校向出版社即将到来的30岁生日表示祝贺,并为出版社建社30周年纪念文集作序。

3月18日　在福建新闻出版广电局开展的首批省级传统出版转型示范单位评估中,厦大社在战略组织、资源实力、产品形态、市场表现等4类35项评估中表现优异,被列为福建首批省级传统出版转型示范单位,本次仅两单位入选。

4月22日　世界读书日前一天,李克强总理在厦大考察期间,在校园书店经厦大社社长蒋东明推荐,自费购买了出版社出版的"中国最美的大学"丛书(《厦大往事》《厦门大学嘉庚建筑》《我的大学》《美丽厦大油画集》共4册),成为轰动海内外的一段佳话。

5月7日　全体员工在出版社大会议室举行出版社30周年庆典活动,会上社歌首发,大家一起观看了《独秀东南》的视频,蒋东明、陈福郎做了热情洋溢的讲话。之后由蒋社长和宋总编切生日蛋糕,全社员工装点许愿树,在办公室共进简餐,沉浸在一片欢乐喜庆氛围之中。

5月9日　由厦门市作协和外图书城主办的我市作家蔡伟璇短篇小说集《凤凰花地》首发品读会在外图厦门书城一楼举行。

5月10日　在国家会计学院,出版社举办了30周年社庆庆祝晚会。

5月8日—11日　出版社在厦门大学建文楼举办了"厦门大学出版社三十周年社庆"书展。

5月16日—17日　出版社在厦门市图书馆举办了第二场"厦门大学出版社三十周年社庆"书展。

出版社30周年社庆期间,出版了"致敬30年"丛书4种——《媒体里的厦大社》《厦大版序跋精粹》《厦大出版社印记》《厦大出版人的故事》。刊登出版社庆30年《厦门日报》专版、《厦门大学报》专刊,拍摄电视片《独秀东南》,谱写

了《厦门大学出版社社歌》。

6月5日　作为社庆活动之一,出版社组织全社在职党员、员工前往古田、长汀、武平、上杭进行教育实践活动。并听取了龙岩市委宣传部副部长傅染生做关于《古田会议精神》的报告。

7月1日,出版社聘任洪卜仁、李向群为特约编审。

7月6日,在厦门市档案局(馆)举行李向群主编的《见证:1938厦门:日寇入侵厦门前后报刊史料汇编》新书发布会,蒋东明社长、薛鹏志主任参加。

8月21日—24日　受"厦门国际动漫节"组委会邀请,出版社在厦门会展中心C厅参展。

8月25日　《中国出版传媒商报》在2015年在北京国际图书博览会(BIBF)上发布的《中国图书世界馆藏影响力调查报告(2015版)》显示,厦大社有173种图书进入世界图书馆收藏系统,在全国近600家出版社中位居第55名。

9月10日　是中华人民共和国第31个教师节,厦门大学举行了2015年教师节座谈会,同时举行了出版社出版的新书《我的厦大老师》首发式。校领导和教师学生代表参加。

9月12日　在第十一届海峡两岸图书交易会上,出版社图书《台湾女性文学史》《图说开漳圣王文化系列丛书》首发。

9月18日　在抗战胜利70周年的"国耻纪念日",厦门大学召开了"内迁长汀办学座谈会"。会上,由出版社出版、石慧霞所著《萨本栋传:民族危机中的大学校长》首次出版面世。

10月16日　宋文艳总编率编辑一行到贵州师范大学调研,双方就教材建设、学科建设、教师培养进行了细致和深入的交流,探讨合作的出版方向。

10月29日　学校召开《我的厦大老师》编委会,张彦书记、林东伟副书记、詹心丽副校长等出席。校领导对本书在短短两个月时间高水平出版,受到广大师生和社会各界关注好评给予充分肯定,对出版社关于本书在编辑、出版、微信微博宣传等方面的工作大加赞赏,并将该书列入学校宣传用书和95周年校庆用书。校报专题以"我的厦大老师"为栏目,首次登载蒋东明撰写的纪念陈天择老社长文章。今后出版社还将继续推动这一品牌。

10月30日　"十三五"高职高专经管系列教材选题论证会在出版社举行,厦门各高职院校分管校领导、学科带头人,厦门大学出版社总编宋文艳等领导及出版社经管编辑室、营销中心相关人员出席会议。会议讨论了拟出版课程、编写方案、出版形式、出版时间等,最终达成第一期于2016年出版17门课程教材的协议。

11月7日　出版社出版的《上帝也会哭泣——行走中东的心灵激荡》一书的作者范鸿达博士在厦门外图书城举行了“行走中东”的专题分享会。

11月8日　出版社出版的王永盛文学评论集《符号与思想》在厦门外图书城举行新书发布会。

11月12日　在福州举办纪念李耕诞辰130周年系列活动，出版社出版的《李耕国画研究》在会上首发。

11月13日　出版社办公会讨论通过《厦门大学出版社十三五发展规划》。

11月16日　由中国民事诉讼法学研究会主办，厦门大学出版社、厦门大学法学院承办的“第四届紫荆民事诉讼青年沙龙”在厦门大学出版社举行。

11月18日　宋文艳总编参加在吉林大学中心校区举行纪念唐敖庆先生诞辰一百周年活动，座谈会上吉林大学党委书记杨振斌向与会代表隆重推荐了出版社出版的图书《高山仰止——唐敖庆和他的弟子们》。

2016年

1月14日　出版社召开出版社退休老同志座谈会。共有11位退休同志应邀参加。蒋社长向老同志介绍出版社一年来的工作及取得的成绩。老同志对出版社的发展感到欣慰和鼓舞。

3月30日　厦门大学校庆95周年系列活动之一，由出版社出版的《有一种爱叫永远》新书首发式暨作品座谈会在北京钓鱼台国宾馆成功举办。该书作者为厦大校友、著名归侨女作家陈慧瑛。首发式由厦门大学校友总会和厦门市作家协会共同主办，厦门大学出版社、厦门日报社、华亿传媒承办。全国侨联前主席庄炎林、现任主席林军，国务院港澳研究中心主任陈佐洱、中国作协副主席何建明、厦门文联党组书记林起、厦大校长朱崇实、副校长詹心丽，出版社蒋东明社长、宋文艳总编、厦门日报总编江曙曜等共计100余人参加了活动。新华社、中新社、人民日报、光明日报、中国日报、凤凰卫视、中国新闻出版广电报、中华读书报、中国出版传媒商报、厦门日报等数十家媒体参会报道。首发式的成功举办，引起读者和媒体广泛关注，为校庆活动增添新亮点。

4月5日　出版社南强书苑设立“厦门大学走进世界”——95周年校庆图

书礼品展销活动。

4月6日　厦门大学95周年校庆。出版社出版《南强丛书》(第六辑)21种,出版《天南地北厦大人》,并在《95周年校庆专刊》上登载专版"厦门大学出版社,献给95周年校庆精品图书",引起很大反响。

4月21日　校工会常务副主席宋毅、副主席史虞龙等莅临出版社商议在全校各学院共同设立"悦读书屋"有关工作。

4月22日　由湖南省新闻出版广电局质检中心主任罗正茂率领湖南省17家出版社代表莅临出版社交流。

4月26日　出版社携手厦门大学工会在曾呈奎楼建筑学院阅览室正式启动"悦读书屋"建设活动,首批有十个部门工会建设了"悦读书屋",出版社和校工会支持申请单位的书屋建设,提供了有关中华传统文化、厦大历史文化、地方文化等近600册书籍。

6月17日　作为献给第五届闽商大会的一份"贺礼"——《闽商发展史》正式面世。福建省委常委、省政府常务副省长张志南,福建省政协副主席杨根生,福建省政协原副主席李祖可,省委统战部、省政府办公厅、省各民主党派、省工商联、省光彩事业促进会,各设区市委统战部、市工商联和福州大学的领导同志,闽商文化发展基金会常务理事,闽商、专家、作者、出版单位、世纪金源集团代表等160余人出席会议。

6月18日　出版社与筼筜书院举办了与出版社图书《鼓浪屿故人与往事》同名的主题沙龙活动。邀请作者詹朝霞女士与大家分享鼓浪屿的故人与往事。

6月29日　学校召开由出版社出版的《厦门大学年鉴2016》首发式,这是我校第一部年鉴。会议还就我校党史校史工作进行座谈。学校党委书记张彦、副书记林东伟,原校党委书记王豪杰,老教授潘懋元、郑炳三、洪永宏及学校有关部门负责人60多人出席。

7月8日　"首届海峡两岸民事诉讼论坛"由出版社协办,在亚洲海湾酒店成功举行。

7月8日　出版社与莆田学院签订战略合作协议。

7月16日　厦门外图书城举行"英雄心事彩丝扬"暨出版社出版的《姚明传奇》分享签售会。

8月28日　在第23届北京国际图书博览会上,出版社连续第四年荣膺"中国图书世界影响力出版100强"称号。

9月13日　台湾图书出版事业协会理事长林洋慈到出版社交流。

9月13日　由出版社协办的“在厦门,和麦家、陈学冬来一场文学世界的冒险”对谈文学讲座,在厦门大学科学艺术中心报告厅举行。

9月15日　凌晨,厦门遭受了从1949年以来最大的台风“莫兰蒂”正面袭击,全厦门岛损失102亿元。出版社也遭受了不少损失。全社职工众志成城,发扬出版社“温馨的家”企业精神,开展灾后重建工作,使全社工作迅速回到正轨。

9月17日　出版社新书《明道显性:沟通文理讲记》的作者周昌乐在厦大南强书苑举行首发与读者见面会,并开展签售活动。

9月22日　出版社《房地产大转型的“互联网+”路径》一书的英文版 *"Internet Plus" Pathways to the Transformation of China's Property Sector*,由 Springer 出版发行。

10月16日　上午“家事法评注丛书”新书首发式在北京友谊宾馆隆重召开。首发式由中国法学会婚姻法学研究会常务副会长龙翼飞教授主持,中国法学会婚姻法学研究会会长夏吟兰教授、出版社黄茂林书记分别致辞,中国法学会婚姻法学研究会副会长、厦门大学法学院蒋月教授出席首发式。

11月　出版社开始进行为期两个月的中层干部培训系列活动。邀请清华大学出版社吴培华总编辑做“新技术条件下策划编辑的素质与能力”讲座,浙江大学出版社金更达副社长作了“互联网环境下出版社推进融合创新的实践与思考”,厦门大学人文学院朱水涌教授作了“习总书记在文艺座谈会上讲话精神解读”的培训讲座。出版社领导也做了辅导讲座,并组织前往南京师范大学出版社、南京大学出版社、东南大学出版社调研、学习。

11月25日　全体员工在出版社大会议室听取11月出版社在阜阳九中的图书漂流活动中捐赠了一批图书的活动报告。

11月　出版社在2016年新闻出版统计工作中表现优秀,被国家新闻出版广电总局办公厅评为“出版统计工作先进单位”。

12月4日　李秀华教授“生活、学习、工作”主题沙龙暨作品签售会在厦大南强书苑举行,本社资深编辑王依民老师作为客串嘉宾主持对话。签售作品有出版社出版的《谁动了我的婚姻》。

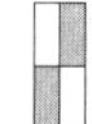

2017年

1月12日　著名作家王敦携新书《打开文学的方式》在北京国展与读者见面，吸引了近百名文学爱好者前来参加。

1月13日　“家事法评注丛书”新书推介会在中国(北京)国际展览中心隆重召开。

1月13日　出版社在北京老国展8号馆的展位举行了《新中介的崛起与房地产价值链的重构》新书发布会。

1月　代办站荣获由《全国大中专教学用书汇编》编委会颁发的2016年度全国优秀教材经销商的称号。

4月5日　“同文书库·厦门文献系列”第一辑(10册)新书座谈会在厦门市社会科学院举行，该丛书展现厦门近代文献典籍的旧书重版和遗籍新刊，整理出版流散和面临失传的一批厦门近现代诗词文献。

4月21日　出版社参加了厦门大学“悦读书屋”赠书仪式。

5月5日　东南大学出版社江建中社长一行到出版社参观指导。

5月21日　致公党厦门大学总支的各位老师莅临出版社参观。

6月27日　《厦门大学海疆剪报资料选编》首发式在北京台湾会馆举行，中华全国台湾同胞联谊会会长汪毅夫，厦门大学校长朱崇实，全国政协社会和法制委员会副主任、香港福建社团联会副主席兼秘书长、厦门大学1963级校友周安达源以及部分学术界、图书馆、出版界、媒体代表参加了首发式。

朱校长在首发式会上说：厦门大学之所以能成为知名的高等学校，是因为他有许多闪光的名片，而厦大出版社就是这其中一张亮丽的名片。出版社作为文化单位，不在北京、上海这样的文化大都市，而位于较边远的厦门，能有如此的影响和成就，实属不易。

7月17日　厦门大学出版社与厦门大学新闻传播学院、厦门大学外文学院举行了共建实习基地的签约仪式。出席本次签约仪式的有厦门大学出版社的社长蒋东明及其他社务委员，新闻传播学院的书记郑树东、常务副院长黄合水，外文学院的院长张龙海以及其他相关人员。

8月10日　出版社跃居2017海外馆藏影响力排名第35位，在大学出版社中排名第7位，连续5年跻身百强。

8 月 22 日　出版社总编辑宋文艳代表厦门大学出版社向中华科技基金捐赠 254 万码洋图书。

8 月 26 日　出版社主办的日本通史读本《宛如梦幻》典藏版(作家:赤军)新书见面会在第 24 届北京国际图书博览会上举行。

8 月 29 日　出版社出版的《邮票上的金砖国家》首发式在厦门外图书城隆重举行。

9 月 7 日　中国新闻出版广电报要闻与机动报道部章红雨主任一行到出版社交流。

9 月 29 日　首都市民心中最具影响力的《北京晚报》“阅读之美”刊发“书香中国·北京阅读季”专版,全国 12 家出版社社长/总编推荐好书,满足市民高品质精神文化需求。其中出版社蒋东明社长推荐好书《打开文学的方式》。

10 月 10 日—12 日　由出版社承办的“第五届全国部分高校出版社工作研讨会”在厦门召开,来自全国的 23 家高校出版社齐聚厦门,共同探讨新形势下高校出版社的发展机遇与挑战。

10 月 11 日　全国民营出版机构标杆企业参观团莅临出版社参观,与出版社领导亲切座谈。

10 月 13 日　在第 13 届海峡两岸图书启动仪式上,由厦大社蒋东明社长和台湾商务印书馆王春申董事长分别代表海峡两岸出版人,带领 8 名小朋友共同启动“书香两岸,情系中华”大门,别有创意的启动仪式受到观众的一致好评。

10 月 13 日　《海上丝绸之路精要外文文献汇刊》首发式在厦门市文化艺术中心举行,厦门大学原校长、“一带一路”研究院院长朱崇实,厦门市社科联党组书记周旻、厦门市文化广电新闻出版局出版管理处处长蒋春平,厦门大学社科处副处长冯文晖,厦门大学图书馆馆长萧德洪,人文学院党委书记王炳华,厦门大学出版社社长蒋东明,以及部分厦门大学领导、学术界、图书馆、媒体代表出席了这次活动。

10 月 13 日　出版社在第 13 届海峡两岸图书交易会现场举办“生命至上——厦门抗御‘莫兰蒂’超强台风纪实”首发式,备受关注。

10 月 14 日　由大陆、香港、台湾地区出版人组成的华文出版年会考察团莅临出版社,与出版社领导亲切座谈。

10 月 14 日　中国出版工作者协会理事长邬书林到访出版社,听取社长蒋东明的工作汇报,对厦大出版社工作予以充分肯定和高度评价。他指出,大学出版社在为高校教学科研服务的过程中,要拓宽视野,把出版人类最优秀的

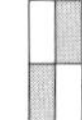

知识和学术成果作为自己的使命。

11月16日　蒋东明社长出席华东师大出版社成立60周年的庆典。邬书林在演讲时说,我接触过许多大学出版社,有两家出版社备受校领导的称赞,一所是华东师范大学出版社,他们学校的书记说,华东师大社在业内排名超过华东师大;另一所是厦门大学,他们的校长说,厦门大学出版社是学校的一张闪光的名片,校长如此肯定,是很不容易,说明大学出版社真正为学校做出了贡献了!

12月8日　出版社召开"干部任免大会"。校党委副书记、副校长李建发、组织部部长梁卫中、校长助理、董事长谭绍滨、图信党委书记林瑞榕以及出版社全社员工出席。会上李建发同志宣布,任命郑文礼为出版社社长,蒋东明因年龄原因卸任,不再担任出版社社长。李建发对蒋东明担任18年社长的工作给予充分肯定,对郑文礼新任社长寄予期望。谭绍滨、林瑞榕、蒋东明、宋文艳、郑文礼也分别发表讲话。

12月21日　西藏民族大学党委副书记、校长刘凯一行,莅临出版社参观交流。社长郑文礼、总编辑宋文艳向来宾介绍了出版社的总体情况、出书特色,以及近年来出版社积极参与学校对口支援西藏民大工作的情况。

2018年

1月11日　《中国民法典争鸣丛书》首发式在北京举行。丛书总主编、中国人民大学常务副校长王利明教授,执行主编、中国政法大学柳经纬教授,丛书作者、北京大学法学院尹田教授出席首发式。他们对该丛书给予高度评价,表示该丛书出版对我国民法典编纂和民法学发展将产生有利影响。出版社总编辑宋文艳、副社长施高翔参加了首发式。

1月12日　出版社在北京中国国际展览中心成功举办了"海上丝绸之路研究丛书"首发式。厦门大学教授、人文学院副院长王日根,北京大学历史学系教授、华侨华人研究中心主任吴小安,山东画报出版社总编辑傅光中,日本菲利斯女学院大学外国人客员研究员寇淑婷,出版社总编辑宋文艳,出版社副社长施高翔以及部分媒体代表和读者参加了首发式。

3月17日　"改革开放40年法律制度变迁"丛书编委会会议在京举行。中国法学会副会长、丛书编委会主任兼总主编张文显教授,厦门大学党委书记、丛书编委会主任张彦教授,出版社宋文艳总编辑、副社长施高翔出席会议。

3月24日　高等教育出版社社长苏雨恒、副总编阎志坚、销售部主任冯拥军、高教社上海公司总经理郭立伟等莅临出版社参观交流。厦大党委副书记、副校长李建发,出版社社长郑文礼、总编宋文艳、副社长施高翔、社长助理欧光江以及前社长蒋东明等人参加了此次座谈交流会。

3月30日　出版社组织全体员工赴集美为陈嘉庚校主扫墓,并参观陈嘉庚纪念馆和集美学村。

4月23日　世界读书日出版社和厦门大学化学化工学院联合举办《一代鸿儒——记化学家蔡启瑞》首发式。

5月4日—5日　厦门大学出版社和厦门理工学院以及中国高校计算机慕课联盟(CMOOC)福建区工作委员会、福建省计算机学会教育分委会共同主办的"福建省高校首届Python语言教学研讨会"在厦门理工学院成功召开。来自福建省十六所高校的六十多位老师参加了本次研讨会。

5月29日　社长郑文礼、总编辑宋文艳、厦门大学人文学院副院长、厦门大学出版社特聘编审王日根教授等一行拜访贵州师范大学有关领导及作者,并与贵州师范大学副校长徐晓光等签订战略合作协议。

6月5日　中共厦门大学委员会发文"关于成立中共厦门大学出版社总支部委员会的通知",将出版社由原来隶属中共厦大图书信息档案委员会支部提升为独立的总支委员会。

6月12日　广西师范大学党委副书记赵铁带领该校出版社党委书记、社长张艺兵一行,到厦门大学出版社分享先进办社经验,共同探讨原创出版与精品出版、ERP管理系统的建设、出版社社会效益考核、出版创新发展等出版人关注的热点问题。出版社社长郑文礼,总编辑宋文艳,副总编辑黄茂林、徐长春,副社长施高翔等出席。

6月15日　厦大党委书记张彦到出版社调研,出版社总编辑宋文艳、社务委员及其他员工一起迎接张彦书记的到访。在宋总编的陪同下,张书记逐一参观出版社各部门,仔细听取宋总编介绍各部门职能、图书出版流程等,饶有兴趣地翻看出版社的本版图书,仔细了解出版社自主开发的南强出版管理系统中关于样书领取的APP程序。随后,与在场社领导进行交流,张书记指出,企业经营战略可以选择创新模式,也可以选择坚守传统,要允许在尝试中犯错。

7月1日　出版社党支部荣获"2016—2018年厦门大学先进基层党组织"称号;黄茂林获"厦门大学优秀共产党员"称号。

7月2日　由福建省教育厅主办、厦门大学军事教研室承办、厦门大学出版社协办的“2018年福建省普通高校军事理论课教师培训班”在厦门开班。省教育厅、厦大军事教研室领导，出版社社长郑文礼，副社长施高翔，第三届普通高校军事课教学指导委员会副主任委员吴温暖教授，福建省90余所高校军事理论课骨干教师及青年教师参加会议。

7月23日　召开传达厦门大学第十一次党代会精神的汇报会。第十一次党代会代表、出版社原社长蒋东明作了汇报，出版社社长郑文礼、总编辑宋文艳做了重要补充发言。

8月22日　2018BIBF上公布出版社继续入选中国图书海外馆藏影响力100强(排名第76)。

9月21日　来自世界著名出版企业施普林格-自然集团(Springer Nature Group)的两位来宾——经济学、管理学及政治学编辑总监William Achauer和编辑张盈盈访问出版社。

11月1日　出版社部门工会成立暨第一次会员大会在大会议室正式召开。本次会议共选举出版社首届部门工会委员，惠诚忠当选首届部门工会主席。

11月1日　台湾图书出版事业协会理事长林洋慈等一行3人莅临出版社参观访问。

11月13日　厦门大学分管出版社工作的党委常委、副校长杨斌在学校相关部门领导等陪同下，莅临出版社调研指导工作，听取社领导班子汇报，全面了解出版社发展情况，并对出版社今后工作重点和工作思路进行指导。

12月10日　西藏民族大学书记欧珠、副校长袁东亚一行到访出版社。社长郑文礼、总编辑宋文艳等代表全社热烈欢迎欧珠书记一行的到来。

12月17日晚　第五期芙蓉湖畔对话——文学·性别·人文·关怀暨“厦门大学妇女/性别研究文丛”首发式在厦门大学翔安校区顺利举行。校领导和中国妇女研究会领导，社长郑文礼等出席。

12月18日　在改革开放四十周年纪念日这一天，出版社携《邮记中国：改革开放四十年》《邮票上的中外著名大学》两套新书在厦门外图书城与读者见面。

12月18日　教育部社科司教学与出版处调研员林丽等领导，专程前往出版社参观指导，出版社社长郑文礼、总编宋文艳、特聘编审蒋东明等出席座谈会。

11月20日　厦门市社科联党组书记、常务副主席何瑞福，厦门市社会科学院副院长李桢一行,莅临出版社交流座谈。出版社总编辑宋文艳等参加了本次座谈会。

12月23日　国家新闻出版发展改革项目库重点项目暨财政部文化产业发展专项资金重点扶持项目“厦门大学海疆学术资料馆剪报资料复合出版项目”进行项目结项验收审核。出版社项目组及联合申报单位北京北大方正电子有限公司向验收专家组汇报了项目的开展及实施过程,并展示了项目的成果。经过讨论、审核,验收专家组认为“项目完成了‘海疆学术资料馆’剪报的资料整理、影印出版及‘海疆学术资料馆’资源管理平台和知识服务平台的各项建设任务”“资料收集齐全,出版成果具有较高的学术价值和史料价值。平台建设设计合理,系统运行稳定”“项目管理规范,制度完善,资金使用符合相关规定要求”,并一致同意该项目通过验收。

12月26日　《我不见外——老潘的中国来信》在厦门大学首发。

12月26日　庆祝出版社高校图书代办站30周年暨南强书苑20周年座谈会在出版社大会议室隆重举行。出版社社长郑文礼,总编辑宋文艳,副总编辑黄茂林,副社长施高翔,副总编辑徐长春,社长助理、代办站、南强书苑总经理欧光江率全体员工出席了本次座谈会。应邀参加本次座谈会的还有厦门市出版物发行业协会会长、原社长蒋东明,首任代办站站长郑耀宗,三明学院图书馆馆长、原南强书苑经理马腾,华文书店总经理、原南强书苑经理陈社光,原代办站经理陈瑞珍,以及南强书苑项目合作的负责人欧阳沅胜、林霖、康立强等。

12月29日　中共厦门大学出版社总支成立暨干部任命宣布大会在出版社召开,校党委常委、组织部部长孙理出席会议,出版社党政领导班子成员及各部门职工参加会议。孙理首先宣布中共厦门大学出版社总支成立,并宣读了学校任命决定:郑文礼同志任中共厦门大学出版社总支委员会委员、书记,黄茂林同志任中共厦门大学出版社总支委员会委员、副书记。

2019年

1月10日　出版社出版的《勇立潮头:福建改革开放40年》新书首发式在北京国际展览中心成功举办。

1月11日　“改革开放40年法律制度变迁”丛书首发式在北京国际展览

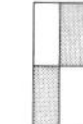

中心隆重举行。国家“2011计划”司法文明协同创新中心理事会秘书长、“改革开放40年法律制度变迁丛书”执行主编、中国政法大学柳经纬教授,厦门大学法学院许和山书记,党总支书记、社长郑文礼,宋文艳总编辑、施高翔副社长出席。

1月20日　出版社与泉州轻工学院战略合作协议签订仪式在泉州轻工学院举行。泉州轻工学院校长林松柏,副校长黄重成等领导出席,党总支副书记黄茂林、副社长施高翔、社长助理欧光江、理工编辑室主任陈进才等一行六人出席了签约仪式。

1月30日　人民画报社上海办事处主任、原上海科技文献出版社社长梅雪林到出版社座谈交流,并做题为《移动互联时代数字出版的现状与趋势》的讲座。

2月4日(除夕)　思明校区三家村广场,出版社联合厦门大学团委开展的“我们的节日·春节”书香校园系列活动,在一片欢声笑语中拉开了帷幕。超千名厦门大学中外留校生和游客参与了活动,现场人流涌动,气氛火爆。本次活动,出版社向公众展示了近300种精选优质图书,其中《邮记中国:改革开放四十年》、《中国最美的大学——厦门大学》丛书、《儿童中国文化导读》国学启蒙系列读本、《改革开放40年法律制度变迁》、《勇立潮头:福建改革开放40年》、《回眸高考40年》,以及潘维廉“老潘系列”的《魅力厦大》《魅力鼓浪屿》等,得到广大师生和游客的喜爱,引来大家驻足观看。

2月18日　本学期开学第一天,出版社召开学习习近平总书记给潘维廉教授重要回信精神座谈会。校党委常委、副校长杨斌出席座谈会并讲话。

2月20日“南强丛书”(第七辑)编委会第一次会议暨选题论证会在颂恩楼1603会议室召开,本次会议由编委会主任张荣校长召集并主持,与会的还有校党委常委、副校长杨斌,校党委常委、宣传部部长徐进功以及出版社领导等其他编委会成员。

3月12日　由厦门大学团委和厦门大学出版社联合举办,邀请潘维廉教授在科学艺术中心为我校近千名师生作题为“我30年的中国故事”的专题讲座。校党委副书记林东伟,党委常委、宣传部部长徐进功,学生工作部(处)部(处)长李峰,校团委副书记(主持工作)洪海松,出版社原社长蒋东明,出版社副社长、“魅力·老潘”系列丛书责编施高翔出席了此次讲座。

3月26日　厦门大学出版社第一届职工代表大会第一次会议在大会议室隆重举行。

3月29日　出版社荣获“2018—2019年度厦门市文化企业30强”称号。

4月10日　出版社党总支书记、社长郑文礼一行拜访西藏民族大学，双方就进一步加强学术交流、出版合作等事宜进行座谈。会前，西藏民大党委书记、副校长欧珠会见了郑文礼社长一行。

4月10日　上海大学出版社戴骏豪社长一行3人莅临出版社参观交流，出版社党总支副书记、副总编黄茂林，副社长施高翔以及南强融合出版平台研发团队出席座谈会。

4月13日　为丰富职工业余文化生活，响应校工会关于“组织教职工春游踏青、亲近大自然”的号召，出版社全社职工来到有着“万紫千红花不谢，冬暖夏凉四序春”之美誉的泉州市永春县，开启了一场文化探寻之旅。

4月15日—16日　出版社副社长施高翔陪同厦门大学管理学院教授潘维廉，为潘教授的新书《美丽新平潭》前往平潭进行采风行动。

4月20日　为了深入研讨今年1月教育部、中央军委国防动员部联合下发的《关于〈普通高等学校军事课教学大纲〉的通知》〔教体艺(2019)1号〕文件精神，2019年全省高校军事理论课新教学大纲研讨会在厦门举办。

4月21日　出版社获得厦门大学98周年校庆第19届“出版杯”教职工篮球赛第一名。这个荣誉是19年来出版社篮球队奋斗者的最好褒奖，是出版社所有人的付出与心血的结晶。

4月22日下午　出版社“出版奖学金”获得者见面会在厦门大学南强书苑举办。出版社党总支书记、社长郑文礼，总编宋文艳，以及来自建筑与土木工程学院的迪丽胡玛尔·卡哈尔、外文学院的严格、管理学院的马宇轩3位获奖学金同学出席见面座谈会。

4月25日　厦门市软件园第十三届健康马拉松赛火热开跑。出版社宋文艳、许红兵等29名马拉松爱好者也积极报名参赛。本届马拉松赛场上，出版社职工继续发扬奋勇争先的体育精神。理工编辑室李峰伟再创佳绩，成功跻身前三十。

4月26日—27日　由福建省计算机学会教育工作委员会、中国大学计算机MOOC联盟福建工作委员会主办，厦门大学出版社、福州大学数计学院承办的第二届福建省高校“大学计算机教学论坛”在福州大学成功举办。

5月20日　厦门大学百年校庆人物传记系列作者座谈会在厦门大学颂恩楼1603会议室举行。副校长邓朝晖，出版社党总支书记、社长郑文礼，总编辑宋文艳，百年校庆项目负责人蒋东明，以及厦大中文系教授李如龙、海南师范大学教授严春宝、厦大档案馆馆长石慧霞、厦门市作协副主席吴尔芬、高级经济师林间、高捷成烈士长孙高庆麟、厦门城市职业学院教授沈世豪等传记图

书作者及责任编辑。

5月24日　出版社出版的《影像常勋》一书首发式在厦门大学群贤楼204报告厅举行。

5月28日　《厦门大学出版社社史》编写委员会举行第一次会议,决定编辑出版《厦门大学出版社社史》,列入厦门大学百年校庆丛书。

6月19日　第十一届海峡论坛在厦门召开之际,由福建省新闻出版局、厦门大学主办,厦门大学台研院协办,福建省人民政府台港澳事务办公室、福建闽南文化发展基金会支持,厦门大学出版社、福建省东宇影视有限公司承办的,出版社出版的《过台湾:从历史走来》新书发布会在厦门大学台湾研究院举行。

6月25日　举行出版社党员大会,全体参会党员以无记名投票方式差额选举产生了中共厦门大学出版社总支部委员会委员(按姓氏笔画为序):李小青、宋文艳、郑文礼、施高翔、徐长春、黄茂林、眭蔚。党员大会结束后,中共厦门大学出版社总支部委员会召开第一次全体会议,选举郑文礼同志为党总支书记,黄茂林同志为党总支副书记。

7月11日　财政部厦门监管局党组书记、局长王国利,处长侯文波,调研员张清河,副处长叶良艺等一行6人莅临出版社调研。

7月25日　在庆祝中华人民共和国成立70周年,闽宁对口扶贫协作23周年之际,厦门大学出版社向隆德县图书馆捐赠图书仪式隆重举行。出版社党总支书记、社长郑文礼教授,社长助理欧光江,隆德县委常委、县政府副县长马龙,隆德县文化旅游广电局副局长马振庄,隆德县图书馆馆长焦小梅出席捐赠仪式。

7月27日　出版社党总支书记、社长郑文礼,社长助理、营销中心主任欧光江等到访西藏民族大学。双方就进一步加强学术交流、对口扶贫等事宜进行座谈并举行赠书仪式。西藏民族大学党委常委、副校长史本林,科研处副处长张剑雄、教务处副处长田波、法学院院长侯明、财经学院副院长魏小文、图书馆馆长孔繁秀及图书馆相关工作人员参加了捐赠仪式。

8月15日　出版社官方微店开通“巴曙松作品专区”。

8月20日　出版社官方微店开通“邮书系列专区”。

9月17日　根据厦门大学开展“不忘初心、牢记使命”主题教育活动的方案安排以及出版社党总支的统一部署,出版社各党支部结合编辑出版工作实际,以“当初入党为什么”为主题开展主题党日活动。

9月20日　《邮说国学:哺育中华三千年》首发式在厦门国际会展中心隆

重举行。厦门大学党委常委、副校长杨斌,福建省民政厅原厅长、福建爱国拥军促进会会长、本书编委会主任黄序和,福建省政协农业与农村委员会主任刘宏伟,中共福建省委宣传部出版管理处负责人龚高健,厦门市文化和旅游局出版管理处处长蒋春平,出版社社长郑文礼、总编辑宋文艳以及其他社领导,还有部分学术界、图书馆、出版界、媒体代表等参加了首发式。

9月25日　出版社联合福建省民政厅、福建省爱国拥军促进会在福州市龙峰宾馆大厅举办《邮票上的民政事业:献给新中国成立七十周年》新书首发仪式。福建省原副省长陈荣凯,福建省民政厅厅长池秋娜,福建省民政厅原厅长、省爱国拥军促进会会长黄序和,出版社总编辑宋文艳等参加了首发式。

9月27日　出版社领导干部围绕"加强党的政治建设"和"全面从严治党"专题进行"不忘初心、牢记使命"主题教育第一次集中学习研讨,出版社党总支书记、社长郑文礼主持。

10月16日　中央宣传部出版产品质量监督检测中心副主任田森到出版社调研、指导工作。出版社党总支书记、社长郑文礼,总编辑宋文艳,副书记、副总编辑黄茂林,副总编辑徐长春,副社长施高翔,印务中心及文编室等相关人员参加了座谈会。

10月16日　出版社与厦门大学后勤集团在出版社会议室举行"企业文化建设合作框架协议"签约仪式。

10月18日　出版社领导干部围绕"主动担当作为"和"严守政治纪律和政治规矩"专题开展"不忘初心、牢记使命"主题教育第三次集中学习研讨,出版社党总支书记、社长郑文礼主持,副书记、副总编黄茂林领学。

10月25日　出版社领导干部围绕"锤炼党性修养"和"严格廉洁自律"专题开展"不忘初心、牢记使命"主题教育第四次集中学习研讨,出版社副总编徐长春、副社长施高翔领学。

11月1日　厦门大学第54届学生田径运动会、第19届教职工运动会暨第28届老年人体育健身大会正式开幕,出版社首次独立组队参赛,社领导高度重视,全社员工热情昂扬,开幕式在出版社党总支书记、社长郑文礼和副书记黄茂林带领下,由48名员工身着鲜艳运动服,排出黄底红字的"1"字形方阵,寓意"顽强拼搏,勇夺第一"!

12月10日　出版社向厦门大学翔安校区"一站式"学生社区综合育人平台捐赠图书,打造"书香社区",助力"三全育人"。

12月16日　根据《厦门大学出版社有限责任公司2020—2022年度定点印刷供应商招标办法》《厦门大学出版社有限责任公司2020—2022年度定点

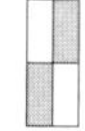

印刷供应商招投标会议开标程序》《厦门大学出版社有限责任公司2020—2022年度定点印刷供应商评分细则》有关规定,出版社严格按照招标公告的要求,根据分数确定10家印刷企业入围定点印刷供应商。

2020年

1月16日　出版社"不忘初心、牢记使命"主题教育总结大会在出版社大会议室召开,学校第六巡回指导组组长黄田出席并讲话。

1月17日　出版社2019年度总结表彰大会在出版社大会议室举行。

1月17日　在出版社党总支书记、社长郑文礼同志和总编宋文艳同志的带领下,出版社领导和工会委员分成两个慰问小组,走访多名出版社离退休职工,向老人们致以新年的问候。

1月20日　出版社高校图书代办站、南强书苑2019年度总结表彰大会在出版社大会议室举行。

2月10日起　出版社在抗击新冠肺炎疫情期间,齐心战"役",共克时艰,分批复工。出版社疫情防控工作小组参加学校视频会议;社领导充分利用微信工作群做好疫情防控宣传教育工作;出版社做好每日在厦人员确认情况表、返厦人员每日健康情况检测表;职工自觉做好学校"教职工每日健康信息登记";出版社党员参与所在社区疫情防控志愿服务活动;出版社为方便高校线上教学制作相应电子书;与厦门大学社科处着力组织出版《疫情防控的历史回望与现实思考》一书。

2月27日　厦门大学党委副书记赖虹凯莅临出版社,调研疫情防控与复工复产工作情况。出版社党总支书记、社长郑文礼和总编辑宋文艳向赖虹凯副书记进行汇报。

2月27日　出版社召开党支部书记抓基层党建工作述职评议会,听取三个党支部书记抓基层党建工作述职,并开展评议工作。会议由党总支副书记黄茂林主持,全体党总支委员、部分党员及若干群众以视频形式参会,校党委组织员、党的建设工作办公室副主任姚有新老师视频参会。

3月12日　出版社党总支49名党员(47名在职职工党员和2名退休职工党员),通过厦门大学教育基金会疫情防控捐款专用账号捐款共计12580元。

3月13日　全国大学版协对2020年各大学出版社抗击新型冠状病毒肺炎疫情工作进行统计，出版社全体员工为抗击疫情捐款18080元，捐赠口罩200只；出版社开放免费电子图书及各类免费电子资源64个。

3月16日　出版社党总支书记、社长郑文礼带领相关人员到基层深入了解同安仓库近期图书发运情况、高校图书代办站疫情防控情况、南强书苑疫情防控和消防工作情况。

4月29日　出版社召开“应对疫情　加速推进南强出版管理系统全流程应用”研讨会。会议由出版社副社长施高翔主持，出版社党总支书记、社长郑文礼，总编辑宋文艳，副书记、副总编辑黄茂林，副总编辑徐长春及出版社办公会成员参加会议。

5月18日　厦门大学接到《教育部社科司关于反馈图书出版单位2019年度社会效益评价考核情况的函》(教社科司函〔2020〕26号)，厦门大学出版社2019年度社会效益评价考核得分为98分，等级为优秀。

5月28日　为贯彻落实校领导关于校庆出版物进行宣传预热的指示精神，出版社举行百年校庆出版工作会议。出版社党总支书记、社长郑文礼教授主持会议，总编辑宋文艳，副书记、副总编辑黄茂林，副社长施高翔，副总编辑徐长春，特聘编审蒋东明等人参加。

6月5日　厦门大学党委书记张彦到出版社调研。出版社党总支书记、社长郑文礼，总编辑宋文艳，党总支副书记、副总编辑黄茂林，副社长施高翔，副总编辑徐长春等社领导参会。

6月7日　作为厦门大学100周年校庆倒计时300天系列活动的第一场活动，厦门大学出版社百年校庆图书联展周在南强书苑揭幕。

6月10日　厦门大学杨斌副校长、资产处苏清伟处长，出版社社长郑文礼教授、总编宋文艳编审、原社长蒋东明特聘编审、社长助理欧光江及校办相关老师，出席了图书联展周活动。

6月24日　出版社召开百年校庆出版工作推进会。会议分为两个阶段，第一阶段介绍了百年校庆图书选刊数字读物“百年拾光”相关工作推进安排，出版社副社长施高翔主持会议，党总支书记、社长郑文礼，总编辑宋文艳，党总支副书记、副总编辑黄茂林，副总编辑徐长春，特聘编审蒋东明等人参加会议。第二阶段对出版社文编室职工的动员会，会议由徐长春主持，郑文礼、宋文艳、黄茂林及文编室全体职工参会。

6月24日　出版社党总支党校于出版社大会议室开展第一期基层党建能力提升班党课。党课由出版社党总支书记、社长郑文礼主持，党总支副书记、副总编辑黄茂林作题为《党支部如何做到七个有力》的报告,出版社党总支委员、各支部书记和委员、党员中层干部、编辑部全体党员参加。

7月1日　出版社召开纪念中国共产党成立99周年暨2019—2020年"两优一先"表彰大会,会议由出版社党总支副书记、副总编辑黄茂林主持,出版社全体党员参加。

7月2日　出版社召开"十四五"规划(重点选题)调研会。会议由出版社总编辑宋文艳主持,出版社党总支书记、社长郑文礼,党总支副书记、副总编辑黄茂林,副社长施高翔,副总编辑徐长春及各编辑室主任参加会议。

7月10日　出版社党总支党校举行第一期基层党建能力提升班结业式,由出版社党总支副书记、副总编辑黄茂林主持,出版社党总支委员、党支部书记和委员、全体中层党员干部参加。

7月16日　厦门市思明区滨海街道办事处主任苏金赞等一行人莅临出版社,代表思明区政府为我社颁发厦门市思明区"2019年纳税大户"奖牌,并就疫情期间我社复工复产予以了关心和指导。

7月16日　出版社编辑部上半年工作总结及下半年工作部署会在出版社会议室举行。厦门大学出版社党总支书记、社长郑文礼,总编辑宋文艳,副书记、副总编辑黄茂林,副社长施高翔,副总编辑徐长春,编辑部全体人员以及印务中心、营销中心负责人参会。会议由郑文礼社长主持。

8月3日　出版社召开"十四五"规划草案研讨会,出版社社领导、原社长、各科室主任等参加了研讨会,会议由出版社党总支书记、社长郑文礼主持。

8月14日　宁夏党委宣传部出版管理处副处长李莉、黄河出版传媒集团副总经理谭立群等五名宁夏新闻出版业"十四五"发展规划编制工作调研团队,在福建省委宣传部出版管理处副处长池勇波等陪同下,莅临出版社调研交流。随同来访的还有厦门地区部分新闻出版行业同仁。我社党总支书记、社长郑文礼,总编辑宋文艳,党总支副书记、副总编辑黄茂林等热情接待了宁夏新闻出版业调研团队。随后,召开调研座谈会,会议由池勇波副处长主持,我社郑文礼社长、宋文艳总编、黄茂林副书记、施高翔副社长及徐长春副总编参加座谈。

8月26日　出版社第一届教职工代表大会第二次会议正式召开。会议采取线下设主会场(出版社会议室)和线上手机随会相结合的方式进行。厦门大学出版社党总支书记、社长郑文礼,总编辑宋文艳等大会主席团成员全体出席会议,出版社原社长蒋东明作为特邀代表参加会议,会议由出版社党总支副书记、副总编黄茂林主持。

9月7日　出版社召开百年校庆图书宣传工作专题会。出版社党总支书记、社长郑文礼教授主持会议,总编辑宋文艳,社长助理、营销中心主任欧光江,总编办、数字中心、营销中心,以及各编辑室相关负责人和工作人员参加会议。

9月10日　出版社在大会议室召开新版南强出版管理系统全社全流程上线说明暨动员会,全体社领导、社办公会成员及全体编辑参加,副社长施高翔主持会议。

9月10日　出版社总编辑宋文艳携美编室主任以及工会成员前往慰问康复中的出版社员工张雨秋,为她送去单位和全体员工的关怀。

9月18日　出版社召开"乘风破浪　砥砺前行"百年校庆图书出版大干180天动员大会,会议由出版社党总支副书记、副总编辑黄茂林主持。

10月8日　出版社在大会议室召开2021年度选题动员大会。总编辑宋文艳主持会议,社领导及全体编辑人员参加会议。

10月15日　《闽东抗日战争档案史料》系列图书发布会在第十六届海峡两岸图书交易会期间隆重召开。省委宣传部出版管理处处长、一级调研员龚高健,厦门市文化和旅游局出版管理处处长蒋春平,厦门大学马克思主义学院党委书记侯利标,厦门大学历史系主任张侃,厦门外图集团出口部总经理熊武兴,宁德市档案馆办公室主任刘剑清,宁德市档案馆保管利用科干部苏中方,出版社党总支书记、社长郑文礼,总编辑宋文艳,党总支副书记、副总编黄茂林以及部分学术界、图书馆、出版界、媒体代表等参加了发布会。

10月16日—17日　出版社召开了福建省高校"大学计算机教学改革与教材建设研讨会"。来自福建师范大学、集美大学、福建医科大学、福建中医药大学、闽江学院、三明学院等高校老师就福建省高校大学计算机的教学改革与教材建设进行深入沟通、广泛交流意见。

10月24日　出版社第一、二、三党支部在出版社大会议室开展主题为"编辑出版业务培训"的双周政治理论学习活动。本次培训授课人员为出版社第二党支部书记、文编室主任李小青和文编室副主任胡佩,首次采用线上线下相结合的形式,社外编校人员以远程同步观看直播的方式"零距离"参加培训。

10月29日　中共厦门大学第十一届委员会第五轮巡察工作第一巡察组巡察出版社工作动员大会在出版社618大会议室召开。校党委第一巡察组组长、机关党委书记梁卫中,副组长、校工会副主席李招淡,党委巡察办副主任洪真裁,巡察组成员杨建中、郭锦星、刘建敏、揭莉萍、曾惠容、黄旻敏等出席大

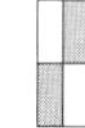

会。大会由出版社党总支书记、社长郑文礼主持,出版社党政领导班子成员、部分担任过单位班子成员的退休干部及全体在职职工参加了大会。

11月12日　出版社党总支在社大会议室召开党总支委员会扩大会议,传达学习党的十九届五中全会精神。会议由党总支书记、社长郑文礼主持,党总支委员、支部书记参会,校党委第五轮巡察第一巡察组副组长、校工会副主席李招淡,校党委第五轮巡察第一巡察组成员、法学院党委副书记郭锦星列席会议。

11月16日　出版社第一党支部在大会议室召开党员大会,主题为:学习十九届五中全会精神,为建设文化强国而奋斗。会议由第一支部书记高健主持,第一支部全体党员出席,校党委第五轮巡察第一巡察组联络员、机关党委秘书黄旻敏莅临指导。

12月3日　出版社编辑部在大会议室开展双周政治理论学习,主题为:学习"习近平总书记给人民教育出版社老同志的回信"。会议由宋文艳总编辑主持,编辑部全体人员出席。

12月15日　出版社第三党支部和图书馆采编党支部在图书馆一楼会议室,以"资源共建共享,服务教学科研"为主题开展支部共建活动。图书馆采编党支部陈娟、向佳丽、李灿元、周红、郑贵榕等从厦门大学图书馆馆藏资源、采选原则、复本政策、大学社出版品收藏、文献加工和分类编目、数字图书馆建设和用户需求等方面与出版社第三支部党员开展交流。图书馆采编党支部详细阐述了在采访编目、挑选馆藏图书等日常工作中如何发挥党支部的政治引领作用,将党支部工作与采编部业务工作相结合,严格把控图书采购的政治关,实现"党建促发展"。

12月17日　厦门大学党委副书记、纪委书记全海到出版社调研指导工作。出版社党总支书记、社长郑文礼,总编辑宋文艳,党总支副书记、副总编辑黄茂林,副社长施高翔,副总编辑徐长春,工会主席、办公室主任惠诚忠等一起迎接全海副书记的到来,并在参观过程中简要向全海副书记介绍了出版社概况。

12月21日　出版社南强书苑厦门软件学院店正式揭牌运营,厦门大学出版社党总支书记、社长郑文礼,社长助理欧光江,厦门软件职业技术学院执行校长郑通涛教授,副校长王杰华,副校长姜平,校长助理庄小兰等出席揭牌仪式。

12月23日　出版社召开干部任命宣布大会。校党委副书记赖虹凯出席会议,出版社党政领导班子成员、党总支委员、各科室负责人、党支部书记等参加了此次会议。会议由校党委常委、组织部部长孙理主持。赖虹凯副书记代表校党委宣读了关于出版社干部任免决定:洪秋霞同志任中共厦门大学出版社总支部委员会委员、书记;免去郑文礼同志中共厦门大学出版社总支部委员会书记职务。

12月27日　为响应学校提出的关于进一步增强厦大人的主人翁意识,强身健体,凝聚力量,共襄盛举,以更加昂扬的姿态和更加精神的主人风貌,喜迎厦门大学建校百年华诞奋进新征程的号召,我社派出运动健儿参加“当好主人翁　奋进新百年”2020厦门大学教职工趣味运动会健身操展演并取得拔河比赛三连胜的好成绩。

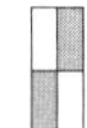

二、厦门大学出版社获奖情况(1985—2020 年)

1988 年

《毛泽东思想与中国文化传统》(作者:汪澍白,责编:陈森镇) 1987 年度中国图书奖荣誉奖,1987 年度全国图书“金钥匙”奖

《社会主义货币银行学》(作者:张亦春、高路明,责编:陈逸光) 1986—1988 年国际金融优秀科研成果一等奖,第一次全国高等学校金融类优秀教材三等奖

《风雪人间》(作者:丁玲,责编:陈福郎) 1986—1987 年福建省优秀图书编辑奖一等奖

《敦煌吐鲁番出土经济文书研究》(作者:韩国磐,责编:林仁川) 1986—1987 年福建省优秀图书编辑奖二等奖

1989 年

《财政收支矛盾与平衡转化问题》(作者:邓子基、徐日清,责编:陈逸光) 1979—1989 年全国财政理论研究优秀成果奖

《闽粤赣边区财政经济简史》(作者:孔永松、邱松庆,责编:陈支平) 1979—1989 年全国财政理论研究优秀成果奖

《社会主义货币银行学》(作者:张亦春、高路明,责编:陈逸光) 1979—

1989年福建省社会科学优秀成果一等奖

《中外合资经营企业会计》(作者:常勋,责编:庄瑞澄) 1979—1989年福建省社会科学优秀成果二等奖

《施琅评传》(作者:施伟青,责编:杨际平) 1979—1989年福建省社会科学优秀成果二等奖

《不息的浪涛》(作者:郑文贞,责编:林仁川) 1979—1989年福建省社会科学优秀成果二等奖

1990年

《中国传统文化与医学》(作者:李良松、郭洪涛,责编:吴天祥) 首届中国中医药文化博览会"神农杯"优秀奖

《比较金融制度》(作者:黄宝奎,责编:潘天顺) 1988—1989年国际金融优秀科研成果一等奖

《沿海开放城市高等教育概况与发展研究》(作者:王增炳、孟明义,责编:李志仁、黄茂林) 1990年福建省高等教育科学研究优秀专著三等奖

《电化学实验方法进展》(作者:田昭武、周绍民,责编:郑海涛) 华东地区大学出版社首届优秀图书一等奖

《诗歌形态美学》(作者:盛子潮、朱水涌,责编:陈福郎) 1987—1988年浙江文学学会优秀科研成果一等奖

《龙岩人民革命史》(作者:龙岩党史办,责编:孔永松、邱松庆) 福建省党史研究成果二等奖

林素卿　厦门大学三八红旗手

1991年

《经济原理与经济统计学》(作者:黄沂木,责编:许红兵) 日本赤羽学术奖

《幽默答辩50法》(作者:孙绍振,责编:陈福郎) 第五届全国图书"金钥

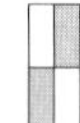

匙”奖

《虞愚自写诗卷》(作者:虞愚,责编:蒋东明) 1988—1991年福建省第三届优秀图书编辑奖三等奖

《杜牧论稿》(作者:吴在庆,责编:王依民) 1988—1991年福建省第三届优秀图书编辑奖三等奖

《现代超声临床诊断》(作者:林礼务,责编:宋文艳) 1988—1991年福建省第三届优秀图书编辑奖三等奖

《统计原理与经济统计学》(作者:黄沂木、吴宣陶,责编:许红兵) 1988—1991年福建省第三届优秀图书编辑奖三等奖

《中外合资经营企业会计》(作者:常勋,责编:庄瑞澄) 国家教委第二届高等学校优秀教材二等奖

《中国传统文化与医学》(作者:李良松、郭洪涛,责编:吴天祥) 全国优秀医史文献图书及医学工具书金奖,福建省首届中医药优秀科技图书一等奖,1988—1991年福建省第三届优秀图书编辑奖一等奖

《海明威在中国》(作者:杨仁敬,责编:陈福郎) 美国肯尼迪图书馆1991年度海明威研究奖

1992年

《厦门兰谱》(作者:严楚江,责编:吴天祥) 首届高校出版社学术著作优秀奖

《现代西方财务会计理论》(作者:葛家澍、林志军,责编:许红兵) 首届高校出版社学术著作优秀奖

《南北朝经济史略》(作者:韩国磐,责编:王依民) 首届高校出版社学术著作优秀奖

1993年

《茅盾文学批评论》(作者:罗宗义,责编:陈福郎) 内蒙古自治区第四届社

会科学优秀成果三等奖,第一届华北文艺理论一等奖

《美国联邦储备制度》(作者:黄有土,封面设计:蒋东明) 华东地区大学出版社优秀图书装帧设计一等奖

《地方国际收支研究》(作者:唐斌,责编:许红兵) 第二届全国统计科学技术进步一等奖

《狭义相对论入门》(作者:叶壬癸,责编:蒋东明) 华东地区物理学会优秀科普图书一等奖

《澳大利亚研究论文集》(作者:胡文仲,封面设计:张文化) 第四届华东地区书籍封面设计纪念奖,1991—1992年福建省第四届图书封面设计优秀奖

《奥林匹克运动会邮票集》(作者:江孝铿,责编:蒋东明) 1993年中华全国集邮展银奖

《荧光分析进展》(作者:陈国珍,责编:宋文艳) 福建省优秀教材二等奖

《中国饮茶文化》(作者:袁和平,责编:陈福郎) 第七届全国图书"金钥匙"奖优胜奖

厦门大学出版社部门工会　厦门大学工会工作先进集体

郑耀宗　厦门大学"九洲奖"(管理类),厦门大学工会先进工作者,全国高校图书代办站优秀先进个人(国家教委条件装备司高校出版社联合出版发行服务中心),中国大学出版社协会首届优秀发行工作者

1994年

《陈立夫与中医药学》(作者:李良松,责编:吴天祥) 首届世界传统医学大会(美国·旧金山)大奖赛优秀成果奖

《少儿成才指南》(作者:陈鹏等,责编:胡皓冰) 新时期优秀思想政治教育读物铸魂奖优秀奖

《海洋桡足类生物学》(作者:郑重等,责编:宋文艳) 福建省第四届优秀图书编辑奖二等奖

《中国市场经济之源》(作者:翟新华,责编:周勇胜、黄茂林) 福建省第四届优秀图书编辑奖三等奖

《俞慎初论医集》(作者:俞慎初,责编:吴天祥) 福建省第二届(1991—

1993)中医药优秀科技图书一等奖

《蔡友敬临床经验集》(作者:蔡光斗等,责编:闻铭、洪天吉) 福建省第二届(1991—1993)中医药优秀科技图书一等奖

《内经选注图解》(作者:郑家铿,责编:吴天祥) 福建省第二届(1991—1993)中医药优秀科技图书一等奖

《毛泽东邓小平思想政治教育理论与实践》(作者:陈伯强、林修果,责编:黄茂林) 1994 年全国高校思想政治教育科研成果优秀专著一等奖

《中央银行与货币政策》(作者:张亦春,责编:刘晖) 福建省第二次社会科学优秀成果一等奖

《毛泽东思想的中国基因》(作者:汪澍白,责编:陈森镇) 福建省第二次社会科学优秀成果一等奖

《马克思主义国家学说概论》(作者:邹永贤,责编:黄茂林) 福建省第二次社会科学优秀成果一等奖

《清代台湾移民社会研究》(作者:陈孔立,责编:黄茂林) 福建省第二次社会科学优秀成果一等奖

《亚太地区产业结构变化及外资作用》(作者:赵文骝,责编:陈丽贞) 福建省第二次社会科学优秀成果二等奖

《宏观经济调控分析》(作者:罗季荣,责编:陈逸光、谢闻莺) 福建省第二次社会科学优秀成果二等奖

《城市房产经营概论》(作者:李秉睿,责编:林长华) 福建省第二次社会科学优秀成果二等奖

《马克思农村经济理论与中国实践》(作者:许经勇,责编:潘天顺) 福建省第二次社会科学优秀成果二等奖

《投资项目经济评价》(作者:邱华炳,责编:谢闻莺) 福建省第二次社会科学优秀成果二等奖

《论美国家庭农场》(作者:兰益江,责编:许红兵) 福建省第二次社会科学优秀成果二等奖

《国际金融新论》(作者:黄有土,责编:许红兵) 福建省第二次社会科学优秀成果二等奖

《管理心理学》(作者:周妙群,责编:许红兵) 福建省第二次社会科学优秀成果二等奖

《中外合资企业法律的理论与实务》(作者:曾华群,责编:朱崇实) 福建省第二次社会科学优秀成果二等奖

《中国新民主主义政治制度史》(作者:黄志仁,责编:黄茂林) 福建省第二次社会科学优秀成果二等奖

《中国帆船与海外贸易》(作者:陈希育,责编:庄国土) 福建省第二次社会科学优秀成果二等奖

《均田制新探》(作者:杨际平,责编:陈福郎) 福建省第二次社会科学优秀成果二等奖

《近代华侨投资国内企业概论》(作者:林金枝,责编:陈森镇) 福建省第二次社会科学优秀成果二等奖

《篇章修辞学》(作者:郑文贞,责编:陈福郎) 福建省第二次社会科学优秀成果二等奖

《社会主义货币银行学》(作者:张亦春、高路明,责编:陈逸光) 中国金融教育基金会首届院校“金晨”优秀科研奖

《比较金融制度》(作者:黄宝奎,责编:潘天顺) 中国金融教育基金会首届院校“金晨”优秀科研奖

许经勇 《向社会主义市场经济转变过程中的我国农业问题》(论文)入选学习《邓小平文选》和建设有中国特色社会主义理论研讨会

郑耀宗 获厦门市“百名文明职工标兵”称号

1995年

《税利分流研究》(作者:邓子基,责编:陈丽贞) 第九届中国图书奖,第二届全国高校出版社优秀学术著作奖,第二届华东地区大学出版社优秀教材学术专著一等奖,全国普通高等学校税收类优秀教材成果奖

《海洋桡足类生物学》(作者:郑重等,责编:宋文艳) 第二届全国高校出版社优秀学术著作奖

《切韵综合研究》(作者:黄典诚,责编:王依民) 第二届全国高校出版社优秀学术著作奖

《中央银行与货币政策》(作者:张亦春,责编:刘晖) 第三届全国普通高等学校金融类优秀教材二等奖

《俞慎初论医集》(作者:俞慎初,责编:吴天祥) 1995年国家中医药科技

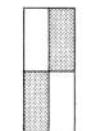

成果二等奖

《实用统计决策与BAYES分析》(作者:林叔荣,责编:吴天祥) 国家教委第三届高等学校优秀教材二等奖

《水产生物遗传育种学》(作者:吴仲庆,责编:吴天祥) 农业部第二届全国高等农业院校优秀教材二等奖

《政策科学原理》(作者:陈振明等,责编:陈森镇) 国家教委第三届高等学校优秀教材中青年奖

《毛泽东思想与中国文化传统》(作者:汪澍白,责编:陈森镇) 国家教委首届人文科学研究优秀成果二等奖

《中外合资企业法律的理论与实务》(作者:曾华群、朱崇实,责编:陈森镇) 国家教委首届人文科学研究优秀成果二等奖

《清代台湾移民社会研究》(作者:陈孔立,责编:黄茂林) 国家教委首届人文科学研究优秀成果二等奖

《敦煌吐鲁番出土经济文书研究》(作者:韩国磐,责编:林仁川) 国家教委首届人文科学研究优秀成果二等奖

《海夫文存》(作者:郑朝宗,封面设计:张文化) 中国大学出版社协会首届书籍装帧设计奖封面设计一等奖,福建省第五届优秀图书封面设计二等奖

《世界华侨华人历史纵横谈》(作者:杨庆南,封面设计:张文化) 福建省第五届优秀图书封面设计二等奖,中国大学出版社协会首届书籍装帧设计奖封面设计二等奖,华东地区书籍装帧艺术第五届优秀图书封面设计纪念奖

《西方文学批评方法评介》(作者:赖干坚) 首届全国高校外国文学教学研究优秀著作奖

《国际金融新论》(作者:黄有土、朱孟楠,责编:许红兵) 第三届全国普通高等学校金融类优秀教材二等奖

厦门大学出版社与厦门大学学报(哲学版)编辑部　厦门大学“巾帼建功”先进集体

郑耀宗　厦门大学“校园文明建设”积极分子

蔡景春　厦门大学“校园文明建设”积极分子

许经勇　厦门大学南强奖

1996年

《膜分子生物学》(作者:洪水根、汪德耀,责编:施高翔、沈明山) 第十届中国图书奖,福建省第五届优秀图书编辑奖一等奖

《吴熙妇科溯洄》(第一集)(作者:吴熙,责编:吴天祥、苏明辉) 世界传统医药突出贡献国际优秀成果奖,世界传统医学大会金杯一等奖,福建省第五届优秀图书编辑奖三等奖

《妇科肿瘤中医调治集粹》(作者:赵英杰、吴熙,责编:吴天祥) 世界传统医学大会金杯一等奖

《吴熙妇科溯洄》(第二集)(作者:吴熙,责编:吴天祥、苏明辉) 首届世界中医学研究会1996年会一等奖

《泉州侨批业史料》(作者:黄清海,责编:黄茂林) 福建省国际金融学会首次(1993—1995年度)优秀科研成果特等奖

《闽南侨批史纪述》(作者:黄清海,责编:文慧云) 1996全国职工集邮展览镀金奖

《电化学工程导论》(作者:吴辉煌、许书楷,责编:宋文艳) 福建省第五届优秀图书编辑奖二等奖

《吴光烈临床经验集》(作者:吴光烈,责编:吴天祥) 第二届“医圣杯”国际中医药学术著作二等奖

《中国当代私营经济》(作者:陈永志,责编:许红兵) 福建省第五届优秀图书编辑奖三等奖

《当代中国女性文学史论》(作者:林丹娅,责编:陈福郎) 首届全国青年编辑优秀审读报告奖

《奥林匹克运动会邮票集》(作者:江孝铿,责编:蒋东明) 1996奥林匹克邮票、纪念币和纪念品百年收藏展文献类铜奖

陈福郎　福建省新闻出版系统先进工作者(福建省新闻出版局)

陈福郎　全国首届中青年编辑审读报告奖

1997年

《物理化学》(作者:黄启巽、吴金添、魏光,责编:宋文艳)华东地区大学出版社第三届优秀教材学术专著奖一等奖

《现代美术教育理论与教学法》(作者:张小鹭,责编:王依民,封面设计:文心) 第六届华东地区书籍装帧艺术年会一等奖

《现代西方政治思潮评析》(作者:骆沙舟,责编:黄茂林)华东地区大学出版社第三届优秀学术专著二等奖

《当代中国女性文学史论》(作者:林丹娅,责编:陈福郎) 中国社会科学青年优秀成果奖

《吴熙妇科溯洄》(第二集)(作者:吴熙,责编:吴天祥) 首届国际传统医学民族研究会一等奖,第三届国际保健与食疗研讨会优秀奖

《吴熙妇科溯洄》(第一～三集)(作者:吴熙,责编:吴天祥) 世界中医药学会'97 国际特色医药学术交流推广会特等奖

《在学习科学理论的道路上》(作者:周勇胜,责编:黄茂林,封面设计:张文化) 全国高等院校出版社装帧艺术奖二等奖

厦门大学出版社　厦门大学档案工作先进单位

陈福郎　厦门大学“九州奖”(管理类)

1998年

《中国赋役制度史》(作者:郑学檬等,责编:郑以灵) 教育部第二届全国普通高校人文社会科学优秀成果二等奖

《主体论——从马克思到毛泽东》(作者:商英伟、徐梦秋,责编:文慧云) 福建省第三届社会科学优秀成果一等奖

《现代认识论研究》(作者:陈铁民,责编:黄茂林) 福建省第三届社会科学优秀成果二等奖

《现代财政学》(作者:邱华炳,责编:许红兵) 福建省第三届社会科学优秀成果二等奖

《证券投资理论与技巧》(作者:张亦春、郑振龙,责编:许红兵) 福建省第三届社会科学优秀成果二等奖

《人事管理实务》(作者:廖泉文、陈启恩,责编:许红兵) 福建省第三届社会科学优秀成果二等奖

《西方现代派小说概论》(作者:赖干坚,责编:王依民) 福建省第三届社会科学优秀成果二等奖

《中国与琉球》(作者:谢必震,责编:陈福郎) 福建省第三届社会科学优秀成果二等奖

《大学生创造性的发展与教育》(作者:林金辉,责编:牛跃天) 福建省第三届社会科学优秀成果二等奖

《战后台湾高等教育与经济发展》(作者:李泽、武毅英等,责编:牛跃天) 福建省第三届社会科学优秀成果二等奖

《福建迈向21世纪》(作者:余金满、卢增荣、陈雄,责编:许红兵) 福建省第三届社会科学优秀成果二等奖

《台湾民法研究》(作者:胡大展、曾华昌、齐树洁,责编:黄茂林、朱耀垠)福建省第三届社会科学优秀成果三等奖

《现代西方政治思潮评析》(作者:骆沙舟,责编:黄茂林)获福建省第三届社会科学优秀成果三等奖

《面向二十一世纪的选择——三明市精神文明建设研究》(作者:董承耕,责编:黄茂林)获福建省第三届社会科学优秀成果三等奖

《基层社会管理与基层政权建设》(作者:白锡能、骆沙舟,责编:黄茂林)获福建省第三届社会科学优秀成果三等奖

《企业家与高等教育》(作者:史秋衡,责编:黄茂林)获福建省第三届社会科学优秀成果三等奖(青年佳作奖)

《追求与超越——从毛泽东到邓小平的哲学》(作者:蔡彦士、凌厚锋,责编:黄茂林、陈森镇)福建省第三届社会科学优秀成果三等奖

《海夫文存》(封面设计:张文化) 入选第四届全国书籍装帧艺术展览优秀作品(新闻出版署、中国版协、中国美协)

《当代西方哲学方法论与社会科学》(封面设计:吴晓平) 入选第四届全国书籍装帧艺术展览

《吴熙妇科溯洄》(第一～三集)(作者:吴熙,责编:吴天祥) 21世纪国际

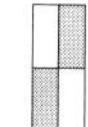

中西医结合展望学术交流大会优秀专著金奖

《吴光烈临床经验集》(作者:吴光烈,责编:吴天祥) 第四届世界传统医学大会金像二等奖

陈天择　首届全国高校出版社系统先进工作者(中国大学出版社协会)

宋文艳　福建省“首届优秀中青年图书编辑”奖

陈天择　华东地区大学出版社协会先进个人奖。

施高翔　福建省优秀图书编辑奖

许经勇　《我国农业改革与发展中的深层次矛盾及其对策》(论文) 福建省第三届社会科学优秀成果二等奖(福建省政府奖)

杨际平　《唐前期的杂徭与色役》(论文) 福建省第三届人文社会科学优秀成果三等奖(福建省政府奖)

厦门大学出版社　“福建新闻出版广播影视50年成就展”优秀组织奖和优秀设计奖

黄娟英　厦门建南集团公司1998年度优秀财会人员

1999年

《易学辩证思维》(作者:牛力达,责编:黄茂林)华东地区大学版协优秀学术专著、教材二等奖

《仪器分析实验》(作者:杨孙楷、苏循荣,责编:宋文艳) 教育部科技进步奖教材类三等奖

《欧洲高等教育近代化——法、英、德近代高等教育制度的形成》(作者:黄福涛,责编:牛跃天) 第一届全国教育图书奖二等奖

《口腔正畸标准方丝弓矫正技术精要》(作者:刘泓虎,责编:施高翔) 第六届省优秀图书编辑奖二等奖

《新编汉法成语词典》(作者:孙迁,责编:宋文艳) 第五届省优秀图书编辑奖二等奖

《材料化学导论》(作者:丁马太,责编:宋文艳) 福建省第一届科技进步奖三等奖

《膜分子生物学》(作者:洪水根、汪德耀,责编:施高翔、沈明山) 福建省第一届科技进步奖三等奖

《企业财务报告理论与实务》(作者:陈少华,责编:陈丽贞) 华东地区大学版协优秀学术专著、教材奖一等奖

《统一科学初探》(作者:庄世坚,责编:蒋东明) 华东地区物理学会优秀科普读物奖一等奖

《马恩列斯邮票集》(作者:郑家铿,责编:蒋东明) 中国1999世界集邮展览银奖

《陈景润》(作者:沈世豪,责编:陈福郎、王依民) 全国高校出版社双效益图书奖,福建省第十二届文学奖三等奖

《货币银行学》(作者:张亦春,责编:许红兵) 全国高校出版社双效益图书奖荣誉奖

《科海纵横》(作者:吴天祥,封面设计:张文化) 第七届福建省书籍装帧评选二等奖

"厦门大学财经类优秀教材丛书"(作者:厦大教务处,封面设计:张文化) 第二届全国高等院校书籍装帧艺术评比一等奖,入选第五届全国书籍装帧艺术展

《四维谈房——房地产业纵横谈》(作者:罗志年,封面设计:张文化) 第二届全国高等院校书籍装帧艺术评比二等奖

"老百姓法律顾问丛书"(作者:齐树洁,封面设计:跃春,文化) 第二届全国高等院校书籍装帧艺术评比二等奖

薛鹏志　厦门大学厦门建南集团授予先进个人荣誉称号。

2000年

"中央苏区历史研究丛书"(作者:孔永松、蒋伯英、马先富,责编:徐长春) 福建省第四届社会科学优秀成果一等奖

《〈资治通鉴〉治国思想研究》(作者:邹永贤,责编:黄茂林)福建省第四届社会科学优秀成果二等奖

《政治人类学》(作者:董建辉,责编:黄茂林、薛鹏志)福建省第四届社会科学优秀成果三等奖(青年佳作、基层佳作)

《社会主义市场经济初始阶段的精神文明建设》(作者：董承耕，责编：黄茂林)获福建省第四届社会科学优秀成果三等奖

《社会发展理论模式研究——兼论邓小平现代化理论》(作者：陈铁民，责编：黄茂林) 福建省五个邓小平理论研究基地优秀成果一等奖

厦门大学出版社　第十三届大学出版社图书订货会(广州)优秀展位奖

许经勇　《中国农村微观经济体制改革的回顾与展望》(论文) 福建省第四届社会科学优秀成果三等奖(福建省政府奖)

薛鹏志　《中国海关与庚子赔款谈判》(论文) 厦门市第四届社会科学优秀成果奖三等奖。

2001年

《政治人类学》(作者：董建辉，责编：黄茂林、薛鹏志)华东地区高校出版社第五届优秀教材、专著二等奖

《宏观经济法》(作者：卢炯星，责编：施高翔) 福建省第七届优秀图书编辑奖二等奖

《国际金融学》(作者：朱孟楠，责编：许红兵) 福建省第七届优秀图书编辑奖三等奖

《福建省侵入岩岩石谱系单位划分》(作者：福建省地质矿产勘察开发局，责编：陈进才) 福建省第七届优秀图书编辑奖三等奖

《思想道德修养》(作者：王豪杰，责编：文慧云) 全国高校"两课"优秀教材奖

《新概念哲学》(作者：郑庆昌，责编：文慧云) 华东地区高校出版社第五届优秀教材、专著奖一等奖

许红兵　福建省第二届优秀中青年图书编辑(福建省新闻出版局)

蒋东明　福建省2000—2002年新闻出版系统先进工作者(福建省新闻出版局)

许经勇　科普先进工作者(福建省社会科学界联合会)

2002年

《广播电视广告学》(作者:朱月昌,责编:陈福郎) 第五届全国高校出版社优秀畅销书奖一等奖

《漫画管理禅》(作者:林荣瑞,责编:许红兵) 第五届全国高校出版社优秀畅销书奖二等奖

"穿透灵魂之旅丛书"(5种)(封面设计:张文化) 第八届福建省书刊装帧艺术作品评比一等奖,第二届华东地区书籍设计双年展一等奖

"文艺学新视野丛书"(封面设计:戚跃春,美编:张文化) 第八届福建省书刊装帧艺术作品评比二等奖

《上市公司关联交易的法律问题研究》(作者:柳经纬等,责编:施高翔) 2002年度司法部法学教材与法学优秀科研成果三等奖

《世纪之交的中国文学》(作者:朱水涌,责编:陈福郎、牛跃天) 第八届中国当代文学研究优秀成果

2003年

《超文本诗学》(作者:黄鸣奋,责编:牛跃天) 福建省第五届社会科学优秀成果一等奖

《中国市场经济时代的传播战役与民族凝聚力》(作者:陈嬿如,责编:施高翔) 福建省第五届社会科学优秀成果一等奖

《实践与探索——十一届三中全会以来党内监督理论与实践研究》(作者:赵清城,责编:黄茂林) 福建省第五届社会科学优秀成果二等奖

《邓小平党建理论研究》(作者:曾国雄,责编:黄茂林) 福建省第五届社会科学优秀成果二等奖

《现代经济哲学研究》(作者:綦正芳,责编:黄茂林) 福建省第五届社会科学优秀成果二等奖

《现代经济哲学研究》(作者:綦正芳,责编:黄茂林) 华东地区大学出版社

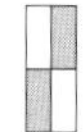

第六届优秀教材、学术专著二等奖《台湾社会经济史研究》(作者:林仁川、黄福才,责编:陈福郎) 福建省第五届社会科学优秀成果二等奖

《明清官话音系》(作者:叶宝奎,责编:陈福郎) 福建省第五届社会科学优秀成果二等奖

《广义洛特卡定律——估计、推论及其在管理中的应用》(作者:张贤澳,责编:眭蔚) 福建省第五届社会科学优秀成果二等奖

《高等教育产业的特殊性研究》(作者:史秋衡,责编:牛跃天) 华东地区大学出版社第六届优秀教材、学术专著奖一等奖,福建省第五届社会科学优秀成果二等奖

《田野的回声——音乐人类学笔记》(作者:萧梅,责编:文慧云) 华东地区大学出版社第六届优秀教材、学术专著奖一等奖

《国际货币合作的理论与实证分析》(作者:黄梅波,责编:许红兵) 华东地区大学出版社第六届优秀教材、学术专著奖一等奖

《现代西方会计理论》(作者:葛家澍、林志军,责编:陈丽贞) 华东地区大学出版社第六届优秀教材、学术专著奖一等奖,福建省第八届优秀图书编辑奖三等奖

厦门大学出版社　福建省新闻出版统计工作优秀单位(福建省新闻出版局)

施高翔　第三届福建省优秀中青年图书编辑(福建省新闻出版局)

陈福郎　厦门大学2001—2003年度优秀共产党员(厦门大学)

许经勇　《粮食安全战略与粮食购销市场化》(论文) 入选国家社科基金项目

许经勇　《中国农村经济改革研究》(专著) 厦门市第五次社会科学优秀成果一等奖

许经勇　《中国农村经济改革研究》(专著) 福建省第五届社会科学优秀成果一等奖

2004年

《透视中国东南:文化经济的整合研究》(作者:陈支平、詹石窗,责编:陈福郎) 第十四届中国图书奖

《实用目标管理》(作者:陈照明,责编:许红兵) 第六届全国大学出版社优秀畅销书奖一等奖

《国际会计》(作者:常勋,责编:陈丽贞) 第六届全国大学出版社优秀畅销书奖二等奖

《中国货币理论史》(作者:叶世昌、李宝金、钟祥财,责编:陈丽贞、薛鹏志) 上海市第七届哲学社会科学优秀成果著作奖三等奖

《英国证据法》(作者:齐树洁,责编:施高翔) 首届中国优秀法律图书奖

《民事程序法》(作者:齐树洁,责编:施高翔) 首届中国优秀法律图书奖

《厦门平面设计》(美编:张文化) 第九届福建省书刊装帧艺术作品奖一等奖,第三届华东书籍设计双年展一等奖

《凡人哲学》(美编:张文化) 第九届福建省书刊装帧艺术作品奖一等奖,第三届华东书籍设计双年展一等奖

《第九届明史国际学术讨论会暨傅衣凌教授诞辰九十周年纪念论文集》(美编:张文化) 第九届福建省书刊装帧艺术作品奖二等奖

2005年

《台湾文献汇刊》(作者:陈支平,责编:陈福郎、侯真平、徐长春) 福建省第六届社会科学优秀成果特别奖

《透视中国东南:文化经济的整合研究》(作者:陈支平、詹石窗,责编:陈福郎) 福建省第六届社会科学优秀成果一等奖

"新建地方性本科院校教育教学改革研究丛书"(作者:林华东等,责编:薛鹏志) 福建省第六届社会科学优秀成果一等奖,第四届福建省高等教育科学研究优秀成果一等奖

《德治论》(作者:徐朝旭,责编:黄茂林) 福建省第六届社会科学优秀成果二等奖

《社会变迁中的村级土地制度》(作者:朱冬亮,责编:黄茂林) 福建省第六届社会科学优秀成果三等奖

《执政时期中国共产党理论建设研究》(作者:陈世奎,责编:黄茂林) 福建省第六届社会科学优秀成果三等奖

《列宁时期的党内民主》(作者:尹彦,责编:黄茂林) 福建省第六届社会科

学优秀成果三等奖

《海洋法专题研究》(作者:傅崐成,责编:施高翔) 福建省第六届社会科学优秀成果二等奖

《想象与权力:戏剧意识形态研究》(作者:周宁,责编:王依民) 福建省第六届社会科学优秀成果二等奖

《三角对话:斯坦尼、布莱希特与中国戏剧》(作者:陈世雄,责编:王依民) 福建省第六届社会科学优秀成果二等奖

《网络媒体与艺术发展》(作者:黄鸣奋,责编:施高翔) 福建省第六届社会科学优秀成果二等奖

《中国高等教育改革与可持续发展》(作者:张彤,责编:牛跃天) 福建省第六届社会科学优秀成果佳作奖

《过程与评价——新建地方性本科院校教学质量保证体系的建构》(作者:林华东,责编:薛鹏志) 2005年福建省高等教育教学成果二等奖

《无机材料化学》(上册)(作者:曾人杰,责编:眭蔚) 2005年福建省高等教育教学成果二等奖

《中国高等教育改革与可持续发展》(作者:张彤,责编:牛跃天) 第四届福建省高等教育科学研究优秀成果三等奖

《高等职业教育发展研究》(作者:刘金桂、史秋衡,责编:黄茂林) 第四届福建省高等教育科学研究优秀成果三等奖

《耕耘与创新——高校学生思想政治教育综合研究》(作者:杨江帆,责编:文慧云) 第四届福建省高等教育科学研究优秀成果奖

厦门大学出版社　2004年度“福建省新闻出版统计工作优秀单位”(福建省新闻出版局)

许经勇　《解决“三农”问题的关键是给农民国民待遇》(论文) 厦门市第六次社会科学优秀成果一等奖

许经勇　《科研与教学互动:马克思主义经济学人才培养模式的创新与实践》(教学成果) 福建省教学成果奖一等奖(福建省教育厅)

2006年

《军事理论教程》(作者:吴温暖,责编:蒋东明) 2006年全国高校优秀国防教育教材

《中国货币理论史》(作者:叶世昌、李宝金、钟祥财,责编:陈丽贞、薛鹏志) 福建省第九届优秀图书编辑奖二等奖,华东地区大学出版社第七届优秀教材、学术专著一等奖

《社会变迁中的村级土地制度》(作者:朱冬亮,责编:黄茂林) 华东地区大学出版社第七届优秀教材、学术专著二等奖

《先秦青铜生产工具》(作者:陈振中,责编:陈丽贞、徐长春) 福建省第九届优秀图书编辑奖三等奖,华东地区大学出版社第七届优秀教材、学术专著一等奖

《三角对话:斯坦尼、布莱希特与中国戏剧》(作者:陈世雄,责编:王依民) 华东地区大学出版社第七届优秀教材、学术专著一等奖

《程序正义与司法改革》(作者:齐树洁,责编:施高翔) 福建省优秀法学研究成果一等奖

《公证制度新论》(作者:张文章,责编:施高翔) 福建省优秀法学研究成果一等奖

《经济全球化趋势下反倾销的法律问题》(作者:陈明聪,责编:甘世恒) 福建省优秀法学研究成果二等奖

《民事诉讼法原理》(修订版)(作者:田平安,责编:施高翔) 第二届全国法学教材与科研成果奖一等奖,第七届全国高校出版社优秀畅销书二等奖

《海明威在中国》(增订本)(作者:杨仁敬,美编:李夏凌) 第六届中国大学书籍装帧艺术评比封面设计金奖

“女缘丛书”(作者:林丹娅,美编:张文化) 第六届中国大学书籍装帧艺术评比整体设计银奖

《望海楼札记》(作者:李熙泰,美编:张文化) 第四届华东书籍设计双年展封面设计一等奖,第十届福建省书籍装帧艺术评比封面设计一等奖

薛鹏志　编辑的《中国货币理论史》获福建省新闻出版局、福建省出版工

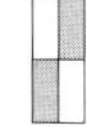

作者协会颁福建省第九届(2003—2004)优秀图书编辑奖二等奖

蒋东明　厦门大学2004—2006年度优秀共产党员

施高翔　厦门大学资产经营有限公司2003—2006年度优秀职工

欧光江　厦门大学资产经营有限公司2003—2006年度优秀职工

2007年

《固体表面物理化学若干研究前沿》(作者:万惠霖等,责编:宋文艳) 入选新闻出版总署首届“三个一百”原创图书出版工程 首届福建省优秀出版物奖

《余承尧绘画艺术研究》(作者:刘一菱,责编:蒋东明) 首届福建省优秀出版物奖

《政府财务报告研究》(作者:李建发等,责编:陈丽贞) 福建省第七届社会科学优秀成果一等奖

《女性学导论》(作者:叶文振,责编:徐长春) 福建省第七届社会科学优秀成果一等奖

《国际经济法律自由化原理研究》(作者:刘志云,责编:施高翔) 福建省第七届社会科学优秀成果二等奖

《海明威在中国》(增订本)(作者:杨仁敬,责编:王鹭鹏) 福建省第七届社会科学优秀成果二等奖

《广告心理学》(作者:黄合水,责编:许红兵) 福建省第七届社会科学优秀成果二等奖

“中国泉州南音系列教程”(8部)(作者:王珊等,责编:陈进才) 福建省第七届社会科学优秀成果二等奖

《文化视野里的当代中国行政》(作者:庄锡福,责编:黄茂林) 福建省第七届社会科学优秀成果三等奖

《台港澳私立大专院校比较研究》(作者:陈笃彬等,责编:薛鹏志) 福建省第七届社会科学优秀成果二等奖

陈福郎　福建省首届优秀出版人(福建省新闻出版局 福建省出版工作者协会)

2008年

《中国农村社会保障法律制度创新研究》(作者:左菁,责编:施高翔) 入选新闻出版总署第二届"三个一百"原创图书出版工程

《芙蓉园随笔》(作者:郑启五,封面设计:李夏凌) 第七届中国大学书籍装帧设计封面设计金奖

"厦门文史丛书"(作者:洪卜仁等,美编:李夏凌) 第七届中国大学书籍装帧设计整体设计银奖

《奥林匹克运动会邮票集》(作者:江孝铿,责编:蒋东明) 北京奥林匹克博览会集邮展览镀金奖

《毕业论文写作与范例》(作者:李炎清,责编:王鹭鹏) 第八届全国高校出版社优秀畅销书一等奖

《品牌资产积累十八法》(作者:冯帼英、林升梁,责编:王鹭鹏) 第八届全国高校出版社优秀畅销书二等奖

"厦大广告人丛书"(作者:陈培爱等,美编:李夏凌) 第五届华东书籍设计双年展封面设计二等奖

《鲁迅:厦门与世界》(作者:朱水涌、王烨,美编:李夏凌) 第五届华东书籍设计双年展封面设计优秀奖

陈福郎　厦门大学优秀共产党员

高　健　福建省出版系统编校知识竞赛二等奖

李小青　福建省出版系统编校知识竞赛三等奖

伍家丽　福建省出版系统编校知识竞赛三等奖

陈天择　首届高校出版人荣誉奖(中国大学出版社协会)

许经勇　《中国特色城镇化、农民工特殊群体与发展县域经济》(论文) 厦门市第七次社会科学优秀成果一等奖

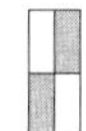

2009年

《履职智慧与制度规范——人大代表履职程序设计》(作者:朱仁显、王伊景,责编:黄茂林) 华东地区大学出版社第八届优秀教材、学术专著二等奖

《文化视野里的当代中国行政》(作者:庄锡福,责编:黄茂林) 华东地区大学出版社第八届优秀教材、学术专著二等奖

《物理化学》(上、下)(作者:孙世刚等,责编:宋文艳) 第二届福建省优秀出版物奖图书奖

《统计学》(第二版)(作者:陈珍珍,责编:陈丽贞) 第二届福建省优秀出版物奖图书奖,华东地区大学出版社第八届优秀教材、学术专著一等奖

《财务管理理论》(作者:傅元略,责编:陈丽贞) 福建省第八届社会科学优秀成果一等奖

《宪法学》(作者:朱福惠,责编:甘世恒) 福建省第八届社会科学优秀成果二等奖

《西方戏剧理论史》(作者:周宁,责编:王依民) 福建省第八届社会科学优秀成果二等奖

《东南亚华语戏剧史》(作者:周宁,责编:王依民) 福建省第八届社会科学优秀成果二等奖

《内部控制理论结构——控制效率的思想基础与政策建议》(作者:李连华,责编:许红兵) 华东地区大学出版社第八届优秀教材、学术专著一等奖

《英国司法制度》(作者:齐树洁,责编:施高翔) 华东地区大学出版社第八届优秀教材、学术专著一等奖

《海明威在中国》(增订本)(作者:杨仁敬,责编:王鹭鹏) 2009教育部第五届中国高校人文社会科学研究优秀成果三等奖

《WTO与中国外资法的发展》(作者:曾华群,责编:施高翔) 2009教育部第五届中国高校人文社会科学研究优秀成果三等奖

《当代中国的民事立法问题》(作者:柳经纬等,责编:施高翔) 2009教育部第五届中国高校人文社会科学研究优秀成果三等奖

《全球化进程中的东南亚民族问题研究——以少数民族的边缘化和分离主义运动为中心》(作者:陈衍德,责编:薛鹏志) 文汇彭心潮优秀著作出版奖

《两地书·集注》(作者:庄钟庆、庄明萱,美编:李夏凌) 第二届福建省优秀出版物优秀装帧设计奖,“金鹰杯”首届海峡印刷创意设计大赛书籍设计优秀奖

《中国农村经济制度变迁六十年研究》(作者:许经勇 美编 李夏凌 洪祖洵) “金鹰杯”首届海峡印刷创意设计大赛书籍设计奖入围奖

《汉字学概论》(作者:赵峰,美编:陈培亮) “金鹰杯”首届海峡印刷创意设计大赛书籍设计入围奖

《闽南话漳腔辞典》(作者:陈正统,责编:陈进才) 福建省优秀电子出版物奖(福建省人民政府)

《什么什么大冒险》(作者:奇奕科技,责编:朱凤琴) 福建省优秀游戏出版物奖(福建省人民政府)

蒋东明　第二届福建省优秀出版人奖(福建省人民政府)

蒋东明　福建省第一批“四个一批”人才称号(福建省人民政府)

高　健　韬奋杯全国青年编校大赛团体二等奖、个人二等奖

李夏凌　《我国传统书籍装帧的艺术特征及其现代运用》 第二届福建省优秀出版物(优秀出版发行科研论文)奖(福建省人民政府)

高　健　《建立新型的编校关系与编校合作模式》(论文) 第二届福建省优秀出版物(优秀出版发行科研论文)奖(福建省人民政府)

2010 年

《东亚华人社会的形成和发展:华商网络、移民与一体化趋势》(作者:庄国土、刘文正,策划:陈福郎,责编:陈福郎、薛鹏志) 第二届中国出版政府奖提名奖

《国际会计》(第五版)(作者:常勋,责编:陈丽贞) 中国大学出版社图书奖首届优秀教材奖一等奖

《统计学》(第二版)(作者:陈珍珍,责编:陈丽贞) 中国大学出版社图书奖首届优秀教材奖一等奖

《民法总论》(第二版)(作者:柳经纬,责编:施高翔) 中国大学出版社图书奖首届优秀教材奖二等奖

《网络广告原理与实务》(作者:林升梁,责编:王鹭鹏) 中国大学出版社图书奖首届优秀教材奖二等奖

《女性学导论》(作者:叶文振,责编:徐长春) 中国大学出版社图书奖首届优秀学术著作奖二等奖

《海明威在中国》(增订本)(作者:杨仁敬,责编:王鹭鹏) 中国大学出版社图书奖首届优秀学术著作奖二等奖

《陈嘉庚精神读本》(作者:林斯丰,责编:许红兵) 中国大学出版社图书奖第九届优秀畅销书奖一等奖

《朱子学通论》(作者:高令印,责编:薛鹏志) 厦门市第八届社会科学优秀成果奖一等奖

《海西青年创业教育和创业环境研究》(作者:林金辉等,责编:牛跃天) 厦门市第八届社会科学优秀成果奖一等奖

《中国农村经济制度变迁六十年研究》(作者:许经勇,责编:陈福郎、许红兵) 厦门市第八届社会科学优秀成果奖二等奖

《和谐社会理论与厦门实践》(作者:朱冬亮等,责编:许红兵) 厦门市第八届社会科学优秀成果奖二等奖

《厦门与台湾关系发展三十年研究》(作者:周明伟,责编:吴兴友)厦门市第八届社会科学优秀成果奖二等奖

《广告传播学》(作者:陈培爱,责编:王鹭鹏) 厦门市第八届社会科学优秀成果奖三等奖

《厦门古代建筑》(作者:陈文,责编:薛鹏志) 厦门市第八届社会科学优秀成果奖三等奖

《两地书·集注》(作者:庄钟庆、庄明萱,封面设计:李夏凌) 第八届大学出版社图书装帧设计一等奖,第六届华东书籍设计双年展装帧设计二等奖

《中国农村经济制度变迁六十年研究》(作者:许经勇,封面设计:李夏凌,洪祖洵) 第八届大学出版社协会封面设计二等奖

《台湾新世代诗歌研究》(作者:王金城,封面设计:李夏凌) 第八届大学出版社协会封面设计二等奖

《大爱书写青春》(共青团福建省委、福建省青年志愿者协会,封面设计:李夏凌) 第八届大学出版社协会封面设计二等奖

《叙学谭往》(作者:《叙学谭往》编辑组,封面设计:洪祖洵) 第六届华东书籍设计双年展装帧设计优秀奖

《论王原祁〈雨窗漫笔〉“龙脉”观的文化意义》(作者:郭建平,封面设计:李

夏凌) 第六届华东书籍设计双年展装帧设计优秀奖

《中国元素与广告营销》(作者:陈培爱,封面设计:李夏凌) 第二届海峡印刷创意设计大赛书籍设计奖入围奖

《老外看老鼓浪屿》(作者:潘维廉,封面设计:李夏凌) 第二届海峡印刷创意设计大赛书籍设计奖入围奖

厦门大学出版社图书代办站 "2008、2009全国高校出版社教材巡展优质服务代办站"(中国大学出版社协会、高校图书代办站服务中心)

陈福郎 首届中国大学出版社高校出版人物奖(中国大学出版社协会)

宋文艳 2006—2009年度福建省新闻出版系统劳动模范(福建省新闻出版局)

2011年

《中国农村经济制度变迁六十年研究》(作者:许经勇,责编:陈福郎、许红兵) 入选新闻出版总署第三届"三个一百"原创图书出版工程 福建省第三届优秀出版物奖图书奖,福建省第九届社会科学优秀成果奖三等奖

《共和国六十年法学论争实录》(作者:江平,责编:施高翔、贾素文、甘世恒) 福建省第三届优秀出版物奖图书奖

《台湾海峡成因初探》(作者:蔡爱智、石谦,责编:陈进才) 福建省第三届优秀出版物奖图书奖

《东亚华人社会的形成和发展:华商网络、移民与一体化趋势》(作者:庄国土、刘文正,策划:陈福郎,责编:陈福郎、薛鹏志) 福建省第九届社会科学优秀成果奖一等奖

《环境侵权法疑难问题研究》(作者:邹雄等,责编:贾素文) 福建省第九届社会科学优秀成果奖二等奖

《科学与民主:高等学校内部管理的多视角研究》(作者:李泽彧等,责编:牛跃天) 福建省第九届社会科学优秀成果奖二等奖

《邓小平邮票全集》(作者:江孝铿,责编:蒋东明) 2010中华全国集邮展览(集邮文献类)银奖

《放歌书林》(作者:蒋东明、陈福郎等,美编:李夏凌) 福建省第三届优秀

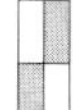

出版物装帧设计奖

厦门大学出版社南强书苑　出版物发行行业文明店堂(中国书刊发行行业协会)

宋文艳　“厦门大学2011年度优秀共产党员”称号

伍家丽　第三届韬奋杯全国出版社青年编校质量大赛团体三等奖、个人三等奖

曾妍妍　第三届韬奋杯全国出版社青年编校质量大赛个人优秀奖

欧光江　《实体书店创新经营的思考与实践》(论文)被评为良好论文(中国书刊发行业协会)

蒋东明　《新机制下人才结构变化的特点及其影响》(论文)第三届福建省优秀出版物奖(优秀出版发行科研论文奖)

施高翔　朱凤琴　《出版社投资网络游戏可行性探索》(论文)第三届福建省优秀出版物奖(优秀出版发行科研论文奖)

2012年

《中国农村经济制度变迁六十年研究》(作者:许经勇,责编:陈福郎、许红兵)中国大学出版社协会第二届优秀出版物奖·优秀著作一等奖,教育部第六届高等学校科学研究成果三等奖(人文社会科学)华东地区大学出版社第九届优秀教材、学术专著一等奖

《民事诉讼法》(作者:齐树洁,责编:施高翔)中国大学出版社协会第二届优秀出版物奖·优秀教材一等奖

《货币银行学》(作者:戴金平,责编:吴兴友)中国大学出版社协会第二届优秀出版物奖·优秀教材一等奖

《管理学原理》(第四版)(作者:林志扬,责编:许红兵)中国大学出版社协会第二届优秀出版物奖·优秀教材一等奖

《公共卫生学》(作者:范春主,责编:宋文艳)中国大学出版社协会第二届优秀出版物奖·优秀教材二等奖

《共和国六十年法学论争实录》(作者:江平,责编:施高翔、甘世恒、贾素文)中国大学出版社协会第二届优秀出版物奖·优秀著作一等奖,华东地区

大学出版社第九届优秀教材、学术专著一等奖

《中国社会主义政治文明建设特殊规律探究》(作者:庄锡福,责编:黄茂林) 中国大学出版社协会第二届优秀出版物奖·优秀著作二等奖

《美国新城市化时期的地方政府——区域统筹与地方自治的博弈》(作者:王旭等,责编:徐长春) 中国大学出版社协会第二届优秀出版物奖·优秀著作二等奖,华东地区大学出版社第九届优秀教材、学术专著一等奖

《统计学》(第三版)(作者:陈珍珍,责编:陈丽贞) 中国大学出版社协会第二届优秀出版物奖·优秀畅销书一等奖

《C语言程序设计教程》(作者:叶东毅,责编:眭蔚) 中国大学出版社协会第二届优秀出版物奖·优秀畅销书一等奖

《劳动和社会保障法》(第三版)(作者:李炳安,责编:贾素文) 中国大学出版社协会第二届优秀出版物奖·优秀畅销书二等奖

《追梦霞满天》(作者:怡霖,责编:陈福郎) 福建省文学奖二等奖

《国际移民政策研究》(作者:李明欢,责编:董兴艳) 华东地区大学出版社第九届优秀教材、学术专著一等奖

《走近两岸》(作者:陈孔立,责编:高健) 华东地区大学出版社第九届优秀教材、学术专著一等奖

《财政政策与经济稳定》(作者:林致远、张馨,责编:吴兴友) 华东地区大学出版社第九届优秀教材、学术专著一等奖

《节能减排能力成熟度模型及其应用》(作者:强瑞,责编:江珏玙) 华东地区大学出版社第九届优秀教材、学术专著一等奖

《房地产大周期的金融视角》(作者:巴曙松,策划:宋文艳,责编:郝静、吴兴友) 获2012《中华读书报》年度图书之百佳(中华读书报发起)称号 获2012年度中国影响力图书(新华社新华网、中国图书商报发起)称号 获2012"CF40年度金融书籍"(中国金融40人论坛发起)称号 入选"2012年度百道选书"之经管榜(百道网发起) 获2012年度风云经管书(出版商务周报发起)称号

《放歌书林》(作者:蒋东明、陈福郎等,美编:李夏凌) 获2012创意两岸城市设计双年展——两岸最美的书称号

"中国最美的大学——厦门大学"(作者:唐绍云等,美编:李夏凌) 第七届华东地区书籍设计双年展封面设计二等奖

厦门大学出版社高校图书代办站　中国大学出版社协会"优秀代办站"

厦门大学出版社南强书苑　"十佳校园书店"(新华书目报)

蒋东明　第二届中国大学出版社高校出版人物奖(中国大学出版社协会)

欧光江　首届全国高等学校出版社图书代办站先进工作者称号

王守理　首届全国高等学校出版社图书代办站先进工作者称号

李夏凌　《绿色·环保——出版物设计者的社会意识》(论文)第七届华东地区书籍设计双年展优秀论文奖

欧光江　《实体书店创新经营的思考与实践》(论文)“数字出版背景下的出版物发行工作论文评选”良好论文奖

2013年

《菲律宾华人通史》(作者:庄国土、陈华岳等,责编:薛鹏志)入选第四届“三个一百”原创图书出版工程

《台湾海峡常见鱼类图谱》(作者:苏永全等,责编:陈进才)入选第四届“三个一百”原创图书出版工程

《城镇化大转型的金融视角》(作者:巴曙松、杨现领,策划:宋文艳,责编:宋文艳、吴兴友)入选“中国高校出版社书榜”2013年度10月榜单(总第四期)(教育部、光明日报社发起)《中华读书报》年度图书之100佳 2013年度中国影响力图书(第四季)(新华社新华网 中国图书商报)

《房地产大周期的金融视角》(作者:巴曙松,策划:宋文艳,责编:郝静,吴兴友)第三届中国大学出版社图书奖优秀畅销书奖一等奖,2012—2013年度发行行业优秀畅销书

《人群·聚落·地域社会:中古南方史地初探》(作者:鲁西奇,责编:董兴艳)第三届中国大学出版社图书奖优秀学术著作奖一等奖

《人际投射小句与主体间性的语篇建构》(作者:辛志英,责编:王扬帆)第三届中国大学出版社图书奖优秀学术著作奖二等奖

《农民林业专业合作经济组织发展研究》(作者:黄丽萍,责编:陈进才)第三届中国大学出版社图书奖优秀学术著作奖二等奖

《买房8堂课》(作者:王伟,责编:许红兵)2013年度中国影响力图书(第二季)(新华社新华网 中国图书商报)

《托起明天的教育——青年教师成长之道》(作者:吴启建,责编:高健)2013年度中国影响力图书(第四季)(新华社新华网 中国图书商报)

《随机森林组合预测理论及其在金融中的应用》(作者:方匡南,责编:吴兴友) 福建省第十届社会科学优秀成果奖二等奖

《国际移民政策研究》(作者:李明欢,责编:董兴艳) 福建省第十届社会科学优秀成果奖二等奖

《台湾涉漳旧地名与聚落开发》(作者:涂志伟,责编:薛鹏志) 福建省第十届社会科学优秀成果奖二等奖

《汉语词汇学论集》(作者:李如龙,责编:王依民) 福建省第十届社会科学优秀成果奖二等奖

《全球不平衡发展模式:困境与出路》(作者:戴金平,策划:宋文艳,责编:吴兴友) 在"全国图书馆2012年度好书推选"活动中入选"全国图书馆推荐书目(2012年度)"

《怎样读书》(作者:许嘉璐等,许序修选编,责编:郑丹) 在"全国图书馆2012年度好书推选"活动中入选"全国图书馆推荐书目(2012年度)"

《何大仁集邮文选》(作者:何子威,责编:卢维滨) 中俄专题集邮研究会首届集邮文献平面展一等奖

《放歌书林》(作者:蒋东明、陈福郎等,美编:李夏凌) 第八届全国书籍设计艺术展览书籍设计入围奖

厦门大学出版社　2013年中国图书世界影响力出版100强

厦门大学出版社　第26届全国大学出版社图书订货会优秀展位

宋文艳　第三届中国大学出版社高校出版人物奖

高　健　第四届韬奋杯全国出版社青年编校大赛团体二等奖、编辑个人三等奖

曾妍妍　第四届韬奋杯全国出版社青年编校大赛团体二等奖、编辑个人优秀奖

李小青　第四届韬奋杯全国出版社青年编校大赛团体二等奖、校对个人优秀奖

伍家丽　第四届韬奋杯全国出版社青年编校大赛团体二等奖、校对个人优秀奖

蒋东明　《出版专业分工:从行政约束到主动追求》(论文) 入选第十八界闽浙赣鄂四省出版理论研讨会优秀论文,入选第十三届福建省出版理论研讨会优秀论文

王鹭鹏 《青少年阅读品位提高的现实途径》(论文) 出版界图书馆界全民阅读年会(2013)征文活动二等奖

甘世恒 《数字时代下出版业版权风险应对及防范初探》(论文) 入选第十三届福建省出版理论研讨会

高 健 《浅议数字出版时代编辑技能转变》(论文) 入选第十三届福建省出版理论研讨会

贾素文 《转型时期大学出版社编辑管护机制建构之探讨》(论文) 入选第十三届福建省出版理论研讨会

李夏凌 《浅论数字出版时代图书装帧设计发展之路》(论文) 入选第十八界闽浙赣鄂四省出版理论研讨会 入选第十三届福建省出版理论研讨会

王鹭鹏 《数字时代图书编辑的观念更新》(论文) 入选第十三届福建省出版理论研讨会

王扬帆 《创新 成本 服务——中小出版社编辑应加强的三种意识》(论文) 入选第十三届福建省出版理论研讨会

薛鹏志 高 健 《让编辑“慢”下来》(论文) 入选第十三届福建省出版理论研讨会

曾妍妍 《数字技术与人文理念——试论数字出版时代人文编辑的困境与突围》(论文) 入选第十三届福建省出版理论研讨会

2014 年

《城镇化大转型的金融视角》(作者:巴曙松、杨现领,策划:宋文艳,责编:宋文艳、吴兴友) 第五届中华优秀出版物奖提名奖

2014 年福建省优秀出版物奖(图书奖) 入选全民阅读年会 50 种重点推荐图书(2013 年度)

《福建客家文学发展史》(作者:兰寿春,责编:王鹭鹏) 2014 年福建省优秀出版物奖(图书奖)

《福建树木彩色图鉴》(作者:何国生,责编:陈进才) 2014 年福建省优秀出版物奖(图书奖)

《人约黄昏后》(作者:怡霖,责编:陈福郎) 第六届冰心散文奖(散文集奖) 福建省第 28 届优秀文学作品奖(名列第四)

《菲律宾华人通史》(作者:庄国土、陈华岳等,责编:薛鹏志) 入选“中国高校出版社书榜”2014 年度 2 月榜单(总第五期)(教育部 光明日报社)

《国际货币体系:何去何从?》(作者:戴金平等,策划:宋文艳,责编:许红兵) 入选“中国高校出版社书榜”2014 年度 9 月榜单(总第十二期)(教育部 光明日报社)

《东亚视阈汉语史论》(作者:李无未,责编:牛跃天) 入选“中国高校出版社书榜”2014 年度 11 月榜单(总第十四期)(教育部 光明日报社)

《看懂财经新闻》(作者:严行方,责编:吴兴友) 入选全民阅读年会推荐图书(2013 年度)

《房地产大周期的金融视角》(作者:巴曙松,策划:宋文艳,责编:郝静、吴兴友) 入选首届中国读友读品节指定书单

《中国银行业:繁荣与危机》(作者:李国平,责编:古雪) 入选中国出版传媒商报第一季度榜单

《绘画与心理治疗》(作者:宋兴川,责编:郑丹) 第二十三届上海市中小学、幼儿园优秀图书一等奖

《中学生物学教学设计案例与评析》(作者:陈欣,责编:陈进才) 第二十三届上海市中小学、幼儿园优秀图书一等奖

《格律诗三十六讲》(作者:华旭,责编:王鹭鹏) 第二十三届上海市中小学、幼儿园优秀图书二等奖

《文明的源起》(作者:王斐弘,美编:李夏凌) 福建省优秀出版物装帧设计奖

《我的家,利物浦:达格利什自传》[作者:(英)达格利什(Dalglish,k.),封面设计:李夏凌] 第八届华东地区书籍设计双年展封面设计二等奖

《醉红楼》(网络游戏)2011—2013 年度福建省优秀出版物奖(音像、电子和游戏出版物奖)

厦门大学出版社　2014 年中国图书世界影响力出版 100 强(中国出版传媒商报 中国文化走出去协同创新中心·中国海外汉学研究中心 中国图书进出口(集团)总公司)

厦门大学出版社　2014 年新闻出版广播电视统计工作先进单位(福建省新闻出版广电局)

厦门大学出版社　2014—2015 年度厦门市重点文化企业(厦门市人民政府)

厦门大学出版社高校图书代办站 2014年全国优秀教材经销商(新华书目报《全国大中专教学用书汇编》编委会)

施高翔 2011—2013年度福建省优秀出版人(福建省新闻出版广电局)

薛鹏志 厦门大学资产经营有限公司2014年度先进个人

李夏凌 《从传统书籍设计者角度看电子书设计之缺失》(论文) 2014年中国大学出版社编辑论文大赛一等奖,第八届华东地区书籍设计双年展优秀论文奖

甘世恒 《版权风险的新形式及其应对》(论文) 2014年中国大学出版社编辑论文大赛三等奖

李夏凌 《绿色·设计—出版物设计者的社会责任》(论文) 2011—2013年度福建省优秀出版发行科研论文奖,第八届华东地区书籍设计双年展优秀论文奖

甘世恒 《数字时代下出版业版权风险应对及防范初探》(论文) 2011—2013年度福建省优秀出版发行科研论文奖

李夏凌 《后纸书时代的数字阅读之惑》(论文) 2014全民阅读年会征文三等奖

胡 佩 《数字化时代的数字化阅读》(论文) 2014全民阅读年会征文三等奖

宋文艳 吴兴友《〈城镇化大转型的金融视角〉审读报告》2014年度优秀审读报告三等奖(中国新闻出版研究院)

2015年

《城镇化大转型的金融视角》(作者:巴曙松、杨现领,责编:宋文艳、吴兴友) 第五届中华优秀出版物奖提名奖

《人约黄昏后》(作者:怡霖,责编:陈福郎) 第28届福建省优秀文学作品奖佳作奖

《福建树木彩色图鉴》(作者:何国生,责编:陈进才) 第四届中国大学出版社图书奖优秀著作一等奖

《中国第三方支付有效监管研究》(作者:杨彪,责编:吴兴友) 第四届中国大学出版社图书奖优秀著作二等奖

《电子商务(第二版)》(作者:方建生、杨清云、邱碧珍,责编:眭蔚) 第四届中国大学出版社图书奖优秀教材二等奖

《应用型人才培养的理论与实践》(作者:潘懋元,责编:牛跃天) 教育部第七届高等学校科学研究优秀成果二等奖(人文社会科学)

《菲律宾华人通史》(作者:庄国土等,责编:薛鹏志) 教育部第七届高等学校科学研究优秀成果三等奖(人文社会科学)

《在世俗与宗教之间走钢丝:析近代传教士对儒家经典的翻译与诠释》(作者:岳峰,责编:王扬帆) 入选中国高校出版社书榜(2015年3月)

《台湾女性文学史》(作者:林丹娅,责编:王鹭鹏) 入选中国高校出版社书榜(2015年7月)

《中国南洋古代交通史》(作者:周运中,责编:查品才) 入选中国高校出版社书榜(2015年11月)

《上帝也会哭泣——行走中东的心灵激荡》(作者:范鸿达,责编:查品才) 入选中国高校出版社书榜(2015年11月)

《广义量词理论研究》(作者:张晓君,责编:文慧云) 第六届金岳霖学术奖三等奖

《厦门历史名人画传》(作者:周旻,责编:许红兵) 全国优秀社会科学普及作品

《我的家,利物浦:达格利什自传》(作者:[英]达格利什(Dalglish,k.)著,阅洁作 SoccerBooks 编译,美编:李夏凌) 2015海峡两岸书籍装帧设计邀请赛优秀奖

厦门大学出版社　2015年中国图书世界影响力出版100强(中国文化走出去协同创新中心 中国文化走出去效果评估中心 中国出版传媒商报)

厦门大学出版社　2015海峡两岸书籍装帧设计邀请赛优秀组织奖

厦门大学出版社编辑部　厦门大学资产经营有限公司2014年度先进集体

厦门大学出版社高校图书代办站　全国优秀教材经销商(《全国大中专教学用书汇编》编委会)

厦门大学出版社高校图书代办站　年度优质服务代办站(中国大学出版社协会代办站工作委员会)

薛鹏志　获厦门大学2015年度中国银行奖教金

王洪春　2015年新闻出版广电统计工作先进个人(新闻出版广电总局)

李小青　第五届韬奋杯全国出版社青年编校大赛团体二等奖、校对个人三等奖(中国出版协会 韬奋基金会)

高　健　第五届韬奋杯全国出版社青年编校大赛团体二等奖、编辑个人二等奖(中国出版协会 韬奋基金会)

高　健　《台湾地区高中"台湾史"教科书的发展历程》(论文) 2015年大学出版社编辑论文大赛二等奖

陈惠英　《图书出版社ERP系统财务管理设计模式新探索——以"南强出版管理系统"为例》(论文) 2015年大学出版社编辑论文大赛三等奖

李峰伟　《谈科技出版与中国制造2025》(论文) 2015年大学出版社编辑论文大赛三等奖

胡　佩　《关于科技编辑规范的几点思考》(论文) 中国编辑学会第16届年会学术论坛征文二等奖

2016年

《菲律宾华人通史》(作者:庄国土、陈华岳等,责编:薛鹏志) 福建省第十一届社会科学优秀成果奖一等奖

《在世俗与宗教之间走钢丝:析近代传教士对儒家经典的翻译与诠释》(作者:岳峰,责编:王扬帆) 福建省第十一届社会科学优秀成果奖一等奖

《中国古代买地券研究》(作者:鲁西奇,责编:韩轲轲) 福建省第十一届社会科学优秀成果奖二等奖

《台海文献汇刊(60册)》(作者:陈支平等,责编:薛鹏志) 福建省第十一届社会科学优秀成果奖二等奖

《广告折射中国社会价值观念的变迁——以1978—2011年四大报纸广告内容分析为例》(作者:林升梁,责编:吴兴友) 福建省第十一届社会科学优秀成果奖二等奖

《闽台艺术论》(作者:何绵山,责编:牛跃天) 福建省第十一届社会科学优秀成果奖二等奖

《日本高等教育改革:现实与课题》(作者:天野郁夫 著,陈武元等译,责编:高健) 福建省第十一届社会科学优秀成果奖二等奖

《福建武术史》(作者:林建华,责编:陈进才、郑丹) 福建省第十一届社会

科学优秀成果奖三等奖

《闽台历史民俗文化遗产资源调查》(作者:厦门市委宣传部 厦门市社科联,责编:许红兵等) 福建省第十一届社会科学优秀成果奖三等奖

《泉州南音工乂谱与视唱》(作者:王珊、陈恩慧,责编:韩轲轲) 福建省第十一届社会科学优秀成果奖三等奖

《君子之道:辜鸿铭与中德文化交流》(作者:方厚升,责编:牛跃天) 福建省第十一届社会科学优秀成果奖三等奖

《有"眼光"的教与学——视觉思维与课堂教学研究》(作者:刘冬岩、林冰冰,责编:陈进才) 福建省第十一届社会科学优秀成果奖三等奖

《厦门历史名人画传》(作者:周旻,责编:许红兵) 福建省第十一届社会科学优秀成果奖三等奖

《闽南文化:闽南族群的精神家园》(作者:林华东,责编:薛鹏志) 福建省第十一届社会科学优秀成果奖三等奖

《高等教育管理价值通论》(作者:董立平,责编:文慧云) 福建省第十一届社会科学优秀成果奖三等奖

《中国低碳经济转型中的能源战略调整与政策选择》(作者:姚昕,责编:吴兴友) 福建省第十一届社会科学优秀成果奖三等奖

《赌棋山庄词话校注》(作者:刘荣平,责编:王依民) 福建省第十一届社会科学优秀成果奖三等奖

《异域新声:历史阐释学与中国现代文化研究》(作者:王晓平,责编:牛跃天) 福建省第十一届社会科学优秀成果奖青年佳作奖

《闽西商史》(作者:蔡立雄,责编:韩轲轲) 福建省第十一届社会科学优秀成果奖青年佳作奖

《党内高层民主的设计——列宁晚年政治思想研究》(作者:尹彦,责编:高健) 省级、副省级城市党校第十一届优秀科研成果三等奖

《广义量词理论研究》(作者:张晓君,责编:文慧云) 2014—2015年度四川省逻辑学会优秀科研成果一等奖

《世界一流大学教育理念》(作者:别敦荣等,责编:曾妍妍) 入选中国高校出版社书榜(2016年5月)

《高等教育管理价值通论》(作者:董立平,责编:文慧云) 第五届全国教育科学研究优秀成果三等奖

《萨本栋传》(作者:石慧霞,责编:曾妍妍) 中国高等教育学会校史研究分会第五届优秀研究成果奖一等奖

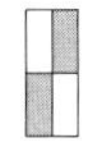

《房地产大转型的“互联网+”路径》(作者:巴曙松、杨现领,责编:宋文艳、吴兴友) 第1财经2016年度金融书籍(年度双语金融书籍)

《呈现全球化时代中国:当代中国电影里的现实主义艺术》(作者:王晓平,美编:李夏凌) 第九届华东书籍设计双年展封面设计二等奖

《闽东抗日战争档案史料》(作者:姚锡青、李小平、张侃等,美编:李夏凌) 第九届华东书籍设计双年展封面设计三等奖

《跨文化传播研究文集》(作者:林升栋,美编:李嘉彬) 第九届华东书籍设计双年展封面设计三等奖

《乌衣巷口夕阳斜》(作者:阮莉萍,美编:蒋卓群) 2016海峡两岸书籍设计邀请赛优秀奖

《闽台历史名人画传》(作者:周旻,责编:许红兵) 厦门市第十次社会科学优秀成果奖一等奖

《台湾女性文学史》(作者:林丹娅等,责编:王鹭鹏) 厦门市第十次社会科学优秀成果奖二等奖

《地震安全岛》(作者:毛松林等,责编:陈进才) 厦门市第十次社会科学优秀成果奖二等奖

《高等教育学制比较研究》(作者:姚加惠,责编:牛跃天) 厦门市第十次社会科学优秀成果奖三等奖

《我国专业学位研究生培养模式的系统结构研究》(作者:廖文婕,责编:黄茂林) 厦门市第十次社会科学优秀成果奖三等奖

《闽台科技资源整合战略研究》(作者:陈喜乐等,责编:文慧云) 厦门市第十次社会科学优秀成果奖三等奖

《当文化遇上经济:福建文化产业发展思维与路径》(作者:林朝霞,责编:王鹭鹏) 厦门市第十次社会科学优秀成果奖三等奖

《二战后东南亚华人的海外移民》(作者:康晓丽,责编:薛鹏志) 厦门市第十次社会科学优秀成果奖青年奖

厦门大学出版社 2016年中国图书世界影响力出版100强(中国出版传媒商报、中国文化走出去效果评价中心)

厦门大学出版社 2016年度新闻出版统计工作先进单位(新闻出版广电总局)

厦门大学出版社 2016海峡两岸书籍设计邀请赛优秀组织奖(福建省出版物发行业协会2016海峡两岸书籍设计邀请赛组委会)

厦门大学出版社高校图书代办站　2016年度全国优秀教材经销商(《全国大中专教学用书汇编》编委会)

厦门大学出版社储运中心　厦门大学资产经营有限公司"2016年度先进集体"

蒋东明　2016年度厦门大学"厦航奖教金"(管理类、教科辅类)

陈丽贞　2016年度厦门大学"中国银行奖教金"(管理类、教科辅类)

邓　臻　2016年度厦门大学"中国电信奖教金"(管理类、教科辅类)

欧光江　教材发行界十年风云人物(《全国大中专教学用书汇编》编委会)

刘祖雷　厦门大学资产经营有限公司"2016年度先进个人"

李夏凌　《后纸书时代的数字阅读之感》(论文)　第九届华东书籍设计双年展装帧论文奖

李夏凌　《数字时代书籍形式走向何方》(论文)　第九届华东书籍设计双年展装帧论文奖

2017年

《房地产大转型的"互联网+"路径》(作者:巴曙松、杨现领,责编:宋文艳、吴兴友)　2016年度输出版优秀图书

《打开文学的方式》(作者:王敦,责编:冀钦)　入选《中国出版传媒商报》2017年度影响力图书推展·第壹季书目

《新中介的崛起与房地产价值链的重构》(作者:巴曙松、杨现领,责编:宋文艳、吴兴友)　入选《中国出版传媒商报》2017年度影响力图书推展·第壹季书目

《打开文学的方式》(作者:王敦,责编:冀钦)　入选第四届中国读友读品节指定推荐书单

《打开文学的方式》(作者:王敦,责编:冀钦)　《中华读书报》2017年度百佳图书

《新中介的崛起与房地产价值链的重构》(作者:巴曙松、杨现领,责编:宋文艳、吴兴友)　入选第四届中国读友读品节指定推荐书单

《理念与情怀——田昭武院士传略》(作者:林华水等,责编:宋文艳、吴兴友)　入选《中国出版传媒商报》2017年度影响力图书推展·第贰季书目

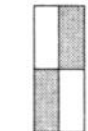

《菲律宾殖民当局的对华政策(16—17 世纪)》(作者:陈丙先,责编:薛鹏志) 广西第十四次社会科学优秀成果二等奖

《后苏哈托时期的印尼民主化改革研究》(作者:杨晓强,责编:薛鹏志) 广西第十四次社会科学优秀成果三等奖

《中国古典诗词解读与鉴赏》(作者:吴在庆,责编:王鹭鹏) 高校老年大学精品教材一等奖

《中老年陶笛教程》(作者:赵亮,责编:王鹭鹏) 高校老年大学精品教材二等奖

《租赁新时代》(作者:杨现领、栗样丹,责编:吴兴友) 入选中国好书 2017 年 7 月榜

《打开文学的方式》(作者:王敦,责编:冀钦) 入选书香中国·北京阅读季 2017 年首期推荐 10 种好书

《租赁新时代》(作者:杨现领、栗样丹,责编:吴兴友) 入围书香中国·北京阅读季 2017 年第二季推荐 30 种好书

《华南客家十五年》(作者:Frank.J.Wiens(卫英士)、丁立隆,美编:李夏凌) 2017 海峡两岸书籍设计邀请赛优秀作品奖

《老年人监护制度研究》(作者:倪娜,责编:甘世恒) 第四届中国法学会优秀法学成果三等奖

《新闻传播统计学基础》(作者:曾秀芹、张楠,责编:王鹭鹏) 2017 年福建省本科优秀特色教材

《西花东识——中国学生遇见欧洲文化》(作者:丁晓君,责编:王扬帆) 2017 年福建省本科优秀特色教材

《空间计量经济学》(作者:叶阿忠,责编:吴兴友) 2017 年福建省本科优秀特色教材

《债权法(第五版)》(作者:林旭霞,责编:甘世恒) 2017 年福建省本科优秀特色教材

《思行如一:青年马克思主义者培养教程》(作者:肖红新,责编:高健) 2017 年福建省本科优秀特色教材

《大学生职业生涯规划、就业与创业指导》(作者:章周道,责编:眭蔚) 2017 年福建省本科优秀特色教材

《高等数学及其思想方法与实验》(作者:吴炯圻,责编:陈进才) 2017 年福建省本科优秀特色教材

《客家文化符号论》(作者:徐维群,责编:王鹭鹏) 2017 年福建省本科优

秀特色教材

《歌唱:生命的律动》(作者:陈弦章,责编:王鹭鹏) 2017年福建省本科优秀特色教材

《逸笔人物画构成》(作者:黄志强,责编:王鹭鹏) 2017年福建省本科优秀特色教材

《妈祖文化教育概论》(作者:谢金森,责编:章木良) 2017年福建省本科优秀特色教材

《武夷文学读本》(作者:廖斌,责编:章木良) 2017年福建省本科优秀特色教材

《大学生职业发展与就业指导》(作者:程如平,责编:许红兵) 2017年福建省本科优秀特色教材

《项目管理》(作者:颜明健,责编:眭蔚) 2017年福建省本科优秀特色教材

《电气工程技术实训教程》(作者:李继芳,责编:陈进才) 2017年福建省本科优秀特色教材

《警务技能基础训练教程》(作者:刘建武,责编:陈进才) 2017年福建省本科优秀特色教材

厦门大学出版社　2017年中国图书世界影响力出版100强(中国出版传媒商报、中国文化走出去效果评价中心)

厦门大学出版社　2016—2017年度厦门市重点文化企业(厦门市文化改革发展工作领导小组)

厦门大学出版社　2017年度全省新闻出版广播影视统计工作先进集体(福建省新闻出版广电局)

厦门大学出版社　2017海峡两岸书籍设计邀请赛优秀组织奖(福建省出版物发行业协会2017海峡两岸书籍设计邀请赛组委会)

厦门大学出版社高校图书代办站　全国优秀代办站(大学出版社协会代办站工作委员会)

厦门大学出版社高校图书代办站　2017年度全国优秀教材经销商(《全国大中专教学用书汇编》编委会)

蒋东明　2016厦门文化产业年度风云榜—年度人物奖(厦门市人民政府)

胡　佩　第六届"韬奋杯"全国出版社青年编校大赛团体二等奖、校对个人三等奖(中国出版协会 韬奋基金会)

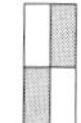

章木良　第六届“韬奋杯”全国出版社青年编校大赛团体二等奖(中国出版协会 韬奋基金会)

欧光江　第二届全国高等学校图书代办站先进工作者(大学出版社协会代办站工作委员会)

王　昕　第二届全国高等学校图书代办站先进工作者(大学出版社协会代办站工作委员会)

曾妍妍　《社科类获奖图书的选题分析——基于中国出版政府奖的获奖书目分析》(论文)“第二十届闽浙乾苏沪鄂五省一市出版理论研讨会优秀论文”

2018年

《回眸高考四十年——77、78级大学生入学40周年纪念》(作者:《回眸高考四十年》编写组,策划:宋文艳,责编:曾妍妍) 2018年度“闽版好书”

《国家治理转型的逻辑——公共管理前沿探索》(作者:陈振明,责编:黄茂林) 福建省第十二届社会科学优秀成果奖一等奖

《早期中国新闻学的历史面相:从知识史的路径》(作者:朱至刚,责编:王鹭鹏) 福建省第十二届社会科学优秀成果奖一等奖

《中外合作办学发展报告(2010—2015)》(作者:林金辉,责编:章木良) 福建省第十二届社会科学优秀成果奖二等奖

《吴大羽研究》(作者:黄文中,责编:薛鹏志、章木良) 福建省第十二届社会科学优秀成果奖二等奖

《台湾女性文学史》(作者:林丹娅,责编:王鹭鹏) 福建省第十二届社会科学优秀成果奖二等奖

《中国传媒组织治理结构创新研究:基于利益相关者理论的视角》(作者:殷琦,责编:王鹭鹏) 福建省第十二届社会科学优秀成果奖二等奖

《科学诠释学的现象学》(作者:曹志平,责编:文慧云) 福建省第十二届社会科学优秀成果奖二等奖

《闽台北管研究》(作者:杨丽霞,责编:王鹭鹏) 福建省第十二届社会科学优秀成果奖三等奖

《中国古代文学作品在绘画中的接受》(作者:张克锋,责编:王鹭鹏) 福建省第十二届社会科学优秀成果奖三等奖

《闽台农业非遗开发与文化产权分析》(作者:刘芝凤等,责编:曾妍妍) 福建省第十二届社会科学优秀成果奖三等奖

《中国特色社会主义财税思考》(作者:邓力平,责编:江珏玙) 福建省第十二届社会科学优秀成果奖三等奖

《翻译研究的跨学科方法——费乐仁汉学要义论纂》(作者:岳峰等,责编:王扬帆) 福建省第十二届社会科学优秀成果奖三等奖

《楚国青铜礼器制度研究》(作者:张闻捷,责编:韩轲轲) 福建省第十二届社会科学优秀成果奖三等奖

《美国公立研究型大学教育质量保证研究》(作者:叶信治等,责编:韩轲轲) 福建省第十二届社会科学优秀成果奖三等奖

《闽台交融的考试纽带:清代福建乡试研究》(作者:刘一彬,责编:韩轲轲) 福建省第十二届社会科学优秀成果奖三等奖

《海峡两岸关系和平发展简论》(作者:李非、李鹏等,责编:高健) 福建省第十二届社会科学优秀成果奖三等奖

《闽南打城戏文化生态研究》(作者:骆婧,责编:薛鹏志) 福建省第十二届社会科学优秀成果奖三等奖

《转型期权利的法律保障研究》(作者:郭春镇、张薇薇,责编:甘世恒) 福建省第十二届社会科学优秀成果奖三等奖

《社会转型、抗击外侮与近代化建设——晚清台湾历史映像(1840—1895)》(作者:李祖基、陈忠纯,责编:高健) 第十届台湾研究优秀成果奖暨2016—2017年度优秀论著三等奖

《国际投资规则的演变与中国企业"走出去"战略》(作者:刘辉群、卢进勇,责编:吴兴友) 天津市第十五届社会科学优秀成果奖三等奖

《国际投资规则的演变与中国企业"走出去"战略》(作者:刘辉群、卢进勇,责编:吴兴友) 商务部全国商务发展研究成果奖(2017)著作类一等奖

《台湾少数民族政策研究(1624—1945)》(作者:陶道强、李颖,责编:薛鹏志、章木良) 第四届全国民族研究优秀成果二等奖

《华夷之间:秦汉时期族群的身份与认同》(作者:朱圣明,责编:韩轲轲) 第四届全国民族研究优秀成果二等奖

《回眸高考四十年——77、78级大学生入学40周年纪念》(作者:《回眸高考四十年》编写组,策划:宋文艳,责编:曾妍妍) 入围北京阅读季好书推荐(社

长/总编辑荐书)2018年第一季(总第三季)30种图书名单

《让房屋再生:来自日本的经验》(作者:杨现领、陆卓玉、粟样丹,责编:吴兴友) 初选入围“中国好书”2018年6月榜

《宫廷与异域:17、18世纪的中外物质文化交流》(作者:任万平、郭福祥、韩秉臣,责编:高健) 初选入围“中国好书”2018年7月榜

《邮记中国:改革开放四十年》(作者:《邮记中国:改革开放四十年》编写组,策划:宋文艳,责编:江珏玙) 初选入围“中国好书”2018年12月榜

《清代华南帆船航运与经济交流》(作者:(日)松浦章,责编:薛鹏志) 入选《中国出版传媒商报》2018年度影响力图书推展·第壹季书目

《回眸高考四十年——1977—1978级大学生入学40周年纪念》(作者:《回眸高考四十年》编写组,策划:宋文艳,责编:曾妍妍) 入选《中国出版传媒商报》2018年度影响力图书推展·第壹季书目

《社会质量、社会建设与幸福感》(作者:徐延辉,责编:文慧云) 入选《中国出版传媒商报》2018年度影响力图书推展·第壹季书目

《美国亚裔文学研究》(作者:张龙海等,责编:王扬帆) 入选《中国出版传媒商报》2018年度影响力图书推展·第贰季书目

《耕海耘波:明清官民走向海洋历程》(作者:王日根,责编:薛鹏志、章木良) 入选《中国出版传媒商报》2018年度影响力图书推展·第贰季书目

《让房屋再生:来自日本的经验》(作者:杨现领、陆卓玉、粟样丹,责编:吴兴友)《中国出版传媒商报》2018年度影响力图书推展·第贰季书目

《存量房时代经纪人的职业化:全球模式与中国道路》(作者:巴曙松、贾娜娜、杨现领,责编:吴兴友) 入选《中国出版传媒商报》2018年度影响力图书推展·第三季书目

《闽南传统建筑》(作者:曹春平,美编:李夏凌) 第十届华东书籍设计双年展整体设计奖

《世界各地反腐倡廉广告汇编》(作者:林升栋、宣长春,美编:李嘉彬) 2018海峡两岸书籍设计邀请赛优秀作品奖

《邮票上的金砖国家》(作者:《邮票上的金砖国家》编写组,策划:宋文艳,责编:王扬帆、章木良) “庆祝改革开放40周年”全国优秀集邮图书二等奖(知识类)

《鼓浪屿文化遗产核心要素》(作者:靳维柏,印制:朱楷) 福建省包装印刷产品银奖

《中国民法典争鸣·徐国栋卷》(作者:徐国栋,印制:许克华) 2018年“建

发纸业杯”厦门市印刷产品质量评比大赛金奖

《欧洲公证法汇编》(作者:苏国强,印制:许克华) 2018年“建发纸业杯”厦门市印刷产品质量评比大赛银奖

《闽南传统建筑》(作者:曹春平,印制:许克华) 福建省包装印刷产品优质奖

厦门大学出版社 2018年度福建省文化企业十强提名奖(福建省人民政府)

厦门大学出版社 2018—2019年度厦门市文化企业30强(厦门市人民政府)

厦门大学出版社党支部 2016—2018年厦门大学先进基层党组织

厦门大学出版社 2018中国图书海外馆藏影响力出版100强(中国出版传媒商报、中国文化走出去效果评估中心、中国图书进出口(集团)总公司)

厦门大学出版社 出版融合技术·编辑创新大赛优秀组织奖(国家新闻出版广电总局出版融合发展(武汉)重点实验室 中国期刊协会 湖北省新闻出版广电局)

厦门大学出版社 2018海峡两岸书籍设计邀请赛优秀组织奖(福建省出版物发行业协会 2018海峡两岸书籍设计邀请赛组委会)

厦门大学出版社高校图书代办站 2017年度全国优秀教材经销商(《全国大中专教学用书汇编》编委会)

厦门大学出版社高校图书代办站 2017年度优秀代办站(《全国大中专教学用书汇编》编委会)

厦门大学出版社法律编辑室 出版百强团队(中国出版传媒商报)

黄茂林 2018年厦门大学优秀共产党员

宋文艳 2018年厦门大学图信党委优秀共产党员

宋文艳 2016—2017年度厦门大学三八红旗手

施高翔 2017年度厦门大学“厦航奖教金”(教科辅类)

陈惠英 2017年度厦门大学“中国银行奖教金”(教科辅类)

张佐群 2017年全国大中专教材新锐营销经理人(《全国大中专教学用书汇编》编委会)

王 昕 2017年全国大中专教材金牌营销经理人(《全国大中专教学用书汇编》编委会)

欧光江 全国书业2018年度“十大发行英杰”(中国出版传媒商报)

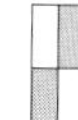

张佐群　全国书业“年度“优秀营销人”(中国出版传媒商报)

欧光江　中国改革开放四十年图书发行业致敬影响力人物提名奖(中国书刊发行业协会、中国新华书店协会)

李夏凌　《从美术编辑角度浅谈大学出版社的品牌建设》(论文)　第十届华东书籍设计双年展论文奖

2019 年

《闽南传统建筑》(作者:曹春平,责编:陈进才、李峰伟)　第七届中华优秀出版物奖

《跨越 40 年:闽商创业史》(作者:徐德金等,策划:宋文艳,责编:吴兴友)　2019 年度闽版好书

《前生源化学条件下磷对生命物质的催化与调控》(作者:赵玉芬、刘艳、高祥、许鹏翔,责编:眭蔚)　2018 年度输出版优秀图书奖

《中国近代外债制度的本土化与国际化》(作者:张侃,责编:薛鹏志、韩轲轲)　福建省第十三届社会科学优秀成果奖一等奖

《耶鲁大学图书馆馆藏日本侵华战争珍稀档案汇编与翻译》(作者:岳峰等,责编:王扬帆)　福建省第十三届社会科学优秀成果奖二等奖

《社会质量、社会建设与幸福感》(作者:徐延辉,责编:文慧云)　福建省第十三届社会科学优秀成果奖二等奖

《国家大学生学习质量提升路径研究》(作者:史秋衡、王芳,责编:曾妍妍)　福建省第十三届社会科学优秀成果奖二等奖

《空间计量经济学》(作者:叶阿忠、吴继贵、陈生明等,责编:吴兴友)　福建省第十三届社会科学优秀成果奖三等奖

《美国亚裔文学研究》(作者:张龙海等,责编:王扬帆)　福建省第十三届社会科学优秀成果奖三等奖

《老舍作品在俄罗斯》(作者:李春雨,责编:王扬帆)　福建省第十三届社会科学优秀成果奖三等奖

《文化境遇与历史时空:马克思主义学说在中国(1899—1923)》(作者:王昌英,责编:文慧云)　福建省第十三届社会科学优秀成果奖三等奖

《宋元福建科技史研究 》(作者:贺威,责编:文慧云)　福建省第十三届社

会科学优秀成果奖三等奖

《福建侨批业研究(1896—1949)》(作者:焦建华,责编:薛鹏志) 福建省第十三届社会科学优秀成果奖三等奖

《籴粜之局:清代湘潭的米谷贸易与地方社会》(作者:陈瑶,责编:薛鹏志、吴鲁薇) 福建省第十三届社会科学优秀成果奖三等奖

《华夏传播学引论》(作者:谢清果,责编:王鹭鹏) 福建省第十三届社会科学优秀成果奖三等奖

《中国近代外债制度的本土化与国际化》(作者:张侃,责编:薛鹏志、韩轲轲) 厦门市第十一次社会科学优秀成果奖二等奖

《近代厦门鼓浪屿公共租界档案汇编》(作者:厦门市档案局/馆,责编:薛鹏志) 厦门市第十一次社会科学优秀成果奖三等奖

《厦门的兴起》(作者:(新加坡)吴振强,译者:詹朝霞、胡舒扬,责编:章木良) 厦门市第十一次社会科学优秀成果奖三等奖

《西方翻译理论:导读 选读 解读》(作者:杨士焯,责编:王扬帆、高奕欢) 厦门市第十一次社会科学优秀成果奖三等奖

《小传统的法治面向》(作者:黄金兰,责编:甘世恒) 第六届中国法律文化研究成果奖三等奖

《凤凰于飞:家族文书与畲族历史研究》(作者:刘婷玉,责编:冀钦) 2019中华读书报年度图书之100佳

《邮票上的中国世界遗产》(作者:《邮票上的中国世界遗产》编委会,策划:宋文艳,责编:冀钦) 初选入围"中国好书"2019年8月榜

《邮票上的中国妇女:献给新中国成立70周年》(作者:《邮票上的中国妇女:献给新中国成立70周年》编写组,策划:宋文艳,责编:曾妍妍) 初选入围"中国好书"2019年11月榜

《未名湖畔忆名儒——严复、林纾、辜鸿铭的北大岁月》(作者:林坚,策划:宋文艳,责编:冀钦) 初选入围"中国好书"2019年11月榜

《新周期与新金融》(作者:巴曙松,策划:宋文艳,责编:吴兴友) 第六届中国读友读品节推展书单·百社联荐

《中国快递史话》(作者:王永利、蔡远游,责编:江珏玙) 入选《中国出版传媒商报》2019年度影响力图书推展·第壹季书目

《跨越40年:闽商创业史》(作者:徐德金等,策划:宋文艳,责编:吴兴友) 入选《中国出版传媒商报》2019年度影响力图书推展·第贰季书目

《历史上的闽国与闽地》(作者:郭林,责编:林灿) 入选《中国出版传媒商

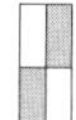

报》2019年度影响力图书推展·第叁季书目

《粤港澳大湾区协同创新机制研究——基于自由贸易组合港模式》(作者:巴曙松、谌鹏、梁新宁等,策划:宋文艳,责编:吴兴友) 入选《中国出版传媒商报》2019年度影响力图书推展·第肆季书目

《邮记中国:改革开放四十年》(作者:《邮记中国:改革开放四十年》编写组,美编:蒋卓群) 2019海峡两岸书籍设计邀请赛优秀作品奖

厦门大学出版社 "韬奋杯"全国青年编校大赛前六届获得奖项总数排名全国第三("出版资源"官方微信发布)

厦门大学出版社 2018中国图书海外馆藏影响力出版100强[中国出版传媒商报、北京外国语大学国际新闻与传播学院·中国文化走出去效果评估中心、中国图书进出口(集团)总公司]

厦门大学出版社 2019北京图书订货会"十佳文化活动"奖(北京图书订货会组委会)

厦门大学出版社 2019海峡两岸书籍设计邀请赛优秀组织奖(福建省出版物发行业协会、2019海峡两岸书籍设计邀请赛组委会)

厦门大学出版社高校图书代办站 2018年度全国优秀教材经销商(《全国大中专教学用书汇编》编委会)

厦门大学出版社高校图书代办站 2018年度全国优质服务代办站(中国大学出版社协会代办站工作委员会)

厦门大学出版社南强书苑 中国高校校园书店优秀案例(新闻出版传媒集团有限公司、中国全民阅读媒体联盟、中国教育后勤协会)

周和本 2018年全国大中专教材金牌营销经理人(《全国大中专教学用书汇编》编委会)

曾妍妍 《外国图书版权贸易40年:回顾与分析——基于〈中国版权年鉴〉及〈中国出版年鉴的分析〉》(论文) 福建省第十四届出版理论研讨会优秀论文,入选第二十一届闽浙赣鄂苏沪五省一市出版理论研讨会

2020年

《粤港澳大湾区协同创新机制研究——基于自由贸易组合港模式》(作者:

巴曙松、谌鹏、梁新宁等,策划:宋文艳,责编:吴兴友) 2020年度"闽版好书"

《早期中国新闻学的历史面相:从知识史的路径》(作者:朱至刚,责编:王鹭鹏) 教育部第八届高等学校科学研究优秀成果奖(人文社会科学)二等奖

《国家治理转型的逻辑——公共管理前沿探索》(作者:陈振明,责编:黄茂林) 教育部第八届高等学校科学研究优秀成果奖(人文社会科学)二等奖

《世界一流大学教育理念》(作者:别敦荣等,责编:曾妍妍) 教育部第八届高等学校科学研究优秀成果奖(人文社会科学)二等奖

《中国近代外债制度的本土化与国际化》(作者:张侃,责编:韩轲轲) 教育部第八届高等学校科学研究优秀成果奖(人文社会科学)三等奖

《吴越之迹:江南地区早期国家形态变迁》(作者:付琳,责编:薛鹏志) 2020中华读书报年度图书之100佳

《粤港澳大湾区协同创新机制研究——基于自由贸易组合港模式》(作者:巴曙松、谌鹏、梁新宁等,策划:宋文艳,责编:吴兴友) 入选《中国出版传媒商报》2020影响力图书·年度榜单

《通证设计》(作者:赵甲等,责编:吴兴友) 入选《中国出版传媒商报》2020年度影响力图书推展·第贰季书目

《工业互联网:转型与升级》(作者:杨汉录、余来文、王友丽,责编:吴兴友) 入选《中国出版传媒商报》2020年度影响力图书推展·第三季书目

《折纸创新法》(作者:肖晓阳,责编:陈进才) 入选《中国出版传媒商报》2020年度影响力图书推展·第三季书目

《邮览中国:农耕文明与乡村振兴》(作者:福建省政协农业和农村委员会,策划:宋文艳,责编:章木良) 初选入围"中国好书"2020年10月榜

《从珠澳合作看城市群金融创新与合作路径》(作者:巴曙松、王志峰,策划:宋文艳,责编:施建岚) 入选《中国出版传媒商报》2020年度影响力图书推展·第四季书目

《粤港澳大湾区协同创新机制研究——基于自由贸易组合港模式》(作者:巴曙松、谌鹏、梁新宁等,责编:宋文艳、吴兴友) 初选入围"中国好书"2020年1—4月榜

《何为生命之单元——现代生物学思想中的个体性概念研究》(作者:杨仕健,责编:文慧云) 科史哲青年著作奖

《省域高等学校分类体系研究——以江苏省为例》(作者:孙俊华,责编:廖婉瑜) 江苏省社科应用研究精品工程奖

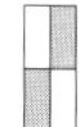

厦门大学出版社　2020中国图书海外馆藏影响力出版100强(中国出版传媒商报,北京外国语大学国际新闻与传播学院·中国文化走出去效果评估中心,中国图书进出口(集团)总公司)

厦门大学出版社　福建省文化企业十强提名奖(2020年度)(福建省文化改革发展工作领导小组)

厦门大学出版社　“韬奋杯”全国青年编校大赛前七届获得奖项总数,厦大出版社全国排名第三(出版资源库官方微信2020年3月26日《韬奋杯|看,他们从七届大赛中脱颖而出!》)

厦门大学出版社经管编辑室　年度优异·出版百强团队(中国出版传媒商报《中国编客》)

厦门大学出版社图书代办站　2019年度全国优质服务代办站(中国大学出版社协会代办站工作委员会)

厦门大学出版社图书代办站　2019年度全国优秀教材经销商(新华书目报、《全国大中专教学用书汇编》编委会)

黄茂林　2020年度厦门大学“曹德旺奖教金”(教科辅类)

施建岚　2019年度新闻出版统计工作先进个人(中央宣传部办公厅)

胡　佩　第七届韬奋杯全国图书编校暨高校编辑出版能力大赛(职工组)校对个人优秀奖(国家新闻出版署)

姜　湃　2019年度金牌营销经理人(新华书目报、《全国大中专教学用书汇编》编委会)

惠诚忠　2020年获评厦门大学优秀共产党员

张　怡　2020年获评厦门大学抗击新冠肺炎疫情先进个人

徐远茜　2016—2020年厦门大学优秀工会积极分子

蒋卓群　《浅析人工智能运用于书籍装帧设计的现状及未来发展》第十一届华东书籍设计双年展论文奖(中国出版协会装帧艺术工作委员会及沪苏浙闽赣鲁皖七省版协)

李夏凌　《浅议出版机构文创产品开发之路》入选中国大学出版社协会2020年度编辑论坛优秀作品(中国大学出版社协会)

胡　佩　《5G时代:新媒体校对工作的挑战与应对》入选中国大学出版社协会2020年度编辑论坛优秀作品(中国大学出版社协会)

三、媒体对厦大出版社的报道、访谈、书评一览表(1985—2020年)

报道、访谈

篇　名	作　者	媒　体	时间/版别
近水楼台先得月——厦大出版社推出一批台湾、东南亚研究书籍	郭晓虹	新闻出版报	1992年5月20日
厦大出版社全力为特区建设服务	记　者	新华社	1992年7月20日
厦大出版社注重港台海外书籍的出版	记　者	人民日报海外版	1993年1月26日
厦门大学出版《陈立夫与中医药学》	记　者	中国新闻	1993年4月22日
学术巨著《透视中国东南:文化经济的整合研究》出版	刘立忠 刘英惠	中广网	2003年11月29日
《透视中国东南:文化经济的整合研究》首发,副省长汪毅夫出席首发式	王　宏	厦门日报	2003年11月30日
中国大学版协代表团访美侧记	蒋东明	大学出版	2004年第9期

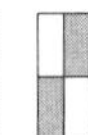

续表

篇　名	作　者	媒　体	时间/版别
《透视中国东南:文化经济的整合研究》荣获中国图书奖	郑　莉/本报记者	厦门大学报/厦门晚报	2004年12月19日
百册文献重击"文化台独"	连锦添	人民日报海外版	2005年1月28日
阮次山开讲　厦大现场挤爆	佘　峥	厦门日报	2005年4月17日
大学出版社的使命	宋智明	厦门日报	2005年4月29日
专版介绍厦大出版社20年的成就	宋智明	厦门日报	2005年4月29日
大学底蕴造就出版的品质——访厦门大学出版社社长蒋东明	肖　闽	出版参考	2005年5月
坚守文化品位的出版人——厦大出版社总编辑陈福郎印象	卢燕燕	厦门大学报	2005年5月27日
《台湾文献汇刊》正式出版	王　杰	教育评论	2005年5月28日
悦读自己是一种美丽	谢迪南	中国图书商报	2005年6月3日
天南地北觅女缘	记　者	厦门日报	2005年6月10日
《台湾文献汇刊》上海书店上架,引起台湾史学者兴趣	记　者	台湾民生报	2005年9月21日
厦大出版社精品战略结硕果——"十五"期间荣获95项省级以上奖励	记　者	厦门大学报	2005年12月23日
让出版工作充满创造性的诗意和愉悦——访厦大社蒋东明社长	曹　巍	大学出版	2006年第3期

续表

篇　名	作　者	媒　体	时间/版别
中国国家主席胡锦涛访美并赠送《台湾文献汇刊》	记　者	中央电视台	2006年4月21日
设计古雅清朗兼具历史的厚重厦门大学出版《连横研究论文选》	王文静	厦门日报	2006年4月21日
胡锦涛耶鲁赠书包括厦大《台湾文献汇刊》	佘　峥	厦门日报	2006年4月24日
我校出版社出版《连横研究论文选》赠连战	徐长春	厦门大学报	2006年5月12日
“厦门文史丛书”面世了——“第一方阵”包括《厦门名人故居》等4册,总共将出版30册	龚小莞	厦门晚报	2007年3月23日
奥运邮票“全家福”下月首发	海　鹰 李汝佳	厦门日报	2007年5月15日
由厦门大学出版社出版,被称为图文式“奥林匹克百科全书”	海　鹰 李汝佳	厦门日报	2007年5月15日
大型丛书《中国稀见史料》首发	余瑛瑞 孟昭丽	新华网	2007年10月26日
潘维廉签售《魅力厦门》系列	朱莹莹	厦门日报	2007年10月29日
厦门大学出版社:紧依地缘优势　打造特色出版	何文静	出版人	2008年第21期
全国百佳图书出版单位名单	记　者	中国新闻出版报	2009年9月18日
厦大出版社获评国家一级出版社	佘　峥	厦门日报	2009年8月19日
“共和国六十年法学论争实录”:献礼共和国六十年——访厦门大学出版社总编辑陈福郎	记　者	书香两岸	2009年10月11日
专版介绍厦大社荣获“国家一级出版社”“全国百佳图书出版单位”	陈福郎	厦门大学报	2009年10月15日

续表

篇　名	作　者	媒　体	时间/版别
依托厦大面向全国　打造精品发展品牌——访厦门大学出版社社长蒋东明	刘　筠	厦门日报	2009年10月22日
“共和国六十年法学论争实录”丛书昨日在厦首发	徐林武	厦门晚报	2009年10月31日
大学出版社捐款情况统计表	记　者	中国新闻出版报	2010年5月5日
厦门大学在台展销《中国稀见史料》	林　雯	厦门日报	2010年9月17日
专业化是大学出版社的生存之道	记　者	出版商务周报	2010年11月7日
潜心整合出版资源　打造学术图书精品	涂桂林	中国新闻出版报	2010年11月9日
厦大社:专业化生存	周　丹	出版人	2010年第21、22期合刊
厦门大学出版社图书荣获出版界最高奖(《东亚华人社会的形成和发展:华商网络、移民与一体化趋势》)	王洪春	厦门大学报	2011年3月18日
以学术为纽带　彰显对台特色——厦门大学出版社涉台图书蔚为大观	铁　军	中国图书商报	2011年10月21日
陈孔立发布新书《走近两岸》	燕　子	海峡导报	2011年10月30日
台研老专家陈孔立图交会出新书解析台湾人在想什么	陈　凌	厦门商报	2011年10月30日
精品+品牌+目标读者 厦门大学社:“三大战略”取得双效益	水　云	中国新闻出版报	2011年11月14日
巴曙松畅谈房地产市场	施建岚	厦门大学报	2012年4月27日
出版社蒋东明社长荣获第二届高校出版人物奖,十一种图书获得优秀图书奖	记　者	厦门大学报	2012年6月5日
打造强壮的“小舢板”——再谈“独体社”发展之道	朱　瑜	出版广角	2012年第8期

续表

篇　名	作　者	媒　体	时间/版别
厦大出版社图书入选‘十二五’重点项目	施建岚	厦门大学报	2012年9月12日
厦门大学出版社新书“漳州与台湾关系丛书”在台北首发	黄茂林	厦门大学报	2012年9月29日
大学出版:一边坚守,一边壮大	记　者	出版人	2012年第11期
《蔷薇之旅生活家》人物访谈《光阴的故事》——厦门音乐广播电台洪岩主播专访社长蒋东明	洪　岩	厦门音乐广播电台	2012年11月7日
《房地产大周期的金融视角》荣登出版商务周报“2012年度风云经管书”榜单	记　者	出版商务周报	2013年1月6日
《房地产大周期金融视角》入围“2012年度中国影响力图书”	记　者	新华网	2013年1月11日
《战神刘玉栋》在宁波书城举行新书发布会	陆　锋	中国宁波网	2013年1月19日
2012年国家出版基金结项项目验收及绩效考评结果公布	记　者	中国新闻出版报	2013年5月3日
中宣部出版管理局领导调研厦大出版社	王洪春	厦门大学报	2013年5月6日
外甥出书揭秘陈景润爱情故事 《铸梦——追忆舅舅陈景润》在厦门外图书城首发	陈　冬	厦门日报	2013年5月28日
《闽商发展史・总论卷》在榕首发	严顺龙	福建日报	2013年6月13日
《魅力厦门》新版出炉　加大篇幅宣传鼓浪屿	海　鹰	厦门日报	2013年7月2日
家族缘,串起两岸儿女情——与《家族缘・闽南与台湾》作者苏黎明面对面	树红霞	福建日报	2013年8月16日
2013世界馆藏影响力分析报告	记　者	中国出版传媒商报	2013年8月27日10版

续表

篇　名	作　者	媒　体	时间/版别
精品维系华夏情感纽带——厦门大学出版社推出台湾研究和东南亚华人华侨研究系列著作	涂桂林	中国新闻出版报	2013年10月14日
出版浪潮中的独立思考	刘　妍	中华读书报	2013年10月16日
《福建翻译史论》填补文化空白	陈　凌	海西晨报	2013年10月26日 A6版
《中国会馆志资料集成》首发式在"图交会"举行	陆　凯	你好台湾网	2013年10月27日
《中国会馆志资料集成》首发式举行	树红霞	福建日报	2013年10月29日
《中国会馆志资料集成》(第一辑)首发	记　者	厦门大学报	2013年11月1日
厦门大学出版社两种新书隆重上市	记　者	厦广新闻/厦广早新闻/中国新闻出版报/中华读书报	2013年10月27/28/30日
《菲律宾华人通史》在马尼拉首发	张　明	中国新闻网/厦门大学报	2013年11月23日/2013年12月2日
国家出版基金成果巡礼·中外学术精品(《中国鲎生物学研究》被评为国家出版基金代表成果)	雷　萌	中国新闻出版报	2013年11月29日
厦大出版社再次上榜"三个一百"原创图书出版工程	记　者	厦门大学报	2013年12月2日
《城镇化大转型的金融视角》入选《中国出版传媒商报》"2013年度中国影响力图书推展·第肆季"商业类图书榜单	记　者	中国出版传媒商报	2013年12月10日
著名归侨作家高云览百年诞辰纪念文集在厦首发	杨伏山	中国新闻网	2013年12月10日

续表

篇　名	作　者	媒　体	时间/版别
第四届韬奋杯全国出版社青年编校大赛获奖名单	记　者	中国新闻出版报	2013年12月23日
《城镇化大转型的金融视角》荣获"2013中华读书报年度图书之100佳"称号	记　者	中华读书报	2013年12月25日
厦大出版社编校大赛获奖项数全国第一	李小青	厦门大学报	2013年12月27日
《把梦留住——叶楠西部支教纪实》再版发行	赖炜芳	厦门大学报	2014年1月3日
《房地产大周期的金融视角》入选"首届中国读友读品节108种指定读品"(商业类)	记　者	中国出版传媒商报	2014年4月22日
厦大社《人约黄昏后》荣获文学大奖	文　冀	中国出版传媒商报	2014年6月10日
蕴大学精神　铸学术精品	李子木	中国新闻出版报	2014年7月30日
来自一线的实践	蒋东明	中国新闻出版报	2014年8月25日
"海外馆藏:中国图书世界馆藏影响力"报告(2014版)	记　者	中国出版传媒商报	2014年8月26日
厦大社《台海文献汇刊》在北京台湾会馆首发	记　者	厦门大学报	2014年10月11日
厦大社《城镇化大转型的金融视角》入选"全民阅读年会50种重点推荐图书(2013年)"	记　者	图书馆报/中国高校教材图书网	2014年10月24日
中小型大学社:拳头产品成企业发动机——会计品牌书　立体化经营赢市场	林　致	中国出版传媒商报	2014年10月28日
校友捐设"凤凰树下随笔集"出版基金	王洪春	厦门大学报	2014年11月21日
我社《东亚视阈汉语史论》荣登"中国高校出版社书榜"	记　者	光明日报	2014年11月25日

续表

篇　名	作　者	媒　体	时间/版别
《台海文献汇刊》《闽南涉台族谱汇编》全国首发式在京举行填补闽南历史文化研究空白	洪　鸿	台声	2014年第11期
大学出版的新征途	申凤霞	出版人	2014年第11期
开发系统化、立体化、特色化教材	刘倩辰	现代阅读·教育与出版	2014年第11期
坚持特色方能形成品牌	刘倩辰	现代阅读·教育与出版	2014年第13、14期
《台湾文献汇刊》首发式在北京人民大会堂北京厅举行	陈斌华	人民日报海外版	2005年1月22日
《城镇化大转型的金融视角》获第五届中华优秀出版物奖	记　者	中国新闻出版报	2015年2月12日
魅力老潘	记　者	央视新闻联播	2015年2月20日
在新的征程上展翅高飞——写在厦门大学出版社成立30年之际	记　者	中国新闻出版报	2015年5月5日3版
大学出版社三问	记　者	中华读书报	2015年5月8日
厦大出版社庆祝建社30周年出版"致敬30年"丛书	记　者	厦门日报	2015年6月17日C7版
中国图书世界馆藏影响力调查报告(2015版)	记　者	中国出版传媒商报	2015年8月25日
《我的厦大老师》首发式	记　者	厦门大学报	2015年9月14日
大学社掌门人微论"十三五"	刘志伟	中国出版传媒商报	2015年10月13日18版
不忘初心　不辱使命	将东明	中国出版传媒商报	2016年10月28日22版
出版社宋总编辑率各科室编辑一行到贵州师范大学调研	甘世恒	厦门大学报	2015年10月23日2版
大学教材出版社正飞向"云端"	范占英	中国新闻出版广电报	2015年11月4日

续表

篇　名	作　者	媒　体	时间/版别
《有一种爱叫永远》新书首发式暨作品座谈会在北京钓鱼台国宾馆成功举办	记　者	新华社/中新社/人民日报/光明日报/中国日报/凤凰卫视/中国新闻出版广电报/中华读书报/中国出版传媒商报/厦门日报	2016年3月30日
国家出版基金资助项目2015年绩效考评结果通报表扬及奖励名单	记　者	中国新闻出版广电报	2016年5月11日3版
《中外合作办学发展报告(2010—2015)》专题介绍我国中外合作办学发展	记　者	人民日报	2016年7月21日文教版
丝路连绵尽书香——访厦门大学出版社社长蒋东明	记　者	中国新闻出版广电报	2016年7月26日11版
中国图书海外馆藏影响力研究报告(2016版)	记　者	中国出版传媒商报	2016年8月23日
“家事法评注丛书”推介会在京召开	记　者	中华读书报	2017年1月10日2版
“海丝”风正一帆悬	宋文艳	中华读书报	2017年1月11日18版
厦大社新书亮点纷呈	记　者	中国出版传媒商报	2017年1月17日8版
《打开文学的方式》解读文学经典	杜晓蕾	厦门日报	2017年2月5日A7版
蒋东明社长获评“2016厦门文化产业年度风云榜—年度风云人物”	记　者	厦门大学报/厦门大学网站	2017年3月31日/2017年3月29日

续表

篇　名	作　者	媒　体	时间/版别
《厦门大学海疆剪报资料选编》首发式举行	马永新	中国新闻出版广电报	2017年6月29日3版
《厦门大学海疆剪报资料选编》再现丝路风云变幻	记　者	中国出版传媒商报	2017年7月4日2版
《厦门大学海疆剪报资料选编》第一辑问世	记　者	中华读书报	2017年7月5日2版
中国图书海外馆藏影响力研究报告(2017版)	记　者	中国出版传媒商报	2017年8月22日
厦大社出版《邮票上的金砖国家》	隋明照	中国新闻出版广电报	2017年9月11日3版
海峡国家数字出版产业基地　集聚效应让园区企业活力四射	记　者	头版头条	2017年9月27日
版权推介《宛如梦幻》《中国对外投资企业国际退出行为的决策机制》	记　者	中国出版传媒商报	2017年9月29日F30法兰克福专刊
厦门大学出版社两书首发备受关注	记　者	中国出版传媒商报	2017年10月20日2版
《余光中传》图书推介	记　者	潇湘晨报	2017年12月16日A7悦读版
读书不如读书评,豆瓣2017年度十篇最佳书评——评出版社《打开文学的方式》	记　者	豆瓣读书	2017年12月29日
大咖"剧透"2018营销布局——加强终端营销推广	施高翔	中国出版传媒商报	2018年1月9日22版
汇集国内外海洋史研究大家专精之作,"海上丝绸之路研究丛书"首发式在京举行	记　者	百道网	2018年1月14日
厦大社发布"海上丝绸之路研究丛书"	隋明照	中国新闻出版广电报	2018年1月15日3版
2018年度影响力图书推展·第贰季:《美国亚裔文学研究》	记　者	中国出版传媒商报	2018年7月3日10版
中国图书海外馆藏影响力研究报告(2018版)	记　者	中国出版传媒商报	2018年8月21日

续表

篇　名	作　者	媒　体	时间/版别
邮票上的中国著名大学 Famous Universities of Foreign Countries on Postage Stamps	记　者	中国出版传媒商报	2018年9月F29版
寻找出版百强团队:厦门大学出版社经管编辑室 品种多样化 层次立体化	陈丽贞 江珏玙	中国出版传媒商报	2018年10月9日5版
将学科优势转化为出版优势	记　者	中国出版传媒商报	2018年11月6日专刊6版
大学校园书店如何实现多元增效	欧光江	中国新闻出版广电报	2018年11月6日特刊5版
以书见证“改革开放40年法律制度变迁”	记　者	中华读书报	2019年1月16日7版
《勇立潮头》全景回顾福建改革开放40年	记　者	中华读书报	2019年1月16日7版
《过台湾:从历史走来》首发式在厦门举行	记　者	中华读书报	2019年6月26日2版
中国图书海外馆藏影响力研究报告(2019版)	记　者	中国出版传媒商报	2019年8月20日
《邮说国学:哺育中华三千年》首发式在厦门国际会展中心隆重举行	章木良 陈进才	中国出版传媒网	2019年9月24日
厦大社《邮说国学:哺育中华三千年》鹭岛首发	章木良	中华读书报	2019年9月25日2版
“一本书与一个时代”的故事	记　者	中国出版传媒商报	2019年9月27日
与共和国同行　出版70印记——大学出版品牌方阵厦门大学出版社,始终将社会效益放在首位	记　者	中国出版传媒商报	2019年9月27日
厦门大学社“邮书”系列又出新品	章木良	中国出版传媒商报	2019年9月27日
2019中华读书报年度图书之100佳—历史20种—《凤凰于飞:家族文书与畲族历史研究》	记　者	中华读书报	2019年11月25日7版

续表

篇　名	作　者	媒　体	时间/版别
见证"闽东之光"——《闽东抗日战争档案史料》系列图书发布	陈　冬	厦门日报	2020 年 10 月 18 日 A06 版
厦大出版社:社会效益评价考核优秀	王洪春	厦门大学报	2020 年 5 月 22 日 02 版

书评选目

篇　名	作　者	媒　体	时间/版别
为毛泽东思想研究开拓了新的领域——《毛泽东思想与中国文化传统》读后	李　锐	人民日报	1988 年 3 月 28 日
Mao Theory Grew in Chinese Culture	李　锐	中国日报(英文版)	1988 年 4 月 25 日
爱,信念和希望——读丁玲遗作《风雪人间》	陈福郎	博览群书	1988 年第 4 期
赋予"毛泽东思想"以相应的位置	杨烨(译)	日本读卖新闻	1988 年 6 月 7 日
海滨,有一位老者	王依民	读书	1988 年第 12 期
系统研究近代华侨投资国内企业的第一本专著——《近代华侨投资国内企业概论》一书评价	陈森镇	侨史学报	1989 年第 4 期
惊人诗句老横秋——写在《虞愚自写诗卷》付印之际	蒋东明	厦门日报	1989 年 7 月 19 日
精细的研究　可贵的探索——评《毛泽东思想与中国文化传统》	洪峻峰	中国社会科学	1990 年 5 月

续表

篇　名	作　者	媒　体	时间/版别
海明威在中国	文　葆	大公报	1991年7月29日
评述《鲁迅与绍兴历代名贤》	胡昭衡	人民日报	1991年9月
弘扬光大中华民族优良传统——读《鲁迅与绍兴历代名贤》记	胡昭衡	人民日报	1991年9月25日
客观平实　真挚感人——读陈可焜的《港事港情》	何启光 刘泽生	港澳经济	1991年第10期
评析《中国传统文化与医学》	赖　畴	中国图书评论	1992年第1期
一本既颇有理论审读又具有较强操作性的著作——评《三明精神文明建设探讨》	萧秀清	社科信息	1992年第1期
史论结合　以独特的分期见长——读《世界华侨华人简史》评介	陈森镇	南洋问题研究	1992年第2期
《均田制新探》评述	朱和平 张道开	中国史研究	1992年第4期
均田制研究的集成与发展——评《均田制新探》	刘汉东	中国经济史研究	1992年第4期
辟出新的理性空间——评《茅盾与外国文学》	刘国兴	福建日报	1992年4月14日
丁玲新时期的散文	陈　明	文艺报	1993年1月30日
内容·格局·术语——读叶宝奎《语言学概论》	曾传兴	东南电大学报	1993年第1期
一部奇异的书稿——《中国市场经济之源》编辑札记	周勇胜	厦门大学报	1993年3月
“知人论世”的史论特色——评《李光地传论》	萧莲父	中国图书评论	1993年5月
创新与求实的学术品格——读《茅盾研究丛书》的三部专著	陈天助	文艺报	1993年5月29日

续表

篇　名	作　者	媒　体	时间/版别
重图兰谱胜前人——严楚江与《厦门兰谱》	吴天祥	中国图书评论	1994年第1期
意在探索　贵在创新——《毛泽东邓小平思想政治教育理论与实践》读后	余泽清	思想工作探索	1994年第1期
评介《俞慎初论医集》	谢海洲	福建中医药	1994年第1期
东西文化交汇中的理想化变迁——读《〈荷使初访中国记〉研究》	陈福郎	出版广场	1994年第1期
开放改革中孕育的一朵奇葩——《中国传统文化与医学》评介	吴天祥	中国图书评论	1994年第4期
《西洋文学史》书内书外小记	王依民	出版广场	1994年第5期
大胆探索　追新求异——读胡荣著《社会学导论:社会单位分析》	万向东	社会学研究	1994年第5期
评教材新著《期货市场理论与实务》	许红兵	金融教学与研究	1995年第5期
从鼓浪屿到新加坡——读《黄望青传》	刘洪钟	马来西亚光华日报	1995年3月20日
当代中国女性文学的史论——《当代中国女性文学史论》评介	陈福郎	书城杂志	1996年第1期
以"谋"取胜——评《市场营销谋略与技巧》	宋文艳	出版广场	1996年第5期
一本富有特色的好教材——简评《材料化学导论》	宋文艳	大学化学	1996年8月31日
侯真平著《黄道周纪年著述书画考》(上)、(下)	[日]山根幸夫	日本东洋学报	1996年9月
近年来明史研究管见	商　传	中国史研究动态	1997年第1期
科学奇人的精神世界——出版两部有关陈景润的图书断想	陈福郎	福建日报	1997年4月8日

续表

篇　名	作　者	媒　体	时间/版别
《黄道周纪年著述书画考》评介	燕　源	中国史研究动态	1997年第9期
生命的质量——读《陈景润》	陈福郎	中国图书评论	1998年第1期
简评《台湾经济发展的成就与问题》	陈丽贞	台湾研究集刊	1998年第2期
关于地域宗教史研究的若干思考——兼评王荣国著《福建佛教史》	林　拓	宗教学研究	1999年第2期
佛教区域历史研究的新成果——评王荣国先生的《福建佛教史》	东井玉	中国社会经济史研究	1999年2月
寻找科学之链——读《统一科学初探》	蒋东明	厦门晚报	1999年4月4日
营造一个没落的帝国——读《赫德与中国海关》	薛鹏志	厦门晚报	1999年6月13日
我说知青情结——写在《告诉后代》出版之际	陈福郎	出版广场	2000年第2期
《新编汉法成语词典》编辑手记	宋文艳	大学出版	2000年9月25日第3期
这里春长在——林懋义《这里春长在》编后	蒋东明	厦门晚报	2000年10月22日
一个老外笔下的中国厦门——潘维廉与《魅力厦门》	蒋东明 施高翔	厦门日报	2000年11月4日
站着睡觉的人——林荣瑞先生和《福友现代实用企管书系》	蒋东明	厦门日报	2001年3月3日
潜心治学　厚积薄发——“南强丛书”(第二辑)述评	陈福郎	大学出版	2001年第3期
令人如沐春风的著作——评《现代西方会计理论》	许业荣	全国新书目	2002年12月1日
东南民族研究半世纪——读蒋炳钊老师《东南民族研究》有感	吴春明 王公明	广西民族研究	2003年第2期

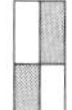

续表

篇　名	作　者	媒　体	时间/版别
民间文献出版的宏大工程:“吧城华人公馆档案丛书”	周振鹤	文汇报	2003年3月7日
呼唤重构理想的女性世界——评《当代中国女性文学史论》(修订本)	陈福郎	中国图书评论	2003年10月
潘维廉与魅力泉州——一个老外笔下的中国泉州	施高翔	泉州晚报	2003年10月17日
《东亚经济发展模式比较研究》述评	许红兵	南洋问题研究	2003年第9期
呼唤重构理想的女性世界——评《当代中国女性文学史论》(修订本)	陈福郎	中国图书评论	2003年第10期
在市场经济中把好“国库之门”——评邱华炳《国库运作与管理》	宋文艳	中国图书评论	2003年第11期
弘扬学术　出版精品——“南强丛书”(第三辑)述评	陈福郎	厦门大学报	2003年总第548期
解构大型区域文化经济生态——评《透视中国东南:文化经济的整合研究》	陈福郎	大学出版	2004年第1期
研究毛泽东农业思想的代表著作——简评《毛泽东农民观透视》	文慧云	党史研究与教学	2004年第1期
研究毛泽东思想的代表作	陈福郎	光明日报	2004年2月12日
《透视中国东南:文化经济的整合研究》简评	陈福郎	中国出版	2004年第2期
《中国与东盟经济关系新格局》述评	许红兵	南洋问题研究	2004年第3期
一部研究毛泽东农业思想的专著——简评《毛泽东农民观透视》	陈福郎	中国图书评论	2004年第4期
当代日本华侨华人社会的全方位综合研究——《中日关系正常化以来日本华侨华人社会的变迁》评介	聂德宁	南洋问题研究	2004年第4期

续表

篇　名	作　者	媒　体	时间/版别
社会转型期中国农村土地制度的实地调查——评《社会变迁中的村级土地制度——闽西北将乐县安仁乡个案调查》	黄茂林	中国图书评论	2004 年第 5 期
党内民主的历史考察——评尹彦的《列宁时期的党内民主》	黄茂林	福建日报	2004 年 5 月 10 日
《中国百越民族经济史》评介	蒋炳钊	民族研究	2004 年第 6 期
中国货币理论史研究的再突破——读新版《中国货币理论史》	艾慧	中国图书评论	2004 年 7 月
一种全新的视角和分析方法——评《财务报表分析方法》	陈丽贞	会计师	2004 年第 12 期第 69 页读书专栏
一部重视创新能力培养、特色突出的数学教材——评《实变与泛函——基本原理与思想方法》	陈进才	漳州师范学院学报(自然科学版)	2005 年第 1 期
鸿篇巨作《台湾文献汇刊》	陈支平	厦门大学报	2005 年 1 月 21 日
一本全面系统介绍农产品品质研究的新书——评《农产品品质学(第一卷)》	陈进才	福建农林大学学报(哲学社会科学版)	2005 年第 2 期
推动高等教育大众化——评《高等职业教育发展研究》	黄茂林	福建日报	2005 年 4 月 10 日
《台湾文献汇刊》与《台湾文献史料丛刊》	陈福郎	中国新闻出版报	2005 年 6 月 29 日
酣歌讽咏，鹭岛胜景遍遗踪：读《嘉禾名胜记》	薛鹏志	图书馆之声	2005 年 9 月
“德治”与“法治”齐抓共管——评《内部会计控制与会计职业道德教育》	陈丽贞	会计师	2005 年第 10 期第 67 页读书专栏
台湾人民的抗日斗争——为台湾光复 60 周年而作	陈福郎	光明日报	2005 年 11 月 4 日

续表

篇　名	作　者	媒　体	时间/版别
深层次探究当代中国行政——评《文化视野里的当代中国行政》	黄茂林	福建日报	2005年12月12日
多学科全景式探索大型区域文化经济的内涵	陈福郎	福建社科界	2006年2月
厦大的青春记忆	陈福郎	厦门大学报	2006年3月31日
凤凰树下——我的厦大学生时代	萧春蕾	厦门晚报	2006年4月2日
走进台湾画家余承尧的山水世界	王文静	厦门日报	2006年5月12日
于史无考则修志不取　郑梦星谈《厦门佛教志》的去伪存真	黄秋苇 龚小莞	厦门晚报	2006年6月12日
郑梦星谈《厦门佛教志》特色	黄秋苇 龚小莞	厦门晚报	2006年6月12日
硬汉子海明威面面观	陈福郎	中华读书报	2006年7月26日
创新理念与科学实践的完美结合——《城市森林学》介绍	陈进才	科技与出版	2007年第3期
凤凰树下的编辑灵感	陈福郎	编辑学刊	2007年第3期
创新理念与科学实践的完美结合——《城市森林学》介绍	陈进才	科技与出版	2007年第3期
新世纪的青春之歌——读《叶楠西部支教纪实》	陈福郎	厦门大学报	2007年4月15日
自然随性　妙景天成——《余承尧绘画艺术研究》编后	蒋东明	厦门大学报	2007年7月20日
南强群星的耀眼光芒——《固体表面物理化学若干研究前沿》编辑手记	宋文艳	厦门大学报	2007年7月20日

续表

篇　名	作　者	媒　体	时间/版别
让史料复活　为文明存史——厦门大学出版社出版大型丛书《中国稀见史料》始末	蒋东明 侯真平	大学出版	2008年第1期
台湾的"皇民文学"与"乡土文学"	陈福郎	台湾研究集刊	2008年4月第2期
城乡二元结构向何处去——评《中国农村经济制度变迁60年研究》	陈福郎	中国新闻出版报	2009年10月9日
华人经济体的整合在东亚一体化进程中的先导作用——读《东亚华人社会的形成和发展:华商网络、移民与一体化趋势》	陈福郎	光明日报	2009年11月19日
推进美国城市史研究的新尝试——评《美国新城市化时期的地方政府》	曹升生	美国研究	2010年第3期
《东亚华人社会的形成和发展》评述	聂德宁	世界历史	2010年第6期
陈荣捷与刘述先——编辑《陈荣捷全集》札记之一	高令印 薛鹏志	朱子文化	2011年第2期
东亚经济贸易圈与华人社会	陈福郎	厦门大学报	2011年3月18日
校庆书香留余韵	宋文艳	厦门大学报	2011年5月21日
财经励志书:从经典名著常挖常新	刘　闪	中国图书商报	2011年7月22日
《不宣而战》:解密中美贸易战的残酷真相	木　香	中国图书商报	2012年2月
冷眼向洋看地产——评巴曙松《房地产大周期的金融视角》	宋文艳	中国图书商报	2012年3月13日
房地产发展的金融解释	朱玉强	中国图书商报	2012年8月7日
生命的疼痛与礼赞——读《人约黄昏后》	陈福郎	闽南日报/华夏散文	2012年10月17日/2013年第1期

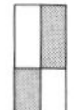

续表

篇　名	作　者	媒　体	时间/版别
国际金融市场:危机与出路——简评“国际金融新趋势”丛书	宋文艳	中国图书商报	2012年10月19日
刘玉栋——中国式的平民英雄	蒋东明	中国图书商报	2012年10月23日
皮藏利用　两全其美——读《中国稀见史料·厦门大学图书馆藏稀见史料》	王志双	中华读书报	2012年10月31日
本是同根生　图书续亲情——厦门大学出版社打造“漳州与台湾关系丛书”侧记	涂桂林	中国新闻出版报/中国高校教材图书网	2012年11月2日
是观光是追光更是聚光——《读年月走宝岛》	陈福郎	中国图书商报/金门日报/书香两岸	2013年1月8日/2013年1月25日/2013年第3期
海洋强省　战略导航——读《福建省海洋发展战略研究》	王日根	厦门大学报	2013年6月28日
素描鼓浪屿印象	王鹭鹏	书香两岸	2013年第6期
与闽商“结缘”——《闽商发展史·总论卷》出版手记	宋文艳	厦门大学报	2013年7月5日
为什么中国没有巴菲特	崔　鹏	中国出版传媒商报(原:中国图书商报)	2013年7月16日
在这个时代看巴菲特的意义	赵志明	出版参考	2013年8月
你不是阿斯顿,你更需要这本书	刘田田	百道网	2013年8月17日
城市的魅力源自于市场——评《城镇化大转型的金融视角》	杨再平	中华读书报	2013年9月25日
华人社会研究的标志性巨著:《菲律宾华人通史》评介	薛鹏志	人文国际(第7辑)	2013年9月版
一本意外的书——《年月走宝岛》读后	子梵梅	中国台湾网·闽台在线	2013年第9期

续表

篇　名	作　者	媒　体	时间/版别
为城镇化转型开辟金融通道——评《城镇化大转型的金融视角》	宋文艳	中国新闻出版报	2013年10月11日
《中国会馆志资料集成》(第一辑)生成记	王日根	中华读书报	2013年10月16日
一次艰辛的学术和考据研究——《福建历史文化简明读本》出版手记	贾素文	福建日报	2013年10月18日
五年磨剑,终获重奖——中国原创图书奖　评述《菲律宾华人通史》	周聿峨	菲律宾世界日报	2013年12月4日
中菲学者共撰学术巨著　促中菲友好继续向前发展——学术大书《菲律宾华人通史》首发述评	蒋东明 宋文艳	人民日报(海外版)/中国高校教材图书网	2013年12月5日
会馆志:中国流寓社会自组织力的实录	王日根	厦门大学报	2013年12月27日
老干新枝　风景独好——读许怀中新作《匆匆岁月》	陈福郎	福建文学/厦门大学报	2013年第12期/2013年10月11日
放歌青春,追逐梦想——读再版《把梦留住》	陈福郎	厦门大学报	2014年1月3日
卅年筑梦五载成,中菲共园华人史——《菲律宾华人通史》书评	薛鹏志	中华读书报/中国大学生在线	2014年3月13日/2014年4月23日
让凤凰树下弥漫着学术芬芳	蒋东明 宋文艳	厦门大学报	2014年3月14日
流动性治理:中国金融改革探索的重点——评万志宏博士的《流动性之谜:困扰与治理》	曾　刚	中国出版传媒商报	2014年3月18日
以改革驱动城镇化的转型——评《城镇化大转型的金融视角》	颜　勇	中国图书评论	2014年4月
学术乃寻美之旅——刘海峰《学术之美　海峰随笔》读后	王日根	厦门大学报	2014年5月16日
经济学人的中国梦(评《中国经济学教育转型——厦大故事》)	王广谦	厦门大学报	2014年6月3日

续表

篇　名	作　者	媒　体	时间/版别
"南强丛书",厦门大学的学术品牌	宋文艳	厦门大学报	2014年6月23日
特色鲜明　新意叠现——《中国近现代经济史(1842—1991)》(修订本)评介	张连辉	中华读书报/中国高校教材图书网	2014年6月25日
闽南文化精神内涵的深度探索——评《闽南文化:闽南族群的精神家园》	黄科安	福建日报/百道网	2014年6月27日
勤耕学术　善耘生活——王日根教授新作《耕余遗穗》编后絮语	吴鲁薇	中国出版传媒商报/中国高校教材图书网/团结报	2014年7月8日/2014年7月31日
心系武魂　鉴史通今——《福建武术史》评介	郑　丹 陈进才	中华读书报/中国高校教材图书网/中国图书评论	2014年7月16日/2014年10月
《闽台历史民俗文化遗产资源调查系列》书评	王日根	中国高校教材图书网/百道网	2014年7月25日
琴人　琴岛　琴缘——《一世琴缘——鼓浪之子胡友义》读后	王扬帆	中国高校教材图书网/书香两岸	2014年7月25日
闽台文化家底的生动检阅——《闽台历史民俗文化遗产资源调查系列》评介	许红兵 王日根	中华读书报/书香两岸	2014年7月30日
客家尚文传统的体现——读《四堡遗珍》	王日根	福建日报	2014年8月1日
货币经济学的三类问题——《货币经济学若干问题探讨》评介	许红兵	中华读书报	2014年8月6日
从克虏伯家族到洋务运动——《胡里山炮台与洋务运动》《厦门胡里山炮台与克虏伯家族的历史情缘》书评	王鹭鹏	中国高校教材图书网/书香两岸	2014年8月8日

续表

篇　名	作　者	媒　体	时间/版别
致力福建综合改革实践的思考总结——读《福建综合改革试验热点研究》	薛　东	福建日报	2014年8月29日
不枉此生——读李林《我的家国天下——总裁文档》	赖妙宽	厦门大学报	2014年10月11日
“凤凰树下”的深情	蒋东明	厦门大学报	2014年11月14日
纷繁世界,感恩的心——读《海外女作家的人间烟火》	王永盛	中华读书报	2014年11月26日
鲁西奇:阴间为什么还要“买地券”?	宋　翔	澎湃新闻	2014年11月27日
跨越文化的心灵对话——评《东风西渐》	刘心彦	福建日报	2014年12月5日
带你认识福建的树	陈进才	中华读书报	2014年12月17日
从克虏伯家族到洋务运动——《胡里山炮台与洋务运动》编后记	王鹭鹏	厦门文学	2014年12月
闽台文化家底的生动检阅——评《闽台历史民俗文化遗产资源调查系列》丛书	许红兵 王日根	福建日报	2015年1月23日 11版
科学评价两岸产业转移效应——《海峡两岸产业转移效应的评价与产业优化研究》评介	李　非	福建日报	2015年1月30日 读书版
由史入心随心所译——评《在世俗与宗教之间走钢丝:析近代传教士对儒家经典的翻译与诠释》	黄晓佳	中国出版传媒商报	2015年2月3日 16版
为城镇化建设添砖加瓦	宋文艳	中国新闻出版报	2015年2月12日
中国的城镇化要怎么做?——《城镇化大转型的金融视角》编辑手记	宋文艳	厦门大学报	2015年4月10日 13版

续表

篇　名	作　者	媒　体	时间/版别
民国小品文撷珍	邓　臻	中华读书报	2015 年 4 月 29 日 19 版
全球一体化背景下的海上侵权法学理论	邓　臻	中国出版传媒商报	2015 年 5 月 19 日第 2138、2139 期 12 版
发展视觉思维,促进有效教学	陈进才	中华读书报	2015 年 5 月 27 日 24 版
闽商是中国海洋文化的践行者	郑有国	中华读书报	2015 年 6 月 3 日 8 版
教你认识生活中的“债”	邓　臻	厦门大学报	2015 年 7 月 17 日 8 版
《中国古代买地券研究》评介	韩轲轲	中华读书报	2015 年 7 月 22 日 20 版
闽南文化同根同祖,海峡两岸百年沧桑——评《20 世纪海峡两岸闽南语(创作)歌曲音乐研究》	王　荟	人民音乐	2015 年 7 月 P89—91
多一些“眼光”看教学——评《有“眼光”的教与学:视觉思维与课堂教学研究》	陈进才	福建日报	2015 年 8 月 7 日 11 版读书栏目
视角的拓展和思想的阐释——读林丹娅主编《台湾女性文学史》	朱双一	中华读书报	2015 年 9 月 2 日 12 版
透过文字重温教泽师恩——〈我的厦大老师〉	宋智明	厦门日报	2015 年 9 月 9 日 A09 版
金融后危机时代的大国博弈	潘　瑛	中华读书报	2015 年 9 月 30 日第 1059 期
与石传神	王鹭鹏	中华读书报	2015 年 10 月 28 日 23 版
思路开阔　用功亦勤——评《格律诗三十六讲》	谢佳华	汕头日报	2015 年 11 月 3 日 9 版
感受浓浓的大爱——读《我的厦大老师》	张龙海	厦门大学报	2015 年 11 月 6 日 3 版

续表

篇　名	作　者	媒　体	时间/版别
台湾女性写作探究	王鹭鹏	中国新闻出版广电报	2015年11月6日7版
侯真平评黄道周:闽海才子　书画奇崛	叶子申	海西晨报	2015年11月19日B6版
行走中东的心灵激荡	范鸿达	厦门大学报	2015年12月25日8版
行走中东的中国人	查品才	中华读书报	2015年12月30日23版
画家的“二次创作”	王鹭鹏	中华读书报	2015年12月30日8版
告别居里夫人梦	宋文艳	厦门大学报	2016年3月4日8版
“她者”的文学史与独立史	杨健民 郑珊珊	中国图书评论	2016年3月第3期
美丽福建的全景阅读	宋文艳	中国新闻出版广电报	2016年4月22日T29版
“三林”与厦大——重读《芙蓉湖畔忆“三林”》	陈福郎	厦门大学报	2016年6月17日8版
法律与利益	邓　臻	厦门日报	2016年7月10日A12版
不忘本心——《我本清静》书评	余彦萍	福建审读通讯	2016年第7期
解读福建的正确方式——评《全景福建》	宋文艳	福建日报	2016年8月23日12版
《余光中传》编辑手札	王鹭鹏	中华读书报	2016年11月23日19版
以恰当、新颖的角度反思中国书法	王鹭鹏	中华读书报	2017年2月8日19版
打开文学的方式	记　者	新京报	2017年2月18日B11版

续表

篇　名	作　者	媒　体	时间/版别
“创客”是怎样炼成的	潘　瑛	厦门大学报	2017年2月24日第1187期
赴美同胞学习生活必备手册	邓　臻	中国出版传媒商报	2017年3月17日19版
闽山新雨后——评《解读新福建》	宋文艳	福建日报	2017年3月28日12版
城市要经营起来,才能走向世界——评《城市经营实践与研究——厦门城市发展启示录》	江珏玙	中华读书报	2017年4月12日20版
闽南的,传统的——《闽南传统建筑》编后记	陈进才 李峰伟	中华读书报	2017年5月3日8版
翻书如见故人来	甘世恒	厦门大学报	2017年5月12日8版
“有人情味”应不只是医者——评《做有人情味的医者》	蒋东明	厦门日报	2017年5月28日
科学构建滨海沙地体系　推动沙生植物研究——《南方滨海沙生植物资源及沙地植被修复》编后记	陈进才 李峰伟	中华读书报	2017年6月7日20版
诗文书法皆入画　画有诗书气自华——评张克锋的《中国古代文学作品在绘画中的接受研究》	杨木梅	中华读书报	2017年6月21日8版
似是故人来——柳经纬教授《法苑拾余》编后感	甘世恒	中华读书报	2017年7月5日19版
《世界贸易组织法律实务》:从知识通往能力	邓　臻	中华读书报	2017年7月26日19版
助力金砖国家人文交流之作	邓　臻	中国出版传媒商报	2017年9月5日12版
展现金砖国家风貌	宋文艳	中国新闻出版广电报	2017年9月8日6版
好风好雨好书　助力金砖合作——《邮票上的金砖国家》述评	宋文艳	厦门大学报/中华读书报	2017年9月15日B4版/2017年10月11日18版

续表

篇　名	作　者	媒　体	时间/版别
金砖国家间的交流桥梁	宋文艳	中国新闻出版广电报	2017 年 9 月 18 日 6 版
推倒人文社科的学科壁垒	宋汉雄	中华读书报	2017 年 9 月 20 日 20 版
西方视域下的近代闽台形象	章木良	中华读书报	2017 年 9 月 27 日 19 版
开启中国厨房新时代	李峰伟	中国出版传媒商报	2017 年 10 月 10 日 8 版
让租房成为一种生活方式——评《租赁新时代》	巴曙松	经济观察报	2017 年 11 月 13 日 32 版
打造"决定版"《宛如梦幻》	冀　钦	中国新闻出版广电报	2017 年 11 月 27 日 6 版
全面系统描写莆仙话全貌	王鹭鹏	中华读书报	2017 年 12 月 13 日 11 版
书写多元化纠纷解决机制的"海国图志"——《外国 ADR 制度新发展》评介	许林波	中华读书报	2017 年 12 月 13 日 19 版
一部功底扎实,颇具匠心的新作——评杨惠玲《明清江南望族和昆曲艺术》	赵莎莎	厦大戏剧影视	2017 年 12 月 26 日
关于社会科学的哲学反思	文慧云	湖南人文科技学院学报	2017 年第 12 期
以梦想的名义	应山红	厦门大学报	2018 年 1 月 12 日 8 版
呈现海关估价知识图景	邓　臻	中国新闻出版广电报	2018 年 1 月 26 日 7 版
掌握海关估价要领和方法的钥匙	邓　臻	中国出版传媒商报	2018 年 2 月 13 日 20 版
为新时期海上丝绸之路建设提供资鉴	王日根	中华读书报	2018 年 2 月 14 日 18 版
华南的"海"与"人"——读松浦章《清代华南帆船航运与经济交流》	杨　蕾	中华读书报	2018 年 3 月 28 日 20 版

续表

篇　名	作　者	媒　体	时间/版别
回眸高考四十年:梦想照进现实	英　瑛	中华读书报	2018年4月18日5版
迈向统一科学的高峰	蒋东明	中华读书报	2018年6月13日18版
高原寻天籁	刘　璐	中华读书报	2018年8月1日19版
海峡两岸税收程序法律制度比较与协调问题研究	李　宁	中华读书报	2018年8月8日20版
史家的识与见	寇淑婷	中华读书报	2018年9月5日19版
明清月港周围人们的环境适应与生计谋求	王日根	中华读书报	2018年9月12日19版
展开国际法学理论与实践的蓝图	李　宁	中华读书报	2018年10月31日20版
回眸中国40年法律变迁　记录改革开放法制之路	甘世恒	中国新闻出版广电报	2018年11月6日特刊07版
探索茶树的种质资源——《中国乌龙茶种质资源图鉴》编后记	陈进才 李峰伟	中华读书报	2018年11月7日19版
了解离我们最近的20世纪的钢琴文献	王鹭鹏	中华读书报	2018年11月14日19版
《诗钟津梁》——笔锋的淬炼之道	王鹭鹏	中华读书报	2018年12月5日19版
邮票上的“大学排行榜”	郑启五	厦门大学报	2018年12月14日7版
精美邮票全方位展现改革开放历程	陈　冬	厦门日报	2018年12月19日
调解制度新发展的全球图景	李　宁	中华读书报/厦门大学报	2019年1月9日22版/2019年5月24日8版
从“乔布斯之问”到“钱学森之问”——读《翻转课堂与高效教学创新》	曾妍妍	中华读书报/厦门大学报	2019年2月20日8版/2019年4月26日8版

续表

篇　名	作　者	媒　体	时间/版别
《民事诉讼法》(第12版)亮点纷呈	李宁	中华读书报	2019年3月13日12版
魅力老潘　魅力出版——厦门大学出版社与"魅力·老潘"系列丛书的出版故事	施高翔	中国新闻出版广电报	2019年3月21日04专版
勇立潮头:福建改革开放40年	江珏玙	中国出版传媒商报	2019年4月19日60版
教材+线上课程促进会计转型	姚五民	中国出版传媒商报	2019年5月21日9版
收束反而丰富	王鹭鹏	厦门大学报	2019年6月21日8版
闻茶求道——《中华茶道探微》书评	余彦萍	福建审读通讯	2019年6月第9期
改革开放年代的闽商崛起	吴兴友	中华读书报	2019年7月24日17版
云创业,创无限——《云创业》编后语	潘　瑛	中国出版传媒商报	2019年9月6日第2558期
以生动故事展现闽商风采——《跨越40年:闽商创业史》审读意见	吴兴友	福建审读通讯	2019年第13期
集慈君子,成善大美	彭　晨	中华读书报	2019年10月9日18版
大学社"名片"出版物致敬新时代——厦大社《厦门大学海疆剪报资料选编》服务"一带一路"倡议和海洋强国战略构想	晓　东	中国出版传媒商报	2019年11月1日10版
岭南文脉　学者书风	林伟光	中华读书报	2019年11月27日19版
厦门大学社的靓丽名片——读蒋东明《遇见出版》	范　军	中国出版传媒商报	2019年12月3日8版
洗尽铅华亦从容——蒋东明《遇见出版》读后	曹　巍	中国新闻出版广电报	2019年12月20日7版

续表

篇　名	作　者	媒　体	时间/版别
腐败治理道路上的探索	许红兵	中华读书报	2020年2月12日08版
总结70年成绩,助力新福建建设	施建岚	中华读书报	2020年3月18日19版
市场营销教学道路的新探索	欧光江	中华读书报	2020年4月8日08版
平行病历点亮医学人文关怀	李小青	中华读书报	2020年4月8日19版
人生路上的奔跑与引领	眭　蔚	中华读书报	2020年4月29日20版
一部“二十七载心力之作”	彭聃龄	中华读书报	2020年7月1日08版
遇见出版,是一种幸福	韩建民	中华读书报	2020年7月22日
陆游,一位热爱美食的诗人	余彦萍	中华读书报	2020年11月4日19版

四、厦大出版社工作人员文章、著作一览表(1985—2020 年)

篇名/书名	作　者	媒　体	时间/版别
发扬成绩继续前进　深化改革办出特色	陈天择 周勇胜	厦门大学报	1988 年 10 月 30 日
把出版社办成一个温馨的家	陈天择	厦门建南集团成立 5 周年征文中获优秀论文奖	1998 年
在学习科学理论的道路上(著作)	周勇胜	厦门大学出版社	1997 年 2 月版
科海纵横(著作)	吴天祥	厦门大学出版社	1990 年 5 月版
编辑是干什么的呢——谈编辑工作的加工性和创造性	蒋东明	福建出版	1992 年第 3 期
著作权法与编辑的职能	蒋东明	大学出版	1995 年第 4 期
编辑工作无小事	蒋东明	《南强书苑》——厦大出版社建社 10 周年纪念册	1995 年 5 月版
大学出版:沐浴阳光的事业	蒋东明	出版广场	1999 年第 4 期
成绩斐然　任重道远——庆祝厦门大学出版社建社 15 周年	蒋东明	厦门大学报	2000 年 5 月 10 日

续表

篇名/书名	作　者	媒　体	时间/版别
日本图书发行机制面面观	蒋东明	大学出版	2000年11月5日
在美丽的厦门　出美妙的图书	蒋东明	厦门日报	2001年9月15日
大学出版社的真正理想是什么	蒋东明	大学出版	2003年第4期
滕王阁魅力何在——对出版工作的一点感悟	蒋东明	厦门大学报	2003年12月5日
李政道传(著作)	蒋东明	长春出版社	2003年9月
"嫁裳"与"新衣"	蒋东明	大学出版	2004年4月
中美两国大学出版业发展比较	蒋东明	科技与出版	2005年第2期
弘扬传统文化是出版人的重要使命	蒋东明	编辑之友	2005年第3期
研究力量的整合与出版资源的借势	蒋东明	科技与出版	2005年第3期
追求品位　诚信经营	蒋东明	厦门日报	2005年4月29日
出版失信"败血症"要根治	蒋东明	出版发行研究	2005年第5期
大学环境中大学出版社的"人本"管理	蒋东明	中国出版	2005年第9期
社庆20年感言——专注　爱人　诚信	蒋东明	出版人	2005年第15期
大学出版社的学术使命	蒋东明	福建出版科学论集	2006年9月版
今天,我们怎样读书	蒋东明	厦门大学报	2007年11月23日

续表

篇名/书名	作　者	媒　体	时间/版别
世界读书日,出版随想	蒋东明	厦门大学报	2008年5月03日
大学社改制三题	蒋东明	科技与出版	2008年第11期
新机制下人才结构变化的特点及影响	蒋东明	大学出版	2009年第2期
学术本位　香飘两岸——厦门大学出版社着力打造台湾研究出版重镇	蒋东明	书香两岸	2009年2月
大学出版社发展目标不能模糊	蒋东明	现代出版	2010年11月
寻找厦大出版社的气质	蒋东明	厦门大学报	2011年4月29日
大学出版:学术的坚守与竞争的智慧	蒋东明	福建出版科学论集	2011年6月版
数字出版,想说爱你不容易	蒋东明	厦门大学报	2012年11月7日
我心目中的好编辑	蒋东明	百道网	2013年1月29日
大学出版社不变的追求	蒋东明	厦门大学报	2013年6月28日
出版专业分工:从行政约束到主动追求	蒋东明	现代出版	2013年6月
为梦想出书——我与三位作者的出版缘	蒋东明	厦门大学报	2013年7月12日
守住理想,耐住寂寞	蒋东明	出版人	2013年10月
出版浪潮中的独立思考	蒋东明	中华读书报	2013年10月16日
来自一线的实践	蒋东明	中国新闻出版报	2014年8月25日

续表

篇名/书名	作者	媒体	时间/版别
媒体融合背景下大学社将走向何方——融合不只是看上去很美	蒋东明	中国新闻出版报	2014年10月27日
出版专注度决定品牌拓新度	蒋东明	中国出版传媒商报	2014年10月28日
优雅如斯——献给厦大出版社30岁生日	蒋东明	厦门大学报	2015年4月17日7版
天天都是读书日	蒋东明	厦门大学报	2015年4月27日7版
出版老黄牛陈天择	蒋东明	厦门大学报	2015年10月23日8版
在"互联网+"时代,出版人如何更气质?	蒋东明	百道网	2015年12月3日
暑期读书正当时	蒋东明	中国新闻出版广电报	2016年6月24日8版
不忘初心　不辱使命	蒋东明	中国出版传媒商报	2016年10月28日22版
多一双慧眼看出版	蒋东明	中国出版传媒商报	2017年1月10日18版
出版是充满乐趣的迷人事业	蒋东明	中国新闻出版广电报	2017年9月21日4版
大学出版30年:大学为根,学术为魂	蒋东明	现代出版	2018年第2期
遇见出版(著作)	蒋东明	厦门大学出版社	2019年8月
什么才真正是大学出版的精神?——从哈佛大学社百年史看大学出版的道路选择	蒋东明	中华读书报	2020年9月30日06版
营造特色　树立品牌　争创一流业绩——厦门大学出版社建社20周年巡礼	蒋东明 陈福郎	厦门大学报	2005年4月25日
坚持学术为本　创建特色品牌	蒋东明 陈福郎	大学出版	2005年第3期

续表

篇名/书名	作者	媒体	时间/版别
“台”字当头　彰显特色——厦门大学出版社发挥“五缘”优势,走特色出版之路	蒋东明 陈福郎	中国出版	2007年第12期
“台”字显特色　互动促繁荣	蒋东明 陈福郎	中国新闻出版报	2008年9月19日
混世龙王(著作)	陈福郎	鹭江出版社	1986年8月第1版,1987年8月第2版
浪迹天涯(著作)	陈福郎	海峡文艺出版社	1990年6月版
略议大学出版社的图书特色	陈福郎	编辑学刊	1992年第4期
关于大学出版社图书特色形成之管见	陈福郎	编辑学刊	1992年第11期
大学出版社如何办出特色	陈福郎	中国高等教育	1993年第7、8期
大学出版社的特色与价值取向	陈福郎	大学出版	1994年第3期
怪味嬉皮士(著作)	陈福郎	海峡文艺出版社	1994年10月版
试论高校出版社编辑素质的整合	陈福郎	大学出版	1998年8月第4期
高校出版社编辑素质的特殊要求	陈福郎	大学出版	1999年4月第2期
新世纪高校出版社编辑的素质建设	陈福郎	大学出版	2000年2月第1期
顺应时代要求　明确发展思路	陈福郎	大学出版	2000年第3期
论新世纪高校出版社编辑人员素质的时代特征	陈福郎	福建出版科学论集	2000年9月版
依据社情进行选题建设　坚持特色实施三项战略	陈福郎	大学出版	2003年第3期

续表

篇名/书名	作　者	媒　体	时间/版别
坚持特色进行选题建设	陈福郎	大学出版	2003年6月第3期
角色意识和主体意识	陈福郎	编辑学刊	2003年12月第6期
坚持特色建社　实施三大战略	陈福郎	出版参考	2004年4月第4期
出版改革不能淡化精品意识	陈福郎	中华读书报	2004年5月12日
精品图书的编辑主体策划功能	陈福郎	厦门大学报	2004年第592期
在理性与激情间行走	陈福郎	厦门日报	2005年4月29日
大学精神与大学出版	陈福郎	出版参考	2005年第5期
编务工作要适应编辑工作的变革	陈福郎	科技与出版	2005年10月第5期
凤凰树下——我的厦大学生时代(著作)	陈福郎	厦门大学出版社	2006年3月版
大学理念的趋同与核心竞争力打造	陈福郎	大学出版	2007年4月第2期
大学理念与高校出版的价值观取向	陈福郎	厦门日报	2007年5月30日
海峡枭雄——开台先驱郑芝龙(著作)	陈福郎	九州出版社	2007年9月版
出版法学学术精品　服务高校法学教育	陈福郎	厦门大学报	2007年12月15日
为厦门特区建设发展鼓与呼	陈福郎	厦门大学报	2008年11月9日
大学理念与和谐出版(著作)	陈福郎	中国科学技术出版社	2009年10月版

续表

篇名/书名	作　者	媒　体	时间/版别
国学骑士辜鸿铭(著作)	陈福郎	北京大学出版社	2010年1月版
总编辑手记(著作)	陈福郎	厦门大学出版社	2015年1月版
添砖加瓦30年——厦大社为厦门经济特区建设与发展做贡献	陈福郎	厦门图书馆声	2015年5月刊
我是"南强"一条汉子——贺厦大出版社30周年	陈福郎	厦门大学报	2015年5月15日7版
厦门大学出版社社歌(作词)	陈福郎	厦门大学出版社	2015年5月
电视片《独秀东南——厦门大学出版社建社30周年》解说词	陈福郎	厦门大学出版社	2015年5月
折叠厦大时光(著作)	陈福郎	厦门大学出版社	2017年8月版
三十五载,春华秋实	郑文礼 宋文艳	中国新闻出版广电报	2020年5月7日04版
架设和谐海峡的文化桥梁——厦门大学出版社为两岸互信提供学术支撑	蒋东明 宋文艳	中国出版	2012年第13期
中菲学者共撰学术巨著　促中菲友好继续向前发展——学术大书《菲律宾华人通史》首发述评	蒋东明 宋文艳	人民日报海外版/中国高校教材图书网	2013年12月5日
厦门大学出版社:创建海洋图书特色	蒋东明 宋文艳	中国新闻出版报	2014年7月30日
改进和扩大出版社自办发行的几点思路	宋文艳	大学出版	1996年第1期
中小型出版社参与版权贸易之我见	宋文艳	中国出版	2004年第3期
谈《福友现代实用企管书系》的成功策划	宋文艳	出版发行研究	2004年第6期
加强大学教材的品牌建设	宋文艳	福建出版科学论集	2006年9月版

续表

篇名/书名	作　者	媒　体	时间/版别
做海峡文化交流的先行者	宋文艳	书香两岸	2009年第10、11期
高校教材发展战略“头脑风暴”专题：厦门大学出版社　化学科优势为出版优势	宋文艳	中国图书商报	2012年10月30日
“南强丛书”，厦门大学的学术品牌	宋文艳	厦门大学报	2014年6月23日
为城镇化建设添砖加瓦	宋文艳	中国新闻出版报	2015年2月12日
日出江花红胜火——厦门大学出版社影响力提升侧记	宋文艳	厦门大学报	2015年4月30日A6版
未来已来，转型正在路上	宋文艳	中国出版传媒商报	2017年5月26日3版
版权输出第一课，一举多赢	宋文艳	中华读书报	2017年8月23日14版
待到山花烂漫时——厦大社2018年选题展望	宋文艳	中华读书报/厦门大学报	2018年1月10日21版/2018年1月19日4版
厦大社：阅读推广要做到细水长流	宋文艳	中国新闻出版广电报	2018年4月23日T21版
见证变迁　记录改革	宋文艳	中国新闻出版广电报	2018年7月17日特刊T17版
顶天立地　栉风沐雨共成长	宋文艳	厦门大学报	2018年7月27日7版
将学科优势转化为出版优势	宋文艳	中国出版传媒商报	2018年11月6日专刊6版
年终岁末回顾与展望	宋文艳	中华读书报	2019年1月9日19版
回顾可圈可点　展望亮点纷呈	宋文艳	中华读书报	2020年1月8日21版
与邮结缘：厦大社邮书系列成长记	宋文艳	中国出版传媒商报	2020年8月14日02版

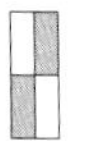

续表

篇名/书名	作　者	媒　体	时间/版别
不求做大,但求做好——中小型大学出版社的营销对策	于　力	大学出版	2001年增刊
浅谈物流管理在图书市场营销中的作用	于　力	大学出版	2004年增刊
深化改革,努力拓展高职教材出版的新途径	黄茂林	福建出版科学论集	2006年9月版
试论图书品牌建设的途径	黄茂林	科技与出版	2007年第8期
三个节点沟通图书流通渠道	黄茂林	出版发行研究	2007年第12期
策划编辑前瞻意识浅议	黄茂林	科技与出版	2008年第7期
试论编辑的道德规范	黄茂林	科技与出版	2010年第6期
编辑专业化浅谈	黄茂林	科技与出版	2011年第4期
因特网上著作权保护的若干问题	施高翔	厦门大学学报(哲学社会科学版)	2000年9月28日
数字化时代总编室工作初探	施高翔	科技与出版	2004年7月30日
浅探总编室管理功能的转变与加强	施高翔	科技与出版	2007年2月8日
高校教材编辑的四种执行力	施高翔	出版发行研究	2007年2月10日
关于专业图书整体策划的思考——以厦门大学出版社法律图书策划为例	施高翔	科技与出版	2008年2月8日
出版社信息化管理探索——从厦门大学出版社自主研发"南强出版管理系统"说起	施高翔	大学出版	2008年8月25日

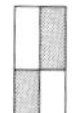

续表

篇名/书名	作　者	媒　体	时间/版别
简谈中小出版社仓库的信息化改造	施高翔	出版发行研究	2011年第4期
传统出版社在数字出版中的困境及解决方案探索	施高翔	科技与出版	2011年第5期
中国知识产权禁令制度研究(专著)	施高翔	厦大出版社	2011年10月
坚持特色方能形成品牌	施高翔	教育与出版	2014年第1、2期
出版社管理系统设计原则浅探	施高翔	科技与出版	2014年第3期
出版社数字化管理平台建设初探	施高翔	出版发行研究	2015年第9期
建设好出版社信息化平台	施高翔	新华书目报	2015年10月29日
出版学术集刊也可大有作为	施高翔	厦门大学报	2015年11月27日6版
建设面向数字出版的信息化平台思考	施高翔	科技与出版	2016年第1期
加强终端营销推广	施高翔	中国出版传媒商报	2018年1月9日22版
出版社投资网络游戏可行性探索	施高翔 朱凤琴	出版发行研究	2012年第4期
大学社办书店:全新定位,更好地服务于高校学术	施高翔 欧光江 蒋东明	科技与出版	2016年第9期
论战后东盟国家对外贸易的发展与变化	陈丽贞	南洋问题研究	1998年第2期
论大学出版社的比较优势	陈丽贞	莆田高等专科学校学报	1999年8月15日

续表

篇名/书名	作　者	媒　体	时间/版别
编辑策划的成功喜悦——记厦大出版社《WTO:中国加盟》一书的出版	陈丽贞	大学出版	2000年第4期
全球化时代的图书编辑	文慧云	湘潭师范学院学报(社会科学版)	2008年3月第30卷第2期
提高校对质量的若干对策	许红兵	大学出版	1996年第4期
国家企业嫁接外资的问题与对策	许红兵	中国经济问题	1997年第7期
垄断发行与高折扣——图书价格偏高原因浅析	许红兵	大学出版	1998年第5期
国际贸易壁垒新趋势和我国的对策	许红兵	福建论坛(经济社会版)	1998年第8期
加强编辑队伍建设,构建出版社核心竞争力	许红兵	福建出版科学论集	2006年9月版
长汀时代:诗启师的讲述	薛鹏志	凤凰树下	2005年版
和厦门的"地保"打成一片	薛鹏志	厦门图书馆声	2015年5月刊
关于游酢杨时道南研究的几个问题	薛鹏志	道南学派研究	厦门大学出版社2015年10月版
新华书店的网络营销策略	陈进才	出版发行研究	2006年8月
网络出版的兴起对传统出版业的影响与展望	陈进才	福建出版科学论集	2006年9月版
选题策划四题	陈进才	出版发行研究	2007年3月
图书微博营销中的信息不对称及解决方法探析	陈进才	出版发行研究	2013年第10期
人工智能时代出版流程再造的机遇与挑战	陈进才	现代出版	2020年4月第2期(双月刊)

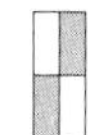

续表

篇名/书名	作　者	媒　体	时间/版别
高校出版社重点主题出版存在的问题及对策	陈进才 郑　丹	科技与出版	2020年9月第9期
从市场细分看英语图书创新	王扬帆	福建出版科学论集	2006年9月版
创新　成本　服务——中小出版社编辑应加强的三种意识	王扬帆	出版发行研究	2014年第4期
教材策划成功要素刍议	眭　蔚	大学出版	2009年第2期
请不要让读者犯晕	眭　蔚	出版发行研究	2009年第5期
计算机类书稿加工应注意的几个问题	眭　蔚	出版参考	2020年8月第8期
编辑工作中的“三个交流”	杨木梅	厦门大学报	2016年7月4日5版
大学出版社转制重点探析	王洪春	科技与出版	2008年第12期
中小型高校出版社的发行渠道建设与客户管理	林　鸣	福建出版科学论集	2011年6月版
实体书店创新经营的思考与实践	欧光江	新华书目报	2011年8月
转换发展思路　创新营销模式	欧光江	新华书目报	2012年3月
教材经销商需成为承接上下游服务的纽带——访厦门大学出版社高校图书代办站总经理欧光江	欧光江	新华书目报	2012年6月
高校图书代办站在创新中转型	欧光江	新华书目报	2012年7月
论高校图书代办站的转型	欧光江	新华书目报	2012年8月
一个老师在厦大三十年教学生涯的感悟	欧光江	厦门大学报	2012年11月

续表

篇名/书名	作者	媒体	时间/版别
代办站服务升级重在职能优化	欧光江	教育与出版	2014年5月
电商O2O创业孵化基地——高校技能型人才培养的摇篮	欧光江	新华书目报	2015年10月
厦大代办站建平台教材服务亮新招	欧光江	中国出版传媒商报	2017年3月24日2版
互联网时代教材服务商的困境和生存	欧光江	新华书目报	2017年5月
大学校园书店如何实现多元增效	欧光江	中国新闻出版广电报	2018年11月
“魅力·老潘”的“在地”营销	欧光江	中国出版传媒商报	2019年4月19日19版
“出版百强团队”大学出版战队大集结　最牛发行团队——厦门大学出版社营销中心　创新营销思路　助力发行业绩	欧光江	中国出版传媒商报	2020年11月17日07版
做好精准营销　打通书与读者通路	欧光江 姜　湃	中国出版传媒商报　中国分销营销周报	2019年5月21日5版
创新巡展形式　推动教材营销提质增效	欧光江 王　昕	中国出版传媒商报	2019年7月9日10版
从网上书店看传统实体书店的出路——网上书店与传统实体书店比较分析	丁海猛 王鹭鹏	科技与出版	2012年10月
图书营销传播中　意见领袖的认知与沟通	王鹭鹏 丁海猛	出版发行研究	2013年4月
大学出版社建立数字平台要加强公益性	王鹭鹏	百道网	2013年4月25日

续表

篇名/书名	作　者	媒　体	时间/版别
青少年阅读品位提高的现实途径	王鹭鹏	“出版界图书馆界全民阅读年会(2013)”活动	2013年
携手一纪　著作十载——厦门大学出版社与厦门市图书馆的情缘	王鹭鹏	厦门图书馆声	2015年5月刊
我国传统书籍装帧的艺术特征及其现代运用	李夏凌	福建艺术	2008年6月
绿色·环保——出版物设计者的社会责任	李夏凌	科技与出版	2012年3月
从传统书籍设计者角度看电子书设计之缺失	李夏凌	出版发行研究	2014年7月
静思·美编记忆	李夏凌	厦门大学报	2015年5月29日6版
出版机构文创产品开发五路径	李夏凌	中国出版传媒商报	2020年12月25日26版
数字时代下出版业版权风险应对及防范初探	甘世恒	福建出版科学论文集(第九辑)	2016年版
“专精特新”的再思考——中小型大学出版社转型的困境与路径	甘世恒	现代出版	2017年6月第3期
厦大法律编辑室:发挥系列化法学图书“链式”效应	甘世恒	中国出版传媒商报	2017年7月11日7版
经典教材如何“保鲜”?——厦大社管理平台全流程监控	甘世恒	中国出版传媒商报	2017年9月22日3版
回眸中国40年法律变迁　记录改革开放法制之路	甘世恒	中国新闻出版广电报	2018年11月6日特刊7版
建立新型的编校关系与编校合作模式	高　健	出版科学	2009年第6期

续表

篇名/书名	作　者	媒　体	时间/版别
浅议数字出版时代编辑技能转变	高　健	福建出版科学论集	2016年12月版
浅谈数字出版时代外校队伍建设	李小青	中国出版协会研讨会论文	2013年
口述历史类书稿编校特殊性简析	李小青	中国新闻出版广电报	2019年9月16日4版
做政治过硬的新时代青年出版工作者	李小青	中国新闻出版广电报	2019年10月28日
大学社高校教材市场营销策略	姚五民	中国新闻出版广电报	2015年8月6日4版
我国高校教材发行存在的问题及其策略研究	姚五民	传播与版权	2015年9月总028期
厦门大学出版社:网络营销+定向推广助力图书销售	姚五民	中国出版传媒商报	2016年8月26日7版
教材+线上课程促进会计转型	姚五民	中国出版传媒商报	2019年5月21日第2528期7版
让服务成为馆配工作主色调	姜　湃	中国出版传媒商报	2017年5月23日5版
ERP系统:让营销工作更高质高效	姜　湃	中国出版传媒商报	2017年6月13日3版
出版社ERP系统财务管理设计模式新探	陈惠英	中国新闻出版报	2015年6月29日4版
个人所得税新政实务探讨	陈惠英	福建财会研究	2019年8月
论《中国制造2025》战略规划与科技出版之关系	李峰伟	出版参考	2016年第10期
如何提高编辑工作满意度	李峰伟 陈进才	出版参考	2020年10月第10期
借鉴获奖选题　促进精品生产	曾妍妍	中国新闻出版广电报	2018年8月8日4版

续表

篇名/书名	作　者	媒　体	时间/版别
我国图书版权贸易40年:回顾与分析	曾妍妍	出版发行研究	2019年第8期
ERP系统:让编务工作更高质高效	施建岚	中国新闻出版广电报	2016年6月24日4版
如何有效管控出版物成本	施建岚	中国出版传媒商报	2020年11月17日19版
陶庵梦忆　西湖梦寻	韩轲轲	江苏凤凰文艺出版社	2019年1月版
编辑加工的宽与窄	郑　丹 陈进才	出版参考	2020年6月第6期
发挥法学图书的"链式"效应	李　宁	中国出版传媒商报	2018年8月24日12版
书稿档案管理应与时俱进	余彦萍	中国新闻出版广电报	2018年7月5日
用书籍设计营造沉浸式阅读体验	蒋卓群	中国出版传媒商报	2017年2月17日7版
数字时代的书装信息传达技巧	蒋卓群	中国出版传媒商报	2017年7月21日7版
厦大芙蓉隧道涂鸦何以成"网红"?	蒋卓群	厦门大学报	2019年3月29日7版
美编将被人工智能取代?	蒋卓群	中国出版传媒商报	2020年3月20日12版
谈图书编辑科学素养的培养	胡　佩	中国出版传媒商报	2019年2月26日8版
"人工智能+校对"的应用前景分析	胡　佩 李小青	现代出版	2019年2月第1期
2017年中国图书出版"走出去"战略观察	冀　钦	中国图书评论	2018年第4期
"斜杠青年"的时代,编辑也能做版权	冀　钦	中华读书报	2018年8月22日19版

续表

篇名/书名	作者	媒体	时间/版别
出版应提供最优质的精神食粮	李芮男	厦门大学报	2018年5月18日6版
对高校出版校对工作的几点思考	李芮男	中国出版传媒商报	2018年6月22日12版
新时代青年编辑应具备的人文素养	英　瑛	中国出版传媒商报	2019年6月18日8版
一本书的制作过程	刘　璐	厦门大学报	2018年1月12日6版
从应届生到合格编辑	刘　璐	中国出版传媒商报	2018年5月18日8版
出版点校本宜当保持古籍原貌——由《唐会要》误将"支度"作"度支"谈起	董兴艳	出版发行研究	2011年第5期
跟踪学术动态,加强出版界与学术界的互动——中国史研究近年来的重点、热点述评	董兴艳	科技与出版	2011年第6期
大学出版社高校教材推广的问题及对策	池毓云	科技与出版	2009年第9期
试论中小型大学出版社可持续发展	郝　静	现代出版	2011年第4期
铸全国一流大学出版社大厦之门	邓　臻	厦门图书馆声	2015年5月刊
编辑需增强服务阅读的"附加能力"	邓　臻	中国新闻出版广电报	2017年2月20日4版
编辑对主题出版把关与适度负双责	邓　臻	中国出版传媒商报	2017年7月18日4版
全面依法治国背景下大学出版社的法律图书出版	邓　臻	科技与出版	2017年第11期

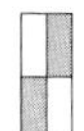

五、厦门大学出版社社歌

（热烈、抒情）

花开的书页，
流淌着馨香，
那是我们出版人，
智慧和汗水的浇灌。
与作者有约，
与读者有约，
与市场有约。
架设知识的桥梁，
繁荣学术与文化，
我们在大学出版园地，
开拓人类进步的阶梯，
为人作嫁，追求灿烂。
百花齐放，百家争鸣，
投身商海弄潮，
我们在大学出版园地，辛勤耕耘。
放歌书林，独秀东南，
收获学术之美，
我们是厦大一颗明珠，止于至善。

六、厦门大学出版社组织机构变迁(1985—2020年)

1985年5月成立厦门大学出版社,下设编辑部、出版科、发行科和办公室,并将教务处教材科、印刷厂划归出版社;

1985年8月成立出版社党支部(与学报(哲社版合);

1987年7月设立发行业务处;

1987年11月成立部门工会;

1988年4月设立文科编辑室和理科编辑室;

1988年11月成立厦门大学高校图书代办站;

1989年9月出版社重新登记,于1990年初领取工商营业执照;

1990年印刷厂学校收回,归校科教委管理;

1993年1月成立厦门大学出版社福州经营部;

1993年3月编辑部改为总编室,增设社长助理一职;

1994年3月设立电脑排版室;

1997年10月在原有发行业务处基础上成立厦门大学出版社南强书苑;

1999年12月厦门大学出版社官方网站注册成功,正式运营;

2000年1月设立策划编辑室;

2000年3月设立储运岗位;

2002年3月设立校对室(审读室);

2003年3月设立福州图书配送中心;

2004年1月设立美编室;

2004年6月设立电子出版部、教材发行科、综合编辑室;

2005年8月注册成立厦门大学电子出版社;

2006年10月调整原来编辑室,设立人文、法律、综合、经管、理工外语五个编辑室;

2007年4月,发行科和教材发行科改为发行一科和发行二科;

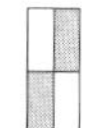

2010年3月合并发行一科和二科,成立营销中心;

2010年4月成立厦门大学出版社董事会、监事会;

2011年12月设立外文编辑室、营销中心物流部;

2012年4月出版社改制更名为“厦门大学出版社有限责任公司”;

2012年5月电子出版部改名为“数字出版中心”;

2012年12月电子出版社改制更名为“厦门大学电子出版社有限责任公司”;

2013年4月设立厦门大学出版社高校图书代办站福州营业部;

2013年9月设立南强书苑福建师范大学福清分校书店;

2013年12月董事会换届;

2014年6月设立南强书苑翔安校区分店;

2015年1月出版社天猫旗舰店上线;

2017年4月原有的财务室、出版科和电脑室分别更名为“财务中心”、“印务中心”和“排版室”;

2018年4月设立“大众图书事业部”和“培训教材事业部”(后改为职业教育事业部);

2018年6月成立中共厦门大学出版社总支部委员会;

2018年10月成立厦门大学出版社工会委员会;

2020年12月设立南强书苑厦门软件学院店。

七、厦门大学出版社历任社领导及部门负责人(1985—2020年)

历任社长：

黄厚哲(1985.5—1987.3)
郑沛伦(1987.3—1987.9)
周勇胜(1987.9—1988.3)
陈天择(1988.3—1999.11)
蒋东明(1999.11—2017.12)
郑文礼(2017.12—今)

顾问：

刘熙钧(1985.5—1988.3)
陈天明(1985.5—1988.3)

历任总编辑：

黄厚哲(1985.5—1987.3)
周勇胜(1987.3—1994.11)
许经勇(1994.11—1999.11)
陈福郎(1999.11—2011.9)
宋文艳(2011.9—今)

历任党支部(党总支)书记

党支部书记：

许宏业(1985.8—1987.11)
周勇胜(1987.11—1991.6)

陈福郎(1991.6—2012.4)

黄茂林(2012.4—2018.12)

党总支书记:

郑文礼(2018.12—2020.12)

洪秋霞(2020.12—今)

党总支副书记:

黄茂林(2018.12—今)

历任副社长:

许宏业(1985.8—1995.12)

陈章干(1985.5—1987.3)

庄呈芳(1987.3—1988.4)

蒋东明(1996.6—1999.10)

于　力(1999.11—2009.11)

施高翔(2010.3—今)

历任副总编:

钟同德(1985.5—1994.11)

陈逸光(1985.5—1994.11)

郑文贞(1985.5—1987.3)

陈天择(1987.3—1988.3)

陈福郎(1993.2—1999.10)

杨际平(1994.10—1999.10)

宋文艳(1999.11—2011.8)

侯真平(1999.11—2009.11)

徐长春(2010.3—今)

黄茂林(2018.3—今)

历任董事会、监事会

首届董事会、监事会(2010.4—2013.11)

董　事　长:庄宗明

副董事长:蒋东明

董　　事:(按姓氏笔画为序)
王炳华　吕子玄　朱福惠　庄宗明　李清彪　邱七星
陈福郎　蒋东明　曾云声
监事会主席:陈　芃
监　　事:(按姓氏笔画为序)
许红兵　吴福武　何元赞　陈　芃　洪少丹

第二届董事会、监事会(2013.12—今)

董 事 长:谭绍滨
副董事长:蒋东明
董　　事:(按姓氏笔画为序)
计国君　卢英华　宋文艳　陈武元　周　宁　徐进功
蒋东明　曾云声　谭绍滨
监事会主席:陈　芃
监　　事:(按姓氏笔画为序)
许红兵　吴福武　陈　芃

部门工会

部门工会小组(1987.11—2018.10)

主席:郑耀宗(1987.11—1993.7)
徐长春(1993.8—2009.6)
许红兵(2009.6—2018.10)

部门工会委员会(2018.10—今)

主席:惠诚忠(2018.10—今)

社长助理、总编助理

社长助理:蒋东明(1993.3—1996.6)
吴晓平(1999.12—2015.8)
徐长春(2004.12—2010.3)
欧光江(2015.7—今)
总编助理:施高翔(1999.2—2000.1)
陈进才(2019.10—今)

办公室

主　任:蔡景春(1987.1—1997)
　　　　薛鹏志(1997.5—2004.8)
　　　　惠诚忠(2004.9—今)

编辑部门

编辑部

主　任:廖泉文(1987.6—1990.9)

总编室

主　任:王依民(1993.3—2000.1)
　　　　施高翔(2000.1—2010.1)
　　　　王洪春(2010.3—今)
副主任:王洪春(2007.11—2010.3)

文科编辑室(1988.4—1993.6)

主　任:陈森镇(1988.4—1993.10)

理科编辑室(1988.4—1993.6)

主　任:陈子雄(1988.4—1993.6)

第一编辑室(原文科编辑室,1993.6—2006.10)

主　任:黄茂林(1993.6—2006.10)

第二编辑室(原理工、经管、外文编辑室,1993.6—2006.10)

主　任:宋文艳(1993.6—1999.12)
　　　　陈丽贞(1999.12—2006.10)

策划编辑室

主　任:王依民(2000.1—2019.3)

人文编辑室(2006.10—今)

主　任:黄茂林(2006.10—2015.7)
　　　　高　健(2015.7—今)
副主任:贾素文(2013.3—2014.4)
　　　　高　健(2014.4—2015.6)

曾妍妍(2019.10—今)

法律编辑室(2006.10—今)

主　任:施高翔(2006.10—2013.3)

甘世恒(2013.3—今)

副主任:甘世恒(2011.12—2013.3)

综合编辑室(2006.10—今)

主　任:薛鹏志(2004.9—今)

副主任:高　健(2013.3—2014.4)

经管编辑室(2006.10—今)

主　任:陈丽贞(2006.10—2019.10)

江珏玙(2019.10—今)

副主任:江珏玙(2017.7—2019.10)

理工编辑室(2006.10—今)

主　任:陈进才(2006.10—2019.12)

眭　蔚(2019.12—今)

副主任:眭　蔚(2013.3—2019.12)

外文编辑室(2011.12—今)

主　任:王扬帆(2013.3—今)

副主任:王扬帆(2011.12—2013.3)

大众图书事业部(2018.4—今)

主　任:吴兴友(2018.4—今)

培训教材事业部(后改为职业教育事业部,2018.4—今)

主　任:姚五民(2018.6—今)

上海事业部

主　任:林鸣(2015.7—今)

发行部门

发行科(1985.5—2007.4)

科　长:郑耀宗(1985.7—1996.1)

副科长:胡皓冰(1996.9—1998.12)

副科长:惠诚忠(1999.12—2004.8)

教材发行部(2004.6—2007.4)

负责人:宋文艳(2004.6—2007.4)

发行一科(2007.4—2010.3,原发行科)

主　任:林鸣(2007.4—2010.3)

发行二科(2007.4—2010.3,教材发行科)

主　任:徐长春(2007.4—2010.3)

营销中心(2010.3—今,合并发行一科、发行二科)

主　任:林　鸣(2010.3—2015.7)
　　　　姚五民(2015.7—2018.6)
　　　　欧光江(兼)(2018.3—今)

副主任:杨新华(2013.3—2014.4)
　　　　姚五民(2013.3—2015.7)
　　　　赵康健(2015.7—今)
　　　　张佐群(2019.10—今)
　　　　姜　湃(2019.10—今)

营销中心物流部(2011.12—今)

主　任:刘祖雷(2012.1—今)

出版社所属公司

厦门大学高校图书代办站(1988.11—今)

站　长:郑耀宗(1988.11—1996.1)

负责人:白在根(1988.11—1995.7)
　　　　陈瑞珍(1995.7—2006.6)

经　理:欧光江(2007.9—今)

厦门大学出版社南强书苑(1997.10—今)

负责人:陈社光(1997.10—2005.4)
　　　　马　腾(2005.4—2006.9)

经　理:欧光江(2006.9—今)

南强书苑翔安校区分店(2014.6—今)

负责人:林　霖(2014.6—今)

厦门群贤毕至文化传播公司(2015.3—今)

经　理:欧光江(2015.3—今)

财务部门

财务室

负责人:林素卿(1986.3—1997.3)
　　　　黄娟英(1997.3—2015.6)

主　任:陈惠英(2015.7—今)

副主任:陈惠英(2012.4—2015.7)

财务中心(原财务室,2017.4—今)

主　任:陈惠英(2017.4—今)

出版(印务)部门

出版科(1985.5—2017.4)

科　长:吴晓平(1992.12—2016.8)

副科长:吴晓平(1988.5—1992.12)
　　　　许克华(2015.7—2017.3)

电脑室(1994—2017.4)

主　任:许克华(1999.2—今)

印务中心(原出版科,2017.4—今)

主　任:许克华(2017.4—今)

排版室(原电脑室,2017.4—今)

主　任:许克华(2017.4—今)

校对、审读部门

文编室(原校对室,1997.10—今)

主　任:卢维滨(1997.11—2015.7)
　　　　李小青(2015.7—今)

副主任:李小青(2010.3—2015.6)
　　　　胡　佩(2019.10—今)

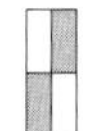

审读室(2002.3—今)

主　任:卢维滨(2002.7—2015.7)
　　　　李小青(2015.7—今)

美编室(2004.1—今)

主　任:张文化(2004.1—2010.2)
　　　　李夏凌(2010.3—今)
副主任:李夏凌(2007.11—2010.3)

电子出版部门

电子出版部(2004.6—2012.5)

主　任:施高翔(2004.9—2010.3)
　　　　陈进才(2010.3—2013.3)
副主任:陈进才(2004.9—2010.3)
　　　　李联林(2011.12—2013.3)

数字出版中心(原电子出版部,2012.5—今)

主　任:李联林(2013.3—今)

八、厦门大学出版社员工名单
(截至 2020 年 12 月)

(一)在职人员

王洪春　王艺亭　王日根(特聘编审)　王扬帆　王家骞　王鹭鹏　文慧云
牛跃天　甘世恒　江珏玙　刘　璐　刘祖雷　许红兵　许克华　朱　楷
朱凤琴　朱迪婧　伍家丽　孙　威　苏　科　肖　越　何　盼　陈丽贞
陈丽娟　陈进才　陈惠英　宋文艳　吴兴友　吴泽林　李小青　李小可
李　宁　李峰伟　李　腾　李芮男　李夏凌　李曼紫　李联林　李嘉彬
苏冠英　张　怡　张雨秋　张益丁　张佐群　余彦萍　杨木梅　郑　丹
郑文礼　郑伟杰　郑鸿杰　郑晓曦　林　灿　林志玄　林　鸣　林家坚
英　瑛　欧光江　罗文华　洪秋霞　姜　湃　施建岚　施高翔　姚五民
姚曼琳　胡　佩　诸庆峰　徐长春　徐远茜　高奕欢　高　健　高悠南
黄汐然　黄茂林　黄雅君　章木良　曹秀华　眭　蔚　蒋东明(特聘编审)
蒋卓群　惠诚忠　韩轲轲　曾妍妍　曾丽淳　廖婉瑜　蔡炜荣　潘　瑛
薛鹏志　冀　钦

(二)离退休人员

于　力　王依民　王国谈　王秀惠　石兆佳　卢维滨　白来福　李伟德
刘秉玉　许经勇　许宏业　陈天择　陈子雄　陈世富　陈福郎　陈逸光
陈森镇　吴天祥　吴晓平　沈夔庭　杨际平　周勇胜　林素卿　洪茂楚
侯真平　钟同德　高良喜　黄娟英　黄桃莲

(三)曾在本社工作过的人员

王　泓　王　琳　王子豪　邓　臻　古　雪　甘丽锋　齐振宇　刘文金
刘熙钧　庄呈芳　庄旭雯　孙田田　孙桂林　孙姝婕　池毓云　沈国明

朱姗姗　纪天明　苏华云　吴鲁薇　陈　影　陈月环　陈思岑　陈章干
陈菊英　陈碧青　李　歌　李肯多　李益民　李桂斌　应山红　邱　泓
张文化　张翼良　张英东　张慧雪　孟令娟　郑文贞　郑沛伦　郑耀宗
郑海涛　郑志华　郑华兴　杨新华　林美华　林　玲　林艺宇　林翠屏
欧日明　柯俊菁　查品才　胡皓冰　洪祖洵　洪津露　郝　静　姚俊才
姚校全　徐育鹭　崔　领　贾素文　鹿　嘉　黄厚哲　谢闻莺　谢桂芳
谢筑娟　董兴艳　程　博　雷　杰　廖泉文　蔡景春　蔡希云　蔡思波
戴浴宇

（附录部分整理编写人员：惠诚忠　王洪春　陈惠英　施建岚）

参考资料

《厦门大学校史》第二卷(1949—1991 年),厦门大学出版社 2006 年版。

《中国出版年鉴 1988》,中国书籍出版社 1989 年版。

《中国出版年鉴 2018》,《中国出版年鉴》杂志社有限公司 2018 年版。

《中国大学出版社一览》,同济大学出版社 1992 年版。

《中国大学出版社概览》,南京大学出版社 1999 年版。

《南强书苑:厦门大学出版社建社 10 周年纪念文集》,厦门大学出版社 1995 年版。

《南方之强　文化使者:厦门大学出版社建社 20 周年》,厦门大学出版社 2005 年版。

《放歌书林:厦门大学出版社建社 25 周年》,厦门大学出版社 2010 年版。

《厦大出版社印记(致敬 30 年)》,厦门大学出版社 2015 年版。

《厦大出版人的故事(致敬 30 年)》,厦门大学出版社 2015 年版。

《厦大版序跋精粹(致敬 30 年)》,厦门大学出版社 2015 年版。

《媒体里的厦大社(致敬 30 年)》,厦门大学出版社 2015 年版。

《厦门大学出版社大事记(1985—2019 年)》,厦门大学出版社内部资料。

《厦门大学出版社管理制度汇编(2008—2017 年)》,厦门大学出版社内部资料。